CONTOS-DO-VIGÁRIO

ANDRÉS OPPENHEIMER

CONTOS-DO-VIGÁRIO

Tradução de
LÉO SCHLAFMAN

EDITORA RECORD
RIO DE JANEIRO • SÃO PAULO
2007

CIP-Brasil. Catalogação-na-fonte
Sindicato Nacional dos Editores de Livros, RJ.

O71c
Oppenheimer, Andrés, 1951-
    Contos-do-vigário / Andrés Oppenheimer; tradução Léo Schlafman. – Rio de Janeiro: Record, 2007.

    Tradução de: Cuentos chinos
    ISBN 978-85-01-07760-8

    1. América Latina – Relações econômicas exteriores. 2. América Latina – Condições econômicas – Século XX. I. Título.

06-4323
    CDD – 337.8
    CDU – 339.9(8)

Título original em espanhol:
CUENTOS CHINOS

Copyright © 2005, Andrés Oppenheimer

Editoração eletrônica: Abreu's System Ltda.

Todos os direitos reservados. Proibida a reprodução, armazenamento ou transmissão de partes deste livro através de quaisquer meios, sem prévia autorização por escrito. Proibida a venda desta edição em Portugal e resto da Europa.

Direitos exclusivos de publicação em língua portuguesa para o Brasil adquiridos pela
EDITORA RECORD LTDA.
Rua Argentina 171 – 20921-380 – Rio de Janeiro, RJ – Tel.: 2585-2000
que se reserva a propriedade literária desta tradução

Impresso no Brasil

ISBN 978-85-01-07760-8

PEDIDOS PELO REEMBOLSO POSTAL
Caixa Postal 23.052
Rio de Janeiro, RJ – 20922-970

EDITORA AFILIADA

Sumário

Prólogo 9
1. O DESAFIO ASIÁTICO 15
   A única saída: investimentos produtivos 18
   Há cada vez menos pobres no mundo 19
   "Aqui ainda se pode viver muito bem" 21
   A região mais violenta do mundo 23
   "Estamos diante de um fenômeno epidêmico" 24
   E se vem a "africanização"? 26
   O tema não é o livre-comércio e sim a competitividade ... 29
   O exemplo de Botsuana 30
   O milagre chileno 32
   A opção supranacional 33
   Os blocos regionais do século XXI 35
   A marca comunitária 38
   A experiência espanhola 39
   Se o Pacífico se unir, pobre da América Latina 42
   Uma Carta Econômica Interamericana? 44
2. CHINA: A FEBRE CAPITALISTA 47
   O pássaro nacional: o guindaste de construção 49
   Os novos-ricos chineses 51
   O monumento ao consumidor 52
   A China cresce mais do que diz 53
   A nova palavra de ordem comunista: privatizar 56

    Comunismo sem plano de saúde 57
    O comunismo: um ideal para o futuro 58
    O modelo asiático de democracia 60
    Segurança sem direitos humanos 63
    "Meu sócio mexicano vivia em férias" 64
    O impacto chinês na América Latina 65
    As promessas de investimento: realidade ou fantasia? 67
    Trataremos de incrementar o comércio 68
    Quem ganha? A China, a América Latina ou ambas? 70
    Dois rolex por 12 dólares 72
    A "maldição" latino-americana: as matérias-primas 73
    O "efeito contágio" da corrupção chinesa 75
    As pernas magras do milagre chinês 77

3. O MILAGRE IRLANDÊS 81
    Doze anos não são nada 82
    A receita do progresso 84
    Mais técnicos, menos sociólogos 88
    "Obviamente, estávamos errados" 90
    Os traumas do progresso 92
    O exemplo irlandês e a América Latina 93

4. A "NOVA EUROPA" 97
    "O melhor momento desde o século XVI" 99
    A vantagem comparativa da Polônia 101
    A melhor ajuda é a condicionada 103
    Um exemplo para a América Latina? 105
    A ciência e a tecnologia 107
    Os incentivos fiscais 108
    Uma "ameaça polonesa" para a América Latina? 111
    O nicho latino-americano 113

5. AS FALÁCIAS DE GEORGE W. BUSH 115
    Livre-comércio: garantia de prosperidade? 117
    "A próxima guerra não começará em Tegucigalpa" 119
    "A região mais importante do mundo" 119
    Para a CIA, uma região irrelevante 121
    "Uma região de progressos e retrocessos" 123
    Os principais perigos, segundo o CNI 124
    O "compromisso fundamental" de Bush 127
    Como Bush se tornou "especialista" em América Latina 128

"Madame Secretary" e seus vinte minutos diários 130
"A América Latina se automarginalizou" 131
As prioridades de Clinton: Cuba e Haiti 132
Os motivos de otimismo 134
Remessas para as famílias: uma bênção com perigos 136
As eleições de 2008 139
O movimento antilatino 141

6. ARGENTINA: O PAÍS DOS SOLAVANCOS 145
Os "bolos" do presidente 148
Uma questão de temperamento 152
A economia e o voto cativo 154
"Espero mudar este sistema" 156
A esperada entrevista 158
O país dos extremos 163
A visão de Washington 165
"Excelentes relações" 167
"Um país adolescente" 169
A importância da reputação 171
As pressões sobre a imprensa 172
"A Argentina está bem, mas vai mal" 173

7. BRASIL: O COLOSSO DO SUL 177
Bye bye, *México*; bem-vinda, América do Sul 180
América Latina: um conceito superado? 181
A outra visão da "América Latina" 183
Em Washington, Haiti é igual a Brasil 184
Lula, Wall Street e a revolução 185
Lula e o "sonho americano" 187
As três metas do Brasil 191
No Brasil, até o passado é incerto 192
O grande salto do Brasil 194

8. VENEZUELA: O PROJETO NARCISISTA-LENINISTA 197
Ditadura eleita ou democracia caudilhista? 200
A arrogância do passado 203
O "golpe" de abril 208
O triunfo de Chávez em 2004 212
"Vamos para Forte Apache" 214
O voto dos marginais 218
Os petrodólares e a revolução continental 219

Chávez, o homem mais imprevisível 223
O homem dos dois pedais 229

9. MÉXICO: O PAÍS QUE FICOU ADORMECIDO 233
"Minha referência é o general Cárdenas"...................................... 235
"Um pouco mais de autonomia relativa".. 237
De político local a líder nacional... 240
Muitas obras, muitas dívidas 241
Um homem autoritário? 242
O problema de AMLO: o que não faria 245
Fox e a paralisia mexicana 246
Faltou mão firme a Creel 248
As aspirações da primeira-dama 250
O negociador conciliador 251
O erro de setembro 253
O retorno dos dinossauros 256
O lastro de Madrazo e o desafio de Montiel 258
A aposta de Fox para 2006 260
"Arquitetonicamente condenados à paralisia" 262

10. A AMÉRICA LATINA NO SÉCULO DO CONHECIMENTO 267
Por que a Holanda produz mais flores do que a Colômbia 268
Nokia: da madeira aos celulares 270
O ranking das patentes 271
As piores universidades do mundo? 273
Professores sem salário, aulas sem computadores 275
Deve-se subsidiar os ricos? 277
Na China comunista, os estudantes pagam 278
Entram quase todos, mas poucos se formam 280
O apogeu dos estudantes estrangeiros 281
Sobram psicólogos, faltam engenheiros 283
A Unam: modelo de ineficiência 284
Quando os chineses falarem inglês 286
Mil escolas de inglês, apenas em Pequim 287
Os passos de Chile, México, Brasil e Argentina 288
Por que os asiáticos estudam mais 292
O caso da Coréia do Sul 293
A cultura da avaliação 295
"Snuppy" e o futuro do mundo 297

Epílogo 303

Prólogo

Na metade da primeira década do século XXI, dois estudos de procedência diferente — um do centro de estudos a longo prazo da CIA e o outro de um dos principais especialistas em América Latina do Parlamento Europeu, o socialista Rolf Linkohr — abalaram os poucos latino-americanos que tiveram acesso a eles. Ambos contradiziam frontalmente a visão apresentada pela maioria dos governos da América Latina de que a região se recuperava economicamente e encaminhava-se para um futuro melhor. O primeiro estudo era do Conselho Nacional de Inteligência dos Estados Unidos (CNI), o instituto de estudos a longo prazo da CIA. O outro, quase simultâneo, fora escrito pelo eurodeputado socialista alemão Rolf Linkohr na condição de presidente da Comissão de Relações com a América do Sul do Parlamento Europeu. Ambos os estudos analisavam o futuro da América Latina nos próximos vinte anos e chegavam à mesma conclusão: a região se tornou irrelevante no contexto mundial e — a continuar assim — será cada vez mais irrelevante.

O Relatório Linkohr começa dizendo: "A influência da América Latina nos acontecimentos mundiais está diminuindo. A participação da região no comércio e na economia mundiais é pequena, e cada vez menor, à medida que crescem as economias da Ásia."[1] Linkohr, que sintetiza em seu relatório suas observações de 25 anos de viagens a quase todos os países da região, acrescentava: "É surpreendente que apesar de todas as mudanças ocorridas (no mundo), experimentadas também pela América Latina, pouco mudou no panorama algo deprimente do continente... Ainda que exista uma calma relativa na América Latina no presente, a situação poderá se deteriorar no futuro."[2]

O estudo do CNI, a central de estudos a longo prazo da CIA, e as demais agências de inteligência dos Estados Unidos, com sede no edifício da CIA em Langley, Virgínia, era um relatório de 119 páginas contendo os prognósticos dos principais futurólogos do mundo acadêmico, empresarial e governamental norte-americano sobre como será o mundo em 2020. E dizia praticamente a mesma coisa, ainda que menos explicitamente. No gráfico inicial, intitulado "A paisagem global em 2020", o CNI apresentava um mapa político-econômico do mundo no fim da segunda década do século XXI, no qual a América Latina nem era apresentada.[3]

Na visão dos futurólogos convocados pelo centro de inteligência a longo prazo dos Estados Unidos, o mundo de 2020 será bem diferente do atual. Os Estados Unidos continuarão a ser a primeira potência mundial, porém menos poderosos do que agora. A globalização econômica continuará seu curso, a economia mundial crescerá significativamente, e a média da renda *per capita* será 50% maior do que a atual, mas o mundo será menos americanizado e mais asiático. A China será a segunda potência mundial em 2020, seguida de perto pela Índia e pela Europa, talvez nessa ordem. As empresas multinacionais, em seu afã de conquistar os imensos mercados virgens da China e da Índia — cuja população conjunta abarca quase metade da humanidade —, mudarão sua cultura e produzirão bens para satisfazer os gostos e as exigências da crescente classe média asiática. "Para 2020, a globalização já não será associada ao imaginário coletivo dos Estados Unidos, e sim ao da Ásia", diz o estudo do instituto de inteligência norte-americano.[4] Viveremos num mundo um pouco menos ocidental e um pouco mais oriental, afirma.

E, ao mesmo tempo, a política mundial terá cada vez menos a ver com ideologias, e cada vez mais com identidades religiosas e étnicas, de acordo com o prognóstico do CNI. O islamismo continuará crescendo em todo o mundo, aglutinando setores de diferentes países e culturas, talvez criando uma entidade central multinacional. Poderia surgir um califado que abarcaria grande parte da África, Oriente Médio e Ásia central. E, na Ásia, poderia surgir um "modelo chinês de democracia", que permitiria eleições livres para funcionários locais e membros de um organismo consultivo no plano nacional, enquanto um partido único manteria o controle sobre o governo central, especula o relatório.

Em que pé ficaria a América Latina no novo contexto mundial? O estudo do CNI dedica-lhe apenas um breve quadro, quase no final. Embora o estudo considere factível que o Brasil se torne um país importante e veja no Chile um possível oásis de progresso, sua visão da região é sombria. O CNI vê um continente dividido entre os países do norte — México e América Central — ligados à economia dos Estados Unidos, e do sul, mais ligados à Ásia e à Europa. Mas, longe de possuir blocos comerciais bem-sucedidos, que garantam o progresso econômico e social, os futurólogos convocados pelo centro de estudos da CIA vaticinam que a região estará "dividida internamente", fustigada pela "ineficiência de seus governos", ameaçada pela criminalidade e sujeita ao "crescente perigo de que surjam novos líderes carismáticos populistas, historicamente comuns na região, que explorariam em benefício próprio a preocupação da sociedade com a distância entre ricos e pobres" para consolidar regimes totalitários.[5]

Mas o relatório do CNI apenas toca a superfície do que ocorre na América Latina. Há outro estudo desse organismo, mais específico, intitulado "América Latina em 2020", que resume as conclusões de vários acadêmicos, empresários e políticos latino-americanos e norte-americanos que participaram de um simpósio acadêmico organizado pelo CNI, destinado a contribuir com conclusões para o relatório mundial. O simpósio se realizou em Santiago, no Chile, com a participação de ex-funcionários e políticos de vários países, incluindo o norte-americano-chileno Arturo Valenzuela, ex-assessor de Assuntos Latino-americanos da Casa Branca no governo Bill Clinton; o argentino Rosendo Fraga, diretor do Centro de Estudos Nova Maioria; a mexicana Beatriz Paredes, senadora do Partido da Revolução Institucional do México (PRI) e ex-embaixadora em Cuba; o ex-presidente peruano Valentín Paniagua e o ex-ministro de Defesa colombiano Rafael Pardo. O relatório final do simpósio predizia que "poucos países (da região) poderiam tirar vantagem das oportunidades do desenvolvimento, e a América Latina como região verá crescer o fosso que a separa dos países mais avançados do planeta".[6] Acrescentava que "as projeções econômicas indicam que a América Latina verá declinar sua participação na economia global como resultado dos baixos níveis de crescimento (dos últimos anos) e do 'efeito arrastão' que eles terão na produtividade e na capacidade instalada dos países".[7] Em outras palavras, a região ficou para trás, e será difícil recuperar o terreno perdido.

No mundo da economia do conhecimento, em que os serviços são mais bem cotados do que as matérias-primas, "quase nenhum dos países latino-americanos poderá investir seus escassos recursos na geração de grandes projetos de pesquisa e desenvolvimento", diz o relatório regional. "O fosso entre as capacidades tecnológicas da região e as dos países avançados aumentará. Nenhum projeto tecnológico amplo, no plano latino-americano de relevância, que permita a criação de uma capacidade exportadora como a dos países asiáticos será desenvolvido nos próximos 15 anos", dizia o estudo, embora acrescentasse que possa haver exceções isoladas, como o investimento da Intel na Costa Rica ou os programas estatais da indústria de defesa no Brasil.

Quando li os dois estudos, com uma diferença de poucas semanas, não pude deixar de me surpreender com suas conclusões. O estudo do CNI e o Relatório Linkohr chegam a conclusões diametralmente opostas às que se escutavam quotidianamente na boca dos governantes da América Latina e de instituições como a Comissão Econômica para a América Latina e Caribe da ONU (Cepal), que apresentavam um panorama muito mais otimista da região. Pela primeira vez em muitos anos havia um "cenário positivo" na região, diziam eles. Os países latino-americanos voltavam a crescer à taxa anual de 4% após vários anos de crescimento zero, e os investimentos na região subiram, pela primeira vez em seis anos, a 56,4 bilhões de dólares.[8] Na América do Sul, os presidentes assinaram em 2004 um convênio para a criação da "Comunidade da América do Sul" ou "os Estados Unidos da América do Sul", que, segundo alguns deles proclamavam, será o prólogo de um futuro mais auspicioso para a região. O ex-presidente argentino Eduardo Duhalde, um dos arquitetos da Comunidade da América do Sul, previa que os países sul-americanos atingiriam "o sonho dos libertadores da América de ter uma América do Sul unida", que conduziria a um amanhã mais promissor. E no norte o presidente mexicano Vicente Fox dizia aos conterrâneos que "a cada dia estamos mais perto do país que todos desejamos: um lugar onde cada mexicano e mexicana tenham a oportunidade de uma vida melhor, um México onde todos estejamos dispostos a dar o melhor de nós mesmos para o bem do país".[9]

Quem estava mais perto da realidade? O CNI e o Relatório Linkohr com suas sombrias predições? Ou os chefes de Estado latino-americanos e a Cepal com seus discursos otimistas? Há motivos para desconfiar de ambos os grupos. Não estariam os estudos do CNI e o Relatório Linkohr torcidos pela paixão dos países ricos pelo boom asiático, o milagre irlandês e o despertar do Leste europeu? Por outro lado, não havia um propósito de contagiar o otimismo nos discursos dos líderes latino-americanos, desde o messiânico presidente venezuelano Hugo Chávez até seus colegas mais pragmáticos, como Fox? Em quem acreditar? Quem estava apresentando um panorama realista e quem trapaceava?

Meu objetivo ao escrever este livro foi responder a essas perguntas para mim mesmo. Durante os três anos anteriores à sua publicação, entrevistei os atores mais relevantes do futuro da América Latina, desde o secretário de Defesa dos Estados Unidos, Ronald Rumsfeld, e o encarregado da América Latina no Departamento de Estado, Roger Noriega, até o deputado cocaleiro boliviano

Evo Morales*, passando por figuras como o ex-presidente brasileiro Fernando Henrique Cardoso, o ex-presidente espanhol Felipe González e os presidentes do México, Argentina, Peru, Colômbia e Chile. E viajei a países tão desiguais como China, Irlanda, Polônia, República Tcheca e Venezuela para ver de perto como fazem os países que avançam e como agem os que retrocedem. Em todas as minhas entrevistas e viagens quis descobrir qual será o melhor caminho a seguir para a América Latina nas próximas duas décadas. Curiosamente, longe de terminar resignado com um permanente resíduo de América Latina, como fazem os relatórios do CNI e o Relatório Linkohr, descobri que esses estudos são mais acertados como diagnósticos do presente do que como prognósticos do futuro. Tanto em minhas entrevistas com líderes mundiais como em minhas viagens, uma das coisas que mais me surpreendeu foi a rapidez com que os países podem passar da pobreza e da desesperança à riqueza e ao dinamismo. Como veremos ao longo deste livro, muito do que descobri me fez mudar velhos preconceitos e me faz ver o futuro com mais esperança do que antes.

ANDRÉS OPPENHEIMER

FONTES

1. "Algunas conclusiones personales y recomendaciones basadas en mi experiencia en América latina", Rolf Linkohr, Documentos do Parlamento Europeu, 10 de outubro de 2004, p. 1, item 1.
2. Idem.
3. Mapping the Global Future, gráfico "The 2020 Global Landscape", National Intelligence Council, p. 8.
4. Idem.
5. Idem.
6. Latin American 2020: Discussing Long-term scenarios, Final report, National Intelligence Council Global Trends 2020 Project, p. 2.
7. Idem.
8. Boletim da Cepal, 15 de março de 2005.
9. Mensagem de Ano-novo de 2005 do presidente Vicente Fox, Presidência da República, México.

---

* Que, posteriormente, em janeiro de 2006, assumiu a presidência do país. (N. do T.)

CAPÍTULO 1

O desafio asiático

Conto-do-vigário: "Este pode ser o século das Américas."
(George W. Bush, discurso em Miami, Flórida,
em 25 de agosto de 2000.)

P EQUIM — BUENOS AIRES — CARACAS — CIDADE DO MÉXICO — MIAMI — WASHINGTON. É preciso viajar à China, na outra ponta do mundo, para descobrir a verdadeira dimensão da competição que os países latino-americanos enfrentarão na corrida global por exportações, investimentos e progresso econômico. Antes de chegar a Pequim, li inúmeros artigos sobre o espetacular crescimento econômico da China e de outros países asiáticos, como Taiwan, Cingapura e Coréia do Sul. E estava admirado de antemão com o êxito chinês de tirar centenas de milhões de pessoas da pobreza nas últimas duas décadas, desde que o país se abriu para o mundo. No entanto, jamais imaginei o que ia ver e escutar na China.

A partir do momento em que meu avião aterrissou na capital chinesa, fiquei boquiaberto diante das gigantescas dimensões de tudo. Ainda sentado no avião, percebi, da janelinha, que meu vôo se preparava para parar no hangar número 305, o que por si só já é motivo de assombro para um viajante freqüente, acostumado a sair pela porta B-7 do aeroporto de Miami, que tem apenas 107 hangares, ou no hangar 28 do aeroporto da Cidade do México, que tem 42. Quando saí do avião, juntamente com os outros passageiros, me deparei com um aeroporto gigantesco, parecido com um estádio de futebol, só que cinco vezes maior, e de arquitetura futurista. Pelo aeroporto de Pequim transitam nada menos de 38 milhões de pessoas por ano, e ele já está ficando pequeno, segundo soube depois. Saindo do aeroporto, a febre capitalista que se vive na China, disfarçada pelo regime como uma "abertura econômica" dentro do socialismo, me proporcionou uma surpresa atrás de outra.

É difícil não fazer comparações constantes entre o que se vê na China e o que ocorre na América Latina. Horas antes da minha chegada, no vôo de Tóquio a Pequim, li, num dos jornais em inglês distribuídos no avião, uma breve notícia, segundo a qual a Venezuela acabara de fechar por três dias as oitenta lojas da rede McDonald's que operam no país. A medida, segundo o telegrama noticioso reproduzido no jornal, fora tomada pelas autoridades venezuelanas para investigar supostas infrações legais. O autoproclamado governo "revolucionário" da Venezuela afirmava que não toleraria mais as transgressões das multinacionais contra a soberania do país. E, embora a controvérsia não estivesse resolvida na Justiça, as autoridades mandaram fechar as lojas e citavam a medida como uma grande conquista da revolução bolivariana. A notícia não me surpreendeu muito: estive na Venezuela poucos meses antes e ouvi vários discursos incendiários do presidente Hugo Chávez contra o capitalismo, o neoliberalismo e o "imperialismo" norte-americano. Mas o que me assombrou foi que, no dia seguinte à minha chegada à capital chinesa, lendo exemplares recentes do *China Daily* — jornal oficial, de língua inglesa, do Partido Comunista chinês —, encontrei um título que parecia escrito de propósito para diferenciar a China da Venezuela e de outros países "revolucionários": "McDonald's se expande na China!", anunciava com júbilo. A notícia assinalava que a diretoria da multinacional norte-americana estava para iniciar uma visita à China e que seria recebida pelas autoridades máximas do governo. Durante a estada, os ilustres visitantes da empresa multinacional anunciariam a decisão de aumentar sua rede atual de seiscentas lojas na China para mais de mil nos próximos meses. "A China é nossa maior oportunidade de crescimento no mundo", disse ao *China Daily* Larry Light, o diretor de marketing do McDonald's.[1] Que ironia, pensei comigo mesmo: enquanto na China comunista são dadas as boas-vindas com tapete vermelho ao McDonald's, na Venezuela o espantam.

A verdade é que há um enorme contraste entre o discurso político dos comunistas chineses e o de seus primos distantes, mais retrógrados, no cenário político latino-americano. Enquanto os comunistas chineses se desvelam para captar investimentos, boa parte dos políticos, acadêmicos e empresários protecionistas latino-americanos se deleita em afugentá-los. Na China, encontrei um pragmatismo resoluto e uma determinação de captar investimentos para garantir o crescimento a longo prazo. Enquanto Chávez percorria o mundo denunciando o "capitalismo selvagem" e o "imperialismo norte-americano" sob aplausos dos congressos latino-americanos, os chineses estavam dando as boas-vindas aos investidores norte-americanos, oferecendo todo tipo de facilidades econômicas e promessas de segurança jurídica, aumentando o emprego e crescendo a quase 10% todos os anos. Os hierarcas chineses mantêm um discurso político marxista-leninista para justificar sua ditadura de partido único, mas na prática estão realizando a maior revolução capitalista da história universal. Depois do XVI Congresso do Partido Comunista de 2002, que resolveu "desfazer-se de todas as noções que obstaculizam o crescimento econômico", o pragmatismo substituiu o marxismo como valor supremo da sociedade. E, embora nos repugnem os excessos do sistema chinês e não queiramos transplantar esse modelo para a América Latina, não há dúvida de que a estratégia está conseguindo reduzir a pobreza a passos gigantescos. Como veremos no capítulo seguinte, o progresso econômico da China — cuja face mais visível são os guindastes de construção de arranha-céus divisados em toda parte, os automóveis Mercedes Benz e Audi último modelo que transitam pelas ruas e as lojas de alta-costura, como a Hugo Boss e a Guy Laroche anunciadas nas grandes avenidas — deixa qualquer visitante boquiaberto.

Numa das minhas primeiras entrevistas com altos funcionários chineses em Pequim e Xangai, Zhou Xi-an, subdiretor geral da Comissão Nacional de Desenvolvimento e Reforma — o poderoso departamento de planejamento da economia chinesa —, contou-me que 60% da economia chinesa já está em mãos privadas. E a percentagem sobe diariamente, acrescentou. Zhou, homem de cerca de quarenta anos que não falava uma palavra de inglês, apesar de ser doutorado em Economia e trabalhar no setor mais conectado com o Ocidente do governo chinês, recebeu-me no majestoso edifício da Comissão, na rua Yuetan do centro da cidade. Curioso para saber até onde a China andou em sua marcha para o capitalismo, fui ao encontro armado com um feixe de recortes jornalísticos sobre a onda de privatizações que ocorria no país. Acostumado a viajar a países onde a palavra "privatização" tem conotações negativas, em parte por seus resultados nem sempre satisfatórios, pensava que alguns dos dados que lera sobre a China eram exagerados ou, ao menos, não seriam admitidos publicamente pelos funcionários do governo comunista. Mas estava enganado.

"É verdade que os senhores pensam em privatizar cem mil empresas públicas nos próximos cinco anos?", perguntei ao doutor Zhou, artigo na mão, por intermédio de meu intérprete. O funcionário meneou a cabeça negativamente, quase zangado. "Não, esse número é falso", respondeu. E imediatamente, quando pensei que ele ia fazer um discurso em defesa do socialismo e acusar os jornais estrangeiros de exagerarem o tom sobre as privatizações, acrescentou: "Vamos privatizar muito mais." E a seguir o doutor Zhou me explicou que o setor privado é "o principal motor do desenvolvimento econômico da China e que deve ser dada a ele a maior liberdade possível. Eu não podia acreditar no que estava ouvindo. O mundo estava de pernas para o ar.

Daí em diante minhas entrevistas com funcionários, acadêmicos e empresários na capital chinesa me trouxeram uma surpresa após outra. Sobretudo quando entrevistei os maiores especialistas sobre a América Latina, que — sentados ao lado da bandeira vermelha e professando fidelidade plena ao Partido Comunista — me assinalaram que os países latino-americanos necessitavam de mais reformas capitalistas, mais abertura econômica, mais livre-comércio e menos discursos pseudo-revolucionários. Um deles, como relatarei mais adiante, disse-me que um dos principais problemas da América Latina é que ainda continua acreditando na teoria da dependência, o credo econômico dos anos 1960 segundo o qual a pobreza latino-americana se deve à exploração dos EUA e da Europa. Na China, o Partido Comunista deixou essa teoria para trás há várias décadas, convencido de que o país é o único responsável por seus êxitos ou fracassos econômicos. Atribuir a culpa aos outros não só era equivocado mas contraproducente, porque desviava a atenção pública do objetivo nacional, que era aumentar a competitividade, garantiu-me o entrevistado. Esse era o novo mantra da política chinesa, que eclipsava todos os demais: o aumento da competitividade como ferramenta para reduzir a pobreza.

A única saída: investimentos produtivos

Nos dois anos anteriores à escrita destas linhas, fiz uma volta ao mundo para recolher idéias sobre o que a América Latina deveria fazer para romper o círculo vicioso de pobreza, desigualdade, frustração, delinqüência, populismo, fuga de capitais e aumento da pobreza. Além da China, viajei a lugares tão diferentes como Irlanda, República Tcheca, Polônia, Espanha e mais de uma dezena de países latino-americanos. E, ainda que os estados que progridem sejam diferentes entre si, eles têm um denominador comum: todos cresceram graças a um aumento dos investimentos produtivos. Se há algo a ensinar ao restante do mundo é que somente aumentando os investimentos se pode conseguir um crescimento econômico a longo prazo que ofereça oportunidades de emprego aos mais pobres e rompa o círculo vicioso que evita a decolagem da América Latina. Se os países latino-americanos conseguirem atrair apenas uma porção dos capitais que hoje estão indo para as fábricas da China, ou para os centros de produção de software na Índia, ou se conseguirem captar uma percentagem dos mais de 400 bilhões de dólares que segundo o banco de investimentos Goldman Sachs os próprios latino-americanos depositam em bancos estrangeiros, a América Latina poderia dar o salto para o desenvolvimento em menos tempo do que muitas pessoas acreditam.² Se algo me surpreendeu em minhas viagens a esses países é a rapidez com que passaram da pobreza à esperança — e a irrelevância de suas ideologias políticas no processo de modernização. Ao contrário do determinismo cultural tão em voga em certos ambientes acadêmicos, não há motivo ideológico, geográfico ou biológico que impeça a América Latina de se converter em um ímã de investimentos da noite para o dia.

O que têm em comum os países por mim visitados? Na aparência, são bem diferentes entre si. Politicamente, possuem sistemas completamente distintos: a China é uma ditadura comunista; a Polônia e a República Tcheca são países ex-comunistas convertidos em democracias com economia de mercado; a Espanha e o Chile são antigas ditaduras de direita que prosperam como democracias capitalistas, governadas por partidos socialistas. Não poderiam, etnicamente, ser mais diferentes: alguns deles, como a China, ufanam-se de ter uma cultura de trabalho milenar, enquanto outros possuem uma história mais identificada com a *siesta*, o vinho e a pândega. Em alguns casos, têm população de mais de um bilhão de habitantes, e em outros, pouco mais de dez milhões. As diferenças entre eles são abissais. No entanto, todos conseguiram atrair uma enchente de investimentos estrangeiros, em boa parte graças à sua capacidade de manter políticas econômicas sem mudar de rumo a cada mudança de governo, e estão investindo na educação de sua gente.

Na nova geografia política mundial há, *grosso modo*, dois tipos de nações. As que atraem capitais e as que espantam capitais. Se um país consegue captar capitais, quase todo o restante é aleatório. No século XXI, a ideologia dos países é um detalhe cada vez mais irrelevante: há governos comunistas, socialistas, progressistas, capitalistas e supercapitalistas que conseguem enorme crescimento econômico com grande redução da pobreza, e há os que se embandeiram nas mesmas ideologias que estão fracassando miseravelmente. O que diferencia uns dos outros é sua capacidade de atrair investimentos que gerem riqueza e empregos, e — na maioria dos casos, pelo menos no Ocidente — suas liberdades políticas.

Há cada vez menos pobres no mundo

Antes de entrar em detalhes, convenhamos que, ao contrário da visão apocalíptica de muitos latino-americanos, segundo a qual a globalização aumenta a pobreza, o que está ocorrendo no plano mundial é exatamente o contrário. A pobreza no mundo — embora ainda em padrões intoleráveis — caiu dramaticamente nos últimos anos em todos os lugares, menos na América Latina. A globalização, longe de aumentar a percentagem de pobres no mundo, ajudou a reduzi-la drasticamente: nos últimos vinte anos, a percentagem de gente que vive na extrema pobreza em todo o mundo — com menos de um dólar por dia — caiu de 40 para 21%.[3] E a pobreza geral — quantidade de pessoas que vive com menos de 2 dólares por dia — caiu também, no plano mundial, embora não tão dramaticamente: passou de 66% da população mundial em 1981 para 52% em 2001.[4] De modo que, em geral, o mundo avança, ainda que sem a rapidez que muitos desejaríamos.

Mas lamentavelmente, para os latino-americanos, quase toda a redução da pobreza ocorre na China, Índia, Taiwan, Cingapura, Vietnã e nos demais países do leste e do sul da Ásia, onde vive a maior parte da população mundial. Por que os asiáticos se dão melhor do que os latino-americanos? Em grande parte, porque estão atraindo mais investimentos produtivos do que a América Latina. Há três décadas, os países asiáticos recebiam apenas 45% do total real dos investimentos que iam para o mundo em desenvolvimento. Hoje em dia, o percentual de investimentos na Ásia subiu para 63%, de acordo com dados da ONU.[5] E na América Latina ocorreu o contrário: os investimentos caíram dramaticamente. Enquanto os países latino-americanos recebiam 55% de todos os investimentos do mundo em desenvolvimento há três décadas, atualmente somente recebem 37%.[6]

Há um montante limitado de capitais no mundo, e o grosso dos investimentos nos países em desenvolvimento se concentra na China e em outras nações da Ásia, nos países do antigo Leste europeu e alguns isolados da América Latina, como o Chile. E apesar de ter havido leve crescimento de investimentos na América Latina em 2004, a China está recebendo mais investimentos estrangeiros do que todos os 32 países latino-americanos e do Caribe juntos. De fato, a China, sem contar Hong Kong, está captando 60 bilhões de dólares por ano em investimentos estrangeiros diretos, contra 56 bilhões de todos os países latino-americanos e caribenhos.[7] Somando o investimento estrangeiro direto em Hong Kong, a China capta 74 bilhões de dólares anuais, e a diferença com a América Latina é ainda maior. E, o que é mais triste, as remessas de parentes enviadas pelos latino-americanos que vivem no exterior estão prestes a superar o montante total dos investimentos estrangeiros na região. Não é necessário ser gênio para entender por que a China vai tão bem: os chineses recebem uma avalanche de investimentos estrangeiros que permite abrir milhares de novas fábricas por ano, aumentar empregos, fazer as exportações crescerem e reduzir a pobreza a passos gigantescos. Nas últimas duas décadas, desde que se abriu para o mundo e se inseriu na economia global, a China conseguiu tirar da pobreza mais de 250 milhões de pessoas, segundo dados oficiais. E enquanto aumentou suas exportações em 17% anualmente na última década, a América Latina só vem conseguindo num ritmo de 5,6% anuais, segundo estimativas da Corporación Andina de Fomento. À medida que o tempo corre, a China ganha mais mercado e desloca cada vez mais seus competidores em outros lugares do mundo. Em 2003, pela primeira vez, desbancou o México como segundo maior exportador para os EUA, depois do Canadá.

O que fazem os chineses, irlandeses, poloneses, tchecos e chilenos para atrair capitais estrangeiros? Olham ao seu redor, em vez de olhar para dentro. Em vez de se comparar como estavam, eles próprios, cinco ou dez anos antes, comparam-se com o restante do mundo e tratam de galgar posições na competição mundial atrás de investimentos e exportações. Vêem a economia mundial como um trem em movimento, no qual se sobe ou se fica para trás. E, tal como me assinalaram altos funcionários chineses em Pequim, em vez de se enredar em intermináveis discussões sobre as virtudes e os defeitos do livre-comércio, ou do neoliberalismo, ou do imperialismo da vez, a China se concentra no tema que considera prioritário: a competitividade. O mesmo ocorre na Irlanda, na Polônia ou na República Tcheca, que já são parte de acordos de livre-comércio regionais, mas sabem que a chave do progresso econômico é ser mais competitivo do que os outros. À diferença de muitos países latino-americanos enredados em debates sobre o livre-comércio, como se fosse um fim em si mesmo, os países que mais crescem não perdem de vista o ponto central: de pouco servem os tratados de livre-comércio se um país não tem o que exportar, porque não pode competir em qualidade, preço ou volume com outros países do mundo.

"Aqui ainda se pode viver muito bem"

Quando comentei com vários amigos que se dedicam à análise política da América Latina que estava escrevendo este livro, tratando de comparar o desenvolvimento da América Latina com o de outras regiões do mundo, muitos me disseram que eu perdia tempo. Era um exercício inútil, diziam, porque partia da falsa premissa de que há grupos de poder na região que desejam mudar as coisas. Ainda que muitos membros das elites latino-americanas saibam que seus países estão ficando para trás, não têm o mínimo incentivo para mudar o sistema, que funciona pessoalmente muito bem para eles, diziam-me. Que incentivo para mudar as coisas têm os políticos eleitos graças ao voto viciado daqueles que recebem subsídios estatais que beneficiam alguns mas afundam a sociedade em seu conjunto? Por que vão querer mudar as coisas os empresários áulicos, que recebem contratos fabulosos de governos corruptos? E por que vão querer mudar as coisas os acadêmicos e os intelectuais "progressistas" das universidades públicas que se escudam na autonomia universitária para não prestar contas a ninguém de sua ineficiência? Por mais que digam o contrário, nenhum desses setores quer arriscar mudanças que possam afetar seus bolsos ou seu estilo de vida. Meu esforço era bem-intencionado, mas totalmente inútil, diziam meus amigos, dando de ombros.

Não concordo. Há um novo fator que está mudando a equação política na América Latina e que faz com que cada vez menos pessoas se conformem com o *status quo*: a explosão da delinqüência. De fato, a pobreza na América Latina deixou de ser um problema exclusivo dos pobres. No passado, os níveis de pobreza na região eram altíssimos, e a distribuição da riqueza obscenamente desigual, mas nada disso incomodava muito a vida das classes mais abastadas. As pessoas sem recursos viviam nas periferias das cidades e — salvo esporádicos estalidos de protesto social — não alteravam a vida quotidiana das classes abastadas. Não é casual que os turistas norte-americanos e europeus em visita às grandes capitais latino-americanas fiquem deslumbrados com a alegria de viver que se respira nos bairros mais abastados. "Os latino-americanos é que sabem viver!", exclamam os visitantes. Férias de quatro semanas, restaurantes cheios, hábito da sobremesa, reuniões familiares aos domingos, humor ácido a respeito dos governantes da vez, paixão compartilhada pelo futebol, hábito de tomar café com os amigos, riqueza musical e passeio pelas ruas conferiam à região uma qualidade de vida não encontrada em muitos lugares do mundo. Quem tinha rendimento médio ou alto dizia, orgulhoso: "Apesar de tudo, aqui ainda se pode viver muito bem." Embora a América Latina tivesse um dos índices de pobreza mais altos do mundo, e a pior distribuição de renda do planeta, sua classe dirigente podia se dar o luxo de continuar negaceando. Os pobres estavam presentes no discurso político, mas invisíveis na realidade quotidiana. A pobreza era um fenômeno trágico, mas encoberta por trás dos muros que se erguiam à margem das auto-estradas.

Essa época chegou ao fim. Hoje em dia a pobreza na América Latina aumentou para 43% de sua população, segundo dados da ONU. E o aumento da pobreza, juntamente com a desigualdade e a expansão das comunicações — que leva aos lares mais humildes as imagens de como vivem os ricos e famosos —, produz uma crise de expectativas insatisfeitas que se traduz em cada vez mais frustração e cada vez mais violência. Há uma guerra civil não declarada na América Latina que está mudando a vida quotidiana de pobres e ricos igualmente. Nas *villas* da Argentina, nas favelas do Brasil, nos *cerros* em Caracas e nas *ciudades perdidas* na Cidade do México formam-se legiões de jovens criados na pobreza, sem estrutura de família, que vivem na economia informal e não têm a menor esperança de se inserir na sociedade produtiva. Na era da informação, esses jovens crescem recebendo uma avalanche de estímulos sem precedentes que os animam a ingressar num mundo afluente, num momento histórico em que — paradoxalmente — as oportunidades de ascensão social para quem carece de educação ou treinamento profissional são cada vez mais reduzidas.

A região mais violenta do mundo

A combinação do aumento das expectativas e da diminuição das oportunidades para os setores de menor educação é um coquetel explosivo, e o será cada vez mais. Ela está levando a que, progressivamente, mais jovens marginalizados pulem os muros de suas cidades ocultas, armados e desinibidos pela droga, para entrar nas zonas comerciais e residenciais e assaltar ou seqüestrar qualquer pessoa que pareça bem vestida ou carregue consigo algum objeto brilhante. E à medida que esse exército de marginais avança, as classes produtivas se escondem cada vez mais dentro de suas fortalezas muradas. Os novos edifícios de luxo em qualquer cidade latino-americana já não apresentam somente sua guarita blindada na entrada, com guardas equipados com armamento de guerra, mas também têm seu ginásio, quadra de tênis, piscina e restaurante dentro do mesmo complexo, para que ninguém seja obrigado a se expor a uma saída. Tal como ocorria na Idade Média, os executivos latino-americanos vivem em castelos fortificados, cujas pontes — devidamente protegidas por seguranças — baixam à hora de sair para trabalhar de manhã e erguem-se à noite para impedir a passagem do inimigo. Hoje, mais do que nunca, a pobreza, a marginalidade e a delinqüência estão erodindo a qualidade de vida de todos os latino-americanos, incluindo os mais endinheirados.

Neste momento há 2,5 milhões de seguranças na América Latina.[8] Só em São Paulo, no Brasil, há 400 mil, três vezes mais do que o efetivo da polícia estadual, segundo o jornal *Gazeta Mercantil*. No Rio de Janeiro, a guerra é total: os delinqüentes matam 133 policiais por ano — média de dois por semana, mais do que em todo o território dos EUA — e a polícia responde com execuções extrajudiciais de até mil suspeitos por ano.[9] Em Bogotá, Colômbia, capital mundial dos seqüestros, há sete seguranças para cada policial e prosperam várias indústrias relacionadas à segurança. Um empresário chamado Miguel Caballero me contou que está fazendo fortuna desenhando roupas blindadas de última moda. Agora, os empresários e políticos podem vestir *guayaberas* (casaquinhos de tecido leve), jaquetas de couro ou trajes forrados com material à prova de bala, que ninguém percebe. "Desenvolvemos uma indústria pioneira", comentou, com orgulho, Caballero. Sua empresa vende 22 mil roupas blindadas por ano, e boa parte delas é exportada para o Iraque e vários países do Oriente Médio. "Já temos 192 modelos. E estamos desenvolvendo uma linha feminina, para uso interior e exterior", acrescentou o empresário.[10]

A América Latina é atualmente a região mais violenta do mundo. Já se tornou uma anedota habitual em conferências internacionais sobre delinqüência dizer que alguém tem mais probabilidade de ser agredido caminhando pela rua de paletó e gravata na Cidade do México ou em Buenos Aires do que disfarçado de soldado norte-americano em Bagdá. Segundo a Organização Mundial de Saúde, de Genebra, a taxa de homicídios na América Latina é de 27,5 vítimas para cada 100 mil habitantes, comparada com 22 vítimas na África, 15 no Leste europeu e apenas uma nos países industrializados. "Como região, a América Latina tem a taxa de homicídios mais alta do mundo", disse-me Etienne Krug, especialista em violência da OMS, numa entrevista telefônica que me concedeu em Genebra. "Os homicídios são a sétima causa de morte na América Latina, enquanto são a 14ª na África e a 22ª no mundo."[11] E a possibilidade de que um homicida ou um ladrão vá para a cadeia é reduzida: enquanto a população carcerária nos EUA — uma das mais altas do mundo — é de 686 pessoas por cada 100 mil habitantes, na Argentina é de 107 pessoas por cada 100 mil habitantes, no Chile de 204, na Colômbia de 126, no México de 156, no Peru de 104 e na Venezuela de 62.[12] Em outras palavras, a maioria dos crimes, na América Latina, permanece impune.

"Estamos diante de um fenômeno epidêmico"

Em poucos lugares a qualidade de vida caiu tão precipitadamente como nas grandes capitais da região. Buenos Aires, a majestosa capital argentina que até há pouco era uma das cidades mais seguras do mundo, onde seus habitantes se gabavam de que as mulheres podiam caminhar sozinhas até altas horas da noite, é hoje uma cidade aterrorizada pela delinqüência. Já antes do colapso econômico de 2001 as populações marginais se instalavam perto do centro da cidade. A *villa* situada ao lado da estação central de Retiro, por exemplo, cresceu de 12.500 habitantes em 1983 para 72.800 em 1998, e sua população tem aumentado muito mais desde então.¹³ E dentro das paredes dessas "*villas* de emergência", a poucas quadras das zonas mais elegantes da cidade, há dezenas de milhares de jovens cujo único espaço de socialização é a rua. Em muitos casos, esses jovens excluídos começam a consumir drogas aos 8 ou 10 anos e a delinqüir pouco depois. "Estamos diante de um fenômeno epidêmico", disse-me, em Buenos Aires, Juan Alberto Yaría, diretor do Instituto de Drogas da Universidade de Salvador e antigo funcionário da província de Buenos Aires. "Estamos vendo cada vez mais pessoas com o cérebro tão danificado pelas drogas, que já não pode haver recuperação... Todos esses garotos que não freqüentam a escola, não conhecem o pai, não pertencem a uma igreja nem a um clube, e vivem na rua e consomem drogas, são mão-de-obra para a criminalidade. E o serão cada vez mais, pelo crescente fenômeno da desfamiliarização — o número de mães solteiras na Argentina subiu de 23% em 1974 para 33% em 1998 — e do consumo de drogas", disse Yaría.¹⁴

No extremo norte da América Latina, as *maras* ou quadrilhas, o mais novo fenômeno de violência organizada na região, estão mantendo em suspense El Salvador, Honduras, Guatemala e o sul do México, e se expandem cada vez mais para a capital mexicana e até para a Colômbia, o Brasil e outros países sul-americanos. Os *mareros*, jovens marginais que se identificam pelas tatuagens e pelos gestos com que se comunicam com os membros de uma mesma quadrilha, já somam mais de 100 mil na América Central, contando apenas os que se submeteram aos ritos de iniciação. Quase metade deles tem menos de 15 anos, segundo as polícias de vários países.

Os *mareros* se originaram em Los Angeles, Califórnia, e se espalharam por toda a região depois de terem sido repatriados dos cárceres dos EUA para seus países de origem. Em Honduras, um desses bandos deteve um microônibus com passageiros que viajavam para seus povoados para celebrar as festas de Ano-novo de 2004 e matou 28 homens, mulheres e crianças, simplesmente em revanche a uma ofensiva policial contra as quadrilhas. Para as crianças, as *maras* são a única possibilidade de alcançar reconhecimento social. O *marero* é o herói do bairro. Os jovens competem para ter a oportunidade de se submeter ao rito de iniciação — que pode variar de vender droga a matar um policial —, e, quando capturados, posam triunfantes para as câmeras de televisão. Pertencer à *mara* é o seu maior orgulho.

"O *marero* é o delinqüente do século XXI", disse-me, numa entrevista, Oscar Álvarez, ministro da Segurança de Honduras. "Temos nas *maras* pessoas que se dedicam ao narcotráfico, a ser assassinos de aluguel, ao roubo, ao furto, ao desmembramento de pessoas. Em outras palavras, são máquinas de matar. Mas, à diferença de outros delinqüentes, não se importam com as conseqüências. Diferentemente do assaltante de banco, que põe uma máscara para cometer o crime, eles não se escondem. Mais ainda, a propaganda dada pelos meios de comunicação serve para que eles ascendam na hierarquia de seus grupos."[15]

A Mara Salvatrucha, em El Salvador, tem mais de 50 mil membros, que não apenas roubam, assaltam e seqüestram, mas também torturam e decapitam suas vítimas como sinal de poder. A explosão das *maras* está provocando a formação de governos linha-dura e a aceitação social cada vez maior de procedimentos considerados legais ou humanamente indefensáveis até há pouco. A própria expressão "linha-dura", um termo que não há muito era visto com desconfiança pela maioria dos latino-americanos, converteu-se em palavra com conotações positivas.

O presidente salvadorenho Tony Saca batizou seu programa de segurança de "Super Linha-Dura". De acordo com esse plano, a polícia salvadorenha deteve quase 5 mil jovens suspeitos de integrar uma quadrilha, apenas porque tinham tatuagens. A polícia simplesmente interroga os jovens com aspecto de quadrilheiros, exige que eles tirem a camisa para verificar se têm tatuagens ocultas e leva-os. Quando perguntei ao presidente Saca, na televisão, se sua tática de combate às quadrilhas viola os direitos humanos fundamentais, como o de caminhar pela rua sem interferência do Estado, ele olhou-me com estranheza. "Por quê?", perguntou. "El Salvador mudou o código penal para permitir que a polícia prenda menores de idade", explicou-me. "É claro que protege seus rostos ou a identidade quando os captura, mas definitivamente leva-os para o cárcere", disse Saca. "O rapaz pode ter 15 anos, mas se é um assassino aplica-se a ele o plano Super Linha-Dura, e ele vai para a cadeia. Em alguns casos são irrecuperáveis."[16] Para Saca, e para cada vez mais latino-americanos, a "linha-dura" é a onda do futuro.

E se vem a "africanização"?

Em Washington D.C. e nas principais capitais da União Européia há sérios temores de que a onda de delinqüência que assola a América Latina produza um fenômeno de desintegração social — ou "africanização" — que quebre irreversivelmente a governabilidade, aumente a fuga de capitais e o caos social, e gere "áreas sem lei". Seriam regiões onde os governos não possam exercer sua autoridade e se baseariam nos cartéis de narcotráfico e terrorismo. Curiosamente, enquanto a opinião generalizada em muitos países latino-americanos é de que a pobreza gera maior delinqüência e que, portanto, devem ser concentrados esforços para reduzi-la, nos países industrializados muitos vêem o fenômeno ao contrário. Uma opinião cada vez mais difundida em Washington é de que a delinqüência faz aumentar a pobreza e, portanto, deve-se atacá-la de saída. O Conselho das Américas, a influente associação com sede em Nova York que agrupa 170 multinacionais com operações na América Latina, concluiu em recente relatório que a insegurança é um dos principais fatores de atraso na América Latina, porque está freando os investimentos. Depois de assinalar que, apesar de ter somente 8% da população mundial, a América Latina registrou 75% dos seqüestros ocorridos no mundo em 2003, o estudo do Conselho revelou que uma pesquisa de multinacionais com operações na América Latina mostra que a segurança constitui o "principal risco" para as empresas na região.[17] A pesquisa mostrou que muitas multinacionais não investem na América Latina pelos altos custos da segurança: enquanto os gastos operacionais em segurança representam 3% dos gastos totais das empresas na Ásia, na América Latina a quantidade sobe a 7%.[18]

Para o Pentágono, o aumento da delinqüência e a proliferação de "áreas sem lei" constituem uma preocupação bem maior do que muita gente pensa. Ao contrário do que ocorria há duas décadas, quando os governos de Washington se preocupavam com os governos latino-americanos hostis que assumiam demasiados poderes, agora — na era da luta contra o terrorismo — a maior preocupação parece ser os governos fracos de qualquer signo ideológico que não podem controlar seu território. Essa foi uma das coisas que mais me chamaram a atenção quando entrevistei Donald Rumsfeld, o poderoso secretário de Defesa dos EUA. Quando perguntei qual a sua maior preocupação a respeito da América Latina, a primeira que mencionou não foi o regime de Cuba, nem a Venezuela, nem a guerrilha colombiana, nem qualquer outra ameaça política. Em compensação, referiu-se à onda de criminalidade. Rumsfeld me disse que, "além de proteger o sistema democrático", sua principal preocupação na região "são os problemas da delinqüência, as quadrilhas e o narcotráfico, o tráfico de armas e os seqüestros. Todas estas atividades anti-sociais que vemos não apenas neste hemisfério, mas também em outras partes do mundo, são temas que merecem (muita) atenção".[19]

Da mesma forma, o ex-chefe do Comando Sul das forças armadas dos EUA, general James Hill, disse-me em entrevista que "o tema das *maras* é uma ameaça cada vez maior, com um tremendo potencial de desestabilizar os países".[20] "E de que maneira essa 'desestabilização' afetaria os EUA?", perguntei. Hill assinalou que as *maras* que assassinam e estupram nos bairros latino-americanos estão fazendo aumentar a emigração ilegal para os EUA, tanto das vítimas da delinqüência como dos *mareros*. Os militares dos EUA temem uma invasão de delinqüentes latino-americanos (paradoxalmente, são os seguidores dos *mareros* que os EUA tiraram dos cárceres de Los Angeles e deportaram para a América Central e o Caribe). Já estão sendo vistas, em Nova York, Los Angeles e Miami, quadrilhas de *mareros* que vêm da América Central. "Há seis meses tive uma conversa com o presidente de Honduras, Ricardo Maduro, que me contou que o governo negociava com uma quadrilha, e o chefe da quadrilha disse que precisava da aprovação de seus superiores para os pontos em discussão e ligou para Los Angeles. Esse dado me dá calafrios", disse Hill.[21] "É só uma questão de tempo para que as *maras* reexportem a violência para os EUA e passem da venda de seus serviços ao crime organizado para se converterem em cartéis da droga ou bandos terroristas", acrescentou. "Vai ocorrer o que sucedeu com as Forças Armadas Revolucionárias da Colômbia (FARC) e o narcotráfico há dez anos. Num dado momento, as *maras* vão se perguntar: por que serei intermediário se posso fazer o negócio por conta própria?"[22] Hill concluiu dizendo que a menos que se faça algo com urgência "haverá grandes bairros marginais sem presença da lei, ocupados pelo crime organizado, com conexões internacionais".[23]

Um dos sintomas mais visíveis do crescimento da violência na América Latina é o apogeu imobiliário de Miami. Nos primeiros anos do novo milênio, a cidade de Miami vivia o maior boom da construção de sua história recente. Das quinhentas multinacionais que tinham escritório central para a América Latina em Miami — incluindo Hewlett Packard, Sony, FedEx, Caterpillar, Visa e Microsoft —, muitas tinham se mudado recentemente de países latino-americanos, depois de sofrer problemas de insegurança ou para reduzir seus gastos com segurança. Somente em 2005 construíam-se 60 mil apartamentos em Miami, enquanto nos dez anos anteriores se construíram, no total, apenas 7 mil.[24] E quem compra esses apartamentos? É certo que, em muitos casos, são especuladores que aproveitam os juros baixos e se dirigem para o crescente mercado de turistas europeus que — com o euro forte — queriam comprar propriedades em Miami. Mas uma grande parte dos compradores é de latino-americanos, vítimas da delinqüência. Além dos investidores tradicionais, que querem ter uma propriedade no exterior para se proteger da instabilidade política e econômica em seus países, há cada vez mais empresários que deixam suas famílias em Miami para proteger os filhos de seqüestros, roubos violentos ou assassinatos. Nas áreas exclusivas de Miami, como Key Biscayne, havia um aumento constante de empresários colombianos; na exclusiva ilha de Fisher Island, cada vez mais mexicanos, e em Bal Harbour, cada vez mais argentinos. Há alguns anos comecei uma de minhas colunas do *Miami Herald* dizendo que "o prefeito de Miami deveria erigir uma estátua aos líderes latino-americanos que mais contribuíram para o progresso econômico da cidade: o presidente Fidel Castro, o presidente venezuelano Hugo Chávez e o comandante das FARC,

Manuel Marulanda". Se voltasse a escrever hoje, teria de mudar a segunda parte, para dizer que o prefeito de Miami também deveria erigir uma estátua aos seqüestradores e quadrilheiros, que empurram igualmente ricos e pobres de suas cidades de origem para se estabelecer em Miami. Todos eles são exilados da delinqüência — essa guerra civil não declarada que assola a América Latina.

O tema não é o livre-comércio e sim a competitividade

Tal como me lembraram os funcionários chineses, o motor que faz avançarem os países que progridem na economia global do século XXI não é simplesmente assinar acordos de livre-comércio, mas ser mais competitivos. E nisso não há ideologia que seja útil. Há países de esquerda "capta-capitais" e países de esquerda "espanta-capitais", como existem os de direita nos dois campos. Na China, uma ditadura comunista de 1,3 bilhão de habitantes, o percentual da população que vive com menos de um dólar diário se reduziu de 61 para 17% nas duas últimas décadas. No Vietnã, outra ditadura comunista, acontece o mesmo: desde que o país começou a atrair capitais estrangeiros — a fábrica de calçados esportivos Nike já é o maior empregador, com 130 mil trabalhadores — e a permitir a abertura de mais de 140 mil empresas privadas na última década, está crescendo a 7% ao ano e quase triplicou sua renda *per capita*.

Por outro lado, outro país comunista situado na América Latina, que se negou a abrir sua economia, Cuba, vive numa pobreza deprimente. Atualmente, Cuba tem uma das rendas *per capita* mais baixas da América Latina, o que explica por que o regime cubano se nega a medir sua economia pelos padrões internacionais e prefere divulgar suas próprias cifras alegres. Mas algumas estatísticas oficiais de Cuba, facilmente verificáveis por qualquer visitante da ilha, falam por si só. *Granma*, o órgão oficial do Partido Comunista Cubano, reconheceu recentemente que o salário médio na ilha é de 10 dólares por mês.[25] Um professor em Cuba ganha 9 dólares e 60 centavos por mês; um engenheiro, 14 dólares e 40 centavos, e um médico, 27 dólares por mês.[26] *

---

* Na teoria, o regime cubano fornece à população alimentos subsidiados e cuidados médicos gratuitos que não existem em outros países e que devem ser levados em consideração em qualquer comparação salarial. Mas quem visitou Cuba sabe que o cartão de alimentos só cobre as necessidades mínimas para uma semana por mês e que os serviços médicos em geral só funcionam nos hospitais para turistas. Paradoxalmente, hoje em dia Cuba vive de quase um bilhão de dólares anuais em remessas familiares enviadas pelos cubanos-norte-americanos em Miami, que se converteram na maior fonte de renda da ilha.

A Venezuela, outro país espanta-capitais, empobrece rapidamente apesar de seus fabulosos rendimentos petrolíferos dos últimos anos. Segundo os próprios números do governo venezuelano, a pobreza aumentou de 43 para 53% da população de 1999 a 2004 — os primeiros cinco anos do governo Chávez.[27] Ao contrário do que fazem os chineses, o discurso anticapitalista de Chávez desencadeou uma fuga de capitais de 36 bilhões de dólares e provocou o fechamento de 7 mil empresas privadas nos primeiros anos de seu governo. Incrivelmente, embora o preço do petróleo — o motor da economia venezuelana — tenha subido de 9 para 50 dólares por barril durante os cinco primeiros anos de Chávez no poder, o desemprego no mesmo período aumentou de 13 para 19% da população.[28]

Como fizeram antes tantos outros militares populistas, à medida que aumenta a pobreza na Venezuela, Chávez sobe o tom de sua retórica contra supostos inimigos externos e fecha cada vez mais os espaços da oposição. Certamente culpa a oligarquia pelo fechamento de empresas, distribui petrodólares a muitos desempregados e ganha votos populistas, mas o país empobrece diariamente. Enquanto isso, outros presidentes de esquerda inseridos na economia global, como os do Chile e do Brasil, fazem crescer suas economias, gerando mais emprego e oportunidades. Os resultados econômicos tão diferentes de governos de esquerda como os da China, Vietnã, Brasil, Chile, Venezuela e Cuba só comprovam que as velhas definições políticas de "esquerda" e "direita" perderam o sentido. Os países que avançam são os "capta-capitais", de qualquer sinal. Os que retrocedem são os "espanta-capitais".

O exemplo de Botsuana

Um recente ranking do Fórum Econômico Mundial assinalou que, surpreendentemente, quase todos os países da América Latina estão abaixo de Botsuana em matéria de competitividade internacional. Pareceu-me incrível, quando o li. No tempo em que eu era criança, Botsuana era um dos países mais pobres do mundo, desses que aparecem na capa da revista *National Geographic* ilustrando fomes que requerem atenção mundial. E, no entanto, o ranking de competitividade do Foro, realizado entre 8.700 empresários e profissionais de 104 países, colocou Botsuana acima de todos os países da América Latina, com exceção do Chile. O ranking se baseia na percepção dos entrevistados sobre os principais fatores que atraem os investimentos, como o clima para negócios, a qualidade das instituições e os níveis de corrupção. Os países que ocupam os primeiros lugares são, nesta ordem, Finlândia, EUA e Suécia. Segue-se uma longa lista de países da Europa e da Ásia, e o Chile, que estava em 22º lugar. A seguir, vem outra longa lista de nações como Jordânia, Lituânia, Hungria, África do Sul e Botsuana. Mais abaixo — bem mais abaixo — estão México, Brasil, Argentina e os demais países latino-americanos.

Outro estudo semelhante, divulgado pela empresa de consultoria AT Kearney, colocava os países latino-americanos nos últimos lugares de um ranking de 25 nações, de acordo com seus atrativos para investimentos. Segundo o ranking de Kearney, baseado numa pesquisa com mil executivos, os países mais atraentes para investimentos eram a China, os EUA e a Índia. Brasil e México caíram para o 17º e o 22º, respectivamente, depois de figurar entre os dez primeiros no ano anterior. O restante da América Latina nem aparece na lista.

Intrigado, perguntei ao chefe dos economistas do Fórum Econômico Mundial em Genebra, Suíça, Augusto López-Claros, o que Botsuana faz que a América Latina não está fazendo. Ele me explicou que Botsuana cresce sustentadamente, num dos ritmos de expansão mais altos do mundo, desde sua independência em 1966. Graças a uma disciplina fiscal férrea e a uma política econômica responsável — e, é claro, com a ajuda nada desprezível de sua produção de diamantes —, Botsuana passou rapidamente de um dos países mais pobres do mundo para um de boa renda média. Hoje tem um produto *per capita* de quase 8.800 dólares anuais, mais do que o Brasil e quase tanto quanto o México. López-Claros destacou que, em sua pesquisa, os empresários de Botsuana se queixam bem menos que os mexicanos, brasileiros e argentinos de problemas como qualidade das instituições públicas, eqüidade do governo em seu trato com as empresas privadas ou incidência da delinqüência comum nos custos de fazer negócios. Mas sobretudo, disse Lópes-Claros, Botsuana oferece uma vantagem enorme, que não se vê em muitos países latino-americanos: a previsibilidade. É um país que, embora atravesse uma crise gravíssima pela epidemia de Aids e se localize num continente de constantes golpes de Estado e guerras regionais, não mudou as regras do jogo. Seus próprios empresários e os estrangeiros apostam em seu futuro.

De fato, há um consenso cada vez maior no mundo de que os países com maior êxito têm em comum a previsibilidade, segurança jurídica e clima favorável aos investidores. Na Espanha, as eleições são ganhas pelos socialistas, depois pelos conservadores e depois os socialistas voltam a ganhar, sem que os investidores fujam apavorados do país. O mesmo se passa em praticamente todos os países desenvolvidos e — na América Latina — no Chile. O Chile é o país politicamente mais maçante da região, e nisso reside boa parte de seu êxito: não tem líderes messiânicos que produzem grandes manchetes com seus discursos no balcão presidencial, nem quarteladas. É o primeiro país da América Latina que aparece na lista de competitividade do Fórum Econômico Mundial, em grande parte por sua estabilidade: teve governos direitistas, centristas e socialistas sem perder o rumo. Isso lhe permitiu ter o crescimento mais sustentável da América Latina e o maior êxito na luta contra a pobreza: de 1990 até 2000, a percentagem de chilenos que vivem na pobreza caiu quase pela metade, de 39 para 20% da população. Os índices de pobreza absoluta caíram mais ainda: de 13% da população em 1990 para 6% em 2000, segundo dados do Banco Mundial. E desde 2003, quando o Chile assinou seu acordo de livre-comércio com os EUA, as projeções são de crescimento econômico maior e de uma redução da pobreza ainda mais acelerada.

O milagre chileno

Como os chilenos conseguiram manter sua estabilidade? Em parte, o milagre chileno se deveu à fadiga política. A experiência da ditadura do general Augusto Pinochet foi tão traumática, dividiu tantas famílias, gerou tantos exílios e tantas mortes, que a sociedade chilena optou pelo caminho da moderação. Mas também houve um elemento de pragmatismo, que ajudou os governantes de centro e de esquerda dos últimos anos a construírem sobre a base do que herdaram, em lugar de tentar inventar a quadratura do círculo e fazer tábua rasa de tudo o que já existia. Tanto o democrata-cristão Patricio Aylwin, o primeiro presidente democrático do Chile depois de dezessete anos de ditadura de Pinochet, como seu correligionário Eduardo Frei e o socialista Ricardo Lagos*, que o sucederam, evitaram a tentação de destruir aquilo que seus adversários políticos fizeram. Pensaram no país antes de si próprios. Sobretudo o fato de ter uma esquerda inteligente e moderna permitiu ao Chile estabelecer um clima de previsibilidade que melhorou paulatinamente a economia, tornando-a cada vez mais solidária com as classes marginalizadas de sua população e sempre mais aberta ao mundo.

Em 6 de junho de 2003, dia em que o Chile assinou seu acordo de livre-comércio com os EUA, em Miami, perguntei à então chanceler chilena Soledad Alvear como ela resumiria a fórmula do sucesso chileno. Acabáramos de falar sobre os vaivéns políticos e econômicos por que atravessavam os países vizinhos do Chile, como a Argentina, que vivia uma das piores crises de sua história. Qual era o segredo do Chile? Alvear respondeu que, se tivesse de citar um motivo acima dos outros, escolheria a decisão da sociedade chilena de eleger

---

* E também a socialista Michelle Bachelet, a partir de março de 2006. (*N. do T.*)

um rumo e mantê-lo. "Não se podem reinventar, em cada governo, os objetivos estratégicos do país", disse a chanceler. "Estabelecemos objetivos estratégicos-chave para o país, mantidos no tempo. Há um consenso na sociedade a respeito da necessidade de se ter políticas econômicas sérias, responsabilidade fiscal, e ninguém duvida da benignidade de uma política de abertura econômica", assinalou.[29]

Em outras palavras, sem previsibilidade não há investimento. E se alguém quisesse levar esse argumento ao extremo, poderia argumentar que os países latino-americanos sequer necessitam de tanto investimento estrangeiro: poderiam obter enorme injeção de capitais apenas atraindo para seu território os gigantescos depósitos de seus próprios cidadãos no exterior. Se os latino-americanos repatriassem esses depósitos, os países da região receberiam uma injeção de investimentos que reativaria imediatamente suas economias. Se não repatriam, não é por falta de patriotismo nem de melhor retorno do capital, mas sim por falta de confiança na continuidade das regras do jogo.

Tal como assinalou magistralmente Rudiger Dornbush, o falecido economista do Instituto de Tecnologia de Massachusetts (MIT), quando lhe perguntaram durante uma visita à Argentina por que o país tinha tantas dificuldades: "Os países desenvolvidos têm normas flexíveis, de cumprimento rígido. Vocês têm normas rígidas de cumprimento flexível." Ou seja, nos países que funcionam, os parlamentos atualizam suas leis periodicamente, mas quando as atualizam os governos as fazem cumprir. Nos outros, as leis são estáticas mas não necessariamente inflexíveis. Enquanto não se respeitarem as leis e não existir confiança, os países não receberão investimentos nacionais nem estrangeiros e terão de continuar se endividando para manter suas economias flutuando.

A opção supranacional

O que podem fazer os países latino-americanos para atrair investimentos, crescer e reduzir a pobreza? Considerando a resistência majoritária ao modelo "ortodoxo" aconselhado pelo Fundo Monetário Internacional, e o fracasso categórico dos modelos espanta-capitais de Cuba e da Venezuela, talvez tenha chegado o momento de considerar uma nova opção de crescimento: a via supranacional. Embora a supranacionalidade não esteja passando pelo seu melhor momento na Europa, após a derrota do voto pela Constituição da União Européia na França e na Holanda em meados de 2005, tem sido o modelo de crescimento mais bem-sucedido e eqüitativo da história contemporânea. Diante da falta de consensos internos para adotar políticas de crescimento sustentáveis na América Latina, talvez não haja outra maneira mais fácil e efetiva de converter nossos países em centros de investimento confiáveis senão por intermédio de acordos macroeconômicos supranacionais.

Como ocorreu na União Européia, os acordos supranacionais ajudam os países a se autodisciplinar. À diferença do que ocorreu no Chile, onde se conseguiram consensos internos sobre as políticas econômicas a longo prazo, na maioria dos países latino-americanos não existe tal consenso. Ao contrário, vive-se numa polarização total. Em quase todos os países da região, a falta de consenso impede a adoção de políticas de Estado que estimulem o investimento produtivo a longo prazo. No entanto, a experiência européia demonstra que os consensos internos podem ser conseguidos, em condições favoráveis, vindos de fora. Na Espanha, em Portugal e em outros países da União Européia, a estabilidade e a confiabilidade foram conseguidas mediante a assinatura de tratados supranacionais que obrigavam seus membros a respeitar regras de jogo e geraram confiança dentro e fora de suas fronteiras. Unir-se a acordos supranacionais lhes serviu de vacina contra o populismo e os extremismos políticos.

Para a Polônia, a República Tcheca e outros países do antigo Leste europeu, que em muitos casos têm histórias de incerteza política semelhantes aos países da América Latina, passar a fazer parte da União Européia em 2004 significou — como antes para a Espanha e Portugal — assinar um pacto de previsibilidade. Todos esses países deixaram para trás suas antigas interpretações sobre a soberania política e econômica e se comprometeram a seguir políticas econômicas responsáveis e regras democráticas inflexíveis. De certa maneira, ocorreu algo parecido na China: o regime comunista usou a incorporação do país à Organização Mundial do Comércio em 2001 como justificativa para implementar dramáticas reformas econômicas que não tinham um apoio interno absoluto. Todos esses países centraram sua estratégia de desenvolvimento em acordos externos. Passaram da era do nacionalismo à do supranacionalismo. E ainda que na Europa estivessem atravessando uma crise de meia-idade, o certo é que nas últimas quatro décadas eles se deram bem.

Por qual marco supranacional deveria optar a América Latina? Uma Área de Livre-Comércio das Américas (Alca) com os EUA? Uma comunidade latino-americana-européia? Uma comunidade latino-americana? A melhor opção seria todas e cada uma delas. Qualquer dessas variantes — ou as mesmas variantes reforçadas, como seria o caso do México se conseguir aprofundar seu tratado de livre-comércio com os EUA e o Canadá — lhes permitiria se apresentar diante do restante do mundo como países sérios, sujeitos a regras de jogo claras e com mecanismos de resolução de controvérsias que atrairiam muito mais investimentos estrangeiros. Para falar com toda a franqueza, e numa linguagem que nenhum político pode usar, os países latino-americanos necessitam do que funcionou tão bem na Europa: uma camisa-de-força.

A longa história de golpes de Estado, nacionalizações, confiscos e moratória da dívida externa, somada à retórica espanta-capitais, gerou má fama aos latino-americanos. Boa parte dos investimentos que a região está recebendo são pequenos, especulativos, a curto prazo, buscando o negócio mais rápido com lucros extraordinários. Os grandes investimentos corporativos das multinacionais norte-americanas, européias e asiáticas estão indo para países mais previsíveis, em outras partes do mundo.

Ao contrário do que pensam muitos líderes políticos latino-americanos, a principal razão para criar uma Comunidade das Américas — em qualquer de suas variantes — não é econômica, mas jurídica: a América Latina necessita de um contrato político, como o que une os países da União Européia, que assegure a estabilidade. Não se trata de criar um governo supranacional que tome todo tipo de decisões, mas de estabelecer uma autoridade compartilhada para vigiar certos comportamentos fundamentais, bem específicos, como a administração responsável da economia, da democracia e dos direitos humanos.

A União Européia conseguiu criar essa camisa-de-força para seus membros adotando o conceito de "soberania compartilhada". Segundo os regulamentos da UE: "Compartilhar a soberania significa, na prática, que os Estados-membros delegam alguns de seus poderes decisórios às instituições comuns, criadas por eles para tomar democraticamente e no plano europeu decisões sobre assuntos específicos de interesse conjunto."[30] Para serem membros da União Européia, os países candidatos devem cumprir parâmetros concretos de democracia, direitos humanos, economia de livre-mercado e aceitar se submeter às regras da comunidade. À diferença de um simples acordo de livre-comércio, a União Européia tem instituições supranacionais — como o Parlamento Europeu, o Conselho da União Européia, o Tribunal de Justiça Europeu e o Banco Central Europeu — que possuem jurisdição sobre aspectos específicos das decisões de cada país-membro. Em outras palavras, na União Européia não pode surgir um líder populista radical que dê um golpe militar ou constitucional, ou que ordene o confisco de empresas estrangeiras. Se surgir, é expulso do clube e deixa de gozar de seus benefícios.

Os blocos regionais do século XXI

A supranacionalidade é uma necessidade econômica, porque a América Latina nunca poderá competir com o bloco europeu ou asiático, a menos que tenha uma economia de escala. Que empresa internacional fará um investimento de importância na Bolívia, com um mercado de apenas 9 milhões de habitantes, quando pode investir na República Tcheca, um país de população semelhante, mas que graças ao fato de pertencer a um mercado comum pode exportar sem tarifas aduaneiras para um mercado de 460 milhões de pessoas?

O mundo está se dividindo em três grandes blocos de comércio: o da América do Norte e América Central, que representa em torno de 25% do produto bruto mundial; o da União Européia, com 16%; e o da Ásia, com 23%, embora seu processo de integração esteja apenas se iniciando.[31] O Tratado de Livre-Comércio da América do Norte, entre os EUA, o Canadá e o México, já é um bloco de 426 milhões de pessoas com um produto bruto de 12 trilhões de dólares anuais. A União Européia, com 25 membros, debate a admissão de outros quatro membros — Croácia, Romênia, Bulgária e Turquia —, o que a converteria num bloco de quase trinta países com um produto bruto conjunto de mais de 8 trilhões de dólares por ano e 460 milhões de pessoas. A China acaba de assinar um acordo comercial com os países da Associação de Países do Sudeste Asiático (Asean) — que inclui Indonésia, Malásia, Filipinas, Cingapura, Tailândia e Vietnã — pelo qual se criará o maior bloco de livre-comércio do mundo em termos de população, embora não em tamanho da economia, a partir de 2007. O bloco asiático terá 1,7 bilhão de pessoas, e se a Índia se unir a ele no futuro teria 3 bilhões de pessoas.

Nesse contexto, os países da América Latina cujas exportações não tenham acesso preferencial a algum desses três grandes blocos de comércio mundiais ficarão marginalizados e serão cada vez mais pobres. Ficar encerrados na região, ou criar um bloco puramente regional, será autocondenar-se à pobreza, porque o lugar que a América Latina ocupa na economia mundial é bem pequeno. A região representa apenas 7,6% do produto bruto mundial e 4,1% do comércio mundial.[32] Ou seja, quase nada. E a cada dia que passa, sem se integrar a um mercado maior, sua presença no comércio internacional será menor, porque os membros dos blocos comerciais maiores comerciarão entre si, fazendo uso de suas preferências alfandegárias, e crescerão cada vez mais aceleradamente. O mercado da América Latina será muito pequeno — e arriscado — para justificar grandes investimentos estrangeiros. Por não se integrar a um bloco maior, a região continuará atrasada. Como no jogo infantil das cadeiras, se a América Latina não se inserir num dos grandes blocos mundiais, ficará sem lugar para se sentar.

Os líderes políticos latino-americanos concordam — com razão — que estariam mais dispostos a assinar um acordo supranacional hemisférico se os EUA atuassem como o fizeram os países mais ricos da Europa e ajudassem a financiar o crescimento de seus vizinhos mais pobres. Na Europa, a Alemanha e a França desembolsaram bilhões de dólares nos anos 1980 para impulsionar o desenvolvimento econômico na Espanha, Portugal, Grécia e Irlanda. E de 2000 a 2006 doaram quase 22 bilhões de dólares para obras de infra-estrutura nos países menos desenvolvidos da União Européia, incluídos os novos sócios do antigo Leste europeu. No entanto, como ouvi dos próprios funcionários espanhóis e irlandeses, a ajuda econômica da União Européia, embora importante, explica apenas uma parte do êxito europeu, e talvez a menos significativa.

Na Irlanda, ao contrário do que se esperava, a maioria dos funcionários e políticos com quem falei me assegurou que a ajuda econômica européia representou um papel relativamente menor no "milagre celta". O segredo do êxito irlandês foi se submeter a regras supranacionais de adesão à democracia, à economia de mercado e ao acesso preferencial a um mercado muito maior, garantiram-me. Segundo me afirmaram em Dublin e depois — em diferentes idiomas — nos países da antiga União Soviética, o que estimulou a confiança e os investimentos estrangeiros foi a combinação de maiores garantias de certeza estipuladas por acordos legais supranacionais e o mercado ampliado. Na América Latina, como as coisas estão agora, os países não podem se beneficiar nem de uma coisa nem de outra.

Mas por acaso a recém-criada Comunidade Sul-americana não é um passo nessa direção?, perguntei a muitos funcionários da União Européia. A resposta foi unanimemente negativa. Quando os presidentes sul-americanos se reuniram em Cuzco, Peru, no fim de 2004, para assinar a ata de constituição da Comunidade Sul-americana, assinaram um acordo grandiloqüente cheio de boas intenções, mas não projetaram um marco legal comum para a região. Era a única coisa que poderia conferir seriedade à proposta, disseram. Os presidentes sul-americanos cometeram o mesmo erro que seus antecessores, que em décadas passadas assinaram — com igual entusiasmo — a constituição da Comissão Especial de Coordenação Latino-americana (Cecla), a Associação Latino-americana de Livre-Comércio (Alalc), a Associação Latino-americana de Integração (Aladi) e o Sistema Econômico Latino-americano (Sela). Ou seja, assinaram um documento fixando as grandes metas para a união regional, mas que não incluía compromissos comerciais concretos, sujeitos a mecanismos supranacionais de resolução de disputas.

Comparativamente, a União Européia fez exatamente o contrário do que os sul-americanos, disseram funcionários europeus: começou estabelecendo mecanismos supranacionais de resolução de disputas desde seu nascimento, em 1952, e deixou para mais adiante as grandes metas de integração regional. Com efeito, a União Européia começou como uma Comunidade do Carvão e do Aço. Seis países se uniram num mercado comum para unificar seus recursos de carvão e aço, para enfrentar juntos os estragos do frio do inverno europeu. Depois de assinar seu tratado e criar um marco regional de resolução de disputas, os europeus expandiram-no a outros produtos. Os sul-americanos, em compensação, assinaram um acordo prometendo criar um mercado comum de todos os seus produtos, mas sem se comprometer em unificar as tarifas aduaneiras de qualquer produto em particular.

A marca comunitária

A supranacionalidade também tem uma vantagem de tipo propagandístico. Os países mais pobres da Europa se beneficiaram enormemente da melhoria automática de sua imagem externa depois da incorporação à União Européia. Ao ingressar na instituição supranacional, os países menos desenvolvidos da Europa passaram a ter automaticamente uma "marca comunitária" bem mais atraente para os investidores e potenciais compradores de suas exportações do que suas próprias "marcas-país". Em Praga, a bela capital da República Tcheca, chamou-me fortemente a atenção a resposta que me deu Martin Tlapa, o vice-ministro de Comércio e Indústria tcheco, quando perguntei como um país tão pequeno como o seu, de apenas 10 milhões de habitantes e numa região do mundo assolada por guerras, fizera para receber tantos investimentos. Para minha surpresa, Tlapa respondeu que o fator-chave fora ter obtido "a marca comunitária". "O que significa isso?", perguntei, intuindo o que me dizia, mas querendo escutar mais detalhadamente. Tlapa me explicou que desde o momento em que a República Tcheca anunciou sua intenção de se unir à União Européia, ainda sem assinar qualquer papel, passou a ser vista no restante do mundo como um país mais aparentado com a Alemanha do que com o Terceiro Mundo. Na economia global, explicou, há de sair se vendendo ao mundo para atrair mais investimentos e poder exportar mais. E a República Tcheca, um país novo, produto da subdivisão do Leste europeu após a queda do comunismo, tinha um grave problema de marketing: não possuía uma "marca-país" como a Alemanha para vender automóveis ou a Itália para seus produtos de moda.

"Construir uma marca-país é muito caro: contratar empresas especializadas em campanhas publicitárias custa uma boa parte do produto bruto", disse Tlapa. "No entanto, só o fato de nos juntarmos à União Européia nos deu a marca comunitária: uma garantia de que, ao estarmos sujeitos às mesmas normas e aos mesmos tribunais de arbitragem da União Européia, investir em nosso país é o mesmo que investir na Alemanha ou na Itália. E isso fez uma diferença abissal."[33]

A experiência européia de cessão de soberania a um marco supranacional teve um grande êxito. Na Espanha, Portugal, Irlanda e Grécia, como nos novos sócios europeus do antigo Leste europeu, acabaram-se os grandes sobressaltos políticos. Hoje são poucos os investidores internacionais que deixam de instalar fábricas na Espanha, Irlanda, Polônia ou República Tcheca por medo de que o Partido Comunista, os socialistas ou os direitistas ganhem eleições. Os países do sul europeu duplicaram, e em alguns casos triplicaram, sua renda *per capita* ao se cingirem a regras comuns que asseguram a estabilidade econômica. E os países do antigo Leste europeu que se integraram à União Européia em 2004 se converteram da noite para o dia nas economias de mais rápido crescimento da Europa. O simples fato de querer se integrar à União Européia motivou um crescimento espetacular dos investimentos. Tanto é assim que, em 2004, ano de sua incorporação à União Européia, a Polônia e a República Tcheca já figuravam bem acima do México e do Brasil ou de qualquer outro país latino-americano no ranking da ONU dos países mais atraentes para investimentos estrangeiros nos próximos cinco anos.[34] Em vez de alimentar um nacionalismo estéril e culpar os de fora — o Fundo Monetário Internacional, os EUA, os banqueiros ou o bode expiatório da vez — por seus problemas, os países do Leste europeu envolveram-se na bandeira supranacional da União Européia mesmo antes de pertencerem a ela. E a "marca comunitária" ajudou-os a atrair uma avalanche de investimentos.

A experiência espanhola

Os países latino-americanos estariam dispostos a ceder soberania a um ente supranacional? É possível uma Comunidade das Américas com organismos supranacionais como os existentes na União Européia, numa região onde alguns ainda saem ao balcão para proclamar "soberania ou morte" ou continuam promovendo as idéias de "independência econômica" do mundo pré-industrial do século XIX?

Fiz essas perguntas numa longa entrevista com Felipe González, ex-chefe de governo espanhol e líder moral do Partido Socialista da Espanha, que, durante os quatorze anos de governo, de 1982 a 1996, foi o arquiteto da incorporação da Espanha à União Européia. González é um apaixonado pela América Latina e a conhece melhor do que qualquer outro líder europeu. Aproveitando uma viagem à Argentina para participar de uma conferência, pedi-lhe uma entrevista para falar sobre o tema.

Aos 61 anos, González ainda conserva sua imagem de intelectual de esquerda convertido em estadista, com uma imagem boêmio-empresarial: jaqueta de couro preto, camisa celeste, gravata azul e sapatos esporte Timberland. Durante as duas horas em que conversamos em seu apartamento no Hotel Plaza, González falou com paixão e sinceridade fora do comum. Disse-me que um dos principais obstáculos à integração dos países latino-americanos a um esquema supranacional é a falta de liderança da maioria dos presidentes da região e a glorificação nacionalista e anticapitalista de grande parte de sua classe política. Conversa vai, conversa vem, González me disse que os países latino-americanos vivem num engano permanente: os políticos ganham eleições com propostas populistas e governam com programas de ajuste. E a imprensa, os intelectuais e os acadêmicos continuam usando um discurso nacionalista e anticapitalista em franca contradição com a realidade mundial, no qual, na maioria dos casos, nem eles mesmo acreditam, mas que repetem como papagaios para ganhar o aplauso da audiência.

Mas por acaso não acontecia a mesma coisa na Espanha?, perguntei. O mesmo discurso nacionalista e anticapitalista? Efetivamente, respondeu, mas a adesão à então Comunidade Européia permitiu superar muitos desses obstáculos. No início, a motivação principal de adesão à Comunidade Européia foi política, mais do que econômica. Não apenas os políticos, mas também os empresários espanhóis viam a integração econômica à Comunidade Européia com medo. Acreditavam que o projeto traria consigo medidas duríssimas de ajuste econômico, a perda da identidade nacional e o perigo de serem "anexados" pelos países mais poderosos. "Não houve primeiro um consenso social a favor da integração européia e depois os líderes tomaram a decisão de implementá-la", explicou González. "Foi o contrário: a adesão da Espanha à Comunidade Européia se deu mais pela liderança política do que pelo apoio social", disse.

"Eu via com clareza esse temor à integração e liderei o debate, porque desde o princípio o defini como 'ceder soberania para compartilhá-la, não para perdê-la, e até em alguns casos para recuperá-la'. A única maneira de impulsionar a modernização na Espanha era exercer a liderança e governar acima do partido de governo", prosseguiu González. "Eu me comunicava com meu partido por intermédio da sociedade, e não com a sociedade por intermédio do partido. Era a única maneira de modernizar e moderar o partido. O partido estava ideologicamente sobrecarregado desde a ditadura e aceitava mal a linguagem e o conteúdo do que eu oferecia. Mas uma das coisas que constatei é que as chamadas políticas impopulares acabam sendo as mais populares quando são adotadas."[35]

O governo socialista usou o pretexto do projeto de integração com a Europa para tomar medidas de saneamento econômico que dificilmente teria conseguido aprovar pelo parlamento espanhol em circunstâncias normais. González lembrou que no fim de 1985 a Espanha carecia de um imposto sobre o valor agregado, IVA*, e a Comunidade Européia exigia sua adoção como uma das condições para o ingresso no clube regional. No prazo de dois ou três meses até o fim do ano, o governo de González conseguiu que o parlamento aprovasse a medida, que despertara grande oposição na sociedade.

Como pôde tomar essa medida tão impopular? Tomou-a "à traição", sem avisar, respondeu com um sorriso travesso. "Era necessário aprová-la, explicamos, como condição de integração, e passou no parlamento com apoio unânime. Foi uma coisa... típica do autoritarismo. Sem brincadeira", prosseguiu, "os presidentes latino-americanos deveriam exercer maior liderança para adotar medidas impopulares que produzam o desenvolvimento a longo prazo. As políticas chamadas impopulares são impopulares mesmo, mas são políticas que a gente é capaz de apoiar", continuou González. Na Espanha, todos concordavam que uma reconversão industrial era imprescindível e que a obsolescência do aparato produtivo era realmente dramática. "Mas a reação social lógica era 'comece pelo outro'", lembrou González. "É a mesma coisa na hora de repartir o bolo. As pessoas dizem 'comece por mim'. Acontece sempre. Aqui há um problema substancial de compreensão do projeto e de liderança. Se você tem um discurso de país e é capaz de atrelar consistentemente a medida adotada à liderança, a medida passa."[36]

González afirmou que um marco supranacional daria à América Latina a estabilidade econômica e política para atingir essas metas. As resistências nacionalistas à condicionalidade política na América Latina não são insuperáveis, garantiu. Quando perguntei se um tratado hemisférico de integração deveria incluir uma condicionalidade política à democracia, ele concordou com um sorriso. "Claro. Mas quando se fala de 'condicionalidade política' pode soar ofensivo. Então substituo a expressão e prefiro falar de 'homologação nos comportamentos de respeito às liberdades básicas e ao funcionamento da democracia'." É uma pirueta semântica de uma velha raposa política, mas que sublinha a idéia de que os tratados de integração necessitam de uma cláusula que aclare a incerteza política, como na União Européia.

Até o final da entrevista, González admitiu que, quando dizia essas coisas na América Latina, "a verdade é que nunca ganhei". Lembrou que, em suas viagens periódicas à região, sempre contava uma anedota bem reveladora:

---

* O equivalente, no Brasil, ao Imposto sobre Circulação de Mercadorias — ICM. (*N. do T.*)

o número de decisões na agenda do Conselho de Ministros da Espanha baixou de 150 por dia, antes da incorporação à União Européia, para 15 depois. O motivo é que a maioria das autorizações econômicas que antes deviam ser feitas pelo gabinete já não eram necessárias. Isso liberou o governo espanhol de muita burocracia e permitiu-lhe se concentrar em decisões mais locais, em que a intervenção do Estado podia fazer uma diferença notável. "Mas quando falo da crise do Estado-nação na América Latina os cabelos de todo mundo se eriçam", encolheu os ombros, sorrindo. "A adoção da supranacionalidade na América Latina seria um projeto difícil, mas não impossível. Faria falta uma boa dose de liderança", concluiu o ex-presidente espanhol.

Se o Pacífico se unir, pobre da América Latina

Pouco depois, fiz a mesma pergunta a Fernando Henrique Cardoso, o ex-presidente brasileiro que iniciou com êxito a abertura do Brasil para o mundo durante seus dois mandatos, de 1995 a 2003. Fernando Henrique Cardoso iniciou sua carreira como sociólogo defensor da teoria da dependência na América Latina e como crítico tenaz da ditadura militar no país. Depois de viver no exílio de 1964 a 1968, foi preso em seu retorno ao Brasil e logo depois iniciou a carreira política. Depois de ser eleito senador e nomeado chanceler em 1992, sua popularidade disparou em 1993 quando, como ministro da Fazenda, conseguiu frear a hiperinflação brasileira com o Plano Real. Quando o entrevistei, pouco depois de deixar a presidência, continuava sendo um dos políticos mais influentes do país e da América Latina.

Fernando Henrique Cardoso concordou de saída com a idéia de um acordo regional que atue como camisa-de-força para garantir a estabilidade. "Mas o tempo corre contra a América Latina", assinalou. Poucas semanas antes da nossa conversa, a China e os dez países da Asean assinaram seu plano de acordo de livre-comércio para 2007. Ainda que o presidente chinês Hu Jintao acabasse de visitar o Brasil e outros países da América do Sul prometendo — segundo a imprensa sul-americana — mais de 30 bilhões de dólares em investimentos e um aumento espetacular do comércio latino-americano com a China, o ex-presidente brasileiro se mostrava mais preocupado do que entusiasmado com a aproximação latino-americana da China.

É realista pensar que a China possa se converter em alternativa aos EUA ou à Europa para a América Latina? "Creio que é um sonho", respondeu Fernando Henrique Cardoso. "Porque, mais cedo ou mais tarde, a China será um concorrente." Atualmente, a "China é um concorrente principalmente para o México e a América Central, mas um grande comprador de matérias-primas do Brasil, da Argentina e de outros países sul-americanos", continuou. "Mas em pouco tempo começarão a exportar aço e outros produtos de maior valor agregado, e farão concorrência a todos."[37]

Fernando Henrique Cardoso se preocupava sobretudo com a iminente formação de um bloco comercial na Ásia. Porque se agora países como Brasil, Argentina e Chile tinham a China como um de seus principais mercados de exportação, a bonança poderia acabar logo, quando os países da Asean obtiverem acesso preferencial ao mercado chinês. "Toda a América Latina sofrerá as conseqüências da consolidação de um bloco asiático, mas especialmente o Cone Sul, a menos que se integre de imediato em algum dos grandes blocos econômicos mundiais", disse Fernando Henrique Cardoso. "Se o Pacífico se integrar e o Cone Sul não, pobre do Cone Sul", advertiu o ex-presidente.[38]

"Então, o que a América Latina tem de fazer?", perguntei. "Há de ter uma visão mais clara de que o mundo atual não permite mais um isolamento desprendido. Isso já não existe", disse Cardoso. A América Latina necessita de muito investimento, e se seus países não são previsíveis e conseguem acesso a mercados maiores, não vale a pena aos investidores se preocuparem com eles. "Por que os investidores vão para a China? Por que vão pôr dinheiro até na Rússia? Por quê, se muitos desses países demonstram menos coerência com a visão ocidental do que o Brasil e a Argentina? Porque acreditam que lá terão uma certa previsibilidade", assinalou o ex-presidente. "O mundo atual requer previsibilidade: a escala de produção é muito ampla, requer tempo, e o investimento rende frutos muito tempo depois. Então, creio que temos de entender que o mundo é assim e temos de estabelecer quais são as condições mínimas para a integração."[39]

"Entre essas condições estaria um compromisso de respeitar regras supranacionais?", perguntei. "Creio que sim", respondeu. "Significa criar instituições que vão além dos Estados nacionais. Não chegar ao ponto de um governo latino-americano, mas pelo menos a uma corte para tomar decisões sobre as controvérsias, e que os acordos possam ser implementados por uma autoridade supranacional." Fernando Henrique Cardoso, da mesma maneira que o ex-presidente espanhol González, disse que será uma tarefa difícil. "Ceder soberania é algo que nos custa muito", assinalou. "Porque para isso faz falta que a liderança latino-americana se convença de que esse acordo seja mutuamente benéfico. E não está claro que a liderança latino-americana esteja de acordo com isso. A liderança não são os presidentes, não são os ministros da Fazenda, sequer os ministros de Relações Exteriores. Se a idéia vai aos parlamentos ou para a imprensa, onde quotidianamente se discutem esses assuntos, sempre há a impressão de que um acordo como esse poderia nos amarrar. Há medo disso. Então, há que se afastar esse medo."[40]

Uma Carta Econômica Interamericana?

Saí da entrevista com Fernando Henrique Cardoso satisfeito por ele estar de acordo com a necessidade de uma saída supranacional e preocupado com os obstáculos que o ex-presidente divisava na consecução desse objetivo. Mas, postas as duas coisas na balança, a visão de Fernando Henrique Cardoso — como a de González — dava margem para o otimismo. A União Européia, no fim das contas, demorara várias décadas para se converter em realidade, e até o momento tem suas marchas e contramarchas. Se a América Latina não conseguisse se pôr de acordo num marco supranacional de envergadura, poderia fazê-lo parcialmente, em temas específicos.

Uma saída supranacional politicamente exeqüível — ainda que bem menos ambiciosa do que a integração efetiva a um dos três grandes blocos comerciais — seria assinar uma Carta Econômica Interamericana como a Carta Democrática Interamericana da Organização dos Estados Americanos (OEA). Efetivamente, a Carta Democrática assinada pelos 33 países da OEA em Lima, Peru, em 11 de setembro de 2001, constitui um tratado de defesa coletiva da democracia, que convoca os países a exercer pressões diplomáticas conjuntas quando um país interrompe a democracia. A Carta Democrática nasceu após o *fujimorazo*, a decisão do ex-presidente peruano Alberto Fujimori de dissolver o Congresso de seu país. Os países da região se deram conta de que havia um vazio legal nas convenções políticas regionais: não existiam mecanismos para a defesa coletiva da democracia quando um presidente democraticamente eleito, como era Fujimori naquele momento, quebrava o estado de direito. Da mesma maneira, atualmente os países latino-americanos têm um vazio legal em suas convenções econômicas regionais: carecem de um marco legal que dê segurança jurídica aos investimentos, para o caso de um presidente democraticamente eleito não respeitar os contratos. Uma Carta Econômica poderia, por exemplo, criar um mecanismo de solução de controvérsias e ajudar a estabelecer uma "marca comunitária" que permita estimular os investimentos enquanto se negocia a integração regional com algum dos grandes blocos mundiais.

Seja como for, tudo parece indicar que a supranacionalidade, proveniente de uma Carta Democrática ou da integração aos blocos comerciais, é o melhor remédio para que a América Latina possa quebrar seu círculo vicioso de pobreza, marginalidade, delinqüência, instabilidade política, fuga de capitais, falta de investimento e mais pobreza. É uma decisão política que não pode ser adiada indefinidamente. Como veremos no próximo capítulo, o vertiginoso desenvolvimento da China e do restante da Ásia — um verdadeiro tsunami econômico que avassalará o mundo no século XXI — faz com que a América Latina não possa perder um minuto para se atualizar.

FONTES

1. "McDonald's Revamps Menu, Expands in China", *China Daily*, 16 de agosto de 2004.
2. Entrevista do autor com Paulo Leme, diretor de mercados emergentes de Goldman Sachs, em 15 de março de 2005.
3. Banco Mundial, "Global Poverty down by half since 1981", comunicado de imprensa, Banco Mundial, 23 de abril de 2004.
4. Idem.
5. Unctad, citado em "Fostering Regional Development by Securing the Hemispheric Investment Climate", Council of the Americas, novembro de 2004.
6. Idem.
7. *China Daily*, "Overseas Investiment on the Up", 1º de fevereiro de 2005, e Cepal, "La inversión extranjera en América Latina y el Caribe", 2004, p. 14.
8. "Fostering Regional Development by Securing the Hemispheric Investment Climate", Council of the America, novembro de 2004.
9. *The Miami Herald*, "Corruption, High Death Toll Tear at Rio's Police Force", 2 de maio de 2005.
10. Entrevista do autor com Miguel Caballero, no programa "Oppenheimer Presenta", em março de 2005.
11. *The Miami Herald*, "Think Miami's Dangerous? Try Latin America", 24 de julho de 2003.
12. "Informe de Desarrollo Humano de las Naciones Unidas", 2003, tabela 31, p. 117.
13. Instituto Nacional de Estadística y Censos.
14. Entrevista do autor com Juan Alberto Yaría, Buenos Aires, em 20 de abril de 2005.
15. Oscar Álvarez, ministro da Segurança de Honduras, no programa "Oppenheimer Presenta", nº 63.
16. Entrevista com o presidente Tony Saca, "Oppenheimer Presenta", nº 63, dezembro de 2004.
17. "Fostering Regional Development by Securing the Hemispheric Investment Climate", Council of the Americas, novembro de 2004, p. 6.

18. Idem, p. 9.
19. Entrevista do autor com o secretário de Defesa dos EUA, Donald Rumsfeld, em 5 de abril de 2005.
20. Entrevista do autor com o ex-chefe do Comando Sur, general James Hill, em 18 de janeiro de 2005.
21. Idem.
22. Idem.
23. Idem.
24. "Condo Boom Worries Wall Street", *The Miami Herald*, 11 de março de 2005.
25. *Granma*, 22 de fevereiro de 2002; "Revelan que el salario mensual equivale a 10 dólares", Agência France Press, 22 de fevereiro de 2003.
26. Associated Press, 18 de fevereiro de 2005.
27. Instituto Nacional de Estadística, República Bolivariana de Venezuela, "Reporte Estadístico", nº 2, ano 2004, p. 5.
28. Cepal, Comisión Económica para América Latina de las Naciones Unidas, *Anuario 2004*.
29. Entrevista do autor com Soledad Alvear, Miami, em 6 de junho de 2003.
30. "Presentación de la Unión Europea", página *web* da UE, www.europa.org.
31. Fundo Monetário Internacional, "World Economic Outlook Report", setembro de 2004, p. 191.
32. Idem.
33. Entrevista do autor com Martin Tlapa, Praga, República Tcheca, em 1º de setembro de 2004.
34. "Global Ranking", UNCTAD-DITE, Global Investment Prospects Assessment" (Gipa), Figura 2, Global Ranking, junho de 2004.
35. Entrevista do autor com Felipe González, Buenos Aires, Argentina, em 9 de junho de 2003.
36. Idem.
37. Entrevista do autor com Fernando Henrique Cardoso, em 6 de novembro de 2004.
38. Idem.
39. Idem.
40. Idem.

CAPÍTULO 2

China: a febre capitalista

Conto-do-vigário: "O setor estatal da economia, isto é, o setor econômico de propriedade socialista de todo o povo, é a força que rege a economia nacional."
(Art. 7º da Constituição da China.)

PEQUIM, China. O sr. Hu, o funcionário do Ministério das Relações Exteriores da China que me acompanhou durante minha visita, apontou com a mão um imenso edifício retangular num lado da avenida do segundo circuito nordeste por onde transitávamos no táxi que nos levava a uma entrevista no centro da cidade. "É a embaixada da Rússia", disse o sr. Hu, acrescentando que há muito tempo era a maior representação diplomática estrangeira na capital chinesa. "Mas em 2006 ficará pronta a construção da nova embaixada dos EUA, que passará a ser a maior de todas", acrescentou depois de um instante, com um sorriso entre divertido e maroto, como se ainda não pudesse acreditar no que dizia. Na China atual, tudo muda tão rapidamente que nem os próprios funcionários podem dar crédito a tudo o que ouvem, nem a muito do que vêem.

Não era nenhuma coincidência que os EUA estivessem construindo a maior embaixada na China. Segundo o estudo do Conselho Nacional de Inteligência (CNI) — o centro de estudos a longo prazo da CIA —, a China está se convertendo em potência mundial a passos largos e será o principal rival econômico, político e militar dos EUA em 2020. À semelhança do que ocorreu com a Alemanha no início do século XIX e com os EUA no início do século XX, a China e a Índia "transformarão o panorama geopolítico mundial, com um impacto potencialmente tão dramático quanto o que se deu nos séculos anteriores", diz o estudo.[1] "Assim como os analistas se referiram ao século XX como o 'século americano', o século XXI pode ser visto como o da China e da Índia...

A maioria dos prognósticos indica que, para o ano 2020, o produto bruto da China será superior ao de todas as potências econômicas ocidentais, com a única exceção dos EUA."

Desde que a China iniciou a virada para o capitalismo em 1978, o país vem crescendo a uma média de 9% anualmente, e nada indica que seu ritmo de crescimento baixe significativamente nos próximos anos. Segundo as projeções do governo chinês, em 2020 o produto nacional bruto será de 4 quatrilhões de dólares, quatro vezes mais do que o atual, e a renda *per capita* será três vezes superior à atual.[2] E isso se traduzirá no surgimento de uma enorme classe média chinesa, que numericamente será maior do que toda a população dos EUA e da Europa e que transformará a economia mundial tal como a conhecemos hoje. Segundo a Academia de Ciências Sociais da China, um dos centros de estudos mais importantes do país, a classe média chinesa — definida como o número de pessoas que ganha de 18 mil a 36 mil dólares por ano — crescerá dos 20% da população atual para 40% em 2020. Isso significa que naquele ano haverá 520 milhões de chineses de classe média. E as empresas globais, que hoje produzem roupa, automóveis e notícias para o gosto dos consumidores norte-americanos, modificarão seus produtos para conquistar os consumidores chineses. As multinacionais "terão uma orientação mais asiática e menos ocidental", diz o relatório do CNI. O centro de gravidade do mundo se movimentará alguns graus até o Extremo Oriente. "Ainda que América do Norte, Japão e Europa em conjunto continuem dominando as instituições políticas e financeiras internacionais, a globalização terá características cada vez menos ocidentais e cada vez mais orientais. Em 2020 é provável que a opinião pública mundial associe o fenômeno da globalização com a ascensão da Ásia, e não com a *americanização*", prediz o centro de estudos a longo prazo da CIA.[3]

Quando alguém chega à China não demora muito para concluir que esses prognósticos não pecam pelo exagero.

A febre capitalista que está sendo vivida nesse país me proporcionou surpresas a cada esquina. Deve-se viajar à China, país governado pelo Partido Comunista, para encontrar o maior centro comercial do mundo, onde podem ser vistas as últimas coleções de Hugo Boss, Pierre Cardin, Fendi, Guy Laroche ou qualquer das grandes casas de alta-costura, antes que seus modelos estréiem em Milão, Paris ou Nova York. O Golden Resources Shopping Mall — assim se chama, em inglês, como indica seu imenso letreiro em tipos luminosos amarelos — abriu as portas no final de 2004 em Zhongguancun, no lado oeste de Pequim, uma zona a que chegam poucos turistas. O complexo, pertencente a uma empresa privada presidida por Huang Rulun, empresário que fez fortuna no negócio imobiliário na província costeira de Fujian, tem uma área de 56 hectares, em cinco andares que abrigam mil lojas, com 100 restaurantes, 230 escadas rolantes e uma área de estacionamento para 10 mil carros. No total, o centro comercial emprega cerca de 20 mil pessoas. Em breve serão construídos ao seu redor 110 edifícios de apartamentos, escritórios e escolas.

Quando o visitei, num sábado à tarde, vários meses depois de sua inauguração, acabava-se de construir uma pista artificial de esqui, um aquário com seis crocodilos tailandeses, um complexo de salas de cinema e um gigantesco ginásio esportivo. Segundo os proprietários do centro comercial, ele é visitado por cerca de 80 mil pessoas por dia no fim de semana. Ao todo, são necessários uns quatro dias para percorrer tudo. Percorri-o em quatro horas, o suficiente para me convencer de que a China está em meio a um processo de expansão capitalista com poucos paralelos na história do mundo. E, para não diminuir meu assombro, soube depois que, longe de ser uma ilha de consumo capitalista num país comunista, o Golden Resources Shopping Mall é apenas um dos quatrocentos centros comerciais de grandes dimensões construídos na China nos últimos seis anos. E isso não é tudo. Em pouco tempo, sequer poderá continuar ostentando o título de maior do mundo. Já está em construção o South China Mall, que terá uma réplica do Arco do Triunfo, de Paris, e ruas que imitarão o centro de Hollywood e Amsterdam, que será o maior do mundo, de longe. Para 2010, pelo menos 7 dos 10 maiores centros comerciais do mundo estarão na China.[4]

O pássaro nacional: o guindaste de construção

Pequim hoje é como Nova York no início do século XX: uma cidade que cresce a cada minuto e que se converte no centro do mundo, ou pelo menos em uma das duas ou três principais capitais do mundo, num ritmo febril. Para onde se olha, ergue-se um novo arranha-céu ultramoderno. Em 2005, quando visitei Pequim, havia 5 mil guindastes de construção trabalhando dia e noite na cidade, mais do que em qualquer lugar do mundo, segundo me garantiram funcionários e empresários chineses. E o mais provável é que não estivessem mentindo. Meu colega Tim Johnson, correspondente da cadeia de jornais Knight Ridder na capital chinesa, comentou, enquanto tomávamos uma bebida diante da janela de seu apartamento, que quando chegou à China não existia nenhum dos cinco arranha-céus que se levantavam diante do seu edifício. E Johnson chegara havia apenas treze meses.

Os chineses estão construindo como se não houvesse um amanhã. O ritmo de trabalho é tão frenético que os operários da construção dormem no local de trabalho, e os apartamentos são ocupados antes que os edifícios estejam completamente prontos. Não é raro ver, nas ruas de Pequim, arranha-céus em plena construção com luzes em algumas de suas janelas. Em toda a China, o *boom* da construção consome 40% do cimento mundial. Em geral são gigantescas torres de vidro, parecidas com as mais sofisticadas do Ocidente, mas com tetos orientais, em forma de pagodes estilizados com desenhos contemporâneos. O boom da construção atrai os arquitetos mais famosos do mundo, como I.M. Pei, Rem Koolhaas e Norman Foester. O que os atrai? Principalmente a possibilidade de fazer o que não podem realizar nos EUA e na Europa, pelo custo da mão-de-obra em seus países de origem. Da mesma maneira como ocorria no início do século passado em Nova York ou Paris, quando a mão-de-obra era mais barata, na China de hoje pode-se construir edifícios com fachadas de mármore trabalhado e interiores primorosamente ornamentados. Enquanto os edifícios nos EUA e na Europa são construídos cada vez com mais simplicidade por causa do encarecimento da mão-de-obra, na China os arquitetos podem dar asas à imaginação e aos seus caprichos.

Há construções ovaladas, redondas, piramidais e para todos os gostos, que só têm uma coisa em comum: um toque oriental moderno e, sobretudo, o gigantismo. Durante minha visita, foram poucos os chineses com quem me encontrei que não tinham um comentário jocoso sobre a transformação vertiginosa de suas cidades. Em Pequim, um alto funcionário do Partido Comunista me perguntou, de brincadeira, se eu sabia qual era o pássaro nacional da China. Quando respondi que não tinha a mais remota idéia, ele disse com um sorriso cheio de orgulho: o guindaste de construção. Em Xangai, quando comentei com outro funcionário o meu assombro pelo desenho futurista da cidade, sugeriu-me que não pestanejasse durante minha visita: podia perder a inauguração de um novo arranha-céu. Tudo é imenso, ultramoderno, muito limpo e — apressam-se a comentar os chineses — o maior da Ásia ou do mundo.

Ao pé dos arranha-céus da avenida central de Pequim, o Changan Boulevard, há uma recém-inaugurada loja de Rolls Royce. Quando passei por ali, pensei que era um escritório de representação para vender motores de aviões ou maquinaria para a agricultura. Mas estava enganado: ao me aproximar, comprovei que o que estava à venda eram automóveis Rolls Royce último modelo. E não muito longe há lojas de Mercedes Benz, Alfa Romeo, Lamborghini, BMW e Audi. Nas grandes cidades da China se respira a abundância, pelo menos para uma minoria que enriqueceu vertiginosamente nos últimos anos. O crescimento chinês não só criou uma nova classe média, mas uma nova classe de super-ricos que conseguiu a legitimação definitiva em 2004 quando o parlamento chinês emendou a Constituição para estabelecer que "a propriedade privada e legítima dos cidadãos é inviolável" e que "o Estado, conforme as leis vigentes, deve proteger os direitos da propriedade privada dos cidadãos, assim como também os de sua herança".

Os novos-ricos chineses

Segundo a Academia Chinesa de Ciências Sociais, já existem 10 mil empresários chineses que ultrapassaram a barreira de 10 milhões de dólares cada um. Levando em consideração a corrupção e a economia informal, provavelmente o número seja várias vezes maior. E os novos-ricos chineses, como seus antecessores nos EUA e na Grã-Bretanha, no fim do século XIX, se envaidecem aos quatro ventos de sua fabulosa riqueza. Um dos novos milionários, Zhang Yuchen, não só construiu uma réplica do Château Maisons-Lafitte de Paris, erigido em 1650 pelo arquiteto francês François Mansart sobre o rio Sena, mas ainda o "melhorou" — segundo disse —, acrescentando um jardim de esculturas copiado do palácio de Fontainebleau. "Custou-me 50 milhões de dólares porque queríamos fazê-lo melhor do que o original", ufanou-se Zhang.[5] Outro supermilionário pagou 12 mil dólares para ocupar uma mesa na ceia de fim de ano no restaurante South Sea Fishing Village, da província sulista de Guangdong. As outras mesas de Ano-novo do restaurante valiam 6 mil dólares. Quando a notícia foi publicada na imprensa, durante minha estada na China, outro restaurante quis se somar à onda publicitária e anunciou que oferecia sua mesa principal para a noite de Ano-novo por 37 mil dólares. Entre outros manjares, o restaurante de Chongking, no sudoeste do país, oferecia uma sopa de galinha cozida com um *ginseng* de cem anos de antigüidade. Só a sopa custava 30 mil dólares, gabou-se o restaurante.[6]

Na Changan Boulevard, o tráfego é tão denso como nas cidades mais povoadas do mundo, ou até pior. Dos 13 milhões de habitantes da capital chinesa, cerca de 1,3 milhão já tem automóvel. E muitos dos automóveis que circulam pela Changan são Audi 6 — o favorito dos empresários e altos funcionários, que custa cerca de 60 mil dólares —, Volkswagen Passat e Honda. Segundo o *China Daily*, jornal destinado à comunidade de estrangeiros na China, as vendas de automóveis de luxo dispararam nos últimos cinco anos: a Mercedes Benz já vende cerca de 12 mil por ano, a BMW ao redor de 16 mil, e a Audi por volta de 70 mil. A procura interna por carros de luxo cresceu tanto que a Mercedes Benz se associou a um grupo chinês para montar uma fábrica que, a partir de 2006, terá capacidade de fabricar 25 mil Mercedes por ano na China.[7]

E as pessoas nas ruas parecem mais bem vestidas do que em Nova York ou Londres. Graças à gigantesca indústria da pirataria, com a qual os chineses produzem uma percentagem de seus produtos acima dos pedidos dos clientes e depois os vendem na China e no mercado negro internacional por uma fração do preço, as pessoas nas ruas de Pequim e de outras cidades parecem estrear as roupas constantemente, como se o país inteiro estivesse saindo das festas natalinas todas as semanas. Os chineses trocaram o traje Mao pelo Armani pirateado, ou alguma de suas versões locais. Até nos bairros de classe média baixa e pobre em Pequim se vê gente com roupa barata mas quase sempre nova. A primeira impressão de qualquer visitante em Pequin, sem dúvida, é de perplexidade total pela rapidez e o entusiasmo com que um país que há apenas vinte anos era conhecido, pelo resto do mundo, por sua fome extrema e sua escuridão, converteu-se do comunismo para o consumismo. E como assinalou Xu Yilin, veterano tradutor que passou os melhores anos de sua vida em Cuba traduzindo Mao em espanhol, a segunda impressão de Pequim amiúde é ainda de maior assombro do que a primeira: "A pessoa que volta depois de quatro ou cinco anos não pode acreditar em todos os novos edifícios e avenidas que se construíram. Aqui, as autoridades municipais devem refazer os mapas a cada seis meses."

O monumento ao consumidor

Em meu primeiro domingo em Pequim, antes de iniciar minha semana de entrevistas, fiz a visita obrigatória ao Palácio Imperial na Cidade Proibida, o majestoso complexo de oito quilômetros de comprimento onde governaram vinte e cinco imperadores das dinastias Ming e Qing durante vários séculos, até 1911. O Palácio Imperial foi construído em 1406, em frente ao que é hoje a Praça Tienanmen, e foi preservado pela revolução comunista de 1949 como testemunho do passado imperial chinês. Agora é visitado por milhões de turistas por ano. Os quatorze majestosos palácios da Cidade Proibida — quase todos com nomes como "sala da suprema harmonia", "sala da pureza celestial" ou alguma variante do mesmo tema — estão maravilhosamente preservados, apesar de serem construídos em madeira e terem sobrevivido a vários incêndios. Houve duas coisas que me surpreenderam, além da imensidão dos palácios em que viviam os imperadores chineses e suas concubinas, que, no caso de um deles, chegavam a 3 mil. Como latino-americano, ao contemplar a sofisticação arquitetônica da cidade imperial, com seus prédios de paredes vermelhas com ornamentos azuis e verdes e seus tetos arqueados adornados com esculturas em cada um de seus vértices, não pude deixar de pensar que, quando Colombo descobriu a América, os imperadores chineses já viviam havia quase um século numa cidade tão avançada como essa. A segunda coisa que me surpreendeu, como recém-chegado a Pequim, tinha mais a ver com a natureza do comunismo chinês, ou do que restava dele. Em cada palácio havia um grande cartaz explicando, em inglês, o ano da construção e uma breve história do prédio. E abaixo de tudo, pequenininho, com fundo azul e letras brancas, havia um retângulo com a inscrição: "Made possible by the American Express Company". Na China de hoje, o Partido Comunista conserva os palácios da dinastia Ming e deixa as explicações aos turistas nas mãos da American Express.

Na cidade de Xangai, uma metrópole comercial de 16 milhões de habitantes na desembocadura da bacia do Yangtsé, sobre o oceano Pacífico, ainda resta um gigantesco monumento a Mao, com o olhar no horizonte, sobre o rio Yangpu. Mas a escultura mais visitada nestes dias é o novo monumento ao consumidor que a cidade acaba de construir a poucas quadras dali. Na entrada da Nanjing Road, a rua de pedestres onde se encontram as principais lojas comerciais da cidade e por onde circulam diariamente centenas de milhares de pessoas, há duas esculturas de bronze, em tamanho natural, que dão as boas-vindas ao centro comercial da cidade. Nenhuma delas é o clássico Mao, com a fronte erguida, empunhando a bandeira vermelha ao vento, com seus discípulos carregando fuzis ao ombro por trás dele. Em seu lugar está a figura de uma mulher caminhando com orgulho semelhante, mas com duas sacolas de compras numa das mãos. Com a outra, ela leva o filho, um adolescente sorridente de mochila nas costas, que em vez de fuzil carrega uma raquete de tênis sobre o ombro.

O governo de Xangai não chama oficialmente a escultura de monumento ao consumidor, mas é assim que os habitantes da cidade a conhecem. A placa comemorativa, numa pedra retangular, diz apenas que a rua de pedestres foi desenhada pelo arquiteto francês Jean-Marie Charpentier em 1999 e inaugurada pelo governo popular de Xangai. Mas se alguém ainda tem alguma dúvida sobre o simbolismo da escultura, no final da avenida, dez quadras mais adiante, há outro monumento semelhante, do mesmo artista, com o mesmo tema. Ele mostra uma dupla com sacolas de compras na mão: o pai com uma câmera fotográfica pendurada ao peito, enquanto a filha — feliz — segura meia dúzia de balões. Enquanto milhares de turistas chineses vindos de todas as partes do país tiram fotos ao lado do monumento ao consumidor com suas novas câmeras digitais, Mao permanece solitário, contemplando o rio, com um ar que se pode interpretar como melancólico.

A China cresce mais do que diz

Como muitos dos funcionários que entrevistei na China, Kang Xuetong, subdiretor geral para a América Latina do Departamento de Relações Internacionais do Comitê Central do Partido Comunista, perguntou-me que impressão o país me causara até aquele momento. Falávamos num salão de protocolo do Comitê Central, moderno edifício de quatro andares com uma sala de recepção que lhe dava aspecto mais de banco do que de quartel-general do Partido Comunista. Era uma das minhas entrevistas mais importantes na China, e me interessava muito: como em todos os países comunistas, o Comitê Central do Partido Comunista é o poder por trás do trono, e seus funcionários amiúde têm muito mais influência do que seus pares no governo. E Kang, homem de aspecto atlético que falava espanhol perfeito, era um elemento-chave nas relações da China com a América Latina. "Estou impressionado", disse a ele, com a maior sinceridade. "Um crescimento anual de mais de 9% em várias décadas, 60 bilhões de dólares em investimentos anuais, 250 milhões de pessoas resgatadas da pobreza. Como alguém não se impressionaria!", acrescentei. Longe de festejar com orgulho o que eu dizia, Kang levantou a mão em sinal de advertência e assinalou: "Sim, mas não perca de vista que ainda somos um país em vias de desenvolvimento. As coisas devem ser postas no contexto. O investimento na China, calculado *per capita*, é menor do que na América Latina. Não se deve olhar para os números globais. Ainda temos uma enorme quantidade de pobres. Ainda temos muitos problemas. E deve-se ter sempre em mente que qualquer conquista deve ser dividida por 1,3 bilhão de pessoas. E quando dividimos uma conquista por 1,3 bilhão de pessoas, ela muitas vezes se torna insignificante."

Em entrevistas posteriores com outros funcionários oficiais, me chamou a atenção o mesmo fenômeno: os funcionários chineses parecem programados para minimizar as conquistas macroeconômicas do país, em vez de explorá-las como instrumento de propaganda. Ao contrário do que acontece em outros países, em que os funcionários se apegam a qualquer cifra econômica favorável para apresentar a nação como destinada a um futuro de grandeza, os chineses fazem o oposto. Quando comentei o fenômeno com alguns diplomatas latino-americanos com quem me encontrei em Pequim, vários deles me assinalaram que efetivamente os funcionários chineses nunca engrandecem suas conquistas. Pelo contrário, exageram as coisas para baixo. O mais provável é que tentassem evitar que o resto do mundo visse a China como uma ameaça que pudesse pôr em perigo o bem-estar econômico ou a paz mundial. O governo chinês tem consciência da opinião pública mundial e enfatiza constantemente o papel da China como país pacífico, com uma filosofia supostamente pacifista, disseram-me. Em 2004, por exemplo, o governo adotou a expressão "ascensão pacífica" para descrever o boom econômico chinês no contexto mundial. Mas pouco depois, percebendo que a palavra "ascensão" inspirava temores ao resto do mundo, o governo substituiu o termo por "desenvolvimento pacífico".

No entanto, muitos economistas ocidentais suspeitam de que o costume do governo chinês de minimizar suas conquistas vá muito mais além das palavras. "A credibilidade das estatísticas chinesas é duvidosa", diz Ted C. Fishman, autor de *China Inc.*, livro sobre o *boom* econômico chinês de grande difusão nos EUA.[8] "No passado, havia queixas de que os funcionários chineses exageravam seus números para cima, a fim de mostrar que faziam um bom trabalho. Agora, um coro de céticos argumenta que os números são muito baixos", explica. Efetivamente, há um incentivo para minimizar os números: o governo chinês exerce cada vez mais pressão sobre os bancos de investimento para que dirijam seus projetos para as zonas mais pobres do país. Por esse motivo, as cidades da costa, as mais ricas e principais beneficiárias da avalanche de investimentos estrangeiros, reduzem suas cifras de crescimento econômico para que o governo central não lhes tire recursos e os envie para outras regiões do país. E muitas regiões pobres que começam a se desenvolver também dissimulam seu crescimento para não perder o *status* de "região de pobreza", com o que deixariam de receber vários estímulos econômicos do governo. Talvez por isso as cifras econômicas que o governo central recolhe das províncias chinesas não coincidam com as cifras econômicas que os municípios, cidades e regiões divulgam em suas próprias publicações. A julgar pela soma das cifras econômicas dos governos locais, a economia chinesa é 15% maior do que informa o governo central às instituições financeiras internacionais, diz Fishman. Essa disparidade nas estatísticas provocou tantas críticas, que o governo central acusou cerca de 20 mil funcionários locais, nos últimos anos, por fraude ao enviar seus números às autoridades em Pequim.[9] Mesmo assim, as cifras do governo central representam somente a economia formal. Acrescentando a ela a enorme economia informal, as cifras seriam bem maiores. A CIA, em seu "World Factbook", um almanaque mundial de acesso ao público pela Internet, assinala que se a economia chinesa for calculada em termos de paridade do poder aquisitivo — um dos critérios utilizados internacionalmente para medir a atividade econômica — seu montante total anual não seria de 1,4 trilhão de dólares anuais, como indica o governo chinês, e sim de 7,2 trilhões. "Medindo com base na paridade do poder aquisitivo (PPP), em 2004 a China foi a segunda maior economia do mundo depois dos EUA", estimou a agência de inteligência norte-americana.[10] Ou seja: enquanto as estatísticas oficiais chinesas assinalam que a economia atual do país equivale a apenas 10% da dos EUA, outras já assinalam que equivale a mais de 60% e poderá alcançá-la antes do que muitos supõem.

A nova palavra de ordem comunista: privatizar

"Que percentagem da economia chinesa está em mãos privadas?", perguntei a Zhou Xi-an, um alto funcionário do Ministério Nacional de Desenvolvimento e Reforma, em minha primeira entrevista oficial em Pequim. Cheguei poucos minutos antes ao salão de cerimônias do ministério em companhia do sr. Hu, meu acompanhante governamental. Na China, os jornalistas estrangeiros devem acertar todas as entrevistas por intermédio do Ministério das Relações Exteriores, que fornece os vistos de entrada ao país, combina as entrevistas e os acompanha. O salão em que Zhou nos esperava era elegante, cor de pêssego, com as cadeiras colocadas em forma de U, como um retângulo com um de seus extremos aberto. Na cabeceira havia duas poltronas alinhadas, orientadas para o mesmo lado e separadas por uma mesinha. Zhou me convidou a sentar na poltrona à sua direita. Por trás de nós havia dois vasos com orquídeas e, mais atrás ainda, escondiam-se um homem e uma mulher, que, segundo descobri pouco depois, seriam os tradutores. Era um cenário como os que usam os chefes de Estado para tirar uma foto com o visitante estrangeiro, salvo que a colocação alinhada das cadeiras, na mesma direção, o obrigava a ter o pescoço voltado para a esquerda todo o tempo. Não sei se era uma tortura chinesa, mas no meio da entrevista, depois de uma hora com o pescoço virado 90 graus à esquerda para olhar Zhou e 180 graus para escutar a tradução que vinha de detrás do vaso, eu estava mais preocupado em evitar dores no pescoço e nas costas do que com o que o funcionário me dizia, com grande dedicação. Mas do pouco que conservei da entrevista estava o fato de que o capitalismo na China está muito mais avançado do que eu acreditava. O Estado chinês atualmente controla menos de 30% do produto nacional bruto, enquanto 60% estão em mãos do setor "não-governamental", e 10% em mãos coletivas. A China já tem 3,8 milhões de empresas privadas, que constituem "o principal motor do desenvolvimento econômico e a fonte de empregos que cresce mais rapidamente", disse-me o florista anglofalante localizado atrás de Zhou.[11]

— Uau!!! — exclamei. — Jamais pensei que 60% da economia chinesa já estivessem em mãos do setor privado.

— Não está em mãos do setor privado — apressou-se a esclarecer Zhou.
— Está em mãos do setor não-governamental.

— E qual é a diferença entre setor não-governamental e setor privado? — perguntei, procurando entre as pétalas de orquídeas algum fragmento do rosto da tradutora.

— Bem, há diferentes maneiras de converter as empresas públicas em empresas não-governamentais, conforme se repartam as ações — respondeu a voz atrás do vaso.
— E qual é a diferença entre isso e a privatização? — insisti.
— Na realidade, não muita — respondeu o vaso falante, enquanto Zhou sorria com picardia.

Comunismo sem plano de saúde

O Partido Comunista chinês faz todo tipo de piruetas verbais e conceituais para disfarçar sua conversão ao capitalismo, mas poucos visitantes têm dúvidas de que as reformas econômicas iniciadas em 1978 desembocaram numa corrida para a competitividade capitalista como poucas na história. Como na Revolução Industrial da Inglaterra ou nas primeiras décadas do século XX nos EUA, na China atual a desigualdade aumenta, o trabalho infantil é tão comum que nem chama a atenção, o horário de trabalho raramente é de menos de 12 horas diárias, milhões de trabalhadores vivem amontoados em dormitórios comuns, fazendo turnos para dormir nas camas que os companheiros deixam livres, e não há algo como direito de reunião ou — muito menos — de greve. Desde 1978, o governo fechou quase 40 mil empresas ineficientes. E de 1998 a 2002 as empresas estatais chinesas despediram nada menos do que 21 milhões de trabalhadores, mais do que toda a população do Chile e quase duas vezes a de Cuba.[12]

Até a saúde e a educação superior, que se pensa que deveriam ser gratuitas num sistema comunista, foram tabeladas na China de hoje. Os estudantes universitários, à exceção dos poucos que recebem bolsas de estudo, devem pagar para fazer seus estudos, e as cifras nada têm de simbólicas. Quarenta e cinco por cento da população urbana do país e 80% da população rural não têm qualquer tipo de seguro médico, admitiu recentemente o vice-ministro da Saúde, Gao Qiang.[13] "A maioria deles paga suas próprias contas médicas", disse o vice-ministro, segundo a agência oficial de notícias Xinhua. Como resultado da falta de cobertura médica, "48,9% da população chinesa não podem se dar ao luxo de consultar um médico quando adoecem, e 29,6% não são hospitalizados quando deveriam."[14]

A China comunista de hoje é um capitalismo de Estado, um regime autoritário cujo principal objetivo econômico é melhorar a competitividade a qualquer custo, que não admite reivindicações salariais e pode demitir sem problema milhões de pessoas de empresas estatais ineficientes. E, no momento, o modelo parece dar bons resultados aos chineses. As empresas internacionais estão investindo lá mais do que em qualquer lugar do mundo, e — embora o fosso entre os chineses ricos e os pobres esteja crescendo a passos gigantescos — o progresso chega a todos os habitantes das grandes cidades da costa leste do país, embora muito menos aos 800 milhões de camponeses que vivem no interior. Ainda assim, a renda *per capita* cresce todos os anos, o regime conseguiu tirar da pobreza 250 milhões de pessoas nos últimos vinte anos e tudo parece indicar que resgatará da pobreza outras centenas de milhões de pessoas na próxima década.

Nos restaurantes de Pequim foi difícil ver um trabalhador de mais de 21 anos. Os garçons, quase sempre uniformizados com algum traje escolhido por seu restaurante, são em sua grande maioria jovens de 18 a 21 anos, muitas vezes com ajudantes de 15 anos, quando não menos. Os jovens vivem em dormitórios comuns e em muitos casos funcionam como aprendizes por menos do salário mínimo, que não chega a um dólar por hora. "A que horas você começa a trabalhar?", perguntei à jovem sorridente que me atendia no Four Seasons Restaurant da avenida Changan. "Às 8 da manhã", respondeu, feliz. "E até que horas você trabalha?" "Até as 11 da noite, se bem que tenho um momento de descanso à tarde", respondeu, com a maior naturalidade, sem deixar de sorrir em nenhum momento. A jovem estava muito contente com a oportunidade de trabalhar no restaurante, já que competira com dezenas — talvez centenas — de outros aspirantes ao posto. Pensava trabalhar ali durante dois anos mais, e então voltaria a seu povoado natal, muito longe de Pequim. E com algum dinheirinho economizado, embora na China ainda não se tenha o hábito de dar gorjetas.

O comunismo: um ideal para o futuro

O que restou do comunismo na China? Durante vários dias quis fazer essa pergunta ao sr. Hu, meu acompanhante oficial. Mas decidi esperar até o fim da visita, ou alguma ocasião especial, para não perturbar a relação de amizade. A oportunidade se deu quando o sr. Hu me comunicou, levantando as sobrancelhas, que seu chefe, o sr. Hong Lei, subdiretor de Informação do Ministério das Relações Exteriores, convidava-me para um almoço privado no dia seguinte. Era um gesto fora do comum da parte do sr. Hong, a que poucos jornalistas estrangeiros tinham acesso, acrescentou o sr. Hu, que, segundo o hábito chinês, referia-se a todo o mundo como "o sr. Tal" ou a "sra. Qual", até mesmo quando falava de seus próprios colegas. "Aceita o convite?" "Claro que sim", respondi.

O sr. Hong era um homem de não mais de 35 anos, de aspecto atlético, que veio ao restaurante onde marcamos o encontro vestido com a nova indumentária dos funcionários chineses educados no exterior: jaqueta de couro preto de uma casa de alta-costura italiana e suéter marrom de colarinho alto. Hong parecia a simpatia em pessoa e falava um inglês perfeito, em parte resultado dos anos em que viveu nos EUA trabalhando no consulado em San Francisco. Como sempre ocorre na China, o almoço privado resultou num evento coletivo, se bem que menos multitudinário do que outros. O sr. Hong veio acompanhado de seu assistente, o sr. Wang Xining, que não deve ter mais de 30 anos, e de meu acompanhante oficial, o sr. Hu. Depois da refeição, um menu delicioso de não menos de dez pratos compartilhados, após passarmos quase duas horas falando sobre os investimentos estrangeiros, as privatizações e as mudanças que a China fazia em suas leis para se adaptar à sua crescente abertura econômica, fiz ao sr. Hong a pergunta que tanto me intrigava: "E então", disse, "o que ficou do comunismo neste país?"

Hong mudou o comportamento de imediato. Depositou os palitos chineses na mesa e abandonou de um segundo para o outro sua jovialidade, para adotar o ar de gravidade com que os funcionários comunistas costumam explicar o mundo aos infiéis. "Nós continuamos comunistas. O que ocorre é que o comunismo é um ideal a longo prazo, que pode demorar duzentos ou trezentos anos para ser alcançado", disse o sr. Hong enquanto seus dois assistentes concordavam com a cabeça. "Nos anos 1950 nossa percepção do comunismo não era a correta. Cometemos o erro de adotar políticas destinadas a implementar o comunismo da noite para o dia. No entanto, como já dizia Marx, o comunismo deve se dar numa sociedade que já alcançou o bem-estar material."

Quando o olhei, com um sorriso irônico, como que sugerindo que o Partido Comunista tratava de não perder a imagem, porque era bastante difícil acreditar que se pode construir o socialismo com receitas capitalistas, o sr. Hong continuou seu discurso entrando em mais detalhes. Sem abandonar sua nova solenidade, explicou que "estamos construindo o socialismo com características chinesas. E, nesta etapa, o que caracteriza nossas decisões é o pragmatismo". Segundo me disse, o plenário do Partido Comunista Chinês em 1997 resolveu que qualquer decisão do governo deveria atender a três requisitos, comumente conhecidos como "os três critérios". O primeiro era "se a medida leva a melhorar a produtividade". O segundo, "se a medida ajuda a melhorar a vida das pessoas". O terceiro, "se a medida contribui para aumentar a solidez do país". E, continuou explicando: "conforme nossa nova política, tudo que atenda a esses três requisitos está bem, e tudo que não os cumpra está mal. E com esses critérios estamos indo muito bem".

Mas por acaso essas acrobacias verbais não seriam uma desculpa do Partido Comunista para não admitir o fracasso do seu modelo ideológico e se manter no poder como partido único?, perguntei. O sr. Hong vivera muitos anos no exterior, convivendo com jornalistas ocidentais, de maneira que calculei que não era demasiado arriscado fazer essa pergunta. "De maneira nenhuma. Na China temos a democracia de um partido, que é o que necessitamos", respondeu sem sinal de agitação. O argumento é simples: a China tem 1,3 bilhão de habitantes, de 55 grupos étnicos diferentes, com tantas tensões sociais latentes que é impensável um sistema multipartidário. Com 800 milhões de pessoas na pobreza, "não podemos correr o risco de turbulências", disse.

No entanto, o Partido Comunista está permitindo cada vez mais democracia dentro do seu processo de tomada de decisões, garantiu. O partido está se abrindo, a ponto de que não mais aceita apenas membros provenientes do setor operário, camponês e das forças armadas, e desde 2002 também aceita da mesma maneira empresários, intelectuais e trabalhadores de empresas multinacionais. E todas as decisões são submetidas a um rigoroso processo de consulta a todos os setores do partido. A China tem uma democracia, cuja única diferença com a dos EUA ou da Europa é que o debate se produz dentro das fileiras do partido dominante, acrescentou.

Sem poder evitar um sorriso, comentei que, aos olhos de um estrangeiro, a China está em marcha acelerada para o capitalismo. Se 60% da economia já estão em mãos privadas, ou semiprivadas, e o próprio governo chinês admite que outras centenas de milhares de empresas estatais serão privatizadas no futuro próximo e que o traspasse de empresas é "o maior motor do desenvolvimento econômico" — como me dissera o sr. Zhou, o alto funcionário do Ministério Nacional de Desenvolvimento e Reforma —, não havia necessidade de um doutorado em economia política para suspeitar que a China está deixando o comunismo para trás a passos gigantescos e se aferra à retórica marxista apenas para justificar o monopólio absoluto do poder.

Quando saímos do restaurante, descendo pela escada rolante do centro comercial onde estávamos, comentei com um dos funcionários, que caminhava ao meu lado, que nos EUA há um dito segundo o qual se algo se parece um pato, caminha como pato e soa como pato, deve ser um pato. "Nós temos um provérbio parecido", respondeu o funcionário, encolhendo os ombros e sorrindo. "O presidente Deng Xiaoping costumava dizer que não importa de que cor seja o gato: o importante é que cace ratos."

O modelo asiático de democracia

Sentado em meu quarto de hotel em Pequim, navegando na Internet, não pude deixar de pensar — com horror — que um dos cenários do relatório do

Conselho Nacional de Inteligência da CIA sobre o futuro da democracia na China se estenda à América Latina. Segundo o relatório, nos próximos anos "Pequim poderia seguir um 'modelo asiático de democracia', que consistiria em eleições no plano local e num mecanismo de consulta eleitoral no plano nacional, com o Partido Comunista mantendo o controle do governo central".[15] O trabalho do centro de estudos a longo prazo da CIA não vaticina especificamente a exportação do modelo político chinês a outros países, mas em sua seção sobre a América Latina alerta para a crescente inconformidade, na região, com os resultados da democracia e o aumento do descontentamento com o aumento da delinqüência nas grandes cidades. "Especialistas sobre a região (latino-americana) prevêem o crescente risco de que surjam líderes carismáticos populistas... que poderiam ter tendências autoritárias."[16] Não é preciso ser gênio para suspeitar que, segundo os autoproclamados salvadores da pátria na América Latina, o modelo de democracia asiático — um capitalismo de Estado com um discurso de esquerda e sem liberdades políticas — resultará bem mais atrativo do que o modelo democrático ocidental.

Na China, ao contrário do que dizem os funcionários oficiais, não há democracia nem liberdade de imprensa. O Partido Comunista é o órgão que rege o governo. Todos os jornais são oficiais e manipulados pelo Departamento de Propaganda do Partido Comunista. E se bem que sejam mais modernos e alegres do que eram os jornais soviéticos, ou do que são os cubanos, dedicam-se a destacar os temas que interessam ao governo difundir e a censurar o que não quer que venha à luz. O *China Daily*, que li de cabo a rabo durante os dias de minha permanência na China, contém uma enorme variedade de matérias bem documentadas e escritas à semelhança do melhor jornal dos EUA ou da Grã-Bretanha. Até não é raro que inclua matérias que critiquem essa ou aquela política governamental ou colunas que chamem a atenção do governo para problemas ambientais ou de corrupção ainda não atendidos, ou que traga más notícias econômicas ou políticas. Mas o jornal dirigido à comunidade estrangeira na China é claramente destinado a passar uma imagem de modernidade, abertura econômica e capitalismo, para que os investidores atuais e potenciais se sintam cada vez mais acomodados com o "milagre chinês". As boas notícias aparecem na primeira página. As más, quando saem, estão nas páginas de dentro, e são curtas. No entanto, brilham pela ausência os temas que mais preocupam a direção chinesa: as críticas dos grupos internacionais de direitos humanos sobre os milhares de fuzilamentos anuais, o trabalho infantil, a seita religiosa Falun Gong e a ocupação do Tibete.

Uma noite, enquanto navegava na Internet, no quarto do hotel Jianguo, de Pequim, antes de sair para jantar, decidi averiguar pessoalmente quanta informação do exterior os chineses podiam receber. Tentei abrir a página da Anistia Internacional para ver se os chineses com acesso à Internet — que já somam 80 milhões, segundo o próprio governo — podiam verificar o que diz a organização de direitos humanos sobre seu país. Não consegui: em lugar da página da Anistia Internacional surgiu uma página dizendo que "This page cannot be displayed" ("Esta página não pode ser mostrada"), como costuma ocorrer quando não se pode acessar um site da Internet por motivos técnicos. Tentei outros grupos de direitos humanos, como Human Rights Watch, sem melhor sorte. O mesmo aconteceu quando tentei entrar em organizações ecológicas, como o Greenpeace, ou quando tentei abrir www.state.gov, a página do Departamento de Estado dos EUA que tem informação crítica sobre os abusos contra os direitos humanos e as políticas ambientais de muitos países, incluindo a China.

A seguir, fiz o mesmo exercício com órgãos da imprensa ocidental. Tentei entrar no site do *Miami Herald*, para ver se encontrava algumas das minhas colunas. Impossível. O mesmo para a revista *Time*. BBC, também. Curiosamente, pude entrar na página do *New York Times*. Mais tarde, jantando com um diplomata latino-americano, informei-me como funciona o sistema de censura na China: há sites da Internet totalmente bloqueados e outros permitidos pelo governo — para que as pessoas não se desconectem do resto do mundo —, mas bloqueando informações politicamente inconvenientes para o regime.

"Você pode ler o que quiser no *New York Times*, menos quando sai algum artigo crítico sobre a China", disse-me o diplomata. Quando o jornal publica um artigo negativo sobre a China, a página correspondente desaparece como por encanto, embora o resto do jornal possa ser lido sem problemas. E quando algum internauta travesso cria uma página substituta para que as pessoas possam ler uma notícia censurada, e o endereço do novo site é transmitido por uma cadeia de e-mails, o governo não demora mais de cinco minutos para bloqueá-la. Segundo estimativa generalizada nos círculos diplomáticos ocidentais em Pequim, a China tem mais de 30 mil agentes dedicados exclusivamente ao bloqueio de páginas na Internet. "Não se esqueça de que se alguma coisa sobra neste país é a mão-de-obra", explicou-me o diplomata latino-americano naquela noite.

Provavelmente não exagerava: um estudo do Centro Berkman da Escola de Leis da Universidade de Harvard investigou mais de 204 mil sites da Internet por intermédio do Google e do Yahoo, na China, e verificou que 19 mil deles estavam bloqueados.[17] Segundo o estudo, praticamente todos os sites que contêm as palavras "democracia", "igualdade", "Tibete" ou "Taiwan" relacionadas com a China são inacessíveis no país. E se as páginas da Internet são renovadas no dia seguinte, com novo endereço, desaparecem em poucos minutos. Segundo a Anistia Internacional, em 2004 havia na China pelo menos 54 pessoas detidas ou cumprindo pena de 2 a 14 anos de prisão "por disseminar suas crenças ou informações por intermédio da Internet".[18] Para que não restasse qualquer dúvida sobre o sistema policial imperante na China, o diplomata latino-americano acrescentou com naturalidade: "Não tenha a menor dúvida de que já entraram no seu quarto de hotel, revistaram todos os papéis e copiaram tudo o que você tem no computador. O comunismo, nisso, continua vivo como nunca."

Segurança sem direitos humanos

Nas grandes cidades chinesas, à diferença das latino-americanas, não há sérios problemas de delinqüência. Embora não tenha conseguido aprender mais do que três expressões em chinês — "por favor", "obrigado" e "sim" —, tanto os funcionários chineses como meus colegas ocidentais que vivem na China disseram que eu podia caminhar pela rua ou tomar um táxi sem problema a qualquer hora do dia ou da noite.

Ninguém sabe qual é o segredo da relativa segurança pessoal existente nas cidades chinesas, mas todo mundo suspeita: as penalidades para a delinqüência são draconianas ou, melhor dizendo, bárbaras. O governo chinês faz o impossível para que as informações sobre os fuzilamentos não passem para o exterior, mas as execuções são utilizadas como medidas exemplares e, portanto, são quase públicas no interior do país. Segundo me contou um diplomata ocidental, em muitos casos as mães são convidadas a assistir ao fuzilamento do filho e podem escolher a bala com que ele será executado, para que no retorno à sua cidade todos os vizinhos possam tomar conhecimento do fato. Quando perguntei a outros diplomatas e jornalistas em Pequim se essa história era verdadeira, quase todos me disseram que é impossível saber, embora muitos acrescentassem que é bem provável.

Segundo a Anistia Internacional, há mais fuzilamentos por ano na China do que em todos os demais países do mundo juntos. "De acordo com uma estimativa baseada em documentos internos do Partido Comunista Chinês, houve 60 mil execuções nos quatro anos que vão de 1997 a 2001, ou seja, uma média de 15 mil pessoas por ano", afirma o relatório anual da Anistia Internacional.[19] Isso significa que o governo chinês executa uma pessoa a cada 86 mil habitantes por ano, o que faz com que a cifra seja a mais alta do mundo quantitativamente — o que seria compreensível, considerando que a China tem a maior população do mundo —, mas que também seria a percentagem mais alta depois de Cingapura, assinala o informe.

"Meu sócio mexicano vivia em férias"

Antes de chegar à China, eu me perguntava se os 450 milhões de latino-americanos poderão competir com 1,3 bilhão de chineses cujo país oferece aos investidores mão-de-obra bem mais barata, sem greves e com trabalhadores dispostos a dormir no local de trabalho. Mas bastaram poucos dias nesse país para me convencer de que o problema era muito pior do que esse para os latino-americanos. Uma conversa casual com um empresário dos Estados Unidos rendeu-me a lista da enorme vantagem que os chineses levam sobre nós em temas que vão muito além da mão-de-obra barata.

Durante uma visita turística à Grande Muralha da China, ocorreu de me sentar no ônibus com um empresário de Indiana, com cerca de quarenta anos, viajando em companhia de um empregado sino-norte-americano que era um de seus gerentes. No trajeto de pouco mais de uma hora de Pequim até a muralha, ele me contou que sua empresa produzia tubos de plástico para construção, na China, havia três anos. Antes, fabricava-os no México. É claro, disse a ele, que é impossível para o México competir com os 72 centavos a hora pagos aos trabalhadores na China. Para minha surpresa, o jovem empresário me olhou com cara de espanto e disse que, para ele, a vantagem da China sobre o México não residia nos custos trabalhistas e sim na qualidade. "Meus sócios chineses reinvestem na fábrica constantemente. Mal lhes envio o pagamento por um carregamento, compram novo equipamento e materiais melhores. E estão sempre à disposição, as vinte e quatro horas do dia", assinalou. "Com meus sócios mexicanos se dava o contrário: mal pagava, eles saíam de férias e compravam um apartamento de luxo em Miami. Nada reinvestiam, e a qualidade de seus produtos não melhorava, como fazem os chineses. Para mim foi uma decisão simples."

É claro que não se pode generalizar a partir de uma conversa com um empresário durante uma excursão turística. Talvez eu tenha me deparado com um que teve a má sorte de se associar a um empresário mexicano dado à pândega. E, da mesma maneira, talvez existam muitos empresários chineses mais propensos a viver o dia do que a reinvestir em suas empresas. Também é certo que em outra ocasião falei com um alto dirigente de uma empresa alimentícia dos EUA que me disse que sua companhia se expandia na China e também no México. Quando perguntei o que o levava a investir no México, ele me disse que é um país com uma mão-de-obra mais estável do que na China. "Os trabalhadores chineses são mais dedicados do que os mexicanos, mas também pulam de uma empresa para outra logo que lhes oferecem alguns centavos a mais por hora, e perde-se dinheiro treinando constantemente novos trabalhadores.

No México, pode-se treinar um trabalhador qualificado e o mais provável é que ele fique com a empresa alguns anos."

O impacto chinês na América Latina

Combinei um encontro com o dr. Jiang Shixue várias semanas antes, desejoso de saber como o maior especialista em América Latina da China via a competição entre os países asiáticos e os latino-americanos, e se via seu país como uma oportunidade ou uma ameaça para a América Latina. O dr. Shixue, que falava perfeitamente o inglês, mas não o espanhol, é o principal pesquisador do Departamento de Estudos Latino-americanos da Academia de Ciências Sociais, o centro de estudos estatal que assessora o governo chinês. É, segundo ele, o maior centro de estudos latino-americanos do mundo: tem 55 pessoas, incluindo 40 pesquisadores dedicados em tempo integral ao estudo da região, e publica a única revista sobre América Latina escrita em chinês.

O dr. Jiang acabara de escrever um livro intitulado *Estudo comparativo dos modelos de desenvolvimento da América Latina e o Leste asiático*, que lhe tomara cinco anos de pesquisa e continha vários artigos anteriores sobre o tema. Um deles me surpreendeu, publicado em 2003, intitulado "A globalização e a América Latina". Nesse estudo, Jiang diz que a globalização "aumenta a interdependência e a integração econômica entre os países desenvolvidos e os países em desenvolvimento, processo que tende a melhorar a posição dos países em desenvolvimento na arena internacional".[20] E acrescenta: "A globalização facilita a afluência de capitais e tecnologia para os países em desenvolvimento e também lhes dá a oportunidade de expandir seus mercados."[21] Mas o que mais me chamou a atenção foi um gráfico ao final do ensaio, mostrando as diferenças dos processos de desenvolvimento entre a China e a América Latina: num dos primeiros temas comparativos, intitulado "Sentimento antiglobalização", o quadradinho da América Latina diz "evidente", enquanto o da China diz "pequeno".[22] Enquanto na América Latina as elites intelectuais e políticas resistiam à globalização, a China comunista abraçava-a com entusiasmo.

Mal ele se sentou numa poltrona ao lado de uma bandeira nacional, na sala de recepção de um velho edifício de dois andares que certa vez serviu de sede para o primeiro-ministro, fui direto ao tema que me trouxera ao seu escritório: seu último livro. "Pode me dar mais detalhes sobre as suas conclusões", perguntei. O dr. Jiang me disse que analisara o desenvolvimento chinês e o latino-americano do ponto de vista cultural e econômico e encontrara grandes diferenças nas duas concepções. Do ponto de vista cultural, a principal diferença era que os chineses são devotos seguidores dos ensinamentos de Confúcio, o filósofo do século V a.C. que ainda é venerado como o principal ícone da sabedoria chinesa. As três principais características da filosofia confuciana são: estimular os pais a investir tempo e dinheiro na educação dos filhos, promover a poupança e estimular a obediência à autoridade.

Os chineses poupam a vida inteira para pagar os melhores colégios aos filhos, algo que raramente se vê na América Latina, disse. E da mesma forma são um povo com tendência a obedecer às suas autoridades. "Uma das coisas da América Latina de que se queixam os empresários chineses são as greves. Muitos deles dizem que os trabalhadores latino-americanos passam o tempo todo em greve, disse-me o acadêmico. No entanto, acrescentou que ele mesmo examinava essas teorias de determinismo cultural com pinças. "A cultura explica algumas coisas, mas não todas. Da maneira como nós os vemos, é apenas um dado a mais a levar em conta", assinalou.

O livro que escreveu, comparando o desenvolvimento do Leste asiático com a América Latina, focava melhor as políticas econômicas, continuou. E considerando as lições dos êxitos e dos fracassos das duas regiões, ele chegou a algumas conclusões básicas: "A primeira é de que o modelo de abertura econômica adotado pelos países do Leste asiático há várias décadas, e mais recentemente pela América Latina, é superior aos demais", começou. "Agora podemos constatar que a teoria da dependência, que foi muito popular nos anos 1960, ficou totalmente superada." A segunda conclusão de seu livro é de que "o Estado deve representar um papel importante no desenvolvimento econômico, mas não deve ser demasiado intrometido nem demasiado distante". Outros ensinamentos mostram que enquanto a América Latina empreendeu as reformas econômicas internas e a abertura econômica de maneira simultânea, a China fez suas reformas econômicas em primeiro lugar — para se tornar mais competitiva no plano global — e só depois realizou sua abertura externa. E enquanto a América Latina fez sua integração à economia mundial de forma "audaz e vertiginosa", a China a fez "gradualmente e com cautela" ao longo das últimas duas décadas. Ou seja, mais devagar, mas sem mudar o rumo. O resultado final, segundo Jiang, é que a integração da América Latina à economia mundial foi "em geral boa", mas a da China foi "muito melhor".

Quando saí da entrevista com Jiang não pude deixar de pensar no absurdo da situação. Nessa mesma semana, o governo venezuelano, em meio a uma série de arengas de Chávez contra o "imperialismo norte-americano", o "neoliberalismo criminoso" e o "capitalismo selvagem", ordenara o fechamento por três dias das oitenta lojas do McDonald's na Venezuela, enquanto o regime chinês anunciava com entusiasmo que estava dando as boas-vindas à direção do McDonald's, que expandiria sua rede na China em mais de mil lojas no próximo ano. Enquanto na América Latina se agitavam as bandeiras da dependência e do imperialismo, aqui estava eu, no coração da China comunista, diante de um proeminente assessor do governo sentado ao lado de uma bandeira vermelha, escutando que o modelo de abertura econômica é o que melhor funciona e que a teoria da dependência ficara "totalmente superada". E tudo isso apenas algumas horas depois que o sr. Zhou, o alto funcionário do Ministério Nacional de Desenvolvimento e Reforma, assinalasse, para mim, com orgulho, que a conversão das empresas estatais para o setor privado e a abertura para o mundo são "o principal motor do crescimento" de seu país.

Não era casualidade que os investimentos estrangeiros na China tivessem disparado de 40 bilhões de dólares em 2000 para 50 bilhões de dólares em 2004, enquanto os investimentos estrangeiros na América Latina despencaram de 85 bilhões de dólares para menos de 40 bilhões durante o mesmo período.[23] Era preciso viajar meio mundo para ver como o discurso político latino-americano está fora do jogo no novo contexto mundial.

As promessas de investimento: realidade ou fantasia?

Desde o final de 2004, quando o presidente chinês Hu Jintao fez uma viagem de quase duas semanas pela Argentina, Brasil, Chile e Cuba, a caminho de uma reunião de cúpula da Associação de Cooperação Econômica da Ásia-Pacífico (Apec) em Santiago, criaram-se enormes expectativas de um apogeu nas relações econômicas com a China em todos os países por onde passou. Não é para menos. O presidente chinês passou mais tempo na América Latina esse ano do que o próprio presidente Bush. E poucas semanas antes o vice-presidente chinês Zeng Qinghong viajou ao México, Venezuela e Peru, onde ficou mais tempo do que o vice-presidente norte-americano Dick Cheney ficara na América Latina nos últimos quatro anos.

O presidente Hu prometeu mundos e fundos aos anfitriões, e sua extensa visita sem dúvida demonstrava um novo interesse da China pela região. No entanto, alguns presidentes latino-americanos ou seus ministros se deixaram levar pelo entusiasmo e acreditaram escutar mais do que o mandatário visitante oferecia. Talvez porque se expressara mal, ou por erro de tradução, ou por uma interpretação demasiado otimista dos anfitriões, o presidente Hu gerou enormes manchetes ao dizer — supostamente —, em um discurso no parlamento brasileiro em 12 de novembro de 2004, que a China investiria 100 bilhões de dólares na América Latina nos próximos dez anos. "A China quer investir 100 bilhões na América Latina até 2014", gritava uma manchete eufórica da *Folha de S.Paulo*. Na Argentina, o jornal *Clarín* pôs um título em toda a largura da página: "China promete investir na América Latina 100 bilhões de dólares". O subtítulo afirmava que o presidente chinês garantira que "se chegará a essa cifra nos próximos dez anos".[24] É uma quantia suficiente para tirar do poço a Argentina e vários vizinhos, diziam com entusiasmo os jornais. A febre pela potencial onda de investimentos chineses foi tal que a imprensa argentina noticiou um crescimento meteórico do estudo do idioma chinês, que subiu da noite para o dia de um punhado de estudantes para mais de seiscentos.

Mas o certo é que, segundo me assegurou o governo chinês, a cifra real de possíveis investimentos chineses na América Latina nos próximos anos será muitíssimo menor: com sorte, chegará a 4 bilhões de dólares, ou seja, 96% menos do que afirmara a imprensa sul-americana. Todos os funcionários chineses, advertidos de antemão de que eu lhes faria essa pergunta — o Ministério das Relações Exteriores me pediu que entregasse minhas principais perguntas por escrito antecipadamente — responderam-me com um sorriso que a expectativa de investimentos chineses na América Latina foi superdimensionada. Quando perguntei ao sr. Zhou, do Ministério Nacional de Desenvolvimento e Reforma, sobre os supostos acordos de investimento de 100 bilhões de dólares, ele respondeu que essas informações eram "exageros" da imprensa. "Eu também li essas notícias da imprensa", comentou com um sorriso. "Pelo que sei, não há nada disso. Não tenho idéia de qual foi a fonte dessa notícia."

Dias mais tarde o sr. Hu, meu acompanhante oficial, entregou-me uma resposta por escrito do Ministério das Relações Exteriores à minha pergunta sobre quanto seria o montante provável de investimentos chineses na América Latina até o ano 2010. "Faremos o possível para aumentar os investimentos, que, segundo acreditamos, dobrarão até o fim da década", dizia o documento. Os investimentos diretos atuais da China na região, segundo o próprio governo, são de 1,6 bilhão de dólares.[25]

Trataremos de incrementar o comércio

No entanto, a China era muito mais otimista a respeito das possibilidades do comércio bilateral. Segundo as respostas por escrito do Ministério das Relações Exteriores às minhas perguntas, "trataremos de incrementar o volume do comércio bilateral uma vez e meia para 2010, rompendo a marca dos 100 milhões de dólares". Segundo me explicaram vários funcionários em entrevistas posteriores, o principal interesse comercial da China na América Latina é a compra de matérias-primas, como o petróleo da Venezuela, a soja da Argentina e do Brasil e o cobre do Chile. Enquanto a economia chinesa continuar crescendo como agora, o país necessitará cada vez mais de matérias-primas. E uma das principais prioridades do regime chinês é diversificar suas fontes de abastecimento para não depender exclusivamente dos EUA ou do Oriente Médio. Por exemplo, a China importa 100 milhões de toneladas de petróleo por ano, quase tudo do Oriente Médio. O país queria multiplicar suas fontes de importação e começava a criar uma reserva estratégica de petróleo, como a dos EUA, para estar mais bem preparado em caso de queda de seu abastecimento por motivos políticos ou econômicos.

Ao mesmo tempo, segundo me asseguraram diplomatas latino-americanos em Pequim, outro dos principais objetivos econômicos chineses na América Latina é um de que seus funcionários não falam publicamente: instalar progressivamente fábricas chinesas em países latino-americanos que têm ou terão acordos de livre-comércio com os EUA, para poder continuar exportando por intermédio de terceiros se Washington resolver no futuro reduzir seu gigantesco déficit comercial pondo freios em suas importações da China. "Os chineses pensam a longo prazo, e não seria um cenário nada incomum", disse-me um embaixador sul-americano, acrescentando que isso seria um presente do céu para a América Latina. Embora o comércio com a América Latina represente apenas 3% do comércio exterior chinês, o crescimento projetado pelo seu governo não é desdenhável para muitas nações latino-americanas. A China já está entre os três principais sócios comerciais do Brasil, da Argentina e do Chile. E, se decidisse escolher a América Latina como porta traseira para continuar sendo o principal exportador para os EUA durante muitos anos, o benefício econômico para a América Latina seria ainda maior.

Contudo, a julgar pelo que escutei de altos funcionários chineses e pelo que sugerem as respostas escritas do Ministério das Relações Exteriores às minhas perguntas, é provável que o novo interesse da China pela América Latina a curto prazo seja mais político do que econômico. No texto que me foi entregue pelo Ministério fica claro que a China tem motivos políticos importantes para se aproximar cada vez mais da América Latina: "Deveríamos nos apoiar mutuamente no campo político para enfrentar juntos os grandes desafios mundiais na ONU e em outros foros internacionais", começa dizendo a nota.

Em linguagem clara, o que diz o texto enviado pelo Ministério das Relações Exteriores é que a China quer fazer uma frente comum com a América Latina e outros países em vias de desenvolvimento para conseguir uma reforma do Conselho de Segurança da ONU e deter a oposição dos EUA nos temas que mais a preocupam, como o dos direitos humanos ou a ocupação do Tibete.

Em segundo lugar, a nota do Ministério diz que "a China quer estabelecer relações normais com todos os países da América Latina e do Caribe". Em outras palavras, quer se opor à influência de Taiwan na região, tema de particular preocupação para o regime. Ainda há 12 países da América Latina que têm relações diplomáticas com o que o governo chinês chama de "a província" de Taiwan, sobretudo na América Central e no Caribe. Uma maior penetração econômica, política e cultural na América Latina ajudaria a China a convencer os países renegados a cortar suas relações com Taiwan e se somar ao trem dos países que têm vínculos com a China continental.

Por tudo isso, "quanto havia de realidade e quanto de fantasia nos prognósticos sobre as relações econômicas bilaterais?", perguntei ao dr. Jiang, do Instituto de Estudos Latino-americanos. Jiang me disse que, em geral, é bastante otimista. Até agora a América Latina fora uma expressão feia na China. "A imprensa chinesa fala da ameaça de 'latino-americanização' quando se refere ao perigo de hiperinflação, desordem e violência", disse-me. "Fala até do 'mal latino-americano' nas páginas esportivas, quando as equipes brigam. Mas isso está mudando. A visita do presidente Hu foi muito noticiada pela imprensa chinesa, e agora muitos começam a ver a região com outros olhos", acrescentou. E a visita presidencial despertou o interesse dos empresários chineses: pela primeira vez, vários deles se aproximaram do instituto para receber informações sobre países latino-americanos. "A China se interessará cada vez mais pela América Latina, porque seus interesses são estratégicos", concluiu o dr. Jiang. "Estou neste posto há 24 anos e nunca vi tanto entusiasmo pela América Latina como agora."

Quem ganha? A China, a América Latina ou ambas?

Jiang tem razão, provavelmente. Depois de entrevistar vários funcionários do governo e do Partido Comunista Chinês encarregados da América Latina não me restaram dúvidas de que a China tem mais interesse do que nunca em estreitar suas relações com a América Latina. Mas quem vai ganhar? A China, a América Latina ou ambas?

Indiscutivelmente, para muitos países latino-americanos, a ascensão da China pode ter várias conseqüências positivas. Em primeiro lugar, seu crescimento impressionante — que já superou os EUA como o principal consumidor de matérias-primas do mundo — fez subir significativamente os preços dos produtos agrícolas, o petróleo e os minerais, o que foi um benefício para muitos países. Para deleite do Chile, o preço do cobre subiu 37% em 2004, enquanto o do alumínio e do zinco aumentaram 25%. Num golpe de boa sorte para a Venezuela, o preço do petróleo disparou 33%, e o mesmo aconteceu com o preço de muitos produtos agrícolas exportados pelo Brasil, pela Argentina e outros países sul-americanos. Se a economia chinesa não desinchar, tudo faz prever que seu crescimento continuará a manter altos os preços das matérias-primas, e que a maioria dos países latino-americanos — com exceção do México e dos da América Central, cujas economias dependem mais de produtos manufaturados — continuará se beneficiando do fenômeno.

Em segundo lugar, praticamente todos os países latino-americanos — sobretudo o México e os países do Caribe — poderiam ser grandes beneficiários do incipiente boom do turismo chinês no exterior. Durante a visita do presidente Hu à região, em 2004, a China anunciou que incorporaria vários países latino-americanos à sua lista de nações escolhidas para receber grupos turísticos chineses. Isso, bem explorado, poderia ser uma mina de ouro para os destinos turísticos da América Latina: segundo a Organização Mundial do Turismo, para o ano 2020 haverá pelo menos 100 milhões de chineses viajando para o exterior todos os anos. Atualmente, 20 milhões viajam para o exterior todos os anos, a maioria para os países vizinhos na Ásia, mas uma percentagem cada vez maior — em grupos organizados e autorizados pelo governo de Pequim — se dirige a outras partes do mundo. Se os países latino-americanos conseguirem se colocar no mapa dos meios de comunicação chineses e oferecer suas belezas naturais à nova classe média, poderão extrair mesmo que seja uma pequena fatia da onda de turismo desse país. "Eu me conformaria com 1 ou 2% dos 100 milhões de turistas chineses", disse-me o embaixador do México em Pequim, Sergio Ley López. "Estaríamos falando de 2 ou 3 milhões de visitantes por ano."[26]

Em terceiro lugar, assim como a China se beneficiará de um "consenso estratégico" com a América Latina na ONU, como disse o presidente Hu, os países latino-americanos também podem se beneficiar das alianças políticas com a China em temas como a reforma da ONU e outras reivindicações dos países em vias de desenvolvimento na agenda Norte-Sul. Nesse sentido, ambas as partes ganham.

No entanto, uma "relação especial" com a China — como a que propuseram não tão tacitamente os governos do Brasil, Argentina e Venezuela — traria junto mais perigos do que benefícios. Primeiro, existe o claro perigo de uma avalanche de produtos baratos — muitos deles contrabandeados ou produzidos sem pagar direitos de propriedade intelectual —, que provocariam o temor dos industriais latino-americanos de uma possível invasão de produtos norte-americanos ou europeus como resultado de acordos de livre-comércio com os EUA ou a União Européia. Durante a visita do presidente Hu à América do Sul em 2004, os presidentes latino-americanos, felizes com o aumento de suas exportações, deram à China o *status* de "economia de mercado", uma definição legal que tornará mais difícil aos países latino-americanos apresentar demandas comerciais por exportações subsidiadas, pirateadas, contrabandeadas pela China ou produzidas sem levar em conta as leis trabalhistas internacionais. Como farão os países da região para competir com as fábricas chinesas, onde as pessoas trabalham doze horas seguidas, dormem nos locais de trabalho e ganham menos da metade que os latino-americanos? E como se protegerão contra as exportações chinesas pirateadas, que não pagam direitos de patente e, portanto, são de excelente qualidade porém bem mais baratas que as competidoras no mercado? Qualquer turista que passeie pelas ruas das grandes cidades chinesas percebe que o governo não se esforça por controlar a pirataria.

Dois rolex por 12 dólares

Na minha viagem a Xangai li, no avião, uma matéria recente da imprensa oficial chinesa segundo a qual o país fazia progressos enormes na luta contra o roubo da propriedade intelectual. A vice-primeira-ministra chinesa Wu Yi declarara que "todo o país fora mobilizado contra a violação da propriedade intelectual"[27] e que a ofensiva — iniciada dois meses antes — já resultara em mil acusações perante a Justiça. Segundo a vice-primeira-ministra, as autoridades estavam atrás dos produtores e vendedores de artigos pirateados em todos os rincões do país. Mas, pelo que pude ver em Xangai, a venda de produtos pirateados se dava abertamente, nas barbas da polícia. Mal saí do meu hotel, um palácio do início do século XX na avenida principal da cidade, cruzei com o primeiro vendedor de Rolex pirateados. O homem não falava uma frase de inglês, mas conhecia palavras suficientes para desenvolver seu negócio. "Rolex?", perguntou-me, tirando discretamente um punhado de relógios do bolso direito, olhando para todos os lados para ver se alguém o seguia, e voltou a perguntar: "Cartier?" Diante de outra negativa, prosseguiu: "Bulgari?", "Omega?", "Raymond Weil?". Pus-me a caminhar pela Nanjing Road e logo descobri que a cena se repetiria a cada cinqüenta metros. Os vendedores de relógios de luxo pediam 200 iuans — o equivalente a 25 dólares — por relógio aos turistas recém-chegados, mas quando eles se negavam terminavam oferendo dois Rolex por 12 dólares.

O mais surpreendente ainda, quando visitei o bairro velho de Xangai — que fora o centro econômico e comercial da cidade sob as dinastias Yuan, Ming e Ping e agora é um centro turístico visitado por milhares de turistas de outras regiões da China e do estrangeiro — foi encontrar Rolex pirateados expostos nas vitrines, à vista do público, nas lojas da rua principal. Talvez o governo chinês estivesse fazendo algo para perseguir os vendedores de produtos pirateados em todos os rincões do país, como dizia a vice-primeira-ministra, mas obviamente se esquecera de procurar nas cidades principais, onde mais ocorria esse tipo de comércio. E se fazia vista grossa em casa, onde tinha todo o controle policial nas mãos do Estado, por que não o faria no exterior, onde seria mais fácil dizer que não poderia controlar o fenômeno?

A "maldição" latino-americana: as matérias-primas

Além do perigo de uma avalanche de produtos chineses pirateados, existem outros que têm mais a ver com a América Latina. A nova relação econômica da China com a América Latina — tanto no âmbito do comércio como no do investimento — se baseia na extração das matérias-primas. Isso poderia aumentar a dependência latino-americana dos produtos primários e desestimular os esforços da região para produzir exportações de maior valor agregado.

Um amplo estudo do banco de investimentos Goldman Sachs, intitulado "Um olhar realista nas relações comerciais entre a América Latina e a China", conclui que o crescimento do comércio da América Latina com a China é um fenômeno circunstancial e não se traduz em um aumento duradouro das exportações latino-americanas de produtos mais sofisticados, porque nem as empresas nem os governos da região têm atualmente capacidade de aumentar suas exportações para satisfazer a demanda do mercado chinês. O estudo conclui que, a menos que os países latino-americanos ativem suas pilhas e façam as reformas feitas pela China para serem mais competitivos — como flexibilizar suas leis trabalhistas e melhorar o sistema educativo para criar mão-de-obra qualificada —, continuarão sendo exportadores de matérias-primas, bem menos cotadas do que os produtos manufaturados no mercado mundial, e ficarão cada vez mais para trás.

E os investimentos anunciados pela China na região, independentemente do seu montante, tampouco ajudarão muito, porque, praticamente em sua totalidade, estão destinados a indústrias de extração de matérias-primas e não contribuem para aumentar a capacidade de exportação de produtos de maior valor agregado, diz o estudo. A China investe em poços petrolíferos na Venezuela, estradas de ferro e portos no Brasil e na Argentina, e na indústria de cobre no Chile, o que "é uma contribuição limitada no que se refere ao desenvolvimento tecnológico da região e à diversificação de suas exportações de produtos manufaturados mais sofisticados", afirma o estudo. O caso do México é particularmente preocupante, continua: sua balança comercial com a China se deteriorou de um déficit de 2,7 bilhões de dólares para o México em 2000 para 12,4 bilhões de dólares em 2004, e tudo indica que a brecha continuará aumentando até chegar a um déficit comercial de 16,4 bilhões de dólares em 2010, assinala. Ainda que o México esteja aumentando suas exportações de metais para a China, "o total de suas exportações continua a ser muito baixo e não basta para eliminar as crescentes perdas do México na competição de exportações para terceiros mercados (como o dos EUA) nem a crescente penetração das importações chinesas no mercado mexicano".[28]

A conclusão do estudo de Goldman Sachs é de que a América Latina corre o risco de se enganar a si mesma se acredita que a China é um substituto viável a um tratado de livre-comércio com os EUA ou com a União Européia: enquanto uma aliança econômica com a China perpetuaria a condição de economia de extração de muitos países latino-americanos, os acordos comerciais com os EUA e a Europa — especialmente se a Europa reduzir seus obscenos subsídios agrícolas — permitiriam um enorme aumento das exportações de produtos mais sofisticados, que acelerariam o crescimento econômico da região.

Era distorcida a visão de Goldman Sachs? Representava a opinião interessada de Wall Street ou se tratava de uma análise objetiva da situação? Tal como assinalou no fim de 2005 o Programa das Nações Unidas para o Desenvolvimento (Pnud), uma instituição que não pode ser acusada de neoliberal, o aumento da dependência latino-americana das matérias-primas era, com efeito, um grande perigo para a região. Em seu Relatório de Desenvolvimento Humano de 2005, o Pnud se referia a esse fenômeno como "a maldição das matérias-primas".[29]

"Quando se trata do desenvolvimento humano, algumas exportações são melhores do que outras. A riqueza gerada mediante exportações de petróleo e minerais pode ser má para o crescimento, má para a democracia e má para o desenvolvimento", diz o Pnud.[30] A metade da população conjunta dos 34 maiores exportadores de petróleo do mundo em desenvolvimento vive na pobreza absoluta, e duas terças partes desses países não são democracias, assinala o relatório.

Os países latino-americanos que vendem principalmente produtos agrícolas também estão ficando para trás em relação aos países asiáticos, diz o relatório. "As comparações entre o Leste asiático e a América Latina demonstram que, na produção de bens de valor agregado, a América Latina tem perdido quotas de mercado", afirma o Pnud. E acrescenta que "mais de cinqüenta países em desenvolvimento (em todo o mundo) dependem da agricultura para pelo menos um quarto de suas exportações. Esses países estão numa escada rolante descendente".

E as cifras do Pnud sobre a dependência latino-americanas dos produtos primários são aterradoras: os produtos primários representam 72% das exportações totais da Argentina, 83% da Bolívia, 82% do Chile, 90% de Cuba,

64% da Colômbia, 88% do Equador, 87% da Venezuela, 78% do Peru e 66% do Uruguai. Comparativamente, os produtos primários representam apenas 9% das exportações totais da China e 22% da Índia, diz o Pnud. A novidade do relatório é a conclusão que assinala que se os países latino-americanos continuarem como estão, exportando matérias-primas ou manufaturas de pouco valor agregado, a região tardará até 2177 para alcançar o nível de desenvolvimento que países como os EUA têm hoje.

Tampouco é certo que, ainda que a China continue crescendo, os países sul-americanos possam continuar a vender-lhe como até agora. Depois da assinatura, no final de 2004, do acordo com os dez países do Sudeste asiático (Asean) — que inclui Indonésia, Malásia, Filipinas, Cingapura e Tailândia — para criar a maior zona livre de comércio do mundo em 2010, a China comprará mais de seus vizinhos. A maioria dos países da Asean são produtores agrícolas, ainda que em muitos casos de produtos tropicais, que começarão a exportar em condições preferenciais para o mercado chinês em 2007.

Quando perguntei ao dr. Zhou, o alto funcionário do Ministério Nacional de Desenvolvimento e Reforma, qual será o impacto do acordo de livre-comércio com os países da Asean sobre o comércio internacional chinês, ele respondeu: "Atualmente os países da Asean representam 30% de nosso comércio internacional. Esperamos que, quando entrar em vigor o acordo de livre-comércio, a percentagem suba para 40%."[31]

O "efeito contágio" da corrupção chinesa

Mas o maior perigo de uma relação especial com a China não é comercial. É muito mais amplo: poderia fazer retroceder em várias décadas a agenda anticorrupção e a favor dos direitos humanos na América Latina. Na China, à diferença dos EUA e da União Européia, não existem leis anti-suborno e, se existem, são menos observadas do que no resto do mundo. Desde o escândalo dos subornos da Lockheed em 1977, quando os EUA aprovaram a Ata de Práticas Corruptas no Exterior, que proíbe as empresas norte-americanas de subornar funcionários estrangeiros, os sucessivos governos de Washington avançaram cada vez mais para conseguir que se implementassem as leis anti-suborno no exterior. E nos últimos anos — especialmente depois dos escândalos financeiros de Raúl Salinas de Gortari, no México, e de Vladimiro Montesinos, o ex-chefe de Inteligência no Peru —, a União Européia se dobrou a essa ofensiva, assinando a convenção anti-suborno da Organização para a Cooperação e o Desenvolvimento Econômico (OECD), que proíbe as deduções que países como a França e a Alemanha davam às suas empresas pelas *comissões* que elas pagavam na América Latina para ganhar contratos. Se bem que essa frente comum norte-americana-européia contra os subornos tenha um longo caminho a percorrer — os subornos pagos pela multinacional francesa Alcatel na Costa Rica em 2004 são apenas um exemplo do quanto ainda resta por fazer na matéria —, seus avanços são inquestionáveis. Desde o fim dos anos 1990, a OECD aprovou convênios pelos quais as empresas multinacionais pagarão multas cada vez mais altas se subornarem funcionários estrangeiros, diretamente ou por intermédio de suas subsidiárias.

Mas os empresários chineses não estão sujeitos a leis internas como a ata anti-suborno dos EUA, nem aos convênios anticorrupção da OECD. Quem os impedirá de distribuir dinheiro à direita e à esquerda na América Latina para ganhar licitações? A julgar pelo comportamento chinês até agora, não haverá força que os detenha. Segundo o Índice de Tendência à Corrupção da Transparência Internacional, a China é um dos países cujas empresas pagam mais subornos. Ocupa o penúltimo lugar da lista, organizada desde os que têm melhor reputação em matéria de honestidade entre os executivos internacionais até os que têm a pior imagem.[32] Segundo Peter Eigen, presidente da Transparência Internacional, o nível de subornos das empresas chinesas é intolerável.[33] Será possível evitar um "efeito contágio" na América Latina à medida que aumentem os contatos entre empresas chinesas e latino-americanas? A menos que haja uma mudança na China, duvido muito.

Não só em suas relações com o mundo exterior, mas também no plano interno, a corrupção é uma parte inata do capitalismo chinês. A rigor, como em muitos outros sistemas de economia planificada, o capitalismo chinês nasceu à margem da lei. O governo proibia a propriedade privada, e as pessoas que queriam prosperar economicamente se sentiam forçadas a operar no mercado negro. Segundo a história oficial, as reformas econômicas das últimas décadas foram inspiradas pelo êxito econômico de dezoito granjeiros do povoado de Xiaogang, na província de Anhui, que assinaram um acordo secreto — e ilegal naquele momento — para trabalhar de forma individual dentro de sua granja coletiva. Esses 18 granjeiros, que viviam na maior pobreza, assinaram um documento com suas impressões digitais em dezembro de 1978, sabendo que se arriscavam a ser presos ou fuzilados se fossem descobertos. Em pouco tempo, a produção de suas granjas aumentou dramaticamente, e a notícia chegou aos ouvidos do novo líder nacional, Deng Xiaoping, que, em lugar de mandar castigar os granjeiros, pediu um estudo sobre como conseguiram aumentar a produtividade. Pouco depois, Deng ordenou que se fizessem experiências em granjas privadas de várias províncias, e em pouco tempo estendeu o sistema a todo o país. À semelhança do que ocorreu com os famosos 18 granjeiros que fizeram seu acordo secreto para aumentar seus ganhos por baixo do pano, sem conhecimento das autoridades, milhões de outros empresários chineses iniciaram seus negócios violando a lei, usando contratos secretos, subornos e todo tipo de artimanhas para sobreviver. Fishman, o autor de *China Inc.*, assinala que o mais frustrante para muitos empresários estrangeiros na China de hoje é "a leviandade com que as empresas chinesas tratam os acordos comerciais e sua freqüente falta absoluta de respeito à legalidade. Mas o certo é que as empresas chinesas nasceram num clima em que a ilegalidade era a única opção disponível". Segundo o autor, "se o sistema de subornos, contratos secretos e favoritismo continuar sendo a norma na China nas próximas décadas, terá uma influência enorme sobre as empresas estrangeiras que entrarem no mercado, que vão exigir (de suas matrizes) liberdade maior para atuar com a mesma flexibilidade no mercado chinês".[34] E se a cultura empresarial muda para se adaptar à corrupção na China, não há razão para pensar que não mudará em outros países com poucas salvaguardas contra a corrupção.

O "efeito contágio" também pode acontecer no campo dos direitos humanos. Quando o governo chinês coloca como primeira razão para sua aproximação com a América Latina a criação de um "consenso estratégico" para contrabalançar a influência dos EUA, um dos seus principais objetivos é conseguir a adesão da América Latina à sua defesa contra acusações na Comissão de Direitos Humanos da ONU. Se a América Latina concordar com as pressões como parte de uma nova "aliança estratégica" com a China, ficará estabelecido um precedente nefasto e o princípio da universalidade dos direitos humanos se erodirá ainda mais. Se a América Latina defender a China contra as acusações de violações de direitos humanos na ONU, como já o fazem a Argentina e o Brasil, os futuros governos repressores na região terão um bom argumento para retornar ao nefasto princípio da "não-intervenção", pelo qual os ditadores podem cometer todos os tipos de abusos sem conseqüências internacionais. A aliança política com a China contém tantos perigos para as democracias como para as economias latino-americanas.

As pernas magras do milagre chinês

No momento, tudo indica que o apogeu econômico chinês não se deterá. Segundo as projeções do governo, a China continuará crescendo a um ritmo superior a 7% anuais durante os próximos dez ou quinze anos, o que fará subir a renda *per capita* dos chineses dos 1.250 dólares atuais para mais de 3 mil dólares por ano. Nas grandes cidades comerciais como Xangai, a renda *per capita* em 2020 será de mais de 10 mil dólares por ano, com o que — se as economias da América Latina permanecerem estagnadas — superarão em renda a maior parte das capitais latino-americanas, segundo as projeções do Ministério Nacional de Desenvolvimento e Reforma.[35] E se as projeções do governo chinês e do Conselho Nacional de Inteligência da CIA se confirmarem, a economia chinesa superará amplamente as da Europa e a da Índia em 2020, e estará a caminho de se converter na primeira potência mundial uma ou duas décadas mais tarde. Segundo alguns entusiastas, como o professor Oded Shenkar, da Ohio State University, autor de *O século da China*, ela poderá se converter na maior economia mundial até mesmo antes, entre 2020 e 2025.[36]

Esses prognósticos se cumprirão? Depois de entrevistar dezenas de funcionários e acadêmicos na China, e de conversar com inúmeros chineses nas ruas de Pequim e Xangai, não tenho dúvida de que — se não houver imprevistos — a China será uma das grandes potências mundiais num futuro não muito longínquo. No entanto, minha única reserva sobre essas projeções econômicas é de que a história está cheia de imprevistos, nos tempos atuais mais do que nunca. Se algum visionário russo dissesse em 1987 que a URSS deixaria de existir, que o Partido Comunista soviético se transformaria em pouco mais do que uma associação de aposentados e que a Polônia e a República Tcheca se tornariam os principais acusadores de Cuba na Comissão de Direitos Humanos da ONU, não seria mandado para a prisão, mas para o manicômio. E, sem ir mais longe, se um chinês prognosticasse, durante a Revolução Cultural de Mão, que a principal atração de Xangai na primeira década do novo milênio seria o monumento ao consumidor, seria tachado de delirante.

E na China podem acontecer muitas coisas. Pode haver uma revolta política dos 800 milhões de camponeses que mal recebem algumas migalhas do novo crescimento econômico, e que podem começar a ver com menos simpatia o fosso que os separa daqueles que compram automóveis Mercedes Benz e gastam 37 mil dólares numa ceia de Ano-novo. Já aconteceu uma vez, durante a revolta estudantil da Praça Tienanmen (Praça da Paz Celestial) em 1989, e não há qualquer segurança de que não volte a ocorrer, em maior escala. E, o que é ainda mais provável, a julgar pelo ranking de preocupações do governo chinês, pode se dar uma insurreição religiosa de alguma das dezenas de etnias do país. Não é por acaso que o governo chinês tem mais medo da Falung Gong — a seita religiosa reprimida violentamente cada vez que tenta fazer uma manifestação pública — do que de qualquer grupo político.

Mesmo assumindo que não se produza uma ruptura social, a economia poderia colapsar em decorrência da fragilidade do sistema bancário. Os grandes bancos chineses estão empanturrados de empréstimos irrecuperáveis e poderiam cair como pedras de um dominó. Ainda que não se produza qualquer catástrofe política ou econômica, a simples evolução do sistema político chinês poderia levar a um choque de interesses entre diversos grupos corporativos — os poderes dos fatos, como costumam ser chamados na América Latina — que conduzam ao desmoronamento do milagre econômico. À medida que passem os anos, é provável que os empresários superpoderosos comecem a tecer suas próprias alianças extrapartidárias para proteger seus interesses, e que isso desemboque num sistema de barões feudais com seus próprios serviços de segurança, que poderiam terminar se enfrentando uns aos outros.

Se tivesse de arriscar um prognóstico, eu diria que é bem provável que não ocorra nenhuma dessas catástrofes, e que a China continuará crescendo, embora a um ritmo menos fenomenal que nos últimos anos. O motivo é simples: os filhos da geração que veio do comunismo e se converteu entusiasticamente ao capitalismo de Estado perderiam a motivação de seus pais. A novidade de poder deixar para trás o uniforme da Revolução Cultural e substituí-lo por uma jaqueta de couro preto com blue jeans terá passado, e — assim como acontece, nos países industrializados, com os filhos e netos dos emigrantes — é provável que as novas gerações não estejam tão dispostas a trabalhar doze horas por dia e a dormir nos locais de trabalho por um salário inferior a um dólar por hora. Se não houver surpresas no caminho, a China continuará a ser a fábrica do mundo, mas será menos competitiva do que agora, porque seus trabalhadores do futuro dificilmente terão o ímpeto dos atuais. A febre capitalista, como toda febre, passará. Enquanto isso, a curto prazo, o país terá impacto cada vez maior — benéfico para muitos, a curto prazo, mas potencialmente prejudicial para todos — sobre a América Latina.

FONTES

1. "Mapping the Global Future, National Intelligence Council's 2020 Project", 2005.
2. "Country salutes extra foreign investment", *China Daily*, 31 de janeiro de 2005.
3. Mapping the Global Future, Conselho Nacional de Inteligência, CIA, p. 12.
4. "China, New Land of Shoppers, Builds Malls on Gigantic Scale", *The New York Times*, 25 de maio de 2005.
5. "China's Elite Learns to Flaunt it While the New Landless Weep", *The New York Times*, 25 de dezembro de 2004.

6. *Singapore Sunday Times*, "$37.000 Dinner Hard to Stomach? Not for the Rich in China", 6 de fevereiro de 2005.
7. *China Daily*, "Low Gear for the Luxury Car Market", 7 de fevereiro de 2005.
8. Ted C. Fishman, *China Inc.*, Editora Scribner, p. 9.
9. Chi Lo, *The Misunderstood China*, Cingapura, Pearson Education, 2004, p. 22.
10. "The World Factbook", CIA, no *site* www.cia.gov.
11. Entrevista do autor com Zhou Xi-an, em Pequim, em 2 de fevereiro de 2005.
12. "Reforming China's Economy: A Rough Guide", Royal Institute of International Economics, www.riia.org.
13. Xinhua, 10 de janeiro de 2005.
14. Idem.
15. "Mapping the Global Future", Conselho Nacional de Inteligência, CIA, p. 13.
16. Idem, p. 78.
17. "China's Internet Censorship", The Associated Press, 3 de dezembro de 2002.
18. Amnesty International, "People's Republic of China Controls Tighten as Internet Activism Grows", documento, 28 de janeiro de 2004.
19. Amnesty International: "People's Republic of China: Executed. According to the Law? — The Death Penalty in China", 22 de março de 2004.
20. Jiang Xixue, "Globalization and Latin America", Institute of L.A. Studies, Chinese Academy of Social Sciences, nº 5, 2003, p. 2.
21. Idem.
22. Idem.
23. "Overseas Investment on the Up", *China Daily*, 1º de fevereiro de 2005, e Cepal, "La inversión extranjera en América latina y el Caribe", 2003.
24. *Clarín*, 13 de novembro de 2004.
25. *China Daily*, Xinhua, 8 de fevereiro de 2005.
26. Entrevista do autor com Sergio Ley López, Pequim, quinta-feira, 3 de fevereiro de 2005.
27. *China Daily*, "Progress on IPR protection in China", 14 de janeiro de 2005.
28. "A Realistic Look at Latin American and Chinese Trade Relations", Goldman Sachs, 3 de dezembro de 2004.
29. Idem, p. 6.
30. "Human Development Report, 2005", Programa das Nações Unidas para o Desenvolvimento (Pnud), p. 124.
31. Entrevista do autor com Zhou Xi-an, subdiretor da Comissão Nacional de Desenvolvimento e Reforma, Pequim, 2 de fevereiro de 2005.
32. Transparência Internacional, Índice de Tendência à Corrupção, 14 de maio de 2002.
33. Idem.
34. Ted C. Fishman, *China Inc.*, p. 63.
35. Entrevista do autor com Zhou Xi-an, subdiretor da Comissão Nacional de Desenvolvimento e Reforma, Pequim, 2 de fevereiro de 2005.
36. *China Daily*, "China Poised to Overtake U.S.; in 2020s", 9 de fevereiro de 2005.

CAPÍTULO 3
O milagre irlandês

Conto-do-vigário: "O modelo fracassado é o modelo capitalista."
(Hugo Chávez, presidente da República Bolivariana da Venezuela,
no programa *Alô, Presidente*, de 17 de abril de 2005.)

D UBLIN, Irlanda. Quando cheguei a Dublin, capital da Irlanda, não tardei muito a me sentir como se estivesse em casa. Caminhava pela rua e sentia um ar familiar. Jamais estivera na Irlanda, não tenho uma gota de sangue irlandês, nem me lembro de ter algum interesse especial por esse país, exceto pelas lendas do rei Arthur e do mago Merlin que li durante a adolescência, na Argentina. Mas sempre tive a idéia de que os irlandeses são os latino-americanos da Europa do Norte, ou pelo menos têm muitas afinidades com os latino-americanos.

E não me enganava. Os irlandeses sempre tiveram fama de ser bebedores empedernidos, poetas, músicos, turistas que correm o mundo, admiradores da boêmia e mais talentosos para a improvisação do que para o trabalho em equipe. Historicamente, foram os primos pobres de seus vizinhos ingleses, com quem tradicionalmente tiveram uma relação de ódio e amor não muito diferente da que os latino-americanos têm historicamente com os EUA.

As grandes glórias da Irlanda, como as da América Latina, deram-se nas artes, na literatura e na equitação mais do que nas ciências, na tecnologia ou no mundo empresarial. Os irlandeses que fizeram história foram W.B. Yeats, James Joyce, Oscar Wilde, Samuel Beckett, George Bernard Shaw, o pintor Francis Bacon e — mais recentemente — o conjunto de dança celta Riverdance, o grupo The Chieftains, Enya e a banda U2 e seu líder Bono. Mas quando alguém pergunta se o país tem figuras de semelhante calibre nas ciências, os irlandeses se olham uns aos outros pedindo ajuda para se lembrar de algum nome. Pelo menos em minhas conversas com eles, não lhes veio ninguém à memória.

Todas as minhas suspeitas sobre a maneira de ser dos irlandeses se confirmaram logo após chegar a Dublin, quando, com grande angústia, me dei conta de que estava chegando com atraso ao meu primeiro encontro, das quatro da tarde. Demorei-me numa chamada telefônica, no hotel, talvez confiando em que estava a apenas uma quadra do escritório do Ministério das Relações Exteriores, onde tinha a entrevista. Saí correndo e cheguei quase sem fôlego ao edifício do ministério, no número 74 da Hartcourt Street, às quatro e dez. Imediatamente perguntei pelo funcionário de relações públicas que marcara o encontro. Eu supunha que ele já estaria no térreo, olhando nervosamente o relógio, à minha espera. Mas não. Chegou alguns minutos depois, e quando me desculpei copiosamente pelo meu atraso respondeu-me com um sorriso cúmplice: "Não se preocupe. O encontro é às quatro da tarde 'I-rish ti-me' (tem-po ir-lan-dês)." Em outras palavras, não havia grande drama: podia chegar tranqüilamente uns minutos mais tarde, sem problema, porque não estávamos na Suíça. "Irish time" significava que havia certa flexibilidade no horário, acrescentou, como se estivesse explicando algo totalmente desconhecido para um latino-americano. De maneira que, quando me inteirei de que, além de todas as outras semelhanças com os latino-americanos, os irlandeses são impontuais, não me restou dúvida de que estava no lugar apropriado para investigar como os irlandeses conseguiram seu milagre econômico.

Doze anos não são nada

A Irlanda, até não muito tempo um dos países mais pobres da Europa, converteu-se num dos mais ricos do mundo em apenas 12 anos. E, o que é mais, foi escolhida como "o melhor país do mundo para viver" pela The Economist Intelligence Unit, a unidade pesquisadora da revista *The Economist*, acima de favoritos de anos anteriores como Suíça, Noruega e Suécia.[1] O que fizeram os irlandeses para passar de país agrícola empobrecido a potência em tecnologia de ponta e triplicar seu produto bruto *per capita* para 32 mil dólares anuais em apenas 12 anos? Como conseguiram enterrar séculos de agitação política, conflitos sociais e atraso econômico para chegar à quarta renda *per capita* do mundo? E, o que é mais intrigante ainda, como conseguiram superar em desenvolvimento econômico seus próprios vizinhos ingleses, que sempre os olharam com certo desprezo?

Essas perguntas são mais pertinentes do que nunca em meados da primeira década do século XXI, quando proliferam nos EUA as teorias geográficas, religiosas e culturais sobre o atraso econômico das nações. Segundo essas teorias, lideradas, entre outros, pelo cientista político Samuel Huntington, da Universidade de Harvard, a pobreza do Terceiro Mundo se deve em grande parte ao clima tropical da maioria dos países em desenvolvimento (que teria enfraquecido suas populações com pestes ao longo da história) e à tradição católica (que privilegiou a autoridade e o verticalismo acima da iniciativa individual). Quando resolvi viajar à Irlanda, me perguntei: poderia a América Latina desvirtuar essas teorias deterministas e se converter em um milagre econômico num lapso de 12 anos como a Irlanda?

Há relativamente pouco tempo, no final dos anos 1980, a Irlanda era um desastre econômico. O desemprego rondava os 18%, a inflação chegara a 22% e a dívida pública era estratosférica. Como acabou acontecendo uma década depois em muitos países latino-americanos, e confirmando brevemente os lúgubres augúrios dos "globalfóbicos" de então, a abertura econômica iniciada poucos anos antes resultou no fechamento de fábricas automotivas, têxteis e da indústria de calçados, que até então empregavam dezenas de milhares de pessoas. O país sofria um estrangulamento financeiro por causa da dívida externa e também pela emigração maciça semelhante à de muitos países latino-americanos. Cerca de 90% dos impostos arrecadados eram destinados a pagar os juros da dívida externa, que não deixava praticamente nada para impulsionar projetos de desenvolvimento ou melhorar as condições dos pobres. Os patamares de pobreza eram semelhantes aos do Terceiro Mundo. Como muitos países latino-americanos, a Irlanda era um país estagnado, que vivia das remessas de sua crescente população de emigrados nos EUA. Em 1987, a piada mais popular na Irlanda era a que os latino-americanos escutaram tantas vezes em seus países: "O último irlandês a sair, por favor, apague a luz."

Mas o país que encontrei em minha chegada a Dublin quinze anos depois nada tinha a ver com a Irlanda quase terceiro-mundista de poucos anos antes. A economia irlandesa cresceu quase 9% ao ano durante grande parte dos anos 1990, um dos melhores índices do mundo. O produto bruto *per capita* subiu de 11 mil dólares anuais em 1987 para mais de 35 mil dólares em 2003, o que fez com que a renda pessoal na Irlanda passasse de 40% abaixo da média européia em 1973, quando o país se incorporou à União Européia, para 46% acima da média européia em 2003. Agora a Irlanda tem uma média de renda *per capita* maior do que a Alemanha e a Inglaterra, e a segunda mais alta na União Européia depois de Luxemburgo. E ainda que os mais beneficiados pelo apogeu econômico irlandês tenham sido os ricos, a profecia do ex-primeiro-ministro Sean Lemass, de que "a maré alta faz subir todos os barcos", se cumpriu: o desemprego caiu para 4% e a pobreza absoluta para 5%.

A Irlanda é agora um dos maiores centros tecnológicos e da indústria farmacêutica do mundo. Tornou-se a plataforma de exportação para a União Européia, África e Ásia das principais multinacionais da indústria de informática e farmacêutica, incluindo Intel, Microsoft, Oracle, Lotus, Pfizer, Merck, American Home Products e IBM. Cerca de 1.100 empresas multinacionais se instalaram no país nos últimos anos e, no conjunto, exportam produtos avaliados em 60 bilhões de dólares anuais. Apesar de sua minúscula população de 4 milhões de pessoas, a Irlanda exporta um terço de todos os computadores vendidos na Europa e — o que é mais surpreendente ainda — é o maior exportador de software do mundo, sobrepujando até os EUA.[2]

O progresso era visto por todos os lados. Apesar de ser uma das capitais mais caras da Europa, e de que a economia tivesse perdido parte do ímpeto dos anos 1990 por causa da recessão mundial e da crescente competição da Índia e da China, a Dublin que conheci era uma cidade pujante, cheia de energia.

Em Grafton Street, a rua de pedestres que cruza o centro da cidade, encontrei uma multidão carregando pacotes com as compras feitas nas lojas da última moda. Mesmo que não se vissem tantos estrangeiros como em Londres, boa parte dos garçons nos restaurantes do centro eram italianos, espanhóis ou asiáticos. A Irlanda não só deixou de ser um país excluidor de pessoas, como se tornou um país de imigração. Muitos irlandeses que foram para os EUA estavam regressando, ao mesmo tempo que jovens espanhóis, italianos e gregos vinham trabalhar por um ou dois anos, para ganhar algumas moedas mais facilmente do que em seus países.

Os automóveis nas ruas eram em sua maioria novos. Havia obras por todos os lados. As avenidas de grande parte da cidade estavam sendo abertas por grupos de trabalhadores — criando grandes problemas de trânsito — para a construção do Luas, um sistema de carros elétricos de um bilhão de dólares que conectará grande parte da cidade. No porto construía-se um megatúnel para facilitar o tráfego de caminhões, e em todas as direções podem ser vistos guindastes de construção em pleno trabalho. Definitivamente, os irlandeses estavam indo muito bem.

A receita do progresso

"Como se conseguiu o milagre irlandês?", perguntei a todas as pessoas que pude entrevistar em Dublin. Segundo me explicaram funcionários oficiais, empresários e líderes operários, foi uma combinação de um "acordo social" entre empresários e trabalhadores para apostar na abertura econômica, na ajuda européia, na eliminação de obstáculos à criação de novas empresas, na desregulamentação da indústria de telecomunicações, branqueamento de capitais, cortes de impostos individuais e empresariais, forte investimento na educação e o fato de que os sucessivos governos mantiveram o rumo apesar das escorregadas iniciais.

Para muitos, o que deu a partida ao "milagre celta" foi um acordo entre empresários e trabalhadores em 1987. Apesar de uma crise que colapsa a economia depois das primeiras tentativas de abertura econômica, quando o fechamento das fábricas de montagem da Ford, Toyota e de várias empresas têxteis elevaram o desemprego a 18%, o governo e boa parte da sociedade irlandesa chegaram à conclusão de que a Irlanda tinha um mercado pequeno demais para proteger as indústrias nacionais. Um país de 4 milhões de pessoas não podia ter uma indústria automotiva que produzisse automóveis tão bons e baratos como os importados. Não havia outra opção senão seguir em frente com a abertura econômica, continuar com o corte do gasto público e baixar os impostos corporativos para atrair investimentos estrangeiros, por mais traumas que essas reformas causassem durante os primeiros anos.

O governo decidiu que a prioridade do país devia ser um acordo com os sindicatos de trabalhadores para que aceitassem aumentos menores de salários em troca de aumentos futuros, à medida que a economia voltasse a crescer. De modo que, em janeiro de 1987, foi asssinado o primeiro Acordo Social entre o governo, os empresários e os trabalhadores, pelo qual o governo se comprometia a reduzir os impostos dos empresários, os empresários a manter os empregos em suas empresas, e os trabalhadores a exigir menores aumentos salariais, sob a promessa de que estes cresceriam quando começassem a surgir os frutos do acordo. O pacto inicial tinha uma duração de três anos, mas foi renovado desde então por sucessivos períodos de três anos.

"Fizemos tudo isso sem a ajuda do Fundo Monetário Internacional", disse-me com orgulho Kieran Donoghue, chefe de planejamento da Agência de Investimentos e Desenvolvimento da Irlanda, uma espécie de Ministério de Promoção Industrial do país. "Simplesmente chegou o momento em que decidimos que o capitalismo nacional fora um fracasso, porque as elites políticas e empresariais apostavam unicamente em investimentos seguros, em coisas como bens de raiz ou terrenos, em lugar de assumir riscos e criar indústrias que gerariam empregos. Então decidimos apostar na abertura comercial, num capitalismo ao estilo norte-americano que estimulasse o risco e premiasse os empreendedores."

No princípio, o Acordo Social funcionou pela metade. A economia começou a crescer, mas o crescimento não se traduziu em mais emprego nem em melhorias sociais. Após dois anos os sindicatos começaram a ficar nervosos: tinham feito sacrifícios para conseguir um crescimento econômico que só beneficiava os ricos, diziam. Mas os economistas governamentais argumentavam que o crescimento não conseguia reduzir o desemprego significativamente, porque a indústria irlandesa tinha uma enorme capacidade ociosa acumulada. As fábricas mal começavam a produzir, utilizando todo o seu potencial. O segredo era a persistência. Fechar os olhos, agüentar e manter o rumo.

Para acelerar o processo de recuperação, o governo decretou uma anistia geral para os sonegadores de impostos. A sonegação na Irlanda era generalizada: em parte porque os impostos eram sumamente altos — 58% para as pessoas de renda mais alta e 50% para as empresas — e também havia uma enorme massa de irlandeses que não declarava a renda. O governo deu seis meses para a adesão à anistia. E enquanto os economistas governamentais esperavam que o branqueamento produzisse uma renda de 45 milhões de dólares, o país recebeu o equivalente a 750 milhões de dólares. Em pouco tempo se demonstrou que a nova política dava seus frutos: em 1993 o desemprego começou a declinar lentamente, e depois a cair vertiginosamente. No final dos anos 1990, o mesmo país que expelia 30 mil trabalhadores por ano freara a emigração completamente e convertera-se em um receptor de 40 mil trabalhadores estrangeiros por ano.

Sem dúvida, a entrada da Irlanda na União Européia em 1973 e a ajuda econômica desta nos anos seguintes aceleraram o crescimento econômico. Mas, ao contrário do que se pode supor, os subsídios europeus não foram o fator mais importante do milagre irlandês, nem tiveram efeito imediato. A abertura irlandesa começou bem antes do ingresso na União Européia, quando, após várias décadas de nacionalismo político e protecionismo comercial, a Irlanda assinou o acordo de livre-comércio anglo-irlandês com a Grã-Bretanha, em 1965.

"Até então éramos um país atrasado, isolacionista, cuja forma de expressão de sua independência da Grã-Bretanha fora buscar a auto-suficiência e a substituição das importações", comentou Brendam Lyons, o subsecretário de Relações Exteriores. "A única coisa que conseguimos foi criar uma indústria nacional ineficiente." Em 1973, quando a Irlanda passou a fazer parte da União Européia, seu mercado se ampliou de 3,5 milhões para 300 milhões de consumidores. "A entrada na União Européia nos permitiu reduzir nossa dependência da Grã-Bretanha e, ao mesmo tempo, nos convertermos em plataforma para os investimentos dos Estados Unidos dirigidos para a Comunidade Européia", explicou-me Lyons. Os anos que se seguiram não foram fáceis. A abertura econômica provocara muitos fechamentos de fábricas, e o país empobrecera paulatinamente até a assinatura do primeiro "Acordo Social" 15 anos depois.

É claro que a ajuda econômica da União Européia fez com que a transição fosse mais suportável. No entanto, depreciando a idéia de muitos políticos latino-americanos, que exigiam um novo "Plano Marshall" dos EUA com o argumento de que o milagre irlandês só fora possível graças aos generosos subsídios da União Européia, os funcionários irlandeses me garantiram que a ajuda econômica nunca chegou a ser o fator determinante do salto de seu país. Durante muitos anos, a União Européia aportara generosos "fundos de adesão" e "fundos estruturais" à Irlanda, como fizera com Espanha, Portugal e Grécia. A Irlanda recebera uma boa fatia desses fundos, em parte para evitar um êxodo maciço de trabalhadores para os países mais industrializados da comunidade européia. Somente entre 1989 e 1993, a União Européia deu à Irlanda 3,4 bilhões de dólares para a construção de pontes, estradas e linhas telefônicas, entre outras obras de infra-estrutura, e para subsidiar os setores mais ameaçados do setor agrícola. De 1994 a 1999, recebeu um segundo pacote de fundos estruturais e de adesão da União Européia, no valor de 11 bilhões de dólares, segundo dados da própria UE.

"Sem esses recursos teria sido muito difícil nos erguermos", confessou o vice-ministro de Relações Exteriores, Lyons. "Nessa época tínhamos de cortar os gastos do Estado para sanear nossa economia. Sem a ajuda da União Européia o custo social dos cortes teria sido bem maior do que foi... Mas o milagre irlandês se daria da mesma maneira." O país se levantaria em função das demais reformas estruturais que empreendeu para atrair o investimento, incluindo a flexibilização trabalhista e a redução dos impostos das empresas, e pela decisão de seus empresários e trabalhadores de não desviar o rumo na metade do caminho, acrescentou.

Apanhando um livro da pequena biblioteca de seu escritório, Lyons passou a me demonstrar sua afirmação com dados estatísticos. Os subsídios da UE para a Irlanda começaram em 1973, e no entanto o país só deu o salto 15 anos depois. A ajuda da União Européia à Irlanda cresceu mais ainda em 1992, depois do tratado de Maastricht, e no entanto a ajuda econômica européia nunca chegou a representar mais de 5% do produto bruto. Os estudos mais sérios sobre a incidência dos fundos de adesão e dos fundos estruturais sobre a economia irlandesa concluíam que contribuíram com uma média de 0,53% do crescimento econômico do país nos anos 1990. Não era uma ajuda desprezível, mas — num país que crescia a quase 7% ao ano — estava longe de ser o fator principal do êxito econômico[3] e ajudou a tornar mais suportável o sacrifício na época de transição para uma economia global.

Mais técnicos, menos sociólogos

O que foi, então, que fez a Irlanda progredir tanto em tão pouco tempo? Além do "Acordo Social", a Irlanda eliminou as barreiras que obstaculizavam a instalação de empresas, convertendo o país num dos mais amigáveis para os investimentos estrangeiros. Hoje em dia, para abrir uma empresa na Irlanda são necessários apenas três procedimentos legais, que se concretizam, em média, em doze dias, segundo a tabela do Banco Mundial.[4] Comparada ao México, onde se requerem sete trâmites legais e 51 dias, ou à Argentina, com 15 trâmites burocráticos e 68 dias, a Irlanda é um paraíso para os investimentos estrangeiros.

Outros fatores-chave das políticas da Irlanda para atrair os investimentos estrangeiros foram o apoio estatal à pesquisa universitária de produtos com possibilidades comerciais e os laços estendidos pelo governo à diáspora irlandesa — sobretudo nos EUA — para atrair empresas ao país. Depois de desregulamentar a indústria das telecomunicações — o que fez baixar enormemente o custo das chamadas telefônicas internacionais e as conexões pela Internet — e cortar os impostos das empresas, a Irlanda se propôs, como política de Estado, a atrair as principais empresas de computação do mundo. E para poder abastecê-las com mão-de-obra qualificada, os sucessivos governos investiram fortes quantias, nos anos 1980 e 90, para estimular as carreiras universitárias de ciência e tecnologia, criando duas novas universidades e dando mais dinheiro às já existentes.

Antes de sua entrada na União Européia, a Irlanda, à semelhança dos países latino-americanos de hoje, tinha uma enorme percentagem de estudantes em carreiras vinculadas às ciências sociais. Mas o país resolveu que necessitava de mais cientistas e técnicos e de menos sociólogos. Nos anos 1990, o número de estudantes universitários cresceu 80% e o dos estudantes que seguem carreiras de ciência e tecnologia aumentou em mais de 100%. Os estudantes de computação aumentaram de 500 em 1996 para 2 mil em 2003, segundo dados oficiais.

"Desde os anos 1970, quando entramos para a União Européia, temos adotado uma política de Estado deliberada no sentido de destinar mais recursos às escolas de engenharia e ciências", destacou Dan Flinter, presidente da Enterprise Ireland, uma espécie de Ministério do Planejamento do governo irlandês. "E o fizemos mediante a criação de duas novas universidades, especificamente destinadas a essas carreiras."

Desde a escola primária, os professores irlandeses — seguindo a orientação do Ministério de Educação, incentivam o estudo das carreiras técnicas utilizando qualquer desculpa, comentaram vários pais de crianças em idade escolar. Por exemplo, uma das tarefas dos estudantes é analisar um concerto de rock do U2 a partir de dezenas de aspectos técnicos: desde a montagem do palco onde os músicos tocam até a acústica do local, passando pelos detalhes comerciais e administrativos do evento. Outra tarefa se concentra no estudo do clube de futebol favorito de cada estudante, incluindo a construção de seu estádio, a contabilidade e a administração.

A ênfase nacional à educação nos últimos anos produziu um impacto cultural enorme, a ponto de os principais jornais do país dedicarem várias páginas diárias a notícias educativas, como debates de especialistas em torno dos *rankings* das melhores escolas do país ou críticas de escolas primárias, secundárias ou universidades, feitas de maneira parecida às críticas musicais ou artísticas.

O governo dá um forte apoio às pesquisas científicas e técnicas que têm possibilidade comercial. Segundo Flinter, encarregado do departamento de planificação econômica irlandês, uma das principais responsabilidades da sua agência é identificar projetos de pesquisa promissores nas universidades e aportar-lhes recursos para que possam se concretizar. Em média, a Enterprise Ireland investe recursos estatais em cerca de setenta projetos de diferentes universidades para o desenvolvimento de produtos com possibilidade comercial, explicou-me. Naquele momento, por exemplo, o departamento acabara de constituir um fundo de investimento com empresas privadas para o desenvolvimento de um programa de computação com aplicação em telefones celulares. "O que significa isso?", perguntei. "Significa que, juntamente com outros sócios, demos um milhão de euros a uma equipe de pesquisadores do Trinity College, para que desenvolva uma aplicação concreta de um programa que possa ser usado para jogos em telefones celulares", respondeu Flinter. "Damos à equipe de pesquisadores um prazo de seis a nove meses para que desenvolvam a aplicação, fazemos as provas e depois saímos oferecendo o produto às empresas de telefonia celular."

À medida que aumentava o número de projetos, e vários deles resultavam em sucessos comerciais, a Enterprise Ireland vendia suas ações às empresas e, com sorte, recuperava com acréscimo seu investimento original. Num ano bom, o departamento de planificação irlandês arrecadava 100 milhões de dólares com a venda de ações das empresas embrionárias de que participava. Isso representava um terço do orçamento total do departamento estatal, que conta com 900 funcionários públicos e 34 escritórios comerciais em todo o mundo para a promoção das exportações irlandesas.

Mas o que mais me chamou a atenção na fórmula econômica irlandesa — pela possibilidade de ser imitada na América Latina — é o uso de seus emigrantes em outros países como pontes de apresentação para aumentar as exportações e o investimento estrangeiro. A Irlanda tem de 30 a 40 milhões de patrícios e descendentes de irlandeses nos EUA. Muitos descendentes de irlandeses que emigraram durante a grande fome de 1840 são agora bem-sucedidos executivos das maiores multinacionais do mundo. Os sucessivos governos da Irlanda decidiram, como política de Estado, cultivar ao máximo as relações com suas comunidades nos EUA, especialmente com seus membros mais bem-sucedidos do mundo empresarial. Os funcionários da embaixada da Irlanda em Washington conseguiam, pela Internet ou pelos registros públicos, relações dos dirigentes de empresas em todos os EUA, buscando os de origem irlandesa e fazendo contato com eles.

"Usamos nossas embaixadas no exterior para identificar e nos aproximarmos das pessoas de origem irlandesa que mais nos interessam", explicou-me Donoghue, da Agência de Investimentos e Desenvolvimento, com a maior naturalidade. "Temos a sorte de que muitos irlandeses-americanos chegaram a postos importantíssimos nas empresas norte-americanas. Nós os convidamos para eventos sociais em nossas embaixadas, fazemos contato com eles e depois apresentamos as vantagens de investir na Irlanda ou em empresas irlandesas."

É claro que o fato de que um executivo de multinacional seja irlandês, ou descendente de irlandeses, não garante que ele responda às chamadas da embaixada da Irlanda, e muito menos que tente convencer sua empresa a investir naquele país. Mas, no mundo competitivo de hoje, em que os países gastam milhões em agências de relações públicas só para conseguir que uma empresa os receba e escute, esse é um sistema que abre muitas portas. Há mais possibilidade de que um executivo de origem irlandesa responda ao chamado da embaixada da Irlanda do que um descendente de alemães ou guatemaltecos. E, uma vez que os funcionários irlandeses consigam o encontro, têm um bom produto para vender.

"Obviamente, estávamos errados"

Mas, dentro de uma ótica latino-americana, minha maior curiosidade era falar com os líderes sindicais irlandeses. Eles participaram voluntariamente da abertura econômica do país que levou a tantos fechamentos de empresas numa primeira etapa? Ou lhes torceram o braço, lhes garrotearam ou foi à custa de dinheiro? À semelhança de seus pares na América Latina da atualidade, os líderes do Congresso de Sindicatos de Trabalhadores da Irlanda (ICTU), a central de trabalhadores organizados do país, opuseram-se tenazmente ao livre-comércio no início dos anos 1970. A central sindical fora a principal promotora do "Não" no referendo de 1972 para decidir a entrada do país na União Européia, argumentando — com razão, a curto prazo — que o livre-comércio resultaria no fechamento maciço das fábricas automotivas, têxteis e de calçados na Irlanda. Mas o "sim" ganhou o referendo por ampla margem, e o país entrou na União Européia em poucos meses.

Duas décadas depois, os trabalhadores irlandeses tinham dado uma guinada de 180 graus. A ICTU já não era uma frente de batalha contra o capitalismo, mas uma entidade negociadora para conseguir melhores salários aos seus afiliados, que levantava a cabeça a cada três anos para negociar um novo "Acordo Social" com os empresários e o governo. Poucos irlandeses sabem agora a que se dedica a ICTU ou onde estão seus escritórios. O motorista que me levou à sede da central sindical demorou um bom tempo para encontrar o lugar. Tinha uma vaga idéia do que era a ICTU, mas nunca vira o edifício nem sabia onde se localizava. Era uma das várias casas, numa fileira de moradias de quatro andares, comprimidas umas nas outras, na Parnell Square, uma das zonas do centro velho de Dublin. Anos atrás uma zona residencial de classe média alta, nos anos recentes fora invadida por trabalhadores asiáticos e africanos. A central de trabalhadores era apenas mais uma das casas, diferente apenas por um cartaz ao lado da porta. Obviamente não era um ponto de referência central na capital irlandesa para que qualquer motorista a conhecesse.

Oliver Donohoe, veterano das lutas sindicais irlandesas que agora se empenha como um dos mais importantes funcionários da ICTU, abriu a porta e me convidou a passar para a sala de reuniões, que obviamente fora em alguma época a sala de refeições de uma casa de família. O local estava mobiliado com modéstia. A única decoração eram os cartazes de congressos sindicais internacionais, muitos deles sem moldura, pregados nas paredes com tachas. Uma vez sentados, perguntei a Donohoe como ele via, à luz da história, a decisão da central sindical de se opor ao livre-comércio e à integração com a União Européia no início dos anos 1970. O veterano sindicalista me respondeu com um sorriso resignado: "Obviamente, estávamos errados."

Segundo Donohoe, a central sindical baseou sua oposição ao livre-comércio em seu temor, bem fundamentado, de que a integração à União Européia acabaria destruindo muitas indústrias irlandesas e deixaria milhares de trabalhadores na rua. O que a ICTU não previu foi que a conversão para uma economia aberta criaria muito mais fontes de trabalho, e com melhores salários, do que as que se perderam na primeira etapa. Com o passar dos anos, a ICTU mudou gradualmente sua posição. "Uma vez que perdemos o referendo e o país se juntou à União Européia, começamos a trabalhar com a Confederação de Sindicatos de Trabalhadores Europeus, e logo nos demos conta de que podíamos usar a integração européia a nosso favor", explicou-me.

O divisor de águas do movimento sindical irlandês ocorrera em meados dos anos 1970, quando a União Européia exigiu que todos os países-membros igualassem os salários das mulheres e dos homens. O governo irlandês se opôs à medida, argumentando que o país necessitava de mais tempo para se acomodar à nova norma. A central sindical irlandesa, em compensação, apoiou a medida com entusiasmo e descobriu — para sua surpresa — que seus melhores aliados eram os demais países da União Européia e as instituições supranacionais da comunidade. "Simbolicamente, isso marcou uma mudança de rumo em nossa orientação política", lembra-se Donohoe. "A partir de então, apoiamos a integração comercial e votamos a favor de uma maior integração com a Europa em cada um dos referendos feitos depois", acrescentou. Os sindicalistas irlandeses descobriram que a abertura econômica, com todos os seus problemas, conduzia a uma maior abertura política e a políticas sociais mais condizentes com as dos países mais industrializados.

No final da entrevista, quando perguntei se os trabalhadores se beneficiaram do milagre irlandês, Donohoe encolheu os ombros. Como que reconhecendo um fato indiscutível, sem deixar de resgatar a luta sindical a que dedicara toda a sua vida, assinalou: "Em termos gerais, não há dúvida que sim. Ainda que o fosso entre os ricos e os pobres tenha aumentado, o nível de vida dos pobres subiu. A idéia de que a maré alta faria subir todos os barcos resultou ser certa. Se tivesse de resumir nossa posição, diria que o crescimento econômico beneficiou os trabalhadores, ainda que não o suficiente."

Quais eram, então, as reivindicações do movimento operário irlandês? Poucos dias depois da minha entrevista com Donohoe, li uma notícia no diário *Irish Independent* que relatava o estágio das negociações por um novo "Acordo Social" que me fez balançar a cabeça de assombro. Segundo o jornal, o Siptu, um dos maiores sindicatos membros da central sindical irlandesa, resolvera, em sua reunião anual, exigir do governo a redução da jornada de trabalho para 30 horas por semana, com horários flexíveis. Durante a reunião, a liderança sindical qualificou de abuso a atual jornada de trabalho de 40 horas semanais. Pareceu-me um dado surpreendente. Para um país que apenas 15 anos antes tinha uma taxa de desemprego de 18%, a exigência atual dos trabalhadores parecia, pelo menos aos olhos de um visitante estrangeiro, mais um motivo de celebração do que qualquer outra coisa.[5]

Os traumas do progresso

Com o correr dos anos, o êxito econômico irlandês elevara significativamente o nível de vida do país e, portanto, dos salários. Os baixos custos trabalhistas, que foram um importante atrativo para os investimentos estrangeiros nos anos 1980 e 90, eram coisa do passado. A China, a Índia e os novos países do antigo Leste europeu ofereciam salários bem mais baixos e força de trabalho cada vez mais qualificada. No entanto, contrariando as teorias de quem assegura que a abertura econômica é "uma corrida para baixo" que nada mais faz do que forçar os países a reduzirem seus salários para não ficarem atrás dos competidores ainda mais pobres, a Irlanda se saiu muito bem. No início do novo milênio, não só estava com o desemprego em apenas 4%, como também tinha aumentado os salários de boa parte de seus trabalhadores ao criar empregos cada vez mais bem remunerados.

O caso da multinacional Apple é um bom exemplo. Em 1977 empregava 1.800 pessoas em sua fábrica de Cork, no sul da Irlanda. Mas nos anos seguintes, quando seus concorrentes começaram a produzir com mais eficiência em outros países, a Apple transferiu grande parte de suas operações de Cork para a República Tcheca e Taiwan, onde os custos trabalhistas eram bem menores e havia grande oferta de mão-de-obra qualificada. Produziu-se um colapso econômico em Cork com a saída de uma de suas principais fontes de trabalho? Em absoluto. Segundo dirigentes da empresa, a fábrica da Apple em Cork se transformou em um centro regional de serviços e pesquisas regional para toda a Europa, com 1.400 empregados, a maioria deles graduados universitários e quase todos com trabalhos mais bem remunerados do que os anteriores. Em muitos casos, capacitaram-se os próprios operários das fábricas desmanteladas. Em outros, contratou-se gente nova. A mudança foi traumática para muitos, mas o resultado final foi uma maior injeção de dinheiro na cidade, com todo o efeito de expansão que isso trouxe.[6]

Claro que o progresso trouxe novos problemas aos irlandeses: o custo da moradia subiu vertiginosamente, o tráfego nas ruas de Dublin e em outras cidades é cada vez mais caótico e a chegada de novos imigrantes criava novos problemas para o sistema de saúde, que já não dava conta das necessidades. Mas eram problemas próprios do desenvolvimento, que a maioria dos países estagnados preferiria ao desemprego, à criminalidade e à pobreza.

O exemplo irlandês e a América Latina

Os governos latino-americanos, nostálgicos do protecionismo, e os empresários monopolistas para quem a globalização é uma ameaça argumentam que não se pode usar o milagre irlandês como exemplo para a região, porque a Irlanda se beneficiou de várias circunstâncias especiais. Certamente há entre os fatores que ajudaram a Irlanda alguns que não acontecem na América

Latina, como a assistência de seus vizinhos, e que dificilmente se darão num futuro próximo.

A Irlanda recebeu mais de 15 bilhões de dólares em fundos de auxílio da União Européia num momento crítico de sua transição para uma economia aberta. Ainda que esses fundos não fossem o fator determinante do êxito econômico irlandês, permitiram-lhe enfrentar as pressões sociais resultantes do ajuste econômico. No momento, a América Latina não pode contar com uma generosidade semelhante dos EUA. Em segundo lugar, a Irlanda — à diferença da América Latina — teve uma vantagem natural: os irlandeses falam inglês. Isso os ajudou não só a receber centros de atendimento ao público das grandes empresas norte-americanas — que transferiram seus *call centers* primeiro para a Irlanda e, em anos mais recentes, para a Índia, a fim de reduzir custos trabalhistas —, como também lhes permitiu oferecer mão-de-obra que podia se entender com supervisores nos EUA ou na Grã-Bretanha no idioma predominante do comércio e da indústria mundiais. A América Latina não tem essa vantagem, embora muitos de seus países contem com uma população suficientemente bilíngüe para desenvolver várias indústrias de serviços em inglês escrito. Em terceiro lugar, tal como comentou comigo Donoghue, da Agência de Investimentos e Desenvolvimento, a Irlanda teve a sorte de contar com uma comunidade de mais de 30 milhões de irlandeses-americanos nos EUA, que não apenas enviaram remessas milionárias ao país de seus ancestrais como acabaram sendo excelentes contatos para atrair investimentos ao país. Os latino-americanos têm 36 milhões de compatriotas nos EUA, que, em sua maioria, não alcançaram os níveis econômicos dos irlandeses-americanos, são imigrantes mais recentes e têm laços mais sólidos com seus países natais.

Por que a América Latina não poderia fazer o mesmo? A lista de latino-americanos em cargos-chave do mundo empresarial é enorme: além de Carlos Gutiérrez, o cubano criado no México que foi presidente da gigantesca multinacional de alimentos Kellogg's antes de ser nomeado secretário de Comércio, e do brasileiro Alain Belda, o presidente da Alcoa, a maior empresa siderúrgica do mundo, uma percentagem considerável de latino-americanos está à frente das sucursais para a América Latina das multinacionais dos EUA. Basta olhar qualquer listagem de executivos das quinhentas empresas mais importantes dos EUA, publicada anualmente pela revista *Forbes*, para encontrá-los.

A caminho do aeroporto de Dublin para tomar meu avião de volta, não pude deixar de concluir que o "milagre celta" poderia servir de exemplo a vários países latino-americanos, ainda que apenas como modelo inspirador. Como assinalou pouco depois o acadêmico mexicano Luis Rubio, "a Irlanda demonstra que as limitações não são econômicas, mas mentais e políticas".[7] Tal como descreveu Rubio, "os irlandeses se olharam no espelho e se precaveram do óbvio: seu país estava se atrasando não por causa de uma conspiração dos outros, ou porque o passado fosse sagrado, nem porque as importações tiraram do lugar os produtores locais, nem porque faltou capital ou oportunidades de investimento ou exportação, mas simplesmente porque eles próprios estavam inertes... Uma vez que (os irlandeses) se dispuseram a enfrentar suas carências e a se organizar para aproveitar seu potencial, as oportunidades econômicas se abriram quase que por magia".[8]

É claro que há diferenças entre a Irlanda e os países da América Latina, e que estas devem ser levadas em conta. Mas as semelhanças entre a Irlanda de duas décadas atrás e a América Latina de hoje são maiores do que as diferenças e desmentem as predições de que a América Latina está condenada, por sua história, religião e cultura, a viver no atraso. Se a Irlanda, até há pouco um país agrícola pobre, conhecido apenas por sua afeição à cerveja, seus poetas e músicos, a impontualidade de sua gente, sua falta de apego às leis e à violência política, pôde se converter em potência econômica em apenas 12 anos, não há motivos biológicos para que os países da América Latina não possam copiar várias de suas receitas e se converter em êxitos econômicos semelhantes.

FONTES

1. "The World in 2005", *The Economist*, e *Irish Times*, 17 de novembro de 2004.
2. *The Economist*, 16 de outubro de 2004.
3. A Survey of Ireland, *The Economist*, 16 de outubro de 2004, p. 5.
4. "Doing Business in 2004. Understanding Regulation", Banco Mundial, Country Tables.
5. "Union Sets Target of 30-hour Week", *Irish Independent*, 28 de agosto de 2003, p. 10.
6. *The Economist*, 16 de outubro de 2004, p. 7.
7. "Irlanda: otro mundo", por Luis Rubio, *La Reforma*, México, 27 de março de 2005.
8. Idem.

CAPÍTULO 4

A "nova Europa"

Conto-do-vigário: "Depois da queda soviética... o socialismo ressurgiu! Podemos dizer com Karl Marx: o fantasma volta a percorrer o mundo!" (Hugo Chávez, presidente da República Bolivariana da Venezuela, 14 de agosto de 2005.)

CRACÓVIA, Polônia. Minha chegada à Polônia não foi de todo feliz. Dei-me conta de que tinha entrado com o pé esquerdo quando, em minha primeira entrevista com um alto funcionário polonês, comentei entusiasmado — dizendo a verdade, mas também tratando de ganhar sua confiança — que viera escrever "sobre o apogeu econômico do Leste europeu". Para minha surpresa, o homem não reagiu com muita alegria. Ou melhor, olhou-me um tanto ofendido. Imediatamente sua expressão mudou para um gesto de cautela — como se estivesse falando com um extraterrestre — e passou a ler meu cartão de visita sobre a mesa. Quando viu "Editor para a América Latina, *The Miami Herald*", tranqüilizou-se e, em tom paternal, me disse: "Olhe, permita-me sugerir que não diga que está escrevendo sobre o Leste europeu, porque muitas pessoas neste país não gostam. Estamos na Europa central. A Polônia está na Europa central, não no Leste europeu." Segundo me explicou, a Polônia, a República Tcheca, a Eslováquia e a Hungria nada mais tinham a ver com a divisão artificial da região feita no tempo do bloco soviético. Agora voltaram a ser o que sempre foram, Europa central. E os países do Leste europeu, os mais atrasados da região, eram países como a Ucrânia e Belarus. Pedi desculpas pela minha ignorância. Obviamente, tinha vindo para escrever sobre uma região e encontrei outra, pelo menos no imaginário coletivo dos seus funcionários.

Os países da Europa central, ou a "nova Europa" — termo que o secretário de Estado americano Donald Rumsfeld criou para descrever os países do antigo Leste europeu que agora estão abraçando o capitalismo com um entusiasmo quase religioso —, estavam tão compenetrados com sua nova imagem de potências emergentes que até mudaram o nome. A expressão "Leste europeu" foi banida do vocabulário local, e os funcionários usavam o brilho das glórias de seus países em séculos passados para apresentar sua pobreza na segunda metade do século XX como um acidente da história. Pouco depois da minha primeira escorregadela, enfrentei uma situação parecida numa entrevista com Witold Orlowski, chefe da assessoria econômica do presidente polonês Aleksander Kwasniewski*, quando perguntei como faziam, a Polônia e seus vizinhos, para atrair mais investimentos, relativamente ao seu tamanho, do que o México, o Brasil ou a Argentina.

Orlowski sugeriu que qualquer comparação com a América Latina é inapropriada, porque a Polônia e muitos de seus vizinhos foram países relativamente avançados no passado, com altos níveis de educação e cultura. Alguns países da Europa central, como a República Tcheca, estiveram até entre os mais ricos da Europa antes da Segunda Guerra Mundial, explicou. "Nós somos países europeus que por uma brincadeira de mau gosto da história acabamos colocados no bloco soviético. Éramos países industrializados que empobrecemos a partir do momento em que fomos colocados no campo soviético." E o que ocorria agora, segundo a última revisão histórica da Europa central, era que os países da região regressavam a seu antigo esplendor.

Eu decidira visitar a Polônia e a República Tcheca depois de ler um relatório da Conferência das Nações Unidas para o Comércio e o Desenvolvimento (Unctad), segundo o qual os dois países atrairiam mais investimentos estrangeiros nos próximos anos do que México, Brasil, Argentina e qualquer outro país latino-americano. A Unctad fez uma pesquisa entre 335 empresas multinacionais sobre quais eram os países onde pensavam investir nos próximos cinco anos. E a América Latina não figurava nem por sombra entre os primeiros postos. Em primeiro lugar, como era de prever, estava a China, seguida da Índia, EUA, Tailândia, e depois a Polônia e a República Tcheca. O primeiro país latino-americano que aparecia na lista era o México, que dividia com a Malásia o sétimo lugar.[1] Os outros vinham muito atrás.

O ranking das Nações Unidas confirmava que os investimentos na América Latina estavam indo a pique, enquanto os países do antigo Leste europeu recebiam uma avalanche de investimentos de todas as partes do mundo. O que eles estavam fazendo que os latino-americanos não faziam?, eu me perguntava. A melhor maneira de verificar era viajar aos dois países para vê-los em carne e osso.

---

* Substituído em setembro de 2006 por Lech Kaczynski, que nomeou primeiro-ministro seu irmão gêmeo Jaroslaw Kaczynski. (*N. do T.*)

"O melhor momento desde o século XVI"

Como muitas nações latino-americanas, a Polônia é um país de renda média, agrícola-industrial, sumamente nacionalista, católico, futebolístico, "curto-prazista", burocrático e bastante corrupto. Tem uma renda *per capita* não muito diferente da do México ou da Argentina, um cinismo generalizado sobre sua classe política e uma história tanto ou mais convulsionada do que a maioria dos países latino-americanos. No índice da Transparência Internacional, a organização não-governamental que realiza todos os anos uma tabela de percepção da corrupção em 133 países do mundo, a Polônia aparece no mesmo nível do México, e com níveis mais altos de corrupção do que Brasil, Colômbia e Peru.[2] Praticamente não há mês em que a imprensa não aponte um novo escândalo de corrupção política. Os primeiros-ministros mudam com freqüência, seja por acusação de receber suborno, seja porque o parlamento os demite por incompetência. Os jornais poloneses não diferem muito dos latino-americanos em suas manchetes. E quando saiu uma pesquisa segundo a qual 90% dos motoristas poloneses admitiram ter pago suborno à polícia para não serem multados, a piada que circulou pelo país era de que os 10% restantes mentiram aos interrogadores.

Muitos poloneses com quem falei atribuem a corrupção ao passado recente: durante o regime comunista, os poloneses — que eram os sócios perturbadores do bloco soviético, a ponto de Stálin dizer que implantar o comunismo na Polônia era como tentar pôr uma sela numa vaca — se ufanavam de dar um jeito de viver melhor do que os países comunistas vizinhos.

Os poloneses da era socialista diziam que a Polônia era um país de lojas vazias e apartamentos cheios. O segredo da sobrevivência naquela época era o *pokombinowac*, ou a habilidade dos poloneses de ter um "contato" em alguma loja estatal para adquirir o que não se encontrava nas vitrines das lojas. A corrupção era de subsistência contra a burocracia e o controle estatal e se estendera a todos os rincões da economia. E depois da era soviética, muitos dos velhos hábitos continuavam intactos. Ainda hoje, com o equivalente a 15 dólares, pode-se convencer um policial a não multar no trânsito, e há administradores para quase todos os trâmites burocráticos havidos e por haver.

E, como muitos países latino-americanos, a Polônia se define politicamente por seus temores diante das potências imperiais mais próximas. Na Polônia de hoje, para o meu assombro, o líder mais admirado é o falecido presidente dos EUA Ronald Reagan, o conservador republicano cuja corrida armamentista ajudou a provocar o fim da URSS. A Polônia foi invadida pela URSS e a Alemanha várias vezes em sua história. E assim como muitos latino-americanos sentem simpatia pela Rússia ou por Cuba pelo único fato de que representam uma oposição aos EUA, muitos poloneses são pró-norte-americanos pelo simples fato de que os EUA representam um freio à Rússia ou à Alemanha. "Sempre idealizamos aqueles que não são vizinhos", assinalou um funcionário polonês, explicando o fenômeno. "A Polônia é provavelmente o país mais pró-norte-americano do antigo Leste europeu, e o antigo Leste europeu é muito mais pró-norte-americano do que a Europa Ocidental." De maneira que, quando o presidente Bush pediu a ajuda internacional depois da invasão norte-americana ao Iraque, ninguém se surpreendeu que a Polônia fosse um dos primeiros países a responder, enviando mais de 2.500 homens e se encarregando das tropas multinacionais numa das principais regiões militares do Iraque.

Apesar de todas essas semelhanças, há uma enorme diferença entre a Polônia de hoje e muitos países latino-americanos: respira-se um ar de otimismo. A Polônia, como seus vizinhos do antigo Leste europeu, está renascendo. A economia polonesa cresce a quase 6% anuais, em parte por um boom de investimentos estrangeiros, atraídos pelos baixos custos trabalhistas, incentivos fiscais e a alta educação da população. E se bem que o desemprego ainda alcançasse quase 20% quando visitei o país, começava a baixar. À semelhança de muitos de seus vizinhos da "nova Europa", tudo parece indicar que a Polônia continuará crescendo a um ritmo igual ou superior nos próximos anos. Os investimentos estrangeiros cresceram de 4 bilhões ao ano no final dos anos 1990 para 8 bilhões em 2004, e o governo espera chegar aos 10 bilhões em 2006. "A Polônia tem pela frente um período de muitos, mas muitos anos de crescimento bem alto", disse-me Orlowski. Helena Luczywo, chefe de redação da *Gazeta Wyborcza*, foi ainda mais longe: "A Polônia passa pelo seu melhor momento desde o século XVI."[3]

Na Cracóvia, a antiga capital da Polônia agora convertida em centro industrial e turístico, o progresso é visível por todos os lados. Quando cheguei à cidade, alguns meses depois da entrada da Polônia na União Européia, havia um clima de festa. Ainda que a incorporação à União Européia resultasse em aumento no preço de vários produtos, a praça central da Cracóvia, conhecida pela majestosa Basílica de Santa Maria, do século XIII, estava repleta de pessoas fazendo compras. Na Rynek Glowny, a rua principal da praça, viam-se poloneses e turistas italianos e alemães entrando e saindo das lojas, com sacolas de compras nas mãos, ou sentados nos cafés, comendo chocolate. Uma das pequenas delícias quotidianas da vida pós-comunista para muitos poloneses é poder comer *czekolada*, como chamam o chocolate. Depois da lei marcial de 1981, o regime comunista impôs cartões de racionamento que permitiam que só as crianças comessem chocolate. Agora, os poloneses pareciam estar comendo *czekolada* a quatro mãos, como para repor tudo o que não puderam ingerir naquela época. Os cafés da praça central da Cracóvia ofereciam chocolate de todas as cores, tamanhos e sabores.

Dos novos hotéis de cinco estrelas, o Sheraton e o Radisson acabavam de abrir suas portas a poucas quadras da praça central. Não muito longe, levantavam-se dois gigantescos centros comerciais, a Galeria Kazimierz e a Galeria Kakowska. E, nos arredores da cidade, várias multinacionais, incluindo Philip Morris, Motorola e Valeo, acabavam de abrir fábricas de manufatura.

A vantagem comparativa da Polônia

A Polônia, como a maioria dos seus vizinhos, beneficia-se de uma enxurrada de investimentos da "velha Europa", atraídos pelos baixos custos trabalhistas, pela mão-de-obra qualificada e os baixos impostos corporativos dos novos sócios da União Européia. "Estamos com a enorme vantagem comparativa de ter trabalhadores bem qualificados, com salários mais baixos do que na Alemanha e na França", explicou-me Orlowski. Os custos de produção na Polônia são em média 30% mais baixos do que na Alemanha, 27% mais baixos do que na Itália, 26% mais baixos do que na Inglaterra ou França e 24% mais baixos do que na Espanha.[4]

Não é por acaso, então, que as grandes multinacionais européias, como Siemens, Volkswagen e Fiat, tenham transferido boa parte de suas fábricas para a Polônia. Ou que a General Motors anunciasse que fecharia duas fábricas de automóveis Opel na Alemanha, que empregavam 10 mil pessoas, para abrir uma nova na Polônia. A GM não necessitou dar muitas explicações: enquanto um trabalhador na Alemanha ganha 38 dólares por hora, o mesmo trabalhador na Polônia ganha 7 dólares. O êxodo para a Polônia é tanto, que o chanceler alemão Gerhard Schroeder*, num arroubo de ira que lhe valeu fortes críticas na imprensa, acusou as empresas alemãs que estão migrando para a Polônia de antipatrióticas e, ao mesmo tempo, exigiu dos países do antigo Leste europeu que aumentassem seus impostos empresariais para pôr um freio à migração de fábricas para a Polônia e seus vizinhos.

Alguns empresários estrangeiros que chegaram ao país nos últimos anos, como Richard Lucas, eram o símbolo do "milagre polonês". Lucas tem 37 anos, embora aparente muito menos. Magro, de blue jeans e camisa gasta, é um dos

---

* Substituído em setembro de 2005 por Angela Merkel. (*N. do T.*)

muitos estrangeiros que chegaram à Polônia depois do desmoronamento do bloco soviético para aproveitar a onda capitalista. Chegou à Cracóvia aos 24 anos, contou-me, e desde então fundou oito empresas. Três faliram e cinco estão vivíssimas, movimentando-se e progredindo. Sua renda conjunta é de 11 milhões por ano, disse. "De dólares?", perguntei, incrédulo. "Sim, de dólares", respondeu, impávido. A última empresa de que comprara um pacote acionário era a publicação *Emerging Europe*, onde me recebeu, na sala de reuniões. O crescimento da revista, uma das várias que oferecem informação sobre o antigo Leste europeu em inglês para empresas estrangeiras, é um sintoma do crescente interesse pela região. Enquanto subíamos as escadas da casa onde uns vinte jovens poloneses escreviam em inglês em seus computadores, Lucas me contou que acabaram de contratar uma dúzia de pessoas nos últimos meses e que a revista já tinha 35 redatores em tempo integral. A circulação subira de cem assinaturas pagas há dois anos para quinhentas em 2004, a maioria delas em nome de multinacionais no exterior, interessadas na economia do país, cada uma pagando mais de 500 dólares anuais. Para Lucas, a expressão "Europa Emergente" — nome que escolheu para sua revista — não é conversa.

    Os poloneses vêem a enxurrada de investimentos estrangeiros como um sinal claro de que o futuro só pode ser cada vez melhor. O folheto turístico da Cracóvia que encontrei no balcão de meu hotel dizia que a Polônia "deixou de ser um país onde as pessoas faziam fila para sair para ser um país em que as pessoas estão fazendo fila para entrar". É um exagero, é claro, já que o país continua com a taxa de desemprego mais alta da União Européia, e muitos jovens profissionais, com dificuldade de encontrar trabalho, aproveitam o fato de a Polônia pertencer à União Européia para ir para a Irlanda ou a Espanha. Mas em geral os poloneses parecem otimistas sobre o futuro. "Neste país, tudo era preto-e-branco durante a época comunista. Agora é um país cheio de cores", comentou um engenheiro com quem entabulei uma conversa casual num café, mostrando-me com a mão os letreiros luminosos na rua. Era uma observação gráfica da realidade, que dizia tudo.

    Parte do otimismo reinante é um ato reflexivo, produto do repúdio quase unânime ao velho sistema comunista. A maioria da população tem más recordações do bloco soviético — as filas intermináveis, a falta de calefação, os alimentos racionados, entre outras coisas — a ponto de os três partidos que disputam os votos da oposição ao novo sistema capitalista tomarem distância do passado e refundarem-se com nomes como Aliança Democrática de Esquerda, Partido Social-Democrata e Partido Camponês. Juntos, não chegam a 15% da população. São, em sua maioria, aposentados e pensionistas do antigo regime e trabalhadores pouco qualificados que ficaram sem emprego quando suas empresas foram privatizadas, e já estavam envelhecidos para se reciclar e encontrar novos empregos. São uma minoria, mas uma minoria visível. Hoje, caminham pelas ruas olhando as vitrines repletas de produtos que jamais sonharam ver e tampouco podem comprar.

A melhor ajuda é a condicionada

Quando este país começou a prosperar?, perguntei a vários funcionários, empresários e acadêmicos poloneses. Ao contrário do que eu supunha, a economia da Polônia começou a melhorar bastante antes de seu ingresso na União Européia. Cinco ou seis anos antes de oficializar a integração, em 2004, a simples expectativa do ingresso gerou um ambiente de confiança que de imediato se traduziu em maiores investimentos. Para os investidores poloneses e estrangeiros, o ingresso na União Européia significava que a Polônia logo seria usada como uma plataforma de onde se poderia produzir a custo baixo e exportar para um mercado de 450 milhões de europeus, sem barreiras aduaneiras. E também teria um efeito legal concreto: daria segurança a qualquer investidor, no sentido de que, se houvesse uma disputa que não pudesse ser resolvida satisfatoriamente nos tribunais locais, poderia ser submetida à corte européia.

Mas, a julgar pelo que escutei da boca da maioria das pessoas que entrevistei, o principal fator gerador de confiança durante os anos anteriores à ampliação da União Européia foi que a inclusão da Polônia no clube dos países ricos da Europa daria aos investidores a garantia de estabilidade política e econômica que os protegeria contra políticas populistas. De fato, desde que se vislumbrou a possibilidade de ingressar na União Européia, os políticos poloneses começaram a realizar reformas econômicas socialmente dolorosas a curto prazo, mas necessárias para reduzir a pobreza a médio prazo, com a expectativa de acelerar sua integração na União Européia. O fato de que a União Européia logo começaria a dar à Polônia 2,5 bilhões por ano em fundos de adesão para a construção de estradas, escolas, hospitais e outras obras de infra-estrutura, como já acontecera na Espanha, Grécia, Irlanda e em outros países no momento de sua entrada na comunidade econômica regional, ajudou a tornar mais "vendáveis" as privatizações e outras reformas socialmente dolorosas. No entanto, o que mais me surpreendeu foi a maneira quase unânime como a classe dirigente polonesa aplaudia o fato de que a ajuda econômica européia vinha com rigorosos condicionamentos em matéria de honestidade, transparência e disciplina econômica. Em outras palavras, o marco legal da União Européia obrigaria a que, a partir de então, os políticos poloneses governassem melhor.

Bogdan Wisniewski, o presidente da Optima, uma empresa montadora de computadores que emprega duzentas pessoas nas cercanias da Cracóvia, citou-me o caso das estradas, um dos mais óbvios exemplos da corrupção que grassava no país. As estradas polonesas, como a que vai da Cracóvia a Katowiza pela cidade de Olkusz, estavam cada vez mais abandonadas. Os sucessivos governos democráticos não foram capazes de fazer sua manutenção, por causa do favoritismo político e da corrupção, que resultavam, entre outras coisas, na concessão de licitações a empresas construtoras que nunca cumpriam os contratos. A imprensa local, de brincadeira, batizou essa estrada com o nome do ministro de Infra-estrutura, que em 2003 anunciou um novo imposto para repavimentar a auto-estrada, mas depois de cobrá-lo nunca fez nada visível para melhorá-la. Mas isso mudará, assegurou-me Wisniewski. "Os governos anteriores faziam uma licitação, alguém ganhava, e esse alguém nunca construía a auto-estrada. Agora, finalmente, temos regras e obrigações a seguir", disse o empresário. "Roubar será bem mais difícil do que antes. A União Européia nos dará recursos para construir auto-estradas, mas sob a condição de seguirmos certas regras nas licitações. Acabarão as influências indevidas dos políticos. A empresa que ganhar a licitação vai construir a auto-estrada. E o mesmo acontecerá em todos os setores da economia."

Escutei argumentos parecidos nas conversas com poloneses de todos os matizes da vida. Thomasz Barbaiewski, um doutor em física que leciona na Universidade da Cracóvia, contou-me que quase todas as empresas polonesas têm um "gestor" para resolver problemas com a alfândega. Barbaiewski, um homem de quase dois metros de altura, era um privilegiado do velho regime, e continuava sendo no novo capitalismo rampante da Polônia. Antes da queda do comunismo em 1989, quando o ex-operário metalúrgico Lech Walesa chegou ao poder, Barbaiewski ganhava apenas 30 dólares por mês como professor universitário, mas como pesquisador científico era enviado constantemente ao exterior e, por isso, ganhava ajuda de custo em dólares que representavam uma fortuna em seu país. Agora, seu salário na universidade subiu para mil dólares mensais, e ele ganha cerca de 10 mil dólares mensais graças aos seus trabalhos como consultor de empresas de informática. É claro que a vida está mais cara: um automóvel que custava 1.500 dólares na época comunista, agora — embora de melhor qualidade — não pode ser comprado por menos de 12 mil dólares. Mas o fato de boa parte da população sentir que o bem-estar não é um sonho impossível criou um grande otimismo. Como muitos outros, ele via com esperança a entrada da Polônia na União Européia, acima de tudo porque — segundo me disse — ajudaria a reduzir a burocracia e a corrupção. Poucos meses atrás, Barbaiewski encomendara um livro dos EUA pela Amazon.com. O pacote chegara à Polônia em 48 horas, pelo Federal Express, mas ficou retido na alfândega durante três semanas por causa da burocracia polonesa. Ao velho estilo polonês, os funcionários da alfândega provavelmente esperavam alguma compensação para apressar a tramitação. "Agora, desde que entramos na União Européia, essas travas burocráticas serão reduzidas, pelo menos no que diz respeito à Europa", explicou. "Já que um livro importado de outros país da Europa não terá de passar pela alfândega, não haverá oportunidade de me exigirem dinheiro por baixo do pano."

Um exemplo para a América Latina?

O que têm a Polônia e a República Tcheca que o México, o Brasil e a Argentina não têm?, eu me perguntava. Era só o fato de terem sido aceitos na União Européia ou havia outros fatores que os colocaram nessa posição vantajosa de qualquer maneira? A maioria dos especialistas que consultei citou a adesão à União Européia como um elemento a mais do êxito dos países do antigo Leste europeu, mas não o único. Alguns fatores da rápida ascensão do antigo Leste europeu eram próprios da região e não podiam se aplicar à América Latina. Por exemplo, a súbita abertura de um mercado que estivera fechado, durante várias décadas, aos investimentos privados — locais e estrangeiros — produzira um boom de investimentos no Leste europeu.

"Imagine o que aconteceria se Cuba se abrisse da noite para o dia: isso foi exatamente o que aconteceu aqui", disse Richard Lucas, dono da publicação *Emerging Europe*. "O crescimento econômico desses países é em grande medida um fenômeno de demanda reprimida. Aqui, ocorreu em 15 anos o que em outros países levou cem."

Mas ainda que o fenômeno da demanda reprimida por décadas de sistema comunista fosse um fator particular do antigo Leste europeu, a maioria dos outros era total ou parcialmente aplicável para os países latino-americanos. À semelhança da Irlanda, a Polônia aproveitava ao máximo suas enormes comunidades de emigrados nos EUA e em outros países da Europa, que, após a queda do comunismo em 1989, começaram a enviar remessas e a regressar aos países de origem como investidores ou turistas. "Diz-se que Chicago é a maior cidade polonesa do mundo", brincou Lucas. "Todos os antigos países comunistas têm diásporas enormes, e dezenas de milhares de emigrantes estão chegando para comprar um apartamento na Cracóvia e alugá-lo, ou simplesmente para visitar a terra de seus antepassados."

Efetivamente, o bairro judeu da Cracóvia é o melhor exemplo de como o país converteu a nostalgia, a curiosidade e a tragédia do passado numa enorme indústria turística. O bairro judeu de Kazimierz, de apenas algumas quadras, foi o cenário dos acontecimentos relatados em *A lista de Schindler*, o filme de Spielberg sobre o empresário que salvou centenas de judeus de morrer nas câmaras de gás do vizinho campo de extermínio de Auschwitz, requisitando-os como mão-de-obra para sua fábrica na Cracóvia. Ainda que praticamente todos os judeus da Cracóvia tenham sido eliminados na Segunda Guerra Mundial — segundo meu guia, restavam apenas cem judeus, dos quais todos, menos um, vieram da Rússia e de outros países depois da guerra —, o antigo bairro judeu se converteu na principal atração turística da cidade.

Não só havia visitas guiadas às sete sinagogas de Kazimierz, seis das quais transformadas em museus, mas a profusão de turistas atraiu comerciantes de todo tipo. Abriam-se tantos cafés, bares, restaurantes e lojas, que a propriedade imobiliária disparou nos últimos meses. Quando visitei o local, já havia cinco restaurantes de comida judaica num raio de três quadras, de nomes como Alef e Arka Noego, que suponho que signifique Arca de Noé, onde também se ofereciam pinturas com temas judaicos e literatura sobre Schindler e Auschwitz. Da noite para o dia, o bairro judeu se converteu na região mais *in* para os jovens cracovianos. E, para a Polônia, uma enorme fonte de divisas.

O mesmo acontecia na vizinha República Tcheca, um país muito mais rico, que, como todo tcheco recorda a qualquer visitante, esteve entre os sete países mais industrializados do mundo antes da Segunda Guerra Mundial. Em Praga, talvez a capital mais bonita da Europa, quase tudo estava organizado para atrair turistas tchecos e de outros países. O bairro judeu, o castelo de Praga, o bairro medieval de Stare Mesto, tudo era um atrativo turístico que resultou numa indústria fabulosa, de quase 5 milhões de turistas por ano, num país de apenas 10 milhões de habitantes.

Há até um Museu do Comunismo. Segundo um folheto publicitário que encontrei no balcão do meu hotel, esse museu se situa no primeiro andar do majestoso Palace Savarin, "em cima do McDonald's, ao lado do Cassino". É difícil resistir à tentação de ver um museu do comunismo em cima de um McDonald's. Está no coração do distrito comercial de Praga, entre um mar de letreiros de lojas norte-americanas, francesas e espanholas. Foi aberto em 2002 por Glenn Spicker, um norte-americano de 36 anos que, depois de abrir um clube de jazz e um café em Praga, pensou que também seria um bom negócio criar uma atração turística para lembrar as penúrias da vida sob o comunismo no país. Assim, ele começou a percorrer as casas de penhor e lojas de antigüidades em Praga e gastou 28 mil dólares para comprar cerca de mil objetos da época comunista, desde estátuas de Marx e Lenin até lâmpadas para interrogatórios da polícia secreta e trajes blindados para a luta com armas químicas. Pelo equivalente a sete dólares, qualquer visitante pode ver vários salões, incluindo um sobre "o culto da personalidade", com cartazes, livros e estátuas dos próceres do comunismo, até uma sala de tortura, tal como foi reconstruída por vários antigos presos políticos da era soviética. A última sala é dedicada à Revolução de Veludo, que marcou o começo do fim do sistema comunista em 1989. Mas o mais interessante do museu é o contraste com seus arredores. Enquanto várias de suas salas incluem filmes, fotos e cenas simuladas para ilustrar as carências da era comunista — como longas filas de pessoas, com miseráveis roupas escuras, esperando para comprar rações ínfimas de comida, ou telefones que nunca funcionavam —, o visitante escuta pelas janelas semi-abertas o bulício da rua, onde uma multidão multicolorida entra e sai das lojas, e do McDonald's. Ironias da história.

A ciência e a tecnologia

Além das reformas econômicas e do aproveitamento de suas diásporas, a Polônia e a República Tcheca se gabam de crescer graças à sua mão-de-obra altamente qualificada, produto de suas políticas educativas. Segundo seus funcionários, a ênfase nos estudos de engenharia, e outras matérias técnicas, e o aprendizado intensivo do inglês ajudaram a transformar o antigo Leste europeu numa das zonas industriais mais atraentes do mundo.

Na República Tcheca começou-se a incentivar o ensino da engenharia, a computação e a tecnologia vários anos antes do ingresso na União Européia. Os tchecos sabiam que a melhor maneira de aumentar seu nível de vida era atrair empregos de alto valor agregado, e para isso necessitavam de gente extremamente preparada. E, em meado dos anos 1990, começaram a destinar um orçamento maior do que a média européia para as universidades técnicas e científicas. O Instituto Tecnológico Tcheco, de Praga, com 104 mil estudantes num país de apenas 10 milhões de habitantes, é o maior centro de estudos tecnológicos da Europa, segundo funcionários tchecos. "Nossa mão-de-obra altamente qualificada é mais importante para atrair investimentos do que os incentivos econômicos do governo", explicou-me Radomil Novak, diretor do Czechinvest, a agência governamental encarregada de atrair investimentos estrangeiros.

Novak, cujo escritório tem mais de 150 empregados, que se ocupam desde a promoção do país até em conseguir terrenos e fazer gestões burocráticas para potenciais investidores, tirou de sua mesa um folheto com as últimas estatísticas educativas da OECD, segundo as quais a República Tcheca tem 8,1% de seus estudantes universitários em cursos de matemática, estatística e ciências da computação, enquanto a Inglaterra tem apenas 6,4%, a França 5,5%, a Alemanha 4,8% e os EUA 4,1%.[5]

Da mesma maneira, seis ou sete anos antes do ingresso na União Européia, vários países da Europa central investiram enormes somas no ensino de inglês. Substituiu-se, em apenas dez anos, o ensino do russo pelo inglês como matéria obrigatória nas escolas, e a todo vapor. Nas ruas de Praga, encontrei gente adulta que não entendia uma palavra de inglês, mas a maioria dos jovens me deram indicações nesse idioma, alguns deles com espantosa fluência. Os países do antigo Leste europeu tornaram obrigatório o ensino intensivo de idiomas estrangeiros, e a grande maioria substituiu o russo pelo inglês. Oitenta e oito por cento dos estudantes da Eslovênia e da Romênia, 86% dos estudantes na Estônia, 80% dos poloneses e 64% dos tchecos estudam inglês. O idioma que o segue na preferência é o alemão, escolhido, amiúde, como segundo idioma por 53% dos poloneses, 49% dos tchecos e 47% dos húngaros.[6] Segundo o semanário inglês *The Economist*, "o novo idioma eleito" pelo antigo Leste europeu "é o inglês, que está sendo estudado por três em cada quatro estudantes secundários do Báltico aos Bálcãs".

A mudança não foi produto da moda, mas parte das exigências dos investidores, que necessitam de empregados que falem inglês para seus *call centers* regionais. O gigante alemão Siemens, um dos primeiros grandes investidores na Europa central, adotou o inglês como seu idioma corporativo oficial em 1998, a fim de facilitar a comunicação entre suas várias sucursais européias. E quando circulou a novidade, pelos países da Europa central, de que as fábricas estrangeiras preferem contratar gente com conhecimento de inglês, os jovens começaram quase de imediato a estudá-lo. A partir de 2004, quando a maioria dos estudantes já podia se comunicar em inglês, o Ministério da Educação da República Tcheca estabeleceu o ensino obrigatório de dois idiomas estrangeiros.

Os incentivos fiscais

É claro que se um funcionário alemão escutasse Novak, diretor da Czechinvest, dizer que as multinacionais estrangeiras se mudavam para a Polônia por causa da mão-de-obra qualificada, mais do que pelos incentivos econômicos, ficaria vermelho de raiva. O certo é que, ao mesmo tempo que oferecem mão-de-obra qualificada barata, os países da Europa central dão enormes incentivos fiscais e operacionais em seu afã de atrair as indústrias da "velha Europa".

Enquanto a Alemanha e os EUA têm impostos corporativos de 40%, a República Tcheca tem uma taxa de 28%, a Polônia e a Eslováquia de 19%, e a Hungria de 16%.[7] Muitos dos países do antigo Leste europeu também simplificaram seus sistemas, criando um novo imposto sobre os lucros. O movimento se iniciou em 1994, quando a Estônia anunciou que a partir de então adotaria um imposto único, de 26%, sobre os lucros. Quando a Estônia começou a receber investimentos a rodo, a Lituânia e a Letônia a seguiram rapidamente, e logo depois vários países da ex-URSS. Durante minha viagem à Polônia e à República Tcheca, os principais partidos de oposição em ambos os países se proclamavam a favor da simplificação fiscal, e ninguém descartava que adotariam esse sistema num futuro próximo, para atrair ainda mais investimentos da "velha Europa".

Mesmo sem levar em conta os incentivos fiscais, os países do antigo Leste europeu passaram, da noite para o dia, de mais burocráticos do mundo aos mais amigáveis em relação aos investidores estrangeiros. Segundo o Banco Mundial, para abrir uma empresa nacional ou estrangeira na Polônia ou na República Tcheca bastam dez trâmites, que se completam de 31 a 40 dias. Comparativamente, para abrir uma empresa no Brasil são necessários 17 trâmites, que demoram 152 dias; na Argentina são necessários 15, que duram 32 dias, e no Paraguai são necessários 17, que duram 74 dias.[8]

Para os tchecos, a prioridade é ser um país "*investor friendly*" ou "amigo dos investidores". E estava dando resultado: durante minha visita a Praga, a DHL acabara de anunciar que transferiria seus centros de tecnologia da Grã-Bretanha e da Suíça para a República Tcheca, a fim criar sua central tecnológica para toda a Europa em Praga. A mudança custaria 700 milhões de dólares, incluindo a contratação de 400 técnicos para a nova sede regional em Praga, que eventualmente teria mil empregados altamente qualificados. Os funcionários tchecos não cessavam de divulgar o investimento como "uma prova contundente de que a República Tcheca tem as maiores possibilidades de se converter na nova central européia da indústria tecnológica", segundo proclamava o presidente da Czechinvest, Martin Jahn. Simultaneamente, a Accenture, multinacional de serviços de tecnologia, com 100 mil empregados em 48 países, construía sua nova sede de administração financeira para empresas européias em Praga. A partir dos novos escritórios da Accenture na capital tcheca, 650 empregados — em sua maioria egressos das universidades e que, no conjunto, dominam 23 idiomas — trabalhariam para seus clientes em toda a Europa.

Jaroslav Mil, presidente da Confederação das Indústrias da República Tcheca, riu e me fez um gesto depreciativo com a mão quando lhe perguntei se os alemães tinham razão em dizer que boa parte do êxito tcheco na atração das multinacionais se devia aos baixos impostos corporativos. Como muitos porta-vozes da classe empresarial da "nova Europa", Mil via os alemães e os franceses como símbolos do passado. Os países da "velha Europa" afundariam logo se continuassem aferrados às suas férias de quatro semanas, as semanas de 35 horas e aposentadorias aos 55 anos, garantiu. Eram países que nunca poderiam deter o êxodo de suas empresas se continuassem sendo "socialistas", garantiu. O futuro, segundo ele, está na "nova Europa".

"Nós, os novos sócios da União Européia, temos uma nova mentalidade, mais pragmática", disse-me Mil. "Primeiramente deve-se fazer o bolo crescer, antes de reparti-lo. Somos definitivamente mais pró livre-mercado, menos burocráticos, e temos mais potencial de futuro do que os países da 'velha Europa'." Não lhe parece um tanto agressivo usar essa expressão em relação aos seus vizinhos e sócios europeus?, perguntei. "Não. Não tenho qualquer problema com a expressão 'nova Europa'. O problema é da 'velha Europa'", respondeu.

O pessimismo de Mil sobre o futuro da "velha Europa" é compartilhado por inúmeros empresários e intelectuais da República Tcheca, e não se afasta muito dos prognósticos sombrios do CNI, o centro de estudos a longo prazo da CIA, sobre a Alemanha, a França e os demais países ricos da Europa Ocidental. Segundo o estudo do CNI, "a atual sociedade do bem-estar (da Europa Ocidental) é insustentável no tempo, e a falta de uma revitalização econômica poderia levar a uma ruptura ou, o que seria pior, a uma desintegração da União Européia, solapando sua ambição de se converter em ator de peso na cena internacional".[9] O estudo dos futurólogos contratados pelo CNI continua dizendo que "o crescimento econômico da União Européia poderia ser pressionado para baixo pela Alemanha e suas leis trabalhistas restritivas. As reformas estruturais na Alemanha e, em grau menor, na França e na Itália serão a chave para a União Européia, em seu conjunto, quebrar a atual tendência de crescimento lento. Talvez não seja necessária uma ruptura total do modelo de Estado benfeitor que surgiu depois da Segunda Guerra Mundial, como demonstrou o feliz resultado do modelo sueco ao conceder maior flexibilidade às empresas, conservando vários direitos dos trabalhadores. No entanto, os especialistas duvidam que a atual liderança política esteja preparada para fazer uma mudança, mesmo que parcial, neste momento, e acreditam ser mais provável que as reformas se realizem após uma crise orçamentária, que poderia ocorrer nos próximos cinco anos".[10]

Nem todos com quem falei em Praga foram tão pessimistas sobre a "velha Europa", e tão otimistas quanto à nova. Thomas Klvana, colunista econômico tcheco que escreve nos principais meios de comunicação do país, disse-me que o milagre econômico da Europa central terá pouca duração. "Nossas economias são ainda muito rígidas se comparadas com as asiáticas. Esta onda de investimentos estrangeiros que começou há poucos anos está diminuindo, porque nossos custos trabalhistas começam a subir. Em dois anos mais, nossa vantagem competitiva se reduzirá a quase nada", assegurou.

Mas Robert Maciejko, chefe do escritório do Boston Consulting Group em Varsóvia, que realizou um amplo estudo sobre a competitividade dos países da Europa central, deu-me uma visão diametralmente oposta. "A Europa central será a China da Europa", disse-me. "As empresas européias que quiserem ser competitivas nesta região do mundo terão de pensar em mudar suas operações para a Europa central." Segundo Maciejko, as empresas multinacionais decidem investir em algum país com base em três fatores principais: a estabilidade política e econômica, os custos trabalhistas e os custos de transporte. Com estabilidade semelhante, as empresas européias que fabricam produtos de transporte barato, como têxteis ou chips de computadores, provavelmente continuarão investindo na China. Mas as empresas européias que produzem automóveis, aço, móveis, pneus ou máquinas pesadas, cujo transporte é bem mais caro, optarão progressivamente por investir na Europa central.

Uma "ameaça polonesa" para a América Latina?

Tudo isso afetará a América Latina?, perguntei a Maciejko. "Provavelmente", respondeu. Por um lado, a "nova Europa" atrairá uma porção cada vez maior do capital disponível para investimentos no planeta. Num mundo de capitais limitados, e de crescente competição para monopolizá-los — em que a China, a Índia e os EUA sozinhos levam uma boa parte do total —, é possível que a "nova Europa" leve a maior parte dos investimentos restantes. "Grande parte da competição por investimentos é uma questão de imagem, relações públicas e histórias de sucesso, e — hoje em dia — a 'nova Europa' tem as três", explicou.

E, em segundo lugar, em matéria de comércio, "a competência da 'nova Europa' poderia tirar muitos países latino-americanos dos mercados da Alemanha, França e de outros países da 'velha Europa'", disse. No que diz respeito a produtos como aço, peças de automóveis e maquinaria em geral, a Alemanha, a França e a Espanha acharão bem mais conveniente substituir os fornecedores latino-americanos, como o México e a Argentina, por outros na Polônia e seus vizinhos, agora sócios da União Européia.

E, por fim, a "nova Europa", como a Coréia do Sul, passará a ser uma força industrial média que criará suas próprias multinacionais num futuro próximo. Em cinco anos, com o aumento da emigração de empresas européias para a Europa central, veremos um aumento de empresários, gerentes e outras pessoas qualificadas na Europa central. Isso dará lugar à criação de novas empresas transnacionais centro-européias, que gradualmente passarão a fabricar produtos cada vez mais sofisticados para o mercado mundial, explicou. A conseqüência de tudo isso será que a Alemanha, a França e a Espanha importarão produtos cada vez mais sofisticados da Europa central e passarão a importar seus produtos de menor valor agregado dos países localizados mais a leste, como a Ucrânia e Belarus, que têm custos trabalhistas baixíssimos e são os próximos na fila para entrar na União Européia.

Em outras palavras, "a América Latina pode ficar afastada do mercado europeu", disse Maciejko. "As empresas latino-americanas devem oferecer serviços mais sofisticados se quiserem permanecer competitivas", resumiu. "Se oferecerem produtos baratos, serão derrotadas pela China. E, a menos que se tornem bem mais competitivas em produtos de alta tecnologia, serão vencidas pela Europa central."

Quem tem razão? Os céticos, como Klvana, que dizem que o Leste europeu não seria uma ameaça aos outros países emergentes porque seus salários logo serão pouco competitivos como os da "velha Europa"? Ou os entusiastas, como Maciejko, que vêem o antigo Leste europeu como uma nova China?

Fiz a pergunta a Gerry McDermott, professor da Wharton School of Economics da Universidade da Pensilvânia, que escreveu vários estudos comparativos sobre o desenvolvimento da América Latina e dos países do antigo Leste europeu. McDermott, que viaja várias vezes por ano às duas regiões, foi contundente: "A América Latina terá problemas para competir com a 'nova Europa'", disse. Segundo esse especialista, Polônia, Eslováquia, República Tcheca e seus vizinhos já estão atraindo numerosas empresas de peças automotivas e de outras peças de reposição de maquinaria da Espanha e Portugal, e logo farão o mesmo com países latino-americanos como México, Brasil e Argentina. "Os novos sócios da União Européia não só oferecem mão-de-obra barata, como também têm muito mais a oferecer em matéria de pesquisa e desenvolvimento, educação, estabilidade econômica e política e boa infra-estrutura. Estão muito adiante de nossos irmãos latino-americanos", assinalou. "Se uma empresa estrangeira pensar em fabricar produtos de biotecnologia, computação ou maquinaria para vender no mercado europeu, sem dúvida olhará primeiro para a Polônia, a Hungria e a República Tcheca."

O nicho latino-americano

Então, o que pode fazer a América Latina? Se a China ganha por vários corpos na fabricação de produtos manufaturados de pouco valor agregado, a "nova Europa" em produtos mais sofisticados e a Índia e a Irlanda em tudo o que tenha a ver com serviços e computação, o que sobra para os países latino-americanos?, perguntei a todos os especialistas no antigo Leste europeu. Continuar exportando matérias-primas baratas, como no tempo de colônia? Quase todos me disseram a mesma coisa: "O que resta à América Latina é explorar sua vantagem comparativa de estar geograficamente perto do maior mercado do mundo, e na mesma faixa horária." Isso, de *per si*, já é muito. Assim como a proximidade da "velha Europa" é uma das principais vantagens da Polônia e seus vizinhos, porque reduz o custo dos fretes, a vizinhança com os EUA é uma das grandes vantagens da maioria dos países latino-americanos. E na era global, em que as multinacionais põem seus centros de processamento de dados e *call centers* em qualquer parte do mundo que mais lhes convenha, "estar na mesma faixa horária dos EUA e do Canadá não é uma vantagem desprezível", acrescentou um deles.

"Se você comparar a Argentina e a Polônia em 1989, os dois países se pareciam bastante: ambos eram países católicos, de 38 milhões de habitantes, com histórias de hiperinflação e corrupção e tratavam de fazer a transição de economias centralizadas para economias de mercado", disse-me McDermott. "Os argentinos estavam mais adiantados: tinham uma economia de mercado mais avançada e uma história democrática mais profunda, com partidos políticos mais organizados do que os poloneses. E no entanto os poloneses se converteram em país líder." Há muitas razões para explicar o sucesso polonês; mas uma das mais importantes foi a integração com os países mais ricos do resto da Europa. A América Latina necessita de um processo similar, com condicionamentos e ajuda, urgentemente, acrescentou.

FONTES

1. "Global Ranking", UNCTAD-DITE, "Global Investment Prospects Assessment" (Gipa), Figura 2, Global Ranking, junho de 2004.
2. Transparência Internacional, Índice de Percepção de Corrupção, 2003.
3. "Glum Days in Poland", *The New York Times*, 26 de janeiro de 2005.

4. "Capturing Global Advantage", estudo do Boston Consulting Group, 14 de julho de 2004.
5. "Education at a Glance", OECD Indicator, 2003.
6. "After Babel, a New Common Tongue", *The Economist*, 7 de agosto de 2004, p. 41.
7. Estudo comparativo da embaixada dos EUA em Praga, 2004.
8. "Doing Business in 2005: Removing Obstacles to Growth", World Bank and the International Finance Corporation, setembro de 2004.
9. "Could Europe Become a Superpower?, Mapping the Global Future", National Intelligence Council's 2020 Project, p. 61
10. Idem.

CAPÍTULO 5
As falácias de George W. Bush

Conto-do-vigário: "Olharei para o sul... como um compromisso
fundamental do meu governo." (George W. Bush,
Miami, 25 de agosto de 2000.)

WASHINGTON, D.C. Numa conferência a portas fechadas no Banco Interamericano de Desenvolvimento (BID) em Washington, de que participei como debatedor no início de 2005, perguntou-se ao então subsecretário de Estado dos Estados Unidos para Assuntos Latino-americanos, Roger Noriega, se já não era hora de dar mais ajuda econômica aos vizinhos do sul e participar mais ativamente do desenvolvimento da região. Entre os funcionários, acadêmicos e jornalistas de três continentes que participávamos do colóquio, encontrava-se Robert Pastor, antigo chefe de Assuntos Latino-americanos da Casa Branca no governo Jimmy Carter e agora diretor do Centro de Estudos da América do Norte da American University. Pastor propôs a Noriega que os EUA deviam seguir o exemplo da feliz experiência da União Européia, em que os países mais ricos destinaram fundos de compensação para ajudar os mais pobres em troca do compromisso de adotarem políticas econômicas responsáveis. Antecipando as objeções do governo Bush às soluções assistencialistas — na Casa Branca e em boa parte do eleitorado norte-americano prevalece a idéia de que a ajuda econômica a países irresponsáveis é como jogar dinheiro num saco sem fundo —, Pastor explicou a Noriega que estava propondo uma ajuda condicionada a um comportamento econômico responsável. Em outras palavras, que os EUA e o Canadá financiassem obras de infra-estrutura e educação no México em troca de reformas em sua política energética, tributária e trabalhista que lhe permitissem crescer a longo prazo. Dessa maneira, argumentou Pastor, ganham todos: os EUA ajudariam a amenizar o desequilíbrio de receitas com o seu vizinho do sul e se beneficiariam com a redução da imigração ilegal. E o México faria as reformas que acelerariam sua prosperidade econômica, tal como sucedeu na Espanha, na Irlanda e em outros países beneficiados com a ajuda econômica da União Européia.

Noriega, um descendente de mexicanos oriundo do Kansas que se formou como assessor do senador ultraconservador Jesse Helms durante as guerras centro-americanas dos anos 1980, balançou negativamente a cabeça. Recusou a idéia de saída, como se fosse um disparate. "Obviamente, a menos que a América Latina e o Caribe sejam capazes de fazer um uso mais eficiente dos 217 bilhões de dólares de renda por suas exportações anuais para os EUA, dos 20 bilhões de dólares em investimentos dos EUA e dos 32 bilhões de dólares de remessas de parentes de latino-americanos residentes na América do Norte, não haverá ajuda exterior que possa fazer diferença substancial para reduzir a pobreza e fazer crescer suas economias", disse o chefe de Assuntos Latino-americanos do Departamento de Estado.[1] E acrescentou: "O que estamos enviando agora à região é infinitamente mais do que poderíamos enviar em ajuda externa. A chave para um crescimento econômico sustentado é adotar uma agenda de reformas que leve a uma maior abertura econômica, encoraje os investimentos e expanda o livre-comércio."[2]

Saí da reunião convencido de que o governo Bush estava absolutamente fechado a qualquer plano que significasse um maior comprometimento econômico dos EUA com o crescimento da América Latina. Para Bush, a única solução era o livre-comércio, convertido em pedra angular de sua política para a região. Durante o primeiro mandato, o representante comercial dos EUA, Robert Zoellick, foi o membro do gabinete que mais viajou à América Latina. E cada vez que perguntavam a Bush sobre o futuro da região, ele se limitava a exibir seu bordão do livre-comércio, incluído no contexto da América do Norte. Por exemplo, na cúpula de que participou com seus colegas do México e do Canadá em Waco, Texas, em 2005, os três chefes de Estado anunciaram uma Associação para a Segurança e a Prosperidade da América do Norte. Mas quando um jornalista canadense perguntou a Bush, no encerramento da cúpula, se ele vislumbrava que a nova aliança poderia ser o primeiro passo para a criação de uma Comunidade da América do Norte ao estilo da União Européia, o presidente respondeu negativamente: "Creio que o futuro de nossos três países seria melhor se estabelecêssemos relações comerciais com o restante do hemisfério... Vislumbro uma união (continental) baseada no livre-comércio, dentro de um compromisso com o mercado, a democracia, a transparência e o estado de direito."[3] Bush não considerava um esquema de integração mais profundo, nem com o México, nem com toda a América Latina.

Livre-comércio: garantia de prosperidade?

Mas tem lógica pensar que o livre-comércio poderia catapultar a América Latina para o Primeiro Mundo? Ou era uma ingenuidade total? A experiência feliz da União Européia parecia indicar a segunda hipótese: era preciso muito mais do que o livre-comércio para nivelar a renda de países ricos e pobres. Os acordos de livre-comércio davam aos países menores um acesso preferencial aos mercados maiores, o que era sumamente vantajoso para os primeiros. Mas pouco serviam se os países menores nada tivessem para exportar ou não pudessem exportar em condições competitivas. Faltavam muitas outras coisas.

Na União Européia fora estabelecida uma união alfandegária que compreendia não apenas o livre movimento de bens e pessoas, mas incluía todo um sistema de ajuda econômica condicionada, que obrigara os países mais pobres a realizar reformas estruturais duradouras e a ser mais competitivos. E ainda que a abertura das fronteiras ao tráfego de pessoas fosse difícil de conseguir a médio prazo nas Américas — a diferença de renda entre norte e sul é bem mais marcante do que na Europa, motivo pelo qual se produziria um estouro de emigração —, havia vários outros aspectos do modelo europeu dignos de ser copiados. Na Europa, os países ricos — Alemanha e França — deram aos mais pobres, além da ajuda econômica condicionada a políticas econômicas responsáveis, um padrão político supranacional. As novas instituições supranacionais permitiam aos países ricos controlar para que sua ajuda econômica não fosse gasta irresponsavelmente. E aos países menos desenvolvidos a supranacionalidade oferecia um padrão legal para resolver controvérsias e uma "marca regional" para estimular a confiança externa, que redundavam em aumento de investimentos estrangeiros e em maior competitividade. Isso era muitíssimo mais do que podiam dar os acordos de livre-comércio oferecidos pelos EUA.

Para sermos justos, os tratados de livre-comércio dos EUA com o México e o Chile provaram ser excelente negócio para estes últimos, ainda que não necessariamente para todos os setores de suas economias. Os números eram contundentes e demonstravam que os que se opuseram a esses tratados na América Latina se enganaram em conjunto. Desde a entrada em vigor do Tratado de Livre-Comércio da América do Norte em 1994 e até 2004, o México evoluiu de um déficit comercial de 3,1 milhões de dólares com os EUA para um superávit de 55,5 milhões de dólares.[4] Poucas vezes na história do comércio moderno se viu um crescimento tão rápido das exportações de um país para outro, o que resultou, após mais de uma década da entrada em vigor do tratado, em mais vozes pedindo sua renegociação nos EUA do que no México. No primeiro ano do tratado de livre-comércio do Chile com os EUA, em 2004, as exportações do Chile para os EUA cresceram 32%, as dos EUA para o Chile 35%, e a balança comercial permaneceu extremamente favorável ao Chile.[5]

No entanto, o livre-comércio não se traduziu, num passe de mágica, em prosperidade econômica no caso mexicano. Resultou ser mais uma garantia contra as crises econômicas do que um motor de desenvolvimento. Talvez pela desaceleração econômica dos EUA, ou por falta de reformas econômicas que permitissem ao México competir melhor com a China e outros países asiáticos, a economia mexicana estagnou a partir do ano 2000. A defasagem de renda com os EUA voltou a crescer, o que fez aumentar a imigração ilegal, assim como os protestos dos isolacionistas em Washington. O Tratado de Livre-Comércio da América do Norte foi um sucesso comercial, mas a fórmula de Bush para o progresso latino-americano é, em todos os aspectos, limitada e insuficiente.

Pior ainda, o livre-comércio se convertera na pedra angular da política norte-americana nas últimas décadas, depois que Washington chegou à conclusão de que sua assistência econômica à região nos anos 1960 e 70 não ajudou muito a gerar progresso econômico na América Latina. Já durante a presidência Bill Clinton, o mote da Casa Branca para a região foi *Trade, not aid* (comércio, não ajuda econômica).

Quando eu dizia aos funcionários norte-americanos que a ajuda econômica condicionada é uma boa política, como se demonstrara na Europa, respondiam-me que o governo Bush tinha aumentado a ajuda econômica à região por intermédio do Fundo do Milênio. O Fundo representava um aumento de 50% na ajuda exterior dos EUA, que Bush anunciou na cúpula antipobreza da ONU em Monterrey, México, em janeiro de 2003. No entanto, era uma resposta enganosa, porque uma percentagem bem pequena dessa ajuda ia para a América Latina. O montante total, de 5 bilhões de dólares, destinava-se a quinze países com renda *per capita* de menos de 1.435 dólares por ano, o que incluía muitas nações africanas, mas muito poucas latino-americanas. Dos quinze beneficiários, os únicos países latino-americanos eram Honduras, Nicarágua e Bolívia. Os de renda média, como México, Brasil, Peru e Argentina, não receberam um centavo sequer, apesar de possuírem áreas de pobreza extrema que, em vários casos, são maiores e mais povoadas do que muitos dos países beneficiários. Houve resistência dentro do governo norte-americano ao critério de entregar dinheiro a países pobres e não a regiões pobres. A própria embaixadora norte-americana no Brasil, Donna Hrinak, disse-me, numa entrevista gravada em Brasília, que "isso vai se voltar contra nós (Estados Unidos)".[6] Era um pacote de ajuda importante para três países que, juntos, não chegam a 5% da população latino-americana. Tratar de vendê-lo como um pacote de ajuda a toda a América Latina, como fazia o governo Bush, era um discurso enganoso, que não podia ser levado a sério.

"A próxima guerra não começará em Tegucigalpa"

Não é segredo para ninguém que, após os ataques terroristas de 11 de setembro de 2001, a América Latina saiu do mapa dos EUA. Em minhas primeiras viagens a Washington depois dos ataques, escrevi, meio sonolento, que os únicos países que suscitavam interesse na capital norte-americana na nova era de luta antiterrorista eram aqueles que começavam pela letra "I": Iraque, Irã e Israel. Todo o resto era, e continua sendo, secundário. E toda vez que eu mergulhava numa discussão sobre a necessidade de prestar mais atenção à América Latina me respondiam com o argumento de que os EUA são um país em guerra, e que a guerra não é contra nenhum país da região. A primeira e quase única prioridade do governo é prevenir um novo ataque terrorista, que todo mundo dava — e continua dando — como favas contadas que ocorrerá infalivelmente num futuro próximo. O resto do mundo podia esperar.

A mentalidade de guerra que reinava na Casa Branca ficou evidente, numa de minhas viagens à capital norte-americana, durante uma entrevista com um dos falcões do governo Bush. Perguntei-lhe se os EUA não cometiam um grave erro ao prestar tão pouca atenção à América Latina. Assinalei que não duvidava de que a prioridade do presidente fosse defender a segurança do país. "Mas não seria conveniente aos próprios interesses de Washington fazer um esforço maior no sentido de contribuir para o desenvolvimento econômico latino-americano, entre outras coisas para criar um cordão de segurança em torno dos EUA que impeça a entrada de terroristas?", perguntei. O funcionário me olhou com um ar paternal, como se estivesse falando com um turista de outra galáxia, baixou os óculos pendurados ao pescoço com uma das mãos e disse: "Meu amigo, tudo isso é certo. Mas se houver uma Terceira Guerra Mundial ela não começará em Tegucigalpa." A expressão era espirituosa, mas no fundo refletia o novo clima político em Washington, onde a guerra contra o terrorismo e a necessidade de promover mais ativamente o desenvolvimento econômico latino-americano pareciam temas excludentes.

"A região mais importante do mundo"

Em meus quase trinta anos escrevendo sobre as relações entre Washington e a América Latina ouvira todo tipo de declarações de governos norte-americanos no sentido de que os países latino-americanos tinham grande importância para os EUA. Mas nenhuma tão contundente — vazia — como a que ouvi do então secretário de Estado Colin Powell numa cerimônia no Departamento de Estado em 9 de setembro de 2003.

Nesse dia, numa de minhas periódicas viagens a Washington, recebera um convite para a cerimônia, num dos salões de festas do Departamento de Estado onde Noriega assumiria oficialmente como novo subsecretário de Estado para a América Latina. Havia umas duzentas pessoas no salão, que eram a nota do pequeno mundo de embaixadores, acadêmicos e líderes de organizações não-governamentais em Washington relacionados com a região. Havia um ambiente festivo entre a multidão, e não era para menos: independentemente do que se pensasse de Noriega — um republicano conservador de linha dura —, era o primeiro chefe de Assuntos Latino-americanos do Departamento de Estado que conseguira confirmação do Senado desde 1999. Seus dois antecessores, Reich e Peter Romero, tiveram de exercer suas funções de maneira "interina" por falta de um voto de confiança do Senado. E a crença generalizada em Washington era de que, até a posse de Noriega nesse dia, a política dos EUA para a região estivera à deriva, pela ausência de um funcionário de peso na capital norte-americana que pudesse facilitar o diálogo entre o governo Bush e os países latino-americanos.

Nesse contexto festivo, Powell apanhou o microfone para dizer algumas palavras de boas-vindas oficiais a Noriega e fez uma declaração surpreendente, que passou inadvertida na imprensa. Disse que "não há região no mundo que seja mais importante para o povo dos EUA do que este hemisfério".

A sério?, pensei comigo. Se fosse assim, por que o governo dos EUA não atuava de acordo com essa concepção? Powell estava enganando sua audiência ou enganava a si mesmo. O certo era que, do ponto de vista do comércio, da imigração, do narcotráfico, da ecologia e, cada vez mais, do petróleo, não havia região do mundo que tivesse maior impacto na vida quotidiana dos EUA do que a América Latina. Os EUA já exportavam mais para os países latino-americanos e caribenhos do que para as 25 nações da União Européia. Nos últimos anos, o Canadá e o México foram os dois principais sócios comerciais dos EUA, a ponto de que Washington vende mais para o México do que para a Grã-Bretanha, França, Alemanha e Itália juntas, e mais aos países do Cone Sul do que para a China. Dos quatro principais provedores de energia para os EUA — Canadá, Arábia Saudita, México e Venezuela — três estão neste hemisfério. E não há países que tenham maior impacto em seus temas domésticos — como a imigração, as drogas ou o meio ambiente — do que México, El Salvador ou Colômbia. No entanto, a realidade quotidiana demonstrava que o discurso de Powell era literalmente feito para a galeria.

Se a América Latina era a região mais importante do mundo para Powell, como se explicava que o secretário de Estado não visitasse a região mais amiúde? Segundo o Departamento de Estado, Powell fizera 39 viagens ao exterior desde que assumira o cargo em 2001, mas só nove delas foram para a América Latina e o Caribe. E se a América Latina era tão importante, por que ele não aceitou convites para falar sobre a região no Congresso? A Comissão de Assuntos Exteriores do Senado, presidida pelo republicano Richard Lugar, convidara-o várias vezes, a última delas em 26 de agosto de 2003, para que comparecesse na semana de 29 de setembro. O gabinete de Powell se esquivou dizendo que o secretário tinha outros compromissos inadiáveis, segundo me confiou uma fonte do gabinete de Lugar. E se a América Latina era tão importante, por que o Departamento de Estado não designava mais funcionários para ela? No primeiro mandato de Bush, o escritório do Departamento de Estado na Rússia tinha onze funcionários, enquanto o do Brasil tinha apenas quatro, e o dos outros países sul-americanos de um a dois. E se a América Latina era tão fundamental, por que se deixou desmoronar a economia argentina em 2001, quando um gesto de apoio diante do Fundo Monetário Internacional poderia ter evitado a pior crise econômica da história recente do país?*

E por que não foram retomadas antes as negociações migratórias tão importantes para o México?

Para a CIA, uma região irrelevante

Não precisava ser um erudito para responder a essas perguntas: o presidente Bush, um ex-governador texano que se sentia próximo do México, e Powell, um filho de pais jamaicanos, tinham afinidades pessoais com a região, mas seus discursos não refletiam o pensamento estratégico do governo. Os *duros* que controlavam as rédeas do poder — o vice-presidente Dick Cheney, o secretário de Defesa Ronald Rumsfeld e a conselheira de Segurança Nacional e logo sucessora de Powell, Condoleezza Rice — viam a América Latina como um quintal que se devia ajudar na medida do possível, mas nunca à custa de descuidar de outras regiões de muito maior relevância. Para eles, era importante que a América Latina crescesse economicamente para evitar novas ondas de imigrantes ilegais, problemas ambientais na fronteira, aumento do tráfico de drogas e revoluções que afetassem o abastecimento petrolífero aos EUA.

---

* Posteriormente, o governo Bush intercedeu ante o FMI para que — ao contrário do desejo da Alemanha e da Itália — flexibilizasse sua postura nas negociações da dívida argentina. O presidente argentino Néstor Kirchner agradeceu publicamente a gestão de Bush.

Mas, no fundo, viam a região como um território irrelevante no novo contexto mundial, marcado pela guerra contra o terrorismo islâmico e o surgimento da China — e talvez da Índia — como novas potências econômicas e militares do século XXI. Bush, no fim do dia, apoiou a visão do mundo de seus assessores mais chegados.

A verdadeira visão de mundo do governo Bush não era muito diferente da que refletia o estudo realizado pelo Conselho Nacional de Inteligência (CNI), o departamento de estudos a longo prazo da CIA, sobre como será o mundo em 2020. O informe do CNI, publicado em 2005, esclarecia em sua capa que não refletia necessariamente a opinião do governo dos EUA, mas era o resultado de uma ambiciosa pesquisa para a qual foram contratados especialistas independentes do mundo acadêmico, empresarial e político. O CNI convocou 25 dos principais futurólogos do mundo — incluindo Ted Gordon, do Projeto do Milênio da ONU, Jim Dewar, do Centro de Políticas Globais de Longo Prazo da Rand Corporation, e Ged Davis, o fundador do projeto de cenários futuros da Shell International — para elaborar seus prognósticos. A pesquisa, de pouco mais de um ano, produziu o documento intitulado *Mapa do futuro global*. E a América Latina, literalmente falando, praticamente não aparecia nesse mapa.

Uma das principais conclusões do estudo é de que o apogeu econômico da China e da Índia mudará fundamentalmente a marcha da globalização. Em 2020 o centro de gravidade da economia global se movimentará vários graus em direção à Ásia, porque os mercados ocidentais já estarão amadurecidos, e as novas oportunidades de negócios estarão no Extremo Oriente e na Índia. Nos próximos anos, a classe média chinesa duplicará e alcançará 40% da população, o que constituirá um mercado de 500 milhões de pessoas. E, pela lei da oferta e da procura, as grandes empresas multinacionais irão se adaptar cada vez mais ao gigantesco mercado de consumidores asiáticos, o que mudará não só o perfil da sua cultura empresarial mas também o desenho e o gosto de seus produtos, afirma o estudo.

Em 2020 os EUA enfrentarão cada vez mais a competição de seus novos rivais asiáticos. "O provável surgimento da China e da Índia como novos grandes atores globais, semelhante ao surgimento da Alemanha no século XIX e dos EUA no início do século XX, transformará a paisagem geopolítica do mundo. Assim como os comentaristas se referem ao século XX como 'o século americano', o início do século XXI poderá ser visto como a era na qual o mundo em desenvolvimento, liderado pela China e pela Índia, surgirá na cena mundial", continua o relatório.[7]

No novo contexto mundial, o estudo do CNI pinta a América Latina como uma região marginal, na qual talvez apenas o Brasil chegue a se destacar, embora não o suficiente para atuar como locomotiva que impulsione o desenvolvimento dos vizinhos. "Brasil, Indonésia, Rússia e África do Sul estão se encaminhando para o crescimento econômico, embora seja improvável que cheguem a exercer a mesma influência política que a China ou a Índia. Sem dúvida, seu crescimento econômico beneficiará os vizinhos, mas é difícil que se convertam em motores de progresso em suas regiões, elemento decisivo do crescente poder político e econômico de Pequim e Nova Délhi."[8]

"Uma região de progressos e retrocessos"

Então, o que espera a América Latina? Ainda que o relatório final do CNI diga pouco ou nada a respeito, um estudo preliminar do mesmo projeto afirma que a região se caracterizará pela disparidade no progresso de seus países, num contexto geral de estagnação ou decadência. O estudo preliminar, intitulado *América Latina em 2020*, é uma das várias análises regionais realizadas por especialistas independentes contratados pelo CNI para que contribuíssem com suas idéias para o estudo global. *América Latina em 2020*, escrito depois de uma conferência organizada pelo CNI em Santiago, no Chile, em meados de 2004, prognostica que a região será "uma mistura de luzes e sombras".[9]

Mas "poucos países (da região) poderão tirar proveito das oportunidades de desenvolvimento, e a América Latina como região verá crescer o fosso que a separa dos países mais avançados do planeta". O estudo assinala que "a situação de alguns países melhorará, mas sempre dentro de subidas e descidas, progressos e retrocessos. E aqueles países e regiões que não encontrarem um caminho econômico, político e social serão submersos em crises e sofrerão retrocessos. Tudo isso ocorrerá no marco de uma crescente heterogeneidade regional". O documento regional antevê três grupos de nações no continente. O primeiro grupo será o dos países com mais êxito, como Chile, México, Brasil, Costa Rica e Uruguai, que consolidarão suas democracias e conseguirão se inserir com êxito na economia global em 2020. Os analistas convocados pelo CNI são um tanto céticos quanto à liderança regional brasileira. Segundo eles, o Brasil tratará de consolidar seu projeto de liderança, mas será "um projeto que avançará alguma coisa, mas não tanto como se antevia ao começar o novo milênio. O país evoluirá gradualmente em matéria de desenvolvimento institucional, mas o complexo processo político e social doméstico não lhe proporcionará os patamares de governabilidade para implementar as transformações e adaptações necessárias para levar a cabo um projeto regional com sucesso global em apenas 15 anos".

O segundo grupo de países será o de nações com tendência ao autoritarismo, que poderiam ficar marginalizadas da comunidade diplomática da Organização dos Estados Americanos. Nesse grupo se encontram Paraguai, Bolívia, Guatemala e Venezuela, "que têm certas tendências contrárias à democracia e favoráveis a um novo militarismo". E o terceiro grupo será o dos Estados falidos, ou países e regiões sem governo, nos quais provavelmente se produzirá um colapso de todo tipo de autoridade governamental, uma escalada dos conflitos internos, a fragmentação das instituições e a proliferação das máfias ou dos "poderes de fato" como o narcotráfico ou o crime organizado. "Este cenário de Estados falidos inclui casos como o do Haiti e áreas — não necessariamente países — da região andina", diz o estudo.

Os principais perigos, segundo o CNI

Quais são os principais perigos que espreitam a América Latina? Segundo o estudo regional, o mais importante é o aumento da insegurança. No plano regional, os futurólogos vêem uma perigosa ausência do Estado em áreas como os departamentos de Boyacá e Caquetá, na Colômbia, as fronteiras da Venezuela com o Brasil e a Colômbia, e a área de Cochabamba, na Bolívia. Do ponto de vista do cidadão, eles suscitam a possibilidade de que a insegurança produza um clamor social por soluções autoritárias, como já se viu na eleição de um presidente que prometeu "super mão dura" contra as *maras* em El Salvador. Segundo o estudo, "os indicadores de insegurança e delinqüência mostram uma tendência crescente há vários anos, coincidindo com o aumento da pobreza e da desigualdade na maioria dos países. Da mesma maneira, a questão da insegurança se converterá em demanda crescente das sociedades latino-americanas e, da mesma forma, em problema de cada vez maior importância política e eleitoral: a partir desse fenômeno, ascenderão os políticos e candidatos de "mão dura" a prefeituras, governos estaduais e presidências da região.

Em segundo lugar, o documento alerta para o aumento da informalidade trabalhista, que em muitos países latino-americanos já alcança dois em cada três trabalhadores. "As projeções antecipam que a criação de empregos nos próximos quinze anos se dará numa proporção cada vez maior no setor informal", devido principalmente à rigidez das leis trabalhistas, que fazem com que os empresários não contratem novos trabalhadores, e à ineficácia dos Estados, diz o estudo. Em conseqüência disso, aumentará a exclusão social de grandes setores da população, sem cobertura social nem acesso ao crédito. "O fenômeno da informalidade tem conseqüências institucionais que afetam as perspectivas políticas e econômicas a longo prazo. O sistema de previsão do futuro enfrenta graves riscos de sustentabilidade por causa do crescimento da informalidade, já que os aposentados de hoje são mantidos por uma quantidade cada vez menor de contribuintes, e as caixas previdenciárias não estarão preparadas para os aposentados de amanhã", afirma o estudo. De maneira semelhante, o crescimento da informalidade afetará cada vez mais a capacidade de arrecadação de impostos dos Estados, o que pode enfraquecer ainda mais a presença do Estado na vida nacional.

Em terceiro lugar, o estudo regional do CNI alerta para uma possível revolução indígena. "Nos próximos quinze anos ocorrerá um crescimento das contradições culturais na sociedade latino-americana, como conseqüência do surgimento de particularismos étnicos e regionais. A expressão mais forte dessas contradições culturais será o movimento indigenista, cuja influência crescerá ao longo dos próximos quinze anos em toda a região, em especial na região andina, na América Central e no sul do México. Os movimentos indigenistas... eventualmente articularão respostas, dependendo do grau de inclusão que obtiverem das sociedades e poderes estabelecidos nos países latino-americanos. Onde se produzirem aberturas com êxito, eles se incorporarão gradualmente ao sistema representativo e, em alguns casos, farão força por uma maior autonomia local e subnacional. Mas onde prevalecer a rigidez da exclusão política e econômica, o indigenismo poderá evoluir até expressões mais radicalizadas, que se oporiam frontalmente às instituições sociais, políticas, econômicas e culturais da civilização européia que prevalecem na América Latina. Nessas possíveis situações, os valores da identidade e da compensação histórica prejudicarão as expectativas de crescimento econômico", diz o relatório. Traduzido para uma linguagem menos pomposa: se os países não se esforçarem mais para integrar economicamente os indígenas, entraremos num período de lutas étnicas contra o predomínio branco ou mestiço.

Quanto às relações entre os países latino-americanos e Washington, o estudo sugere que veremos uma divisão das Américas, que ocorrerá na altura do Canal do Panamá. "Vai se aprofundar a fronteira informal do Canal do Panamá: ao norte, em geral, os países sofrerão mais a influência da evolução norte-americana, enquanto a América do Sul, como região, fortalecerá sua identidade e suas fronteiras subcontinentais, em especial enquanto o Brasil estiver em condições de aspirar a uma liderança sub-regional."

O pessimismo geral do documento do CNI sobre o futuro da América Latina contrasta abertamente com o otimismo das declarações públicas do governo Bush, mas reflete bem o pensamento vigente em Washington. Os documentos internos do Comando Sul do exército dos EUA, que, com os seus 1.500

funcionários, tem mais gente próxima da América Latina do que todas as outras agências do governo juntas,[10] também prognosticam um futuro cheio de incertezas na região. O Comando Sul, cujos últimos comandantes se gabavam de representar um papel importante na democratização da região nas décadas recentes, ao ter deixado claro aos colegas latino-americanos que os EUA não tolerarão novos golpes militares, elaborou, já em 2003, um documento interno que alerta para os crescentes perigos que espreitam a democracia na região. O documento, segundo testemunhas, inclui um gráfico com cinco mapas das Américas, correspondentes a diferentes ciclos da história recente da região, que mostram os países democráticos em cor verde e os totalitários em vermelho. Segundo se pode ver, em 1958 quase toda a região estava em verde, e somente Paraguai, Peru, Equador, Colômbia, Venezuela, alguns países centro-americanos e Cuba em vermelho. Em 1978 quase toda a região estava em vermelho, com apenas Colômbia, Venezuela e Guiana em verde. Em 1998, o mapa exibe a região totalmente em verde, com apenas um pontinho — Cuba — em vermelho. O quarto mapa, de 2003, já mostra sinais de perigo: boa parte da região, incluindo a Argentina, Paraguai, Bolívia, Peru, Equador, Colômbia e Venezuela, têm cor amarela, como "países em perigo" de cair no totalitarismo ou no populismo radicais. E o último mapa, de 2018, está totalmente em branco, com um grande ponto de interrogação cobrindo toda a região, desde o Alasca até a Terra do Fogo. Não é precisamente uma visão otimista do futuro latino-americano.

A visão das grandes multinacionais não é muito mais alentadora. O estudo do Conselho das Américas — o principal agrupamento de multinacionais norte-americanas em operação na América Latina, com sede em Nova York — para o Departamento de Defesa nota com alarme a queda do investimento estrangeiro na região nas últimas décadas. Ainda que em 2005 a Cepal anunciasse com júbilo que os investimentos cresceram 44% durante o ano anterior, revertendo a tendência negativa dos cinco anos anteriores, o balanço continua sendo negativo: a América Latina ainda recebia 20% menos de investimentos estrangeiros do que em 1999. O estudo do Conselho, intitulado "Fomentando o desenvolvimento regional para assegurar o clima de investimentos no hemisfério", atribui a queda de investimentos a vários fatores, entre eles a perda de produtividade, os baixos níveis educativos, os freios políticos e burocráticos, a corrupção e — sobretudo — a insegurança. Os níveis de produtividade caíram nas últimas décadas, o mesmo acontecendo com os níveis educacionais. Em matéria de corrupção, o estudo compara as qualificações da América Latina e da Ásia no Índice de Percepção de Corrupção da Transparência Internacional nos últimos quatro anos, e a América Latina não fica muito bem: em 2002, a média de corrupção subiu a 60 pontos, enquanto na Ásia baixou para

43. "É óbvio que tendências como esta têm enorme peso nas decisões dos investidores", diz o estudo do Conselho.[11]

O "compromisso fundamental" de Bush

Num discurso de campanha, em 25 de agosto de 2000, em Miami, Bush disse: "Se chegar à presidência, olharei para a América Latina não como um tema tangencial, mas como um compromisso fundamental do meu governo."[12] E em seu primeiro ano na Casa Branca, antes do 11 de setembro, Bush — que desde seus dias de governador do Texas cortejou o voto hispânico — foi mais além do que seus antecessores em suas promessas de buscar uma relação mais próxima com a América Latina.

Curiosamente, tal como me confirmaram vários chefes de Estado latino-americanos que se encontravam repetidamente com Bush, o presidente norte-americano mais odiado na América Latina dos últimos tempos era um dos que, no plano pessoal, sentia-se mais perto da região, pelo menos até o dia dos ataques terroristas de 2001. Em seus primeiros meses no poder, Bush fez gestos sem precedentes em direção da América Latina, em especial o México. Foi o primeiro presidente a dedicar um discurso inteiro de campanha à região. Uma vez eleito, à diferença de seus antecessores, não fez a primeira viagem oficial ao Canadá, e sim ao México. Os canadenses ficaram furiosos, mas Bush quis enviar uma mensagem de que seu país começaria a olhar para o sul. A primeira cúpula presidencial a que assistiu foi a Cúpula das Américas, em Quebec, no Canadá, em abril de 2001. Ali, juntamente com 32 presidentes latino-americanos e caribenhos, assinou uma declaração proclamando que o século XXI seria "o século das Américas".

E em 5 de setembro de 2001, uma semana antes dos ataques terroristas, Bush recebeu o presidente mexicano Vicente Fox na Casa Branca e o homenageou com o primeiro jantar de gala para um visitante estrangeiro de seu governo. Novamente os canadenses que, nos anos anteriores gozaram desse privilégio diplomático-social, ficaram furiosos. E em seu discurso no jantar de gala essa noite, no apogeu do idílio político entre ambos os mandatários, Bush disse a Fox que "os EUA não têm uma relação mais importante no mundo do que a que têm com o México".[13] Eu estava em Washington, vendo a cena pela televisão, e não pude deixar de sorrir imaginando a cara dos embaixadores do Canadá e da Grã-Bretanha ao ouvir essas palavras.

Por que Bush se aproximou da região? Foi uma combinação de ideologia, orgulho familiar e necessidades políticas. Para ele, à diferença de Clinton, o livre-comércio com a América Latina não era uma abstração, e sim uma causa cujos resultados concretos — mais comércio e mais investimentos — vira com os próprios olhos durante sua gestão como governador do Texas, um dos estados que mais se beneficiaram com o acordo de livre-comércio com o México. Bush acreditava no livre-comércio porque viu seus resultados. Tinha, desse modo, um interesse pessoal em que o projeto da Alca se concretizasse: a idéia inicial fora lançada durante a presidência de seu pai, George Bush, com o rótulo de Iniciativa das Américas. A Alca, se realizada, seria o legado histórico da família Bush. E o orgulho se manifestava na família: assim como os europeus possuíam seus reis e suas dinastias, os EUA tinham uma aristocracia política, e a família Bush era o seu máximo expoente. Por último, o novo presidente sabia bem, depois da vitória apertada da eleição de 2000, que uma aproximação com o México e a América Latina renderia votos hispânicos quando chegasse o momento de postular a reeleição quatro anos depois.

Como Bush se tornou "especialista" em América Latina

Quando chegou à Cúpula das Américas, em Quebec, Bush já se sentia um "especialista" em América Latina. Podia resmungar algumas frases em espanhol — que aprendera no Texas — e até fazer algumas brincadeiras com seus colegas latino-americanos ao se saudarem informalmente, embora necessitasse de intérprete quando se sentava com eles para discutir assuntos de Estado, e colocasse fones de ouvido com tradução simultânea para escutar os discursos em espanhol nas conferências. Segundo me contaram vários presidentes latino-americanos, Bush se gabava de que seu irmão Jeb, governador da Flórida, era casado com uma mexicana e que, portanto, tinha sobrinhos mexicano-americanos. Era um gringo latino-americano, brincava.

Como muitas vezes acontece na política, boa parte do interesse inicial de Bush pela América Latina nasceu das recomendações de seus assessores de imagem. Na campanha eleitoral de 2000 ele foi fortemente criticado por sua pouca experiência em política exterior. Praticamente não saíra dos EUA, jamais ocupara um cargo público que o obrigasse a tomar contato com a política internacional, e isso o tornava extremamente vulnerável diante de seu rival, o então vice-presidente Al Gore. Gore viajou por todo o mundo durante seus oito anos na Casa Branca e teve a seu cargo várias negociações internacionais delicadas. Entre Gore e Bush, a diferença de conhecimentos em política internacional era abissal. E, para cúmulo, Bush se ridicularizou numa entrevista jornalística durante a campanha, quando não identificou vários dirigentes asiáticos e se enganou com seus nomes. Para se opor a essas críticas, seus assessores de imagem remexeram desesperadamente seu passado em busca de algum elemento que permitisse mostrá-lo como especialista em política exterior. A única coisa que encontraram foi que fizera algumas viagens de trabalho ao México como governador do Texas, ou para algum evento social de fim de semana. Eureka!, exclamaram os assessores de imagem. Poucos dias depois da infeliz entrevista em que confundiu os nomes dos presidentes asiáticos, sua campanha começou a apresentá-lo como "especialista" em México e, por extensão, em América Latina. Quando chegou a eleição de novembro de 2000, o futuro presidente já se autoconvencera de que era "especialista" na região.

Todo o impulso latino-americano desmoronou em questão de segundos em 11 de setembro de 2001. A partir daí, Bush não só se concentrou plenamente no Oriente Médio, como sua decisão de se lançar à guerra do Iraque sem a aprovação do Conselho de Segurança da ONU o converteu no mandatário mais antipático do mundo aos olhos da grande maioria dos latino-americanos. E o fosso político crescia, tal como mostraram as pesquisas nos anos seguintes. A Casa Branca não perdeu o sono com a escassa popularidade de Bush na região, e o próprio presidente — como veremos no capítulo 9 — sentiu-se frustrado pelo que considerou falta de solidariedade do México e de grande parte da região diante dos ataques terroristas. Poucos dias depois dos atentados, em sua mensagem anual sobre o Estado da União, de 20 de setembro de 2001, Bush — que duas semanas antes proclamara a relação bilateral com o México como a "mais importante" dos EUA — declarou que "os EUA não têm melhor amigo no mundo do que a Grã-Bretanha".[14] Tudo mudara nessas duas semanas. Um choque de realidade obrigara o governo a se concentrar plenamente no que fora o primeiro ataque estrangeiro ao território dos EUA desde Pearl Harbour, na Segunda Guerra Mundial, diziam os funcionários da Casa Branca. O ataque terrorista que deixou quase três mil civis mortos — de executivos e empregados de escritório até o pessoal da limpeza — nas torres gêmeas de Nova York foi o pior golpe sofrido pelos EUA em sua história. À diferença de Pearl Harbour, não fora um ataque a uma instalação militar remota no oceano Pacífico, e sim no coração de Manhattan, ressaltavam os funcionários. As vítimas eram civis: tinham nome e sobrenome, e foram assassinadas por sua mera condição de norte-americanos. Esta era uma guerra diferente, na qual o inimigo não atacava para exigir o cumprimento de reivindicações concretas. À diferença dos terroristas palestinos, que matam civis para exigir a retirada de Israel dos territórios ocupados e a criação de um Estado palestino, o grupo Al Qaeda nada exigia. Sua guerra não era para conseguir que Washington cumprisse determinadas exigências, e sim para exterminar os EUA e a cultura ocidental, substituindo-os por uma nova ordem teocrática baseada numa interpretação radical do Islã. Diante de semelhante ameaça não se podiam regatear esforços para a defesa do país nem escolher os aliados por simpatias pessoais nem afinidades geográficas, argumentavam os funcionários da Casa Branca.

"Madame Secretary" e seus vinte minutos diários

Para sermos justos, o Bush do pós-11 de setembro não prestou mais atenção à América Latina do que Clinton. Durante o governo Clinton, a secretária de Estado Madeleine Albright fez 72 viagens ao exterior, das quais somente dez à América Latina. Albright tampouco compareceu diante da Comissão de Relações Exteriores do Senado para falar especificamente da América Latina. De fato, o último secretário de Estado que se apresentou à Comissão para falar desse tema foi Warren Christopher, em 26 de janeiro de 1995, segundo me informaram os historiadores do Congresso.

Durante sua turnê pelos EUA para promover seu livro de memórias, *Madame Secretary*, tive a ocasião de fazer uma longa entrevista com Madeleine Albright em Miami e perguntar algo que sempre me intrigou: quantos minutos por dia um secretário de Estado dedica a temas latino-americanos? Ela, nascida em Praga, antiga Tchecoslováquia, cuja família fugira primeiro dos nazistas, depois dos comunistas, e que chegara aos EUA aos 11 anos, foi a primeira mulher nomeada secretária de Estado. Nunca, no entanto, chegou a ser uma estrela em Washington. Mais acadêmica que política, não teceu uma rede de relações pessoais no Congresso nem na imprensa para se converter em um verdadeiro fator de poder no governo Clinton. É uma mulher inteligente, mas nada carismática. Entrevistei-a uma outra vez, durante a Cúpula das Américas, no Chile, em 1998, na suíte do hotel onde se hospedava; ela me recebeu juntamente com dois de seus assessores tarde da noite, e a única coisa de que me lembro é que tirou os sapatos durante a entrevista e colocou os pés descalços sobre uma cadeira. Os olhos de Madeleine Albright brilhavam e ela falava apaixonadamente quando se referia ao Leste europeu, sobretudo quando mencionava o ex-presidente tcheco Vaclav Havel e outros lutadores pela democracia naquela parte do mundo. Escrevera sua tese de doutorado sobre o serviço diplomático soviético e se iniciara na diplomacia trabalhando para o secretário de Segurança Nacional do presidente Jimmy Carter, Zbigniew Brzezinski, outro exilado do Leste europeu. A América Latina não era um tema que a apaixonasse.

Quando começamos a tratar desse ponto, Madeleine Albright criticou o "enfoque militarista" da política exterior de Bush e sua "falta de atenção para a América Latina". Ela, segundo me garantiu, prestara bem mais atenção à região. Sério? Perguntei: que percentagem de seu dia, em média, dedicou à América Latina durante sua gestão? Madeleine Albright levantou o olhar, tentando recordar, e depois de meditar uns segundos respondeu: "Vinte por cento, talvez 25% de meu tempo." No entanto, isso não se refletia nas páginas de sua autobiografia. Depois da entrevista, quando me pus a ler *Madame Secretary*, constatei que nos 29 capítulos não havia um só dedicado à América Latina. Quase a totalidade do livro se centrava no Leste europeu, Oriente Médio, Europa Ocidental, China e Rússia. Das 562 páginas, podia-se contar com os dedos as dedicadas à América Latina. E, delas, a maioria se referia a dois países: Cuba e Haiti. No índice, Cuba aparece com menção em 18 páginas, e o Haiti em 12. Comparativamente, o México aparecia com seis menções, e o Brasil com quatro, incluindo uma em que o Brasil só é nomeado entre vários que votaram por uma resolução das Nações Unidas sobre o Haiti.

Albright — como Henry Kissinger, Brzezinski e praticamente todos os encarregados da política exterior dos EUA — era um produto da Guerra Fria. Em sua visão eurocêntrica do mundo, Cuba fora importante por sua aliança com a antiga URSS, que converteu a ilha numa possível plataforma de ataque para o principal inimigo dos EUA. O Haiti era importante porque era um país no caos que, a qualquer momento, podia causar uma nova onda de imigração ilegal para os EUA. Os demais países da região, por maiores que fossem, ocupavam um lugar bem longínquo no espaço mental daqueles que tradicionalmente dirigiram o Departamento de Estado.

"A América Latina se automarginalizou"

Madeleine Albright dizia que os latino-americanos eram os principais culpados de sua própria irrelevância no concerto mundial, em parte por não participarem mais ativamente dos grandes temas internacionais. Quando perguntei que conselho daria aos países da América Latina, disse-me que, para seu próprio bem, eles "deveriam representar um papel mais ativo na cena mundial". "E o que significa isso?", perguntei. A ex-secretária de Estado respondeu que, no tempo em que exerceu seu cargo, muitas vezes se sentira frustrada pela falta de uma maior cooperação da América Latina nas crises internacionais. A maior diferença entre os diplomatas latino-americanos e os europeus era "o nível de interesse dos europeus em outras partes do mundo", disse-me. "Os latino-americanos se interessam pelas relações norte-sul, e pouco pelas relações com outras partes do mundo." Lembrou, por exemplo, que quando foi embaixadora na ONU, de 1993 a 1997, EUA, Europa, Canadá e Austrália tinham um grupo de coordenação política para tratar de direcionar seus votos, mas os países latino-americanos tinham seu próprio grupo, à parte. Automarginalizaram-se, assinalou.

"Pensei que deveríamos ter um grupo na ONU que fosse o Grupo das Américas. No entanto, não conseguimos organizá-lo", disse Madeleine Albright. De fato, segundo me contaram depois diplomatas da ONU, Madeleine Albright tentou sem êxito criar um Grupo das Américas em meado dos anos 1990. O México e o Brasil não aprovaram a idéia, temerosos de que Washington acabasse dominando o grupo. "Deveríamos ser aliados naturais em nossas relações com outras partes do mundo", continuou dizendo Madeleine Albright. Um grupo hemisférico na ONU "seria uma aliança bem mais natural do que com a Europa", acrescentou. "Outros passos, como a criação de uma força militar latino-americana que pudesse participar dos esforços de paz ao redor do mundo daria à região muito mais influência internacional."

Humm. Albright tinha razão em que um maior protagonismo latino-americano, por exemplo em missões de paz em todo o mundo, faria com que os votos da região fossem mais cobiçados no concerto mundial. Mas sua visão não deixava de ser um tanto egoísta, já que parecia sujeitar a inserção latino-americana no mundo a que a região adotasse a agenda de Washington. Agradeci pela entrevista e me despedi. Mas não pude deixar de pensar o óbvio: e como vai a agenda latino-americana, incluindo os temas mais importantes para a região, como a pobreza e o atraso educacional? Os EUA estão dispostos a conceder uma ajuda condicionada, como fizeram vários países da Europa com seus vizinhos mais pobres? Madeleine Albright punha toda a ênfase na falta de cooperação dos países latino-americanos, mas é óbvio que não dedicara muito tempo para pensar na falta de um maior compromisso de Washington com os seus vizinhos do sul.

As prioridades de Clinton: Cuba e Haiti

O ex-chefe de Madeleine Albright, Clinton, não foi mais generoso com seu tempo para a região. Durante seus primeiros quatro anos na Casa Branca, não pôs o pé na América Latina, algo que o governo Bush — que fez várias viagens à região em seus primeiros quatro anos — lembrou a todo o mundo mais tarde. E, a julgar pelo que deixou transparecer em seu livro *Minha vida*,

Clinton nunca dedicou muito tempo ou espaço mental aos assuntos latino-americanos. O livro, um tijolo de 957 páginas em que ele relata suas reuniões com líderes de todo o mundo, dedica apenas umas dez páginas — ou seja, em torno de 1% do total — às suas entrevistas com presidentes latino-americanos e a temas da região. No livro, pelo qual recebeu um adiantamento de 10 milhões de dólares, Clinton até se equivocou ao mencionar o nome do presidente latino-americano por quem dizia ter a maior admiração: refere-se repetidamente ao ex-presidente brasileiro Fernando Henrique Cardoso como "o presidente Henrique Cardoso" e "Henrique", quando deveria chamá-lo de Fernando Henrique.

Quais são os dois países da região de que Clinton mais fala em sua autobiografia? Os mesmos de que sua secretária de Estado escreveu: Cuba e Haiti. O índice onomástico contém 29 referências ao Haiti e 21 referências a Cuba. Comparativamente, o México aparece com 15 menções, Brasil com 5 e a Argentina com 5, quase sempre em alusões tangenciais. É uma aberração que Cuba e Haiti tenham monopolizado uma atenção maior do então presidente dos EUA do que México, Brasil ou Argentina? Fora um pedido dos seus editores para assegurar melhores vendas nos EUA? Temo que não se trate nem de uma coisa nem de outra: por motivos de política interna, ou porque o restante da região os ignora, há décadas Cuba e Haiti ocupam um lugar desproporcionalmente grande na agenda de Washington em relação à América Latina.

Muitos funcionários norte-americanos brincavam em particular que, para a Casa Branca, há três classes de países na América Latina: em primeiro lugar, Cuba, em segundo lugar, Haiti, e em terceiro os "países RAL". Os "países RAL", segundo a piada, são os países do "Resto da América Latina". O peso exagerado de Cuba e Haiti se deve, antes de mais nada, a questões de política interna. O Haiti é um assunto decisivo para os legisladores afro-americanos no Congresso, que o converteram em ponto central de sua agenda internacional. E o voto cubano-americano na Flórida e em Nova Jersey é fundamental para se ganhar os dois estados em qualquer eleição presidencial. Como me assinalou — meio de brincadeira, meio a sério — um político democrata, "os cubanos não podem eleger seu presidente em Cuba, mas o elegem a cada quatro anos nos EUA".

Talvez a única exceção a essa miopia geográfica da Casa Branca seja a Colômbia, que nos últimos anos se converteu em um dos maiores receptores de ajuda econômica e militar dos EUA no mundo. Desde 2001, recebeu 3 bilhões de dólares de Washington para a luta contra as drogas e os grupos de guerrilheiros e paramilitares usualmente vinculados ao narcotráfico, o que permitiu ao presidente Álvaro Uribe usar mais os recursos nacionais para conseguir uma significativa redução dos seqüestros e homicídios no país. A ajuda de Washington à Colômbia — como a concedida a Israel e ao Egito — gerou todo um aparato de apoio econômico e militar em Washington que dificilmente desaparecerá num futuro próximo: nem os democratas e nem os republicanos podem se permitir votar contra futuros pacotes de ajuda à Colômbia e ser acusados posteriormente de responsáveis por um retrocesso naquele país. E com Chávez se armando até os dentes na vizinha Venezuela, comprando 2 bilhões de dólares em armas na Rússia, na Espanha e no Brasil, o compromisso dos EUA com a Colômbia parece assegurado.

Os motivos de otimismo

Ainda que a história dos EUA na América Latina tenha muitas páginas sombrias — desde as intervenções militares do princípio do século XX em Cuba, na República Dominicana e no México até o esquecimento da região em nossos dias — e que as promessas de Washington soem vazias para muitos latino-americanos, há alguns motivos de otimismo. Não seria nada raro que o processo de regionalização da economia global e o crescente peso do voto hispânico nos EUA façam com que a agenda positiva de Washington — cooperação econômica, comércio e ajuda para o desenvolvimento da educação e da tecnologia — prevaleça sobre a negativa, do terrorismo, das drogas e da imigração ilegal.

Se continuar a consolidação dos blocos comerciais da União Européia e do Sudeste asiático, os EUA terão maior necessidade de estimular sua integração econômica com os vizinhos do sul, e os setores protecionistas e isolacionistas — hoje extremamente vigorosos em Washington — perderão força. "A recente expansão da União Européia e a criação do bloco de livre-comércio da China com a Associação de Países do Sudeste Asiático em 2007 obrigarão os EUA a ampliar seus acordos comerciais para manter sua competitividade internacional", disse-me Richard Feinberg, um ex-diretor de Assuntos Latino-americanos do Conselho Nacional de Segurança no governo Clinton.[15] Por quê?, perguntei a Feinberg. Porque os blocos comerciais da Europa e da Ásia aumentarão sua competitividade, ao combinarem a tecnologia de seus membros mais ricos com a mão-de-obra barata dos mais pobres, explicou. Os EUA não poderão ficar para trás, e terão de fazer o mesmo com a América Latina. Da mesma forma que as empresas alemãs estão mudando suas fábricas para a Polônia ou a República Tcheca para produzir automóveis com mais eficiência e a melhores preços, o mesmo ocorrerá com as empresas de Cingapura, que a partir de

2007 poderão produzir seus bens na China graças ao acordo de livre-comércio asiático. Se os EUA não agirem do mesmo modo com a América Latina ou com outra região do mundo, suas empresas perderão competitividade, assinalou.

O outro motivo importante que poderia dar novo ímpeto à agenda positiva de Washington em relação à América Latina tem a ver com o crescimento meteórico do voto latino, que será chave na próxima eleição presidencial, tanto pelo volume como pela distribuição geográfica. O poder do voto latino cresceu de 5,9 milhões de eleitores registrados em 2000 para 9,3 milhões em 2004, e espera-se que aumente para 13 milhões em 2008. Num país onde as duas últimas eleições foram decididas por uma margem pequena — apenas 500 votos em 2000 —, o voto hispânico será determinante. E, o que é tão ou mais importante, a maior concentração de hispânicos está nos estados com mais votos no colégio eleitoral: Califórnia, Nova York, Flórida, Texas e Illinois.

Segundo os pesquisadores, talvez a principal arma política dos hispânicos seja que, à diferença dos afro-americanos, que votam quase unanimemente no Partido Democrata, o bloco latino está dividido. É um eleitorado tipo dobradiça, que pode decidir qualquer eleição apertada. No passado, o Partido Democrata levava 80% dos votos hispânicos, pelo simples fato de que eles se identificavam automaticamente com o programa democrata de apoio aos trabalhadores organizados e aos pobres em geral. No entanto, isso começou a mudar na eleição de 2000, quando o Partido Republicano de Bush começou a fazer publicidade em espanhol e conseguiu capturar 35% dos votos hispânicos, segundo o cálculo democrata, ou 44%, segundo as pesquisas de boca-de-urna da CNN e dos pesquisadores republicanos. "Foi a melhor atuação de um candidato republicano entre os eleitores latinos, em todos os tempos", disse-me Sergio Bendixen, um dos principais pesquisadores do eleitorado hispânico. "Isso fará com que o Partido Democrata desperte para a eleição de 2008. Os republicanos estão roubando deles um grupo de eleitores que, por motivos socioeconômicos, deveria ser em sua grande maioria democrata. De agora em diante o Partido Democrata lutará com mais energia para ganhar o voto hispânico."[16] Steffen Schmidt, professor de Ciência Política da Iowa State University, especialista em voto hispânico, concorda: "A eleição (de 2004) pôs a comunidade hispânica com um pé em cada partido político, o que lhe dará uma vantagem política extraordinária em futuras eleições", garantiu.[17]

E que garantia há de que os eleitores hispânicos nos EUA pressionem a favor de uma maior aproximação com a América Latina? Muitos deles estão há tanto tempo nos EUA e tão integrados que já quase esqueceram seus países de origem, ponderei a vários especialistas. Quase todos concordaram que se passa exatamente o contrário. O barateamento das chamadas telefônicas internacionais, a televisão via satélite e a Internet estão aproximando enormemente a diáspora latino-americana de seus países de origem. Hoje em dia, mexicanos, argentinos, colombianos e venezuelanos podem ver, em suas casas de Los Angeles, Nova York ou Miami, os mesmos noticiários vistos por seus irmãos na Cidade do México, Buenos Aires, Bogotá ou Caracas. Já há canais a cabo que transmitem noticiários da Bolívia, Honduras, El Salvador, Nicarágua e de quase todos os demais países. O mesmo acontece com as estações de rádio hispânicas. E, pela Internet, milhões de latino-americanos lêem diariamente os jornais de seus países de origem e, em muitos casos, estão mais atualizados sobre o que se passa neles do que em seu país adotivo. É um fenômeno novo, produto da revolução tecnológica, que tende a aproximar enormemente a comunidade latina dos países latino-americanos.

"Na eleição de 2004 ficou demonstrado que o voto mais disputado nas futuras eleições será o dos imigrantes recentes, e esse é o grupo mais interessado em temas como livre-comércio ou problemática dos países latino-americanos. É o voto das pessoas que mandam remessas para seus parentes, que se comunicam diariamente com eles, que vêem a televisão de seus países, por cabo ou por satélite, e que, por tudo isso, mantêm grande interesse na região", disse Bendixen.[18] Uma pesquisa da Zogby International e do *Miami Herald*, realizada no plano nacional pouco antes da eleição de 2004, confirma o crescente interesse dos eleitores hispânicos na América Latina: segundo a pesquisa, 52% dos eleitores hispânicos registrados dizem que a política dos EUA para a América Latina é um tema que consideram "muito importante", e 32% opinam que a consideram "algo importante".[19] "Isso é novo", disse-me John Zogby, o responsável pela pesquisa. Numa eleição apertada, "o candidato que ignorar a América Latina estará em apuros".[20]

Remessas para as famílias: uma bênção com perigos

Há outro fator, até agora alheio à política, que aumenta silenciosamente os laços dos EUA com a região: as remessas de dinheiro para as famílias. O envio de dinheiro dos imigrantes latino-americanos está se convertendo numa das principais fontes de renda — se não a principal — de vários países. Essas remessas bateram o recorde de 45 bilhões de dólares em 2004, cifra bem maior do que todos os empréstimos do FMI e do Banco Mundial. O montante das remessas foi até maior do que a média do investimento estrangeiro na região nos três anos anteriores.[21] Trata-se de um fenômeno que pode mudar o mapa econômico e político da região.

O lado positivo das remessas é que se trata de dinheiro vivo que chega diretamente aos necessitados e pode se converter num extraordinário motor de desenvolvimento nas regiões mais empobrecidas. De fato, segundo estudos do BID, as remessas podem ter um enorme efeito multiplicador se os 60 milhões de camponeses e trabalhadores informais latino-americanos que as recebem abrirem contas bancárias, ingressarem na economia formal e se converterem em sujeitos de crédito. Segundo um projeto do BID, iniciado experimentalmente no México, na Colômbia, no Equador e em El Salvador, quem começar a receber remessas em suas contas bancárias poderá receber empréstimos de até 25 mil dólares para comprar casa, iniciar um negócio ou financiar sua educação. Fernando Giménez, economista do BID, disse-me que o uso de remessas como garantia de crédito poderia aumentar em um terço o número de mexicanos com acesso a hipotecas comerciais. "Acreditem ou não, num país como o México, com 100 milhões de habitantes, só se fazem 9 mil hipotecas comerciais por ano", disse Giménez. "Esperamos aumentar esse número em um terço quase imediatamente, e muito mais conforme o programa vá se popularizando."[22]

Mas o apogeu das remessas também trará alguns perigos. Politicamente, abre-se a possibilidade de que setores dos EUA ameacem pôr freio aos envios, como arma política para influenciar eleições latino-americanas. Já ocorreu em El Salvador, onde os partidários do presidente Saca — com a ajuda de um congressista conservador dos EUA — utilizaram a ameaça de controlar as remessas como recurso publicitário para ganhar a eleição de 2004. Durante a campanha eleitoral de Saca, seu partido de direita, Arena, alertou a população, em suas propagandas, de que se o candidato esquerdista Shafick Handal, da Frente Farabundo Martí de Libertação Nacional (FMLN), ganhasse a eleição, seriam arruinadas as relações de El Salvador com os EUA, e Washington controlaria o fluxo de remessas dos 2,3 milhões de salvadorenhos que vivem nos EUA.

Um dos típicos anúncios televisivos a favor de Saca, que foi ao ar nos últimos dias da campanha, mostrava um casal salvadorenho de classe média que recebia uma chamada telefônica angustiada de seu filho em Los Angeles: "Mamãe, só queria dizer que estou muito aflito", dizia o jovem. "Por quê?", perguntou sua mãe. "Porque se Shafick chegar a ser presidente de El Salvador eu poderia ser deportado, e você não receberá as remessas que estou enviando", respondeu o jovem. Enquanto isso, funcionários salvadorenhos declaravam à imprensa que, graças às boas relações do partido governante com os EUA, o governo Bush renovara repetidamente o Estatuto de Proteção Temporal para milhares de salvadorenhos sem documentação nos EUA. Essas renovações periódicas, asseguravam os partidários da Arena, acabariam se Handal chegasse à presidência. E Saca recebeu uma ajudinha-chave do congressista republicano Thomas G. Tancredo, do Colorado, que declarou, pouco antes da eleição, que uma possível vitória da FMLN "significaria uma mudança radical" na postura dos EUA em relação às remessas para El Salvador.

Bush interferiu na eleição salvadorenha? Provavelmente menos do que interferiram a China e Cuba a favor de Handal, respondeu-me o então presidente salvadorenho Francisco Flores, numa entrevista poucas semanas antes da eleição. Um alto funcionário da campanha de Handal me afirmou depois que, tal como dissera Flores, uma organização do Partido Comunista Chinês doou vários contêineres com computadores, camisetas e outros objetos utilizados na campanha de Handal. De qualquer maneira, em parte graças à campanha das remessas, Saca ganhou com 58% dos votos, contra 35% recebidos por Handal.

O caso salvadorenho pode se repetir no México, Colômbia ou Equador? Por um lado, El Salvador é o país que mais depende das remessas: 28% de sua população adulta recebe dinheiro de parentes nos EUA. E também é certo que Handal é um dinossauro político da velha esquerda, cujas posturas extremas o converteram em alvo fácil para os adversários. As remessas, no entanto, adquiriram tanta importância no México, que poderiam ser traduzidas em um fenômeno semelhante, ainda que em menor escala. Dezoito por cento dos adultos mexicanos — ou cerca de 13 milhões de pessoas — recebem quase 17 bilhões por ano em remessas, segundo o BID. Na Guatemala a cifra é de 24% dos adultos, em Honduras 16% e, no Equador, 14%. A percentagem cai à medida que nos dirigimos para o sul, mas o número de pessoas que recebem remessas em todos os países da região está crescendo vertiginosamente.

O principal perigo das remessas, no entanto, é que vários países se acostumem a recebê-las, façam seus planos econômicos dando-as como favas contadas e passem a depender delas como antes dependiam dos empréstimos internacionais. Um estudo da Universidade de Colúmbia prognostica que, ao contrário do otimismo do BID, o fluxo de remessas cairá nos próximos anos. "O México e outros países cometem um erro quando aplaudem os benefícios das remessas sem avaliar suas limitações", dizem seus autores, Jerónimo Cortina, Rodolfo de la Garza e Enrique Ochoa-Reza. Segundo eles, as remessas cairão porque cada vez mais imigrantes latino-americanos estão transferindo suas famílias para os EUA, razão pela qual logo deixarão de enviar dinheiro para casa. "Nos anos 1980 e 90, a maioria dos migrantes mexicanos era de homens jovens, dos 20 aos 25 anos, que buscavam oportunidades de emprego", disse-me Cortina em entrevista. "Agora estamos vendo mais mulheres e crianças entre os migrantes, e isso é parte de um processo de reunificação das famílias que resultará em menos remessas." Algo semelhante se passou na Turquia, quando as remessas dos turcos que viviam na Alemanha cresceram enormemente nos anos 1980 e 90, chegando a 5 bilhões em 1998, e logo começaram a cair, à medida que avançava o processo da reunificação de famílias na Alemanha. Quando perguntei ao então presidente do BID, Enrique Iglesias, o que achava desses prognósticos, ele me respondeu que "enquanto as economias da região não crescerem a níveis suficientemente altos para gerar mais oportunidades de emprego, a migração continuará, e as remessas também".

As eleições de 2008

A campanha presidencial do senador John Kerry em 2004 introduziu uma agenda mais positiva em relação à América Latina, que provavelmente melhoraria mais ainda se ele se lançar de novo em 2008. Pelo que Kerry declarou publicamente, e pelo que me disse em duas entrevistas, o senador democrata — apesar de seu quase desconhecimento da América Latina — propunha-se a criar uma "Comunidade das Américas", que incluiria a criação de um Fundo de Investimentos Sociais de 500 milhões de dólares anuais para pequenas empresas na região. Tratava-se de uma versão bem reduzida do que se fizera na Europa, mas seria um começo. Além disso, propunha a criação de um "perímetro de Segurança da América do Norte" para integrar as políticas de migração e alfândegas do México, Canadá e EUA, uma triplicação do Fundo Nacional para a Democracia para promover a democracia e os direitos humanos na região. A única preocupação do discurso de Kerry para a América Latina era sua ambivalência sobre o livre-comércio, devido ao apoio que recebia da central sindical AFL-CIO, segundo a qual os tratados de livre-comércio estavam causando a perda de postos de trabalho nos EUA. Quando me referi ao tema a Kerry, ele disse que até então votara a favor de todos os tratados de livre-comércio, embora posteriormente tanto ele como seu partido viessem a votar contra o Tratado de Livre-Comércio com a América Central e a República Dominicana, aprovado por margem estreita de votos no Congresso em julho de 2005.

O problema de Kerry, como pude constatar pessoalmente, é que era um péssimo candidato. É um homem alto, ereto, extremamente inteligente — expressa-se bem melhor do que Bush, o que não é muito difícil — e cordial, mas não se conecta com as pessoas. Tem um ar distante. Quando o entrevistei para meu programa de televisão, em Washington, tive a oportunidade de conversar com ele por vários minutos enquanto os técnicos ajustavam as luzes. Para romper o gelo e iniciar uma conversa qualquer, disse-lhe que, se desejasse, começaria por perguntar sobre a Alca, e se ele era a favor do acordo comercial internacional. Kerry encolheu os ombros, levantou as sobrancelhas e respondeu sorrindo: "Por favor. Faça-me perguntas fáceis, difíceis, venenosas, as que quiser. Responderei a todas."[23] Mas daí em diante não fez qualquer comentário que transmitisse calor humano ou interesse pela pessoa que tinha à sua frente. Que diferença de Clinton!, pensei com meus botões. Clinton era um mestre das relações públicas que em dois segundos fazia a pessoa se sentir como se fosse sua amiga de toda a vida. Numa situação semelhante, Clinton teria perguntado onde eu vivia e, imediatamente, teria procurado alguma amizade em comum, ou algum lugar que ambos conhecêssemos, para iniciar uma conversa pessoal. Kerry era diferente. Inteligente, cerebral, mas distante a mais não poder.

Em relação à América Latina, Kerry sabia pouco ou nada, mas tinha presente a necessidade de se aproximar da região, quando não para conquistar o voto hispânico. Segundo me contou, fizera uma viagem ao Brasil, para a Cúpula da Terra da ONU, em 1992, no Rio de Janeiro, durante a qual conheceu Theresa Heinz, sua atual mulher. Nessa oportunidade, visitou também a Argentina. Anteriormente viajara à Nicarágua, numa missão do Senado durante as guerras centro-americanas dos anos 1980. Não era muito, mas estivera atento à região em seus vinte anos na Comissão de Relações Exteriores do Senado, garantiu-me. No entanto, durante a entrevista televisiva, não deu muitos sinais de estar em dia com os temas da região.

Quando lhe fiz uma pergunta aparentemente ingênua, ele candidamente meteu os pés pelas mãos. "Quais são os três mandatários latino-americanos que mais respeita?" Kerry me olhou como um pugilista que acaba de receber um golpe no nariz. "Bem... eu respeito, mmmm, diria que respeito... Vicente Fox", respondeu. Em seguida, continuou falando durante vários segundos sobre Fox, dizendo que — embora não o conhecesse pessoalmente — ouvira dizer que era um presidente inteligente e moderno. Quanto mais espichava sua resposta sobre Fox, mais óbvio ficava que não lhe vinha à mente nenhum outro nome de algum presidente latino-americano. Ao terminar, antecipando-se a uma pergunta minha, disse: "Não conheço os demais pessoalmente porque eles assumiram a presidência quando eu já estava em campanha para presidente, e andei inteiramente ocupado com os temas locais. Mas, voltando atrás no tempo, tive boas relações com (o ex-presidente de Costa Rica, de 1986 a 1990) Oscar Arias." Kerry não se lembrava do nome de nenhum outro presidente latino-americano.

"O que pensa de Lula, o presidente do Brasil?", ajudei. Kerry reconheceu o nome e reagiu logo. "Impressiona-me a maneira como chegou à presidência, vindo de baixo, pelas suas raízes. Creio que foi incrivelmente responsável em sua política monetária e fiscal." Os assessores latino-americanos de Kerry, que observavam a cena por trás das câmeras, respiraram com alívio. E Kirchner, o presidente da Argentina? Kerry voltou a balançar a cabeça. "Não o conheço bem. Não tenho uma opinião formada sobre ele", respondeu.

O movimento antilatino

No momento em que os EUA se preparam para a eleição legislativa de 2006 e os últimos anos da presidência de Bush, há dois possíveis perigos para a América Latina dentro de um quadro que — em geral — previa uma maior interdependência positiva para a região. Em primeiro lugar, há um notável aumento do sentimento xenófobo nos EUA, alimentado pelo ataque terrorista de 2001 e pela campanha contra o livre-comércio dos sindicatos de trabalhadores. O movimento contra os imigrantes — cujos expoentes são os jornalistas de televisão Lou Dobbs, da CNN, e Bill O'Relly, da Fox News, e a revista *Time* — argumenta que a falta de controles mais rígidos na fronteira com o México poderia ser usado por terroristas islâmicos para se infiltrar nos EUA, e que a onda de imigrantes latino-americanos está causando um entulhamento nas escolas, hospitais e serviços públicos do país. Em 2004, o diretor da Academia de Estudos Internacionais e Regionais da Universidade de Harvard, Samuel Huntington, deu um halo de respeitabilidade acadêmica a esses setores com seu livro, *Quem somos*. Huntington, que em 1993 escrevera o best-seller *O choque das civilizações*, em seu novo livro argumenta que os EUA estão em perigo de se desintegrar pela avalanche de imigrantes hispânicos. "O desafio mais imediato e mais sério à tradicional identidade dos EUA vem da imensa e contínua imigração da América Latina, especialmente do México, e da taxa de natalidade desses imigrantes", escreveu. "Poderão os EUA continuar a ser um país com um único idioma e uma cultura predominantemente anglo-protestante? Ao ignorar essa pergunta, os americanos estão aceitando passivamente sua eventual transformação em país de dois povos, com duas culturas diferentes (anglo e hispânica) e dois idiomas (inglês e espanhol)", alarma-se o autor.

Segundo Huntington, os imigrantes mexicanos não se assimilam aos EUA, como ocorreu com os europeus, e no futuro poderiam reclamar os territórios que os EUA arrebataram do México no século XIX. Da sua torre de marfim em Boston, Massachusetts, Huntington nota com alarme que os canais de televisão em espanhol de Miami têm uma audiência maior do que seus concorrentes em inglês, que "José" substituiu "Michael" como nome mais popular das crianças nascidas na Califórnia e que os mexicanos-americanos torcem para a seleção mexicana de futebol quando esta enfrenta a dos EUA. A avalanche de imigrantes mexicanos "constitui uma importante ameaça potencial à integração cultural e política do país", escreveu. Trata-se de argumentos bem pobres, sobretudo porque a história dos imigrantes latino-americanos mostra que, na segunda geração, falam inglês perfeito e estão integrados à sociedade norte-americana. Ainda que muitos imigrantes em Miami não falem inglês, seus filhos e netos falam. E Miami se converteu num centro de negócios internacionais precisamente por ter uma classe profissional bilíngüe, capaz de funcionar perfeitamente nas duas culturas. A postura de Huntington tem pouco fundamento na realidade.

O outro perigo, menos visível, é que a agenda mundial antiterrorista dos EUA, somada à crescente intervenção política de Chávez nos assuntos internos de outros países latino-americanos, leve muitas pessoas em Washington a abandonarem a defesa da democracia como eixo da política norte-americana na região. Desde que o presidente Jimmy Carter elevou a democracia e os direitos humanos a princípios básicos da política em relação à América Latina, em 1976, em parte para reverter a má imagem dos EUA por apoiar várias ditaduras anticomunistas durante a Guerra Fria, existia um acordo tácito entre os partidos Democrata e Republicano de que se devia defender a democracia a qualquer custo na região. Ao contrário do que pensavam alguns latino-americanos, mesmo que a defesa dos EUA da democracia fosse erradia, era uma postura sincera: Washington chegara à conclusão de que o apoio a ditaduras aparentemente amigas era contraproducente aos seus interesses a longo prazo, porque gerava um círculo perverso de oposição, violência política, tensões sociais, desestabilização econômica, mudanças de governo e recriminações aos EUA.

Mas sobreviveria esse consenso bipartidarista em Washington diante da ameaça terrorista no novo milênio? Voltariam os militares dos EUA ao erro de apoiar de novo a criação de exércitos fortes na América Latina para tomar conta das "áreas sem lei" na região? Subsistiria a agenda pró-democracia e direitos humanos se Chávez propagar seu modelo revolucionário-autoritário na região? A experiência de Washington depois da eleição de esquerdistas como Lagos no Chile e Lula no Brasil foi positiva, o que não previa uma mudança de prioridades no futuro próximo. Noriega, o então chefe de Assuntos Hemisféricos do Departamento de Estado, declarou em 2005 que a política dos EUA para a América Latina "se baseia em quatro pilares estratégicos": fortalecimento da democracia, promoção da prosperidade econômica, investimento social e aumento da segurança, nessa ordem.[24] Mas diante do surgimento de novas ameaças terroristas, a crescente influência econômica e política de Chávez e o crescimento dos setores isolacionistas nos EUA, não se pode descartar que surjam vozes em Washington pedindo o retorno aos dias em que o país apoiava seus "amigos" na região, independentemente do sistema político ou do respeito aos direitos humanos.

 O mais provável, no entanto, é que isso não aconteça, e que o poder do voto latino e a memória histórica dos norte-americanos a respeito dos erros do passado prevaleçam sobre as tentações de voltar à *real politik* da Guerra Fria. Os principais aspirantes à indicação democrata em 2008 — a ex-primeira-dama e senadora Hillary Clinton e Kerry — já estão afiando seus escassos conhecimentos sobre a região e uma agenda de aproximação com os países latino-americanos. A senadora Hillary Clinton está decidida a não permitir que o Partido Democrata continue a perder votos entre os hispânicos. No início de 2005, formou sua própria comissão de assessores hispânicos, de olho em 2008, e — ainda que seja representante de Nova York — já está viajando pelo país falando para audiências hispânicas. Segundo seus assessores, o Partido Democrata perdeu em 2004 por não investir mais no eleitor hispânico: a campanha de Kerry gastou somente 2,9 milhões de dólares em publicidade na mídia espanhola, enquanto a de Bush gastou 5,5 milhões. Em 2008, seja quem for, o candidato democrata não repetirá o mesmo erro. "O caminho para a Casa Branca passa pelas vizinhanças hispânicas", afirmou Arturo Vargas, da poderosa Associação Nacional de Funcionários Eleitos Latinos.[25]

 Kerry, por sua vez, mergulhou num curso intensivo de espanhol em março de 2005, segundo me contou um de seus colaboradores. Quando falei dele a Bendixen, o pesquisador do Partido Democrata me disse: "Ele sabe que aí (o eleitor hispânico) foi onde ele sofreu uma de suas grandes perdas em 2004." E entre os prováveis candidatos republicanos, o senador John McCain, do Arizona, não só vem de um estado com grande população latina, mas que já tratava, em 2005, de conquistar o eleitorado hispânico no plano nacional propondo um projeto de lei imigratória muito mais generoso do que a lei de Bush. O chefe da bancada republicana no Senado, Bill Frist, outro presidenciável, estuda espanhol e fez seu primeiro discurso no idioma de Cervantes em 2005. Tudo parece indicar que o grande vencedor de 2008 será o eleitor hispânico, e que a agenda positiva em relação à América Latina continuará avançando em Washington, seja mediante a ajuda econômica condicionada proposta pelos democratas, ou pelo livre-comércio, encorajado pelos republicanos, pelo simples fato de que — após o fracasso no Iraque — ambos os partidos estão cada vez mais conscientes de que os EUA só poderão ganhar a guerra contra o extremismo islâmico mediante um maior multilateralismo.

FONTES

1. Discurso de Roger Noriega no Fórum Europa-América Latina-Estados Unidos do Banco Interamericano de Desenvolvimento, em 15 de fevereiro de 2005, em Washington D.C. O discurso não foi publicado, mas Noriega posteriormente autorizou o autor a citar suas palavras.
2. Idem.
3. Entrevista coletiva de George W. Bush, juntamente com o presidente mexicano Vicente Fox e o primeiro-ministro canadense Paul Martin, em Waco, Texas, 23 de março de 2005.
4. Balança comercial do México com os EUA, Secretaria de Economia do México, com dados do Banco do México.
5. Tyler Bridges, "Free Trade Helped Chile, Data Show", *The Miami Herald*, 17 de fevereiro de 2005.
6. "Huge U.S. Aid Package May Bypass Most of Latin America", *The Miami Herald*, 9 de fevereiro de 2003.
7. "Mapping the Global Future", National Intelligence Council, p. 47.
8. Idem, p. 21.
9. "América Latina en el 2020", Conselho Nacional de Inteligência, Projeto Tendências Mundiais 2020, conclusões do seminário realizado em Santiago, Chile, de 7 a 8 de junho de 2004, p. 2.
10. General James Hill, no programa de televisão "Oppenheimer Presenta", em 13 de novembro de 2004.
11. "Fostering Regional Development by Securing the Hemispheric Investment Climate", Council of the Americas, novembro de 2004.
12. "Bush's Stated Commitment to Latin America Faces Big Hurdles", *The Miami Herald*, 17 de dezembro de 2000.
13. Discurso do presidente Bush no jantar de gala em honra do presidente Vicente Fox, em 5 de setembro de 2001.
14. Mensagem do Estado da União do presidente Bush ao Congresso, 20 de setembro de 2001.
15. Entrevista do autor com Richard Feinberg, em 23 de março de 2005.
16. Entrevista do autor com Sergio Bendixen, em 22 de março de 2005, em Miami.
17. Entrevista do autor com Steffen Schmidt, em 2 de novembro de 2004, em Atlanta.
18. Entrevista do autor com Sergio Bendixen, em 22 de março de 2005, em Miami.
19. "Hispanic Voters Will Affect Foreign Policy", *The Miami Herald*, 17 de abril de 2004.
20. Entrevista do autor com John Zogby, em 1º de outubro de 2004.
21. Boletim de imprensa do Banco Interamericano de Desenvolvimento (BID), 22 de março de 2005.
22. "Préstimos para los pobres del continente", *El Nuevo Herald*, 12 de fevereiro de 2004.
23. Entrevista do autor com o candidato John Kerry, "Oppenheimer Presenta", em 26 de junho de 2004, em Washington.
24. Discurso de Roger F. Noriega no Banco Interamericano de Desenvolvimento, em 15 de fevereiro de 2005.
25. "Campaign Hillary, Se Habla Español", *The Village Voice*, 18 de julho de 2005.

CAPÍTULO 6
Argentina: o país dos solavancos

Conto-do-vigário: "Kirchner diz que no mundo de hoje
'a Argentina é vista com outros olhos'." (Manchete do diário
Clarín, 7 de maio de 2005.)

BUENOS AIRES. A primeira coisa em que pensei, depois das duas conversas que tive com o presidente argentino Néstor Kirchner durante uma cúpula de presidentes em Monterrey, México, foi que a Argentina seria um dos países que mais se beneficiaria de um acordo supranacional que a protegesse dos permanentes golpes de rumo de seus governantes. Havia muito que a Argentina era o país dos grandes solavancos políticos, em que cada governo culpava o anterior por todos os males e mudava de rumo. Como resultado, ainda que periodicamente tivesse fases de bonança econômica, o país não ia a lugar nenhum. E Kirchner não parecia disposto a romper esse círculo vicioso de marchas e contramarchas que a cada dez anos levava os argentinos da euforia coletiva à depressão maciça — de campeões do mundo a lixeira da humanidade — e vice-versa. Uma afeição pelo pensamento monolítico parecia levar os argentinos, a cada tantos anos, a assumirem apaixonadamente posturas exatamente contrárias às que tinham defendido com igual afinco pouco tempo antes. Essa ciclotimia política dera ao país uma reputação de irresponsabilidade, que muitos argentinos eram os primeiros a reconhecer mas de que não conseguiam se livrar. E Kirchner, pelo que escutei essa noite, continuava com a tradição de dizer o contrário do que disseram seus antecessores — e do que ele próprio apoiara até sua chegada à presidência —, talvez sob a premissa de que, se eles se deram mal, ele se daria melhor.

Kirchner não é precisamente um campeão das relações públicas. Essa foi minha primeira impressão quando o conheci pessoalmente no Hotel Camino

Real de Monterrey, México, em 12 de janeiro de 2004, segunda-feira. Ali se hospedavam Kirchner, o presidente Bush e outros 33 líderes do continente que participavam da Cúpula das Américas. Quando divisei o presidente argentino no saguão do hotel, me aproximei respeitosamente e me apresentei para pedir uma entrevista. Kirchner estava no topo de sua popularidade: tinha 70% de imagem positiva em seu país e — favorecido por seus quase 1,90m de altura — caminhava como se empurrasse o mundo para diante. Na Argentina, a imprensa falava do "fenômeno K". Saudei-o com um cordial "muito prazer, senhor presidente" e me apresentei com meu nome, dizendo — esperando convencê-lo a me conceder uma entrevista — que talvez já tivesse topado com algum de meus artigos no *Miami Herald* ou em *La Nación*, da Argentina, ou vira algum de meus comentários na CNN ou em meu programa de televisão "Oppenheimer Presenta". Tinha muito interesse em conhecê-lo, disse. "Teria a amabilidade de me conceder uma entrevista?"

Kirchner ajustou o paletó trespassado com a mão, estudou-me detidamente de cima para baixo durante alguns segundos e disse sem o menor esboço de sorriso: "Sim, sim. Sei muito bem quem é o senhor. E deixe-me dizer que não me agrada nada o que escreve." A resposta me apanhou tão desprevenido que — não sabendo que outra coisa fazer — reagi instintivamente com um sorriso defensivo. Em minhas três décadas de jornalismo jamais me encontrara com um presidente — ou alguma figura pública — que respondesse a um gesto de aproximação com semelhante balde de água fria. Devo dizer que, longe de interpretar como insulto, a coisa em princípio me pareceu divertida. Como muitos jornalistas, estou acostumado a que presidentes — e políticos em geral — me cumprimentem efusivamente, fingindo ser grandes admiradores meus, ou pelo menos alegando que acompanham meus escritos religiosamente (um ministro mexicano chegou a me abraçar uma vez, exclamando: "Andrés, que prazeeeer! Todas as semanas leio você no *New York Times*", quando na verdade só escrevi um artigo em minha vida para esse jornal, há mais de vinte anos). Ainda que os políticos quase sempre mintam quando felicitam um jornalista, é parte do ritual. É o mesmo ritual, certamente, pelo qual nós, jornalistas, quando pedimos entrevista a um político, dizemos que sua declaração é fundamental e está sendo aguardada com grande interesse pelo público. Mas Kirchner não é um político comum. Não parecia ter o menor interesse em se congratular comigo. Isso podia significar duas coisas: que se tratava de um homem autêntico, que tinha o mérito de dizer o que pensava, ou que sua soberba ultrapassava qualquer necessidade de somar adesões ao seu governo ou ao seu país.

Sorrindo o melhor que pude, perguntei, quase divertido, por causa do insólito da situação: "Por que não lhe agrada o que escrevo? Que eu saiba, nunca o tratei terrivelmente mal..." Era certo: escrevi várias colunas pondo em dúvida a estratégia de comunicação de Kirchner, especialmente por suas investidas diárias contra os credores internacionais — os EUA e a Espanha — a quem o presidente argentino acusava de serem os principais culpados da derrocada econômica argentina de dezembro de 2001. Escrevi que Kirchner, embora fizesse bem em negociar com dureza, corria o perigo de cair na perene doença argentina de estar sempre culpando os outros pelos males do país e jamais assumir suas próprias responsabilidades. Mas sempre terminei minhas colunas dando-lhe um certo benefício da dúvida, assinalando que o presidente argentino não é um Chávez, e sim um ex-governador jogado imprevistamente na cena nacional, e que provavelmente amadureceria com o passar do tempo.

"Por que está sendo tão duro comigo?", perguntei, sem abandonar meu sorriso de espanto. Já tínhamos, então, dois ou três cavalheiros ao nosso lado, incluindo o chanceler Rafael Bielsa, que abandonara sua conversa com outra pessoa intuindo que estava perdendo uma cena salgada.

Kirchner, com um gesto zangado, respondeu, sempre me olhando de cima: "O senhor diz que sou um demagogo. Não gosto que me chamem de demagogo!" Falava-me levantando o queixo, estufando o peito, como um jogador de futebol que enfrenta outro depois de um encontrão no campo.

"Desculpe, presidente, mas nunca o chamei de demagogo", respondi, encolhendo os ombros com o sorriso mais amigável que me foi possível apresentar. Imediatamente, adivinhando a quem provavelmente Kirchner se referia, acrescentei: "Quem o chamou de demagogo foi Mario Vargas Llosa, em meu programa de televisão. Pegue-se com ele, não comigo!"

Nesse momento, um de seus colaboradores se aproximou para passar-lhe uma chamada de celular, e o presidente se afastou alguns metros para atender. Fiquei esperando e conversando com o chanceler. Em pouco tempo Kirchner regressou, pela primeira vez com um sorriso, e aproximou o celular dizendo: "Aqui deseja saudá-lo o último amigo que lhe resta na Argentina." Apanhei o celular, intrigado, e do outro lado me saudou seu chefe de gabinete, Alberto Fernández, que conheci anos atrás quando o entrevistei várias vezes para o meu livro *Olhos vendados: Estados Unidos e o negócio da corrupção na América Latina*. Depois de trocar uma saudação com Fernández, disse a Kirchner, sempre tentando desdramatizar a situação, que nem todo mundo me odiava na Argentina. "Minha mãe ainda mora lá", disse, rindo, esperando que isso o acalmasse. Ele esboçou um breve sorriso e, voltando ao ar anterior, disse-me que falaríamos da entrevista mais tarde. Então, deu meia-volta e se afastou, com o seu chanceler seguindo-lhe os passos.

Os "bolos" do presidente

A atitude do presidente argentino, segundo me inteirei depois, estava longe de ser um ato isolado. Fazia parte de sua personalidade. Enquanto outros países pagam milhões de dólares a empresas de relações públicas, em Washington e nas principais capitais européias, para melhorar a imagem e atrair investimentos, Kirchner parecia se lixar para a idéia de ficar bem com o restante do mundo. Até parecia ter certa satisfação pessoal em não dar sinal de interesse pelo que podiam comentar — ou deixar de comentar — nos centros do poder mundial. Quando os jornalistas lhe perguntavam sobre isso, dizia que sua principal ocupação é solucionar os problemas da Argentina, e que era nisso que concentrava todo o seu tempo. A maioria dos argentinos, frustrados pelos maus resultados da abertura para o mundo durante os anos 1990, aplaudiam-no. Aquilo que, no exterior, era considerado um desplante, na Argentina era visto como uma mostra de afirmação nacional mesclada com picardia *criolla*.

Em julho de 2003, durante sua primeira visita à Espanha, Kirchner censurou duramente os principais investidores numa reunião na sede da Confederação Espanhola de Organizações Empresariais (Ceoe), onde se encontravam cerca de 20 magnatas espanhóis, incluindo os presidentes da Telefónica, César Alierta, da Repsol YPF, Alfonso Cortina, e do grupo editorial Prisa, Jesús de Polanco. Tal como noticiaram o diário *Clarín* e o madrilenho *El Mundo*, Kirchner disse aos empresários espanhóis que não podiam se queixar do congelamento das tarifas dos serviços públicos — dirigidos em sua maioria por empresas espanholas — porque já haviam ganhado dinheiro mais do que suficiente durante os anos 1990, e não foram ao país "para fazer beneficência".[1]

Os espanhóis não podiam acreditar. A Argentina suspendera o pagamento de boa parte da dívida externa no final de 2001 e congelara as tarifas dos serviços públicos, em mãos de empresas espanholas, e ainda se permitia culpá-las pelos problemas que o país sofria. Se era uma estratégia de Kirchner para negociar de uma posição de força, era uma tática compreensível, embora perigosa, já que podia resultar na retirada de mais de uma empresa do país. Mas, se realmente acreditava no que estava dizendo, era um sinal mais perigoso ainda. No final da reunião, o presidente da Ceoe, José María Cuevas, disse a Kirchner: "Presidente, o senhor botou para quebrar."[2]

Horas depois, Kirchner dizia ao jornal *La Nación*: "Falei com crueza, mas com dignidade. Creio que nem todos, mas muitos empresários espanhóis beneficiaram-se durante o menemismo, e era necessário dizer. Agora vão ter de respeitar as regras do jogo do nosso país."[3] No dia seguinte, *El País*, de Madri, o diário mais influente da Espanha, publicou em manchete de primeira página:

"Kirchner acusou os empresários de se aproveitarem da Argentina." O editorial do jornal madrileno assinalou que "o que ele fez não serve para abrir novos horizontes", e que a atitude de soberbia do presidente foi comparada, por um dos assistentes da reunião, à do "argentino típico que todos conhecemos". O jornal madrileno *ABC*, que geralmente reflete o pensamento dos setores mais conservadores, disse nesse mesmo dia: "Sua mensagem foi motivada por questões eleitorais. Estava interessado em passar para os argentinos uma posição de dureza com as empresas espanholas. Não lhes garantiu nada, nem se comprometeu a atender seus interesses." O diário de negócios *5 Días*, de Madri, disse: "O clima atual entre Buenos Aires e Madri dista notavelmente da lua-de-mel que parecem viver Madri e o Brasil de Lula."

Coube-me ser testemunha de um dos desaforos do presidente argentino poucos meses depois. Em outubro de 2003, depois de aceitar o convite do *Miami Herald* para ser o orador principal da Conferência das Américas que o jornal organiza todos os anos — e a que em anos anteriores compareceram dezenas de presidentes latino-americanos e os principais responsáveis pela política externa dos EUA para a região —, Kirchner faltou ao encontro, sem sequer se desculpar. Na minha qualidade de um dos organizadores e moderadores do encontro, a que assistem anualmente cerca de quatrocentos empresários dos EUA, estive envolvido durante meses no processo de convite ao presidente argentino.

Kirchner, por intermédio de seu gabinete e da embaixada em Washington, confirmara o comparecimento semanas antes. O então diretor do *Miami Herald*, Alberto Ibarguen, enviara-lhe um convite entregue em mãos por mim ao seu chefe de gabinete, Alberto Fernández. A partir da confirmação do presidente argentino, *The Miami Herald* anunciou sua presença como orador principal da conferência, a que também assistiriam os presidentes do Equador, El Salvador e Nicarágua, o chefe de gabinete do presidente do Chile e Roger Noriega, o então chefe do escritório de Assuntos Latino-americanos do Departamento de Estado dos EUA. O jornal, feliz por contar com ele entre os presidentes convidados, vinha publicando quase diariamente sua foto, acima da dos demais presidentes, como convidado de honra. Kirchner era o presidente do maior país entre os convidados, e a Argentina estava no noticiário.

Mas 48 horas antes do evento, sem que ninguém avisasse nada ao *Miami Herald*, eu soube quase por acaso que o presidente não pensava em viajar a Miami. Numa entrevista telefônica, o chanceler Bielsa me assinalou, extra-oficialmente, que se comentava que o presidente não viajaria a Miami. "Como?", perguntei, atônito. "Mas se Kirchner já confirmou, pelo seu gabinete!" Bielsa me disse que, até onde ele sabia, Kirchner comentara com um colega seu do gabinete que não viajaria. Alarmado pela notícia — e pelas possíveis queixas que sua ausência poderia provocar entre os empresários que gastaram centenas de dólares para participar do almoço —, perguntei ao chanceler se estava me informando oficialmente, como chanceler argentino, ou se estava fazendo um comentário privado, *off the record*. Ele respondeu que era *off the record*. "Não é uma resposta oficial da chancelaria, porque não é assunto da chancelaria", acrescentou. "Só o gabinete do presidente está autorizado a informar sobre as atividades do presidente."

Seguiram-se, daí em diante, 48 horas de frenéticas chamadas ao gabinete presidencial e à embaixada argentina em Washington, para saber se houvera mudança de planos do presidente. Ninguém respondia às chamadas na Argentina, e o embaixador em Washington — com a maior boa vontade — dizia que só o chefe de gabinete podia dar uma resposta. Quando já faltava um dia para a conferência, tivemos uma reunião no *Miami Herald* para decidir o que fazer. Havia trezentos empresários que compraram ingressos para participar do almoço no Hotel Biltmore, onde Kirchner faria seu discurso. O que íamos dizer a eles? Devíamos avisá-los já de que Kirchner não viria? Mas como íamos informá-los se ninguém no gabinete presidencial nos dissera que a viagem fora cancelada? E se depois ele viesse? Decidimos esperar até a manhã seguinte, dia anterior à conferência. No dia seguinte, o diário *La Nación* publicou uma notícia, citando fontes do *Miami Herald*, dizendo que "a participação de Kirchner estava 100% confirmada", e que "até as 9 da noite de ontem, podemos dizer que o presidente Kirchner aceitou o convite na semana passada e que até agora não houve qualquer cancelamento oficial".[5] Outros jornais disseram diretamente que o presidente não viajaria. Enfim, ante os telefonemas dos jornalistas argentinos, Ibarguen emitiu um comunicado de imprensa dizendo que o presidente Kirchner não informara os organizadores da conferência sobre o cancelamento de sua visita, e que ouvira com surpresa e preocupação as informações extra-oficiais sobre sua possível decisão de cancelar a viagem. "Se for certo que o presidente não virá, estamos decepcionados, porque sua presença despertou grande interesse entre os mais de trezentos empresários que esperam participar do almoço em sua honra, e porque para nós é uma honra receber em nossa conferência um presidente da Argentina", dizia o comunicado.

Finalmente, na tarde do dia anterior ao evento, recebi uma chamada de Alberto Fernández, chefe de gabinete de Kirchner. Disse-me que de fato o presidente não viajaria, "por causa de uma lesão no pé" que sofrera dias antes. "Lesão no pé?", perguntei. Nos jornais argentinos não se falara do assunto. Disse a Fernández que a Argentina ficaria mal-afamada e que se o presidente deixasse plantados os trezentos empresários das principais multinacionais com operações na América Latina, tinha de mandar pelo menos o ministro da Fazenda ou alguém dessa categoria. Fernández concordou e, às duas horas — faltando pouco para a saída do último vôo comercial do dia para Miami —, me informou que o governo estava mandando o vice-presidente Daniel Scioli para a reunião. Scioli, o mais globalizado dos altos funcionários argentinos, tinha pouco poder — segundo a imprensa Argentina, sequer era recebido pelo presidente —, mas era melhor do que uma cadeira vazia. Na manhã seguinte, Scioli falou. Para o almoço em que devia falar Kirchner, acabou falando o presidente da Nicarágua.

Meses depois, Kirchner deixaria plantadas figuras mais importantes, incluindo o presidente russo Vladimir Putin e a então presidenta do conselho da Hewlett-Packard, Carly Fiorina. Com Putin, ele programou um encontro no aeroporto de Moscou, a caminho de sua viagem à China, em 26 de junho de 2004. Kirchner, que estava em Praga, chegou duas horas mais tarde. A Putin só restou seguir com sua agenda prévia, que exigia que ele tomasse um vôo para Petersburgo e inaugurar uma extensão de estrada de ferro. Segundo informou a agência de notícias oficial argentina Télam, citando o embaixador argentino em Moscou, Juan Carlos Sánchez Arnaud, "uma tempestade" na República Tcheca atrasara a saída do avião presidencial argentino Tango 0 1 de Praga. No entanto, tempos depois, o jornalista Joaquín Morales Solá, um dos colunistas mais sérios do país, informou que não existiu a tal tormenta, e sim uma sobremesa demasiado estendida em Praga. Morales Solá informou que, segundo diplomatas russos, "o presidente argentino se deixou levar pela sobremesa de um almoço em outro país" e Putin não quis esperá-lo mais de 40 minutos. Um alto funcionário argentino que o acompanhou nessa viagem me contou, meses depois, o que aconteceu: Kirchner ficou passeando em Praga, fascinado pela beleza da cidade. "Ainda hoje ele continua dizendo que é a cidade mais linda do mundo", disse-me o alto funcionário. Finalmente, quando Kirchner chegou a Moscou, os dois mandatários trocaram uma saudação protocolar por telefone. "O tema de fundo é que os presidentes estrangeiros o aborrecem. É a parte de seu trabalho que menos lhe agrada. Sua prioridade é tirar a Argentina da pobreza", comentou o alto funcionário argentino, como se uma coisa nada tivesse a ver com a outra.

Também em meados de 2004 Kirchner deixou plantada a então presidenta da Hewlett-Packard, a empresária mais poderosa dos EUA. Em 27 de julho de 2004, Fiorina — em viagem pela América do Sul para analisar projetos de investimento — chegou à Casa Rosada para um encontro previamente combinado com Kirchner. Mas, depois de esperar mais de 45 minutos para ser atendida, retirou-se ofendida. O *Financial Times*, um dos jornais mais influentes do mundo, relatou o incidente da seguinte maneira, dois dias depois: "Falando aos jornalistas, Fiorina disse que a segunda maior economia da América do Sul adquiriu importância para sua empresa: já é a sede dos *call centers* da empresa para toda a região. Mas terá a Hewlett-Packard igual importância para Néstor Kirchner, o presidente esquerdista do país? Estava previsto que ele receberia Fiorina terça-feira no palácio presidencial. Mas deixou-a esperando tanto tempo que esgotou sua paciência, e Fiorina se retirou. Bem-vinda à Argentina, Carly."[6]

Ato contínuo, Fiorina partiu para o Chile, onde foi recebida pelo presidente socialista Ricardo Lagos, e para o Brasil, onde não só foi recebida por Lula, como também ele e seu ministro do Desenvolvimento, Luiz Fernando Furlan, acompanharam-na às instalações da HP em São Paulo. Ali, Fiorina anunciou que sua empresa — com renda anual de 76 bilhões de dólares — duplicaria seu tamanho no Brasil nos próximos três anos.[7]

No final de 2004, Kirchner enviou um colaborador de segunda categoria ao aeroporto para receber o presidente da China, que — segundo a imprensa argentina — prometia anunciar investimentos de até 20 bilhões de dólares. Uma semana depois cancelou um jantar que presidiria em honra do presidente do Vietnã, alegando não se sentir bem. "Cada vez que chega um presidente estrangeiro, todos trememos", disse-me nesse momento um alto funcionário da chancelaria argentina, comentando os constantes bolos do presidente. Em meados de 2005, apenas doze dias antes da viagem do presidente da África do Sul, Thabo Mbeki, juntamente com quarenta empresários, à América do Sul, o governo Kirchner pediu o adiamento da viagem "por motivos de agenda". Segundo funcionários argentinos, Kirchner queria se dedicar plenamente à campanha para a eleição legislativa de outubro de 2005. "O gesto surpreendeu os sul-africanos, que tiveram de reprogramar a viagem do mandatário ao Cone Sul", informou o diário *Clarín*.[8]

Uma questão de temperamento

Na Argentina, alguns analistas políticos puxavam os cabelos diante do aparente desdém de Kirchner pelo mundo exterior, mas eram minoria. O "estilo K" é uma atitude entre orgulhosa, desafiadora e transgressora que agradava boa parte dos argentinos. Num país em que muitos acreditam em slogans como "Argentina Potência" e onde o Congresso aplaudira a suspensão do pagamento da dívida externa no final de 2001 aos gritos de "Argentina! Argentina!", como se se tratasse de uma vitória esportiva, as pesquisas mostravam que o "estilo Kirchner" aumentava a popularidade do presidente. A política externa do país tinha um índice desfavorável de apenas 11% dos argentinos, comparado com os 53% de reprovação que tinha antes de Kirchner assumir a presidência.[9] "O hábito de Kirchner de atuar como se estivesse se lixando para o resto do mundo parece ser do agrado dos argentinos, cujas históricas suspeitas sobre o resto do mundo se exacerbaram com a crise que fez colapsar a economia no final de 2001", disse o *New York Times*.[10]

Como se explicava a aversão de Kirchner pelo mundo exterior ou sua falta de entendimento de que os países que mais progridem são os que mais se inserem na economia global? Quando fiz essa pergunta, em entrevistas separadas, a dois membros do gabinete presidencial, explicaram-me que não se tratava de uma resistência ideológica, mas de uma questão de temperamento. "Kirchner é um NYC", explicou-me um deles. "Um NYC?", perguntei, sem ter a mais remota idéia do que ele falava. O funcionário explicou-me que, na gíria da Patagônia, e especialmente da província sulista de Santa Cruz, de onde Kirchner veio, os NYC são os "Nascidos Y Criados" na Patagônia. Era um termo usado para diferenciá-los dos imigrantes vindos de Buenos Aires ou de outros lugares do país. Os Nascidos Y Criados na Patagônia são gente orgulhosa de seu território e desconfiada por natureza de tudo o que vem de fora. O fenômeno tem sua explicação: Santa Cruz é uma província petrolífera de apenas 200 mil habitantes, mais do que auto-suficiente, possuidora de algumas das maiores belezas naturais do país. De acordo com essa explicação, Kirchner, que foi governador de Santa Cruz por doze anos, herdou o localismo — ou isolacionismo — de seus co-provincianos.

Para Kirchner, até pouco antes de assumir a presidência, a cidade de Buenos Aires era como Nova York para muitos habitantes de Buenos Aires: uma metrópole sempre presente, mas remota. Praticamente não viajara ao exterior, não falava outro idioma e não lhe interessava explorar o resto do mundo. Quando as empresas estrangeiras queriam comprar ou explorar petróleo, iam a Santa Cruz. Para que procurá-las fora, se isso só reduziria sua capacidade de negociação? Seus próprios colaboradores admitiam em particular que o presidente se chateia nas cúpulas internacionais. "É um homem obsessivo com as contas internas. Todos os dias, às 7 da noite, confere as reservas do país, o estoque de energia e os movimentos da tesouraria, mas não tem curiosidade intelectual de saber por que alguns países avançam e outros retrocedem", disse-me um alto funcionário da chancelaria. "Em reuniões com outros chefes de Estado, olha para o relógio a cada instante. São temas que lhe causam tédio."

A economia e o voto cativo

O "estilo K" caía bem na Argentina pela péssima lembrança da população dos anos 1990, quando o país fora glorificado pelos economistas internacionais, que receitavam cada vez mais abertura econômica, sem advertir que a abertura sem controle da corrupção e do favoritismo levaria ao desastre. Havia, além disso, uma certa lógica na estratégia do presidente de se concentrar nos assuntos internos. A Argentina suspendera os pagamentos da dívida externa de 141 bilhões de dólares em dezembro de 2001, e não fazia muito sentido vender no exterior um país que acabava de protagonizar o maior *default* da história financeira mundial e que ainda não conseguira chegar a um acordo com seus credores. Para que sair a conquistar os mercados externos se ninguém poria um peso na Argentina até que resolvesse seu conflito com os credores? E, ainda por cima, a forma como a Argentina decidira seu *default* fora escandalosa. O Congresso se comportou de maneira ridícula diante do mundo, comemorando a suspensão dos pagamentos aos gritos de "Argentina! Argentina!". Em uma semana, no início de 2002, o país teve nada menos do que cinco presidentes e sofreu uma maxidesvalorização que derrubou a renda *per capita* anual de 7.500 dólares para 2.500. Da noite para o dia, a Argentina se converteu num país com uma maioria de pobres. Numa conferência acadêmica a que assisti na Universidade da Flórida, em Miami, em 20 de janeiro de 2002, alguns dos mais importantes latino-americanistas dos EUA chegaram a discutir com a maior seriedade se a Argentina deveria ser considerada um "Estado falido", expressão usada no jargão diplomático internacional para países como Angola, Haiti e Sudão, que perderam a capacidade de exercer as funções básicas de um Estado, como preservar a ordem ou coletar impostos.

Eduardo Duhalde, o último da seqüência de cinco presidentes interinos, que assumiu depois de violentas manifestações — segundo muitos, estimuladas e pagas pelos caciques do Partido Justicialista — que derrubaram o presidente Fernando de la Rúa, conseguiu estabilizar a situação política com a promessa de convocar eleições, com a teoria de que o país fora vítima inocente de uma política econômica imposta pelo Fundo Monetário Internacional. A culpa era dos organismos financeiros mundiais e da subserviência com que o governo Carlos Saúl Menem seguira suas receitas nos anos 1990, dizia Duhalde. Era hora de "voltar a ser nós mesmos", assinalava, apesar de todas as evidências mostrarem que os países do mundo que estavam progredindo se voltavam cada vez mais rapidamente para fora, e que a fórmula fracassara na Argentina pela corrupção e pela falta de transparência com que fora implementada. A partir de Duhalde, a Argentina se beneficiou de uma série de fatores externos — a alta dos preços mundiais das matérias-primas produzidas pelo país, as compras cada vez maiores por parte da China e os baixos juros internacionais, entre outros — que lhe permitiram consertar a situação mais rapidamente do que muitos esperavam. Ofereceu-se a melhor conjuntura internacional para o país em várias décadas, e a economia reagiu. Depois de cair 4% em 2001 e 11% em 2002, a economia cresceu 9% em 2003, outros 9% em 2004 e — segundo projeção do FMI — 6% em 2005.

Mas Duhalde, que — à semelhança de Kirchner depois — era um dirigente político provinciano sem interesse pelo mundo exterior, reintroduziu na Argentina os piores vícios do velho peronismo e os conjugou com o antigo sistema político com que o PRI governara o México durante sete décadas no século XX: uma combinação de clientelismo político com a tradição mexicana de uma democracia hereditária, em que os presidentes do partido hegemônico transmitiam o poder a cada eleição. Desde que Duhalde assumiu o governo, em janeiro de 2002, o número de argentinos que recebiam subsídios diretos do governo subiu de 140 mil para quase 3 milhões, segundo estimativa do Centro de Estudos Nova Maioria, de Buenos Aires. "O partido peronista não está ganhando mais votos por ter mais simpatizantes, e sim porque tem mais gente que depende de seus subsídios", explicou-me Rosendo Fraga, presidente do centro de estudos. "O patamar de pobreza da Argentina cresceu de 30 para 60%, e o clientelismo político é maior do que nunca."

O Plano Patrões e Patroas do Lar, iniciado por Duhalde, concedia subsídios de cerca de 50 dólares mensais a 1,7 milhão de desempregados. Os críticos desses planos apontavam que seus beneficiários nem sempre eram desempregados, e que os funcionários do partido governamental os concediam em troca da lealdade política de quem os recebia. Segundo um estudo de Martín Simonetta e Gustavo Lazzari, da Fundação Atlas, organização não-governamental pró livre-mercado, cerca de 20% dos eleitores na Argentina dependiam diretamente de subsídios estatais e constituíam um "voto cativo". "Na Argentina, desde a implementação do Plano Patroas e Patrões do Lar, em 2002, duplicou a percentagem de eleitores que podem ser considerados voto cativo", disse-me Simonetta numa entrevista por telefone. "O governo federal usa isso como política de alinhamento das províncias e municípios: mais alinhamento político, mais planos de subsídios." Como resultado, a disputa política está se dando "num plano de jogo inclinado", no qual "há uma competição desleal entre o governo e o resto dos candidatos", disse Simonetta.[11]

Os especialistas internacionais duvidavam que os planos assistencialistas argentinos fossem eficazes. Um estudo do Banco Mundial sobre o Plano Patroas e Patrões do Lar lançara sérias dúvidas sobre sua efetividade. Segundo o estudo, coordenado por Sandra Cesilini, "o recrutamento por parte dos governos locais favorece o clientelismo e a corrupção, além de seu controle ser impossível."[12]

Simultaneamente, Duhalde interviera abertamente a favor de seu candidato, Kirchner, na eleição de abril de 2003. À semelhança do velho sistema político mexicano, que seus críticos chamavam de "ditadura hereditária de seis em seis anos" porque o presidente em fim de mandato se assegurava de que seu candidato pessoal o sucederia — e invariavelmente rompia com ele uma vez assumido o poder —, Duhalde proclamara poucos dias antes da eleição, que Kirchner ganharia e enviara seus ministros mais populares à televisão para que aparecessem junto com o candidato oficial. Como era de prever, Kirchner ganhou a eleição, embora com apenas 22% dos votos.

Anos depois, quando a economia argentina já se recuperara do colapso inicial graças ao crescimento da economia mundial e — sobretudo — das compras da China, o analista político argentino James Nielsen, ex-diretor do *Buenos Aires Herald*, descrevia o novo sistema político argentino como "modelo lúmpen". A derrocada econômica e o empobrecimento súbito de milhões de pessoas resultaram numa transferência do poder econômico do setor privado para a classe política, que agora tinha mais poder do que nunca para decidir quais seriam os privilegiados e os prejudicados. Enquanto a maioria da população se resignava com as sobras, consolando-se com a idéia de que tudo podia ter sido muito pior, uma coalizão de políticos clientelistas, sindicalistas anacrônicos, cruzados anticapitalistas e empresários áulicos, que não querem saber de competitividade, manipulava o país a seu gosto. A Argentina resignara-se a "um modelo de administração política da pobreza" que — caso se perpetue — nada mais faria do que enriquecer a classe política, aumentar a corrupção e condenar o país à estagnação, disse Nielsen.

"Espero mudar este sistema"

Dentro do governo Kirchner havia pessoas muito conscientes de que os subsídios políticos são uma receita de atraso econômico. Numa entrevista em seu gabinete, em abril de 2005, o ministro da Economia, Roberto Lavagna, assegurou-me que o Plano Patroas e Patrões do Lar seria desativado em breve. "Espero mudar esse sistema. Estou tentando convencer o governo a transformar essa medida de emergência num programa de emprego que ofereça ajuda por tempo limitado, digamos um ano; e em que os beneficiários tenham de procurar emprego e receber treinamento trabalhista", disse-me Lavagna.[13] Interessante! "Mas o presidente Kirchner concorda?", perguntei. Lavagna assentiu com a cabeça. "O presidente aceitou a idéia. A única dúvida é quando vamos começar a concretizá-lo", garantiu. "Provavelmente acontecerá após as eleições legislativas de 2005", disse-me o ministro.[14]

Apesar de Lavagna compartilhar o hábito de Kirchner de culpar os outros pelos males do país, ele entendia melhor do que outros do governo a necessidade de atrair investimentos estrangeiros para garantir o crescimento a longo prazo. Segundo Lavagna, agora que a Argentina conseguira se recuperar do colapso econômico de 2001, para ter um crescimento anual de 6%, por vários anos necessitava incrementar os investimentos, dos 21% de seu produto bruto da atualidade, para 24%. Não é muito, disse, mas é uma meta decisiva para o crescimento sustentado do país.

Mais tarde, quando deixei o gabinete de Lavagna e comentei, com entusiasmo, com vários amigos, que a Argentina logo desativaria o Plano Patroas e Patrões do Lar e iniciaria uma ofensiva em busca de investimentos, muitos me olharam com ceticismo e perguntaram: "E você acredita?" "Por acaso você é tão ingênuo para pensar que o governo dissolveria seu exército de desempregados subsidiados, que servem como força de choque para encher as manifestações públicas pró-governamentais, ou para fazer protestos de rua contra as multinacionais que não se sensibilizam com os pedidos do governo para não aumentar seus preços?", me perguntaram. E, de fato, no dia seguinte ao que publiquei meu artigo com a declaração de Lavagna, um funcionário não identificado do escritório de Kirchner dizia aos jornalistas que o presidente não aprovara o plano do ministro da Economia. Talvez Lavagna estivesse tentando pressionar o chefe, ou talvez o governo não quisesse fazer o anúncio antes do tempo para não perder votos nas eleições legislativas do fim de 2005, mas o certo é que o fato de que discutiram internamente a necessidade de atrair investimentos e abandonar subsídios manipulados com fins políticos é uma boa notícia. Se o governo aceitar o que Lavagna propõe, a recuperação dos últimos anos deixaria de ser um fenômeno passageiro devido a causas externas e poderia ser o início de um longo período de prosperidade.

O que levou Lavagna, o funcionário encarregado de confrontar o Fundo Monetário Internacional e os credores externos, a assumir uma linha mais pragmática? Provavelmente não só o contato com os demais ministros da Economia do mundo, e sim um dado concreto: quatro anos depois do *default* argentino, e ainda que a economia tivesse crescido mais do que esperavam até os mais otimistas, a Argentina continuava a ter uma péssima reputação entre os investidores externos. O risco-país continuava nas nuvens, como se não existisse nenhuma recuperação econômica.

"Veja que estupidez", disse-me Lavagna, momentos antes, levantando-se da mesa de conferências em que falávamos em seu gabinete e caminhando em direção a um dos dois computadores que tinha na sua escrivaninha, a poucos metros de distância. Na tela apareciam as últimas notícias, as cotações de Wall Street e o risco-país — a penalidade a ser paga pelos países considerados arriscados pelos empréstimos recebidos — estimado pelas principais empresas financeiras do mundo. A notícia do momento era um golpe constitucional que acabara de ocorrer no Equador em meio a sangrentos protestos de rua. No preciso momento em que falávamos, o presidente do Equador, Lucio Gutiérrez, acabara de fugir do palácio presidencial, em helicóptero, e se dirigia para a embaixada do Brasil, enquanto o Congresso colocava em seu lugar o vice-presidente. Pelo menos três manifestantes morreram, e havia dezenas de feridos, diziam as notícias. No entanto, segundo me mostrou Lavagna em seu computador, o risco-país do Equador continuava sendo bem menor do que o da Argentina, apesar de na Argentina não haver crise política e a economia ir de vento em popa.

Apontando com a mão os índices de risco-país da empresa financeira J.P. Morgan, Lavagna assinalou: "Diga-me se não é um absurdo total: neste preciso momento, com os tanques nas ruas, o risco-país do Equador é de 772 pontos, enquanto o da Argentina é de 6.130 pontos." Obviamente, e por mais que parecesse absurdo a Lavagna, o certo é que a Argentina pagava um preço alto pela retórica de confronto de seu governo, e o ministro sabia disso. A diferença entre o risco-país do Equador em plena crise e da Argentina num dia de total tranqüilidade dizia tudo.

A esperada entrevista

A vaga promessa de Kirchner — feita no saguão do Hotel Camino Real durante a Cúpula das Américas, em Monterrey, em janeiro de 2004 — de me conceder uma entrevista se concretizou dois dias depois do nosso primeiro encontro, antes de sua partida do México. No bar do hotel, semideserto às 3 da tarde, gravador na mão, comecei a perguntar sobre as mudanças que ele estava fazendo na política externa e interna do país. Fazia sentido ter declarado o fim das "relações carnais" do governo Menem com os EUA, em lugar de tomar decisões independentes — que podiam ou não agradar a Washington — sem proclamar um afastamento oficial? Tinha sentido anunciar o restabelecimento de relações plenas com a ditadura de Fidel Castro, logo depois da condenação, a 25 anos de prisão, de 75 jornalistas e dissidentes pacíficos em Cuba? Não estava premiando a repressão e erodindo a pressão internacional sobre a ditadura cubana com esse anuncio? Tinha sentido seu encontro com o líder cocaleiro Evo Morales,* interpretado pelo governo boliviano como gesto de apoio aos grupos radicais do país? Não estava interferindo nos assuntos internos do país vizinho, o Uruguai, ao apoiar a candidatura do então líder da oposição esquerdista Tabaré Vázques? E não estava legitimando a líder da facção extremista das Mães da Praça de Maio, Hebe de Bonafini, ao recebê-la repetidamente na Casa Rosada e dizer que a considerava uma mãe? Hebe de Bonafini defendia publicamente a luta armada e declarara em 2001 que estava contente pelo ataque terrorista às Torres Gêmeas em Nova York. Que mensagem estava enviando ao mundo com essas adesões?

Interessava-me sobremaneira o tema dos direitos humanos, porque via com preocupação o recuo do governo argentino num tema que paradoxalmente escolhera como prioritário. À diferença de outros jornalistas, a quem o presidente acusava de terem feito vista grossa às violações dos direitos humanos durante a ditadura dos anos 1970, Kirchner não podia me colocar no pacote. Saí do país quando ocorreu o golpe militar de 1976 e critiquei a ditadura em meus escritos desde o começo. De fato, meu único artigo no *New York Times* fora uma colaboração assinada, em 1978, em que ataquei as violações dos direitos humanos na Argentina, no momento em que boa parte da sociedade defendia o governo militar do general Jorge Rafael Videla.

O que me preocupava na política de Kirchner era que, ao apoiar tacitamente ou ignorar o atropelamento dos direitos civis e humanos em Cuba, estava solapando o princípio da defesa coletiva da democracia em todo o mundo e em seu próprio país. Anistia Internacional, Human Rights Watch e os principais grupos internacionais de direitos humanos diziam, com razão, que não se pode ser campeão dos direitos humanos em casa e ignorar as violações fora. A nova apatia argentina diante das violações dos direitos humanos no exterior estabelecia um precedente perigoso: se a Argentina e os vizinhos não levantassem a voz diante dos abusos em outros países, quem viria em auxílio deles próprios, no dia de amanhã, se suas próprias democracias tornassem a ficar ameaçadas? Tal como assinalou o ex-chanceler mexicano Jorge Castañeda, "a melhor maneira de basear o tema dos direitos humanos em casa é se ligar à solidariedade internacional para denunciar os abusos onde quer que ocorram. À medida que os direitos humanos retrocederem como bandeira internacional, retrocederão em casa".[15]

As respostas de Kirchner durante a entrevista não foram tão ruins como eu esperava. O que disse diante do gravador estava dentro dos parâmetros do

---

* Em janeiro de 2006, Evo Morales assumiu a presidência da Bolívia. (*N. do T.*)

jogo democrático, embora sua interpretação seletiva dos direitos humanos deixasse muito a desejar. Tinha uma visão obsoleta do mundo, baseada em concepções antigas de soberania nacional que já estavam arquivadas por quase todas as democracias modernas. Mas não havia em seu discurso um messianismo radical como o de Chávez, nem uma veia abertamente ditatorial como a de Fidel Castro. Kirchner me disse que se definia como "progressista no liberalismo econômico", definição que não me pareceu má, apesar de as idéias que ele via como progressistas serem vistas como retrógradas em grande parte do mundo moderno. "Creio nos grandes temas do liberalismo econômico, num progressismo claro no liberalismo econômico, liberalismo com justiça e eqüidade", disse Kirchner. "É no que acredito, e aplico."[16]

Quando tocamos no tema de Cuba, perguntei como podia ele, um crítico da ditadura militar argentina, aceitar sem recriminações outra ditadura militar como a cubana. Kirchner retomou as relações com Cuba, enviando o primeiro embaixador argentino à ilha em três anos, depois do congelamento das relações bilaterais durante o governo de Fernando de la Rúa, que votou contra Cuba na Comissão de Direitos Humanos da ONU. E o novo embaixador argentino, Raúl Taleb, anunciou a normalização das relações com o regime de Fidel Castro pouco depois da pior onda repressiva na ilha em várias décadas, o que veio a ser uma bofetada na oposição democrática cubana. "Por acaso a posição correta não deveria ser contra todas as ditaduras, de direita ou de esquerda?", perguntei. "Ou o senhor acredita que há ditaduras boas?"

Kirchner respondeu: "Olhe, nós somos pela autodeterminação dos povos. Não nos agrada interferir na vida interna dos povos... A situação de Cuba, por muitos aspectos, é bem particular. O problema do povo cubano deve ser resolvido pelo povo cubano." "Exatamente", respondi. "Deve ser resolvido pelo povo cubano. Mas ocorre que o povo cubano não pode votar, nem ter jornal independente, nem programas radiofônicos não oficiais, nada." Além disso, acrescentei, "o 'princípio da não-interferência' e da 'autodeterminação dos povos' são muletas comumente usadas por ditadores de direita e de esquerda para evitar o monitoramento internacional dos abusos dos direitos fundamentais em seus países. De fato, no mundo de hoje, o princípio de não-interferência deve conviver com o 'princípio de não-indiferença' diante da violação dos direitos políticos e humanos. Tal como assinala a própria carta da ONU, nascida depois dos horrores da Segunda Guerra Mundial, os direitos humanos são universais, e nenhum país pode se escudar atrás da 'não-interferência' para violá-los", assinalei. Sabia Kirchner que em Cuba há presos políticos por "crimes" como distribuir cópias mimeografadas da Carta da ONU?

Kirchner respondeu: "Pois bem, tampouco o povo cubano quer o isolamento, o sectarismo. Creio que é um assunto que deve ser resolvido pelo povo cubano. Nós, neste aspecto, respeitamos todas as nações e, portanto, nos abstemos de interferir em seus assuntos internos." "Então, por que não fazer o que fazem todas as democracias européias e muitos países latino-americanos, de se opor tanto ao embargo comercial dos EUA como aos abusos dos direitos humanos em Cuba?", perguntei. "Por que não fazer as duas coisas?" Kirchner voltou a afirmar o que dissera na fita anterior sobre a autodeterminação dos povos, acrescentando, quase no fim, que "cada um tem uma visão do problema. Acredito que os últimos acontecimentos do ano passado (a condenação a 25 anos de prisão dos opositores pacíficos) em Cuba repercutiram negativamente. Não foram um acerto, exatamente, de Fidel. Por isso, parece-me, cada um pode opinar de maneira diferente sobre esse assunto".[17]

O tema Cuba não parecia apaixoná-lo, nem para um lado nem para o outro. De qualquer maneira, fiz uma última pergunta: "Agora que a Argentina iniciou uma aproximação com o regime cubano, o senhor falaria com alguém mais além de Fidel Castro na ilha? Ou falaria também com a oposição, como fez Fidel Castro com os grupos de extrema esquerda durante sua visita a Buenos Aires em 2002, ou em cada viagem sua ao exterior?" "Nunca se pode ser tão taxativo na vida", respondeu Kirchner. "Emitir uma opinião tão fechada (como dizer que não teria contato com a oposição) seria um equívoco. Cada caso é um caso." A resposta demonstrava que, por sorte, ele não é tão ingênuo para sentir admiração pela ditadura cubana. Mas ao mesmo tempo não queria ter a menor noção do mal que fazia à causa dos direitos humanos ao contribuir tacitamente com a idéia de uma parte da sociedade Argentina, de que existe algo como ditaduras boas.*

Mudando de assunto, perguntei-lhe sobre a Bolívia: "Quando falou com o líder cocaleiro Evo Morales, os jornais disseram que o senhor o apoiou", recordei. "O senhor o apoiou?" Kirchner respondeu: "Não disse a Evo Morales que íamos apoiá-lo. Não interfiro na vida interna do povo boliviano. Disse a Evo Morales que pensava ser fundamental abandonar qualquer idéia insurrecional, apoiar fortemente a defesa e a consolidação das instituições, e que apoiar as instituições nesse momento passava por apoiar Carlos Mesa, o

---

* No ano seguinte, numa reunião com jornalistas internacionais que participaram da conferência "Desafios do Jornalismo Real", organizada pelo diário *Clarín*, em 6 de julho de 2005, Kirchner respondeu, a uma pergunta do editor porto-riquenho Luis Alberto Ferré, que, se viajasse a Cuba num futuro próximo, provavelmente se entrevistaria com a oposição democrática, como fizera numa recente viagem à Venezuela, segundo testemunhos de pessoas presentes.

presidente boliviano. Mesa me disse que, hoje em dia, Evo Morales atua com bastante maturidade, e o apóia. Coisa que me alegra. Agora, não vou apoiar um candidato de outro país. Seria um absurdo, uma intromissão inaceitável."[18]

No entanto, ele apoiou Tabaré Vázquez quando este era o candidato da esquerda no Uruguai, assinalei. O próprio governo do presidente Jorge Batlle disse publicamente que Kirchner tomara partido abertamente por Vázquez, que ganhou logo depois a presidência do Uruguai. Kirchner, um pouco desconfortável, relativizou a acusação de Batlle. "No Uruguai há uma disputa muito forte entre os partidos tradicionais e a Frente Ampla (de esquerda). É muito polarizada. O prefeito de Montevidéu (Mariano Arana) nos convidou, Mesa, Duhalde e Lula, para nos entregar a chave da cidade. Algum assessor do presidente Batlle saiu a dizer — depois foi desautorizado — que estávamos interferindo na vida interna. Sob nenhum aspecto... Não interfiro."

"E não ajudou a legitimar Hebe de Bonafini, a líder do setor antidemocrático das Mães da Praça de Maio, que apoiava a luta de classes e até o terrorismo, ao permitir-lhe tanto trânsito na Casa Rosada?", perguntei. "Tenho grande carinho por ela", respondeu Kirchner. "Sempre estivemos politicamente em caminhos diferentes. Sinto que a perda... Ela era uma dona-de-casa destroçada pela perda [de um filho], e se tornou militante revolucionária, como ela diz, e eu evidentemente, em nome das mães que tanto sofreram, recebo-a permanentemente quando vem me ver. Se tivesse de concordar com cada pessoa que vem ao meu gabinete, não poderia receber ninguém... Recebo todos. Isso não significa que tenho de concordar com as posições de todos."[19]

E como se sente Kirchner quando o enquadram num eixo com Brasil, Venezuela e Cuba? Incomoda-se? Ou não? "Bem, nem me incomoda nem deixa de me incomodar, porque cada um sabe o que é. O único eixo de que posso falar na América do Sul é o do Brasil e Argentina / Argentina e Brasil. Esta é a realidade. O jornalismo tem direito de opinar, de fazer suas avaliações, mas basta ver que políticas conjuntas fizemos (com Venezuela e Cuba), e não fizemos nenhuma, o que não significa que estou de acordo com que se isolem Chávez ou qualquer presidente. Pelo contrário, creio que o diálogo é fundamental."[20]

Saí da entrevista favoravelmente impressionado com Kirchner. Pelo que ele disse, parecia bem mais democrático e tolerante do que a impressão que muitos tínhamos dele. Talvez se tratasse de um homem com um estilo pessoal prepotente e confrontador, mas que no fundo tem uma mentalidade tolerante, pensei. No entanto, meu otimismo incipiente sobre Kirchner se diluiu em alguma medida no dia seguinte, tarde da noite, quando tive outra longa conversa, mais distendida e particular, uma vez terminada a cúpula.

O país dos extremos

Eram 11 da noite. Eu acabara de enviar minha coluna para o *Miami Herald*, jantara em meu quarto, e descera ao saguão do hotel para ver se ainda havia algum funcionário com quem falar. Quando cheguei ao bar, ali estavam, numa mesa, Kirchner com sua mulher, a senadora Cristina Fernández, e seu chanceler, Bielsa. Bebiam café, matando o tempo enquanto desciam as malas, e esperavam que o avião presidencial estivesse pronto para seu regresso à Argentina. Entrei no salão, aproximei-me para saudar e — suponho — fiquei parado diante da mesa o tempo suficiente para que não houvesse remédio senão convidar-me para me sentar com eles. Em pouco tempo falávamos dos principais temas que concentraram a atenção de todos durante a cúpula. Como se tratava de uma conversa particular, *off the record*, nunca publiquei o que Kirchner disse, e não publicarei agora. Limito-me a contar o que eu disse e a impressão que me causaram suas respostas.

Foi uma conversa que me deixou preocupado. No papo informal, Kirchner parecia bastante afastado do "progressismo dentro do liberalismo econômico" com que se identificava publicamente, e dava a impressão de estar mais perto da esquerda retrógrada segundo a qual a explicação para todos os fracassos nacionais são o imperialismo norte-americano e os organismos financeiros internacionais.

Durante o papo, tocamos novamente nos temas da Venezuela, Cuba, Bolívia, Uruguai e a própria Argentina. Sem gravador, desta vez, Kirchner voltava uma e outra vez à responsabilidade dos EUA, do FMI, das reformas econômicas ortodoxas dos anos 1990 e do seu antecessor, Menem. Algumas das coisas sugeridas eram certas, como que Washington deixara a Bolívia sozinha depois de exigir-lhe o sacrifício enorme de destruir suas plantações de coca. Outras, como culpar o FMI pela derrocada econômica argentina, eram bastante relativas, porque parecia omitir qualquer responsabilidade do próprio país na crise que acabara de sofrer. Depois de passar em revista vários países e escutar as mesmas explicações de Kirchner, e notando que o presidente ou estava cansado ou não parecia muito interessado em escutar minha opinião, decidi me manter no papel de perguntador complacente e reservar minha opinião para o fim da noite. Pensei bem no que dizer, para poder — com sorte — trazer alguma idéia que pudesse ficar na memória dele. De modo que, depois de uns 40 minutos de conversa, durante os quais se uniram a nós o ministro da Economia, Lavagna, e dois ou três assessores de Bielsa, emiti meu ponto de vista.

"Presidente", eu disse, "muitas das coisas que o senhor diz são certas. É inegável que os EUA têm uma história duvidosa na região, sobretudo no início do século XX, embora se deva reconhecer que nas últimas três décadas Washington aprendeu algumas lições e aumentou seu apoio à democracia e aos direitos humanos na região. Mas, se me permite uma crítica construtiva, seu governo às vezes dá a impressão de querer fazer em tudo o contrário do que se fez nos anos 1990, de bom ou de ruim." Kirchner me olhou com um rosto de pedra e um ar que senti como de desconfiança. Continuei falando: "Os grandes trancos políticos ou econômicos fazem mal aos países. Geram desconfiança interna e externa, que se traduz em menos investimentos, maior fuga de capitais, menos crescimento e mais desemprego. Os países que funcionam melhor, como a Espanha, a Irlanda e o Chile, são os que onde ganha a esquerda, ganha a direita, ou ganha o centro e não ocorre nada de dramático. Nenhum investidor fugirá espavorido da Espanha, ou do Chile, porque ganha um ou outro partido. São países que têm um rumo fixo, previsível. Talvez um governo aumente mais os impostos, ou mude os gastos estatais de um setor para outro, mas não darão uma guinada radical que os tire do caminho. Isso não funcionou em nenhum lugar."

Logo depois, enquanto Kirchner me olhava em silêncio, assinalei que a história argentina recente não passava de uma série de vaivéns políticos. "A Argentina é o país do ziguezague", disse. Desde que os argentinos se lembrem, não houve períodos extensos de estabilidade. A história estava marcada por extremos. A busca pelo centro era exceção. Tanto era assim que, enquanto no resto do mundo a moderação é vista como virtude, na Argentina é considerada sintoma de fraqueza. "A Argentina é o único país em que um partido de centro, um dos mais tradicionais do país, chama-se 'partido radical'. Ainda que ninguém tome literalmente o significado do nome, não é um absurdo a existência de um partido 'radical' no século XXI, quando os países competem para se mostrar mais moderados e pragmáticos para atrair mais investimentos?" Para amenizar a história, lembrei que, em meados do século passado, o partido radical — que paradoxalmente representava a classe média urbana — se cindira, e os que foram se refundaram sob o nome de União Cívica Radical Intransigente, para que ninguém chegasse a pensar que poderiam incorrer em vícios como a flexibilidade, a abertura mental e a busca de consensos.

A Argentina passou sucessivamente do populismo nacionalista do peronismo dos anos 1950 ao antiperonismo recalcitrante dos anos 1960, ao efêmero regresso do peronismo, desta vez pela mão da esquerda, em 1973, a uma ditadura militar de direita de 1976, aos fracos governos democráticos dos anos 1980, à abertura econômica marcada pela corrupção sob Menem nos anos 1990, ao governo atual, que diz que todas as medidas de abertura tomadas nos anos 1980 e 90 são inconsistentes. Resumindo, disse a Kirchner que me parecia excelente que denunciasse a corrupção do governo Menem, e o felicitava por isso. Mas que uma coisa era atacar a corrupção e algumas políticas concretas, e outra atacar o conceito de abertura econômica e a competência dos investimentos, que é precisamente a receita que está dando resultados na China, Índia e no Leste europeu, reduzindo a pobreza em lugares tão desiguais como China e Chile.

Kirchner não me escutou, ou pelo menos deu a impressão de não ter escutado. Encolheu os ombros, olhou-me de cima e recitou um discurso sobre as barbaridades das políticas neoliberais de Menem, sem sequer se referir ao meu argumento de que nenhum país pode avançar com mudanças tão fortes de orientação. Despedi-me do presidente poucos minutos depois, com a sensação de ter fracassado miseravelmente em meu intento de fazer uma crítica construtiva. Meu único consolo foi que, ao sair do bar do hotel, sua mulher comentou comigo que eu tinha razão em dizer que nenhum país pode se desenvolver mudando de políticas a cada quatro anos, mas que eu tinha de entender que o desastre econômico argentino fora tal que não se podia fazer coisa diferente do que buscar um caminho diferente. Não me convenceram seus argumentos, mas pelo menos ela escutou os meus.

Pouco depois, quando Kirchner e seus colaboradores imediatos se retiraram do hotel e fiquei no saguão conversando com alguns funcionários de segundo escalão, um deles comentou: "Andrés, disseram-me que você foi muito duro com o presidente." Seu comentário me assombrou. "Como?", reagi. "Você acha? Disse a ele o mais óbvio, o que os empresários argentinos e estrangeiros devem estar dizendo a ele todos os dias", e encolhi os ombros, surpreendido. O funcionário balançou a cabeça negativamente e me disse: "Você se engana. O último que disse algo assim foi um empresário petrolífero, e ele nunca mais voltou a recebê-lo."

A visão de Washington

Minha conversa com o presidente argentino não foi a única surpresa que levei dessa cúpula. A outra foi a cobertura feita pela imprensa argentina, segundo a qual a reunião de Kirchner com Bush durante o evento fora um êxito completo. "O governo melhorou os laços com os EUA", titulou o *La Nación* de 15 de janeiro, assinalando no texto de primeira página que "o governo qualificou ontem de êxito total" a participação de Néstor Kirchner na Cúpula das Américas. O diário de maior circulação do país, *Clarín*, titulou: "Bush deu novo apoio, mas pediu um gesto claro pela dívida",[21] e assinalou em sua análise da viagem que "Kirchner se deu bem em sua segunda reunião em sete meses com o chefe da Casa Branca".²²

No entanto, os altos funcionários do governo Bush diziam aos jornalistas dos EUA algo totalmente diferente. De fato, a reunião de Kirchner com Bush fora civilizada, e até boa, disse-me em Monterrey, nesse dia, um dos principais funcionários da Casa Branca para a América Latina. Mas poucas horas mais tarde, quando Kirchner leu um discurso em que praticamente culpava os EUA pelos males da região, o ambiente positivo gerado dissipara-se em questão de segundos. A ponto de Bush tirar o aparelho de tradução simultânea na metade do discurso, segundo me confirmaram depois fontes da Casa Branca que se encontravam ao seu lado.

"Eles tiveram uma boa reunião bilateral, à margem da cúpula, e logo Kirchner fez um discurso de encerramento tão peronista da velha-guarda que não só o presidente Bush mas muitos outros se perguntaram se era o mesmo personagem com que se reuniram momentos antes", disse-me um alto funcionário dos EUA. "Havia um ambiente de decepção na delegação norte-americana. Estávamos fazendo progressos, o presidente Bush intercedeu por Kirchner no FMI, e ele agora vem com esse discurso."

Outro funcionário, o então embaixador especial da Casa Branca para a América Latina, Otto Reich, confirmou-me mais tarde, numa entrevista, que "a reação na delegação dos EUA foi de incredulidade diante da retórica tão antiquada do presidente argentino. Foi um discurso terceiro-mundista, dos anos 1960".²³ Reich acrescentou que "o que afetou a percepção da delegação norte-americana tão negativamente foi que o discurso de Kirchner teve lugar no encerramento da Cúpula das Américas", que o presidente argentino preferia como representante do país hóspede da próxima cúpula, que se realizaria na Argentina em novembro de 2005. "A cúpula fora dedicada a promover o desenvolvimento, e todo o tempo se falou de coisas como aumentar o emprego mediante a redução da burocracia e outras barreiras impostas pelos Estados para a criação de empresas. E em lugar de falar em como gerar crescimento e emprego reduzindo a intervenção do Estado, encontramos alguém que ainda pensava em termos da teoria da dependência."²⁴

Ninguém ficou sabendo, em Buenos Aires, da péssima repercussão que teve na delegação norte-americana o discurso de Kirchner. Pelo contrário, a delegação argentina regressou ao país com ar triunfalista, como se tivesse conseguido ficar bem com Deus e o Diabo, sem nada sacrificar. Segundo o chanceler Bielsa, "estamos demonstrando que se pode discordar sem que isso nos faça perder o respeito e a firmeza na relação com os EUA". Todos os jornais e canais de televisão argentinos qualificaram a viagem como um êxito, na qual o presidente Kirchner supostamente conseguira uma importante aproximação com o governo dos EUA.[25] Para os poucos jornalistas que falávamos com funcionários de ambos os países era coisa para rir: os norte-americanos nos diziam que, depois de sua atuação em Monterrey, Kirchner podia esquecer por algum tempo de contar com um amigo na Casa Branca.

E assim foi. Meses depois, Kirchner realizou sua primeira viagem oficial aos EUA, com uma visita a Nova York e Washington. Apesar de todos os esforços da embaixada argentina para conseguir uma entrevista com Bush, com o então secretário de Estado Colin Powell ou com a então conselheira de Segurança Condoleezza Rice, o governo Bush não concedeu nem um encontro com o porteiro da Casa Branca. "A embaixada argentina tentava acertar um encontro informal", confirmou-me meses depois um funcionário da Casa Branca. "Mas recebemos uma mensagem do Salão Oval, muito antes da viagem, dizendo-nos: *Forget it* (esqueçam)."

Segundo o funcionário, o então assessor da Casa Branca para a América Latina, Reich, tentou em vão convencer o chefe de gabinete de Bush a mudar a decisão e receber Kirchner, mesmo por um minuto, mas não teve sorte. "Acreditávamos que, num caso em que não há uma relação abertamente hostil, era conveniente que se realizasse a reunião. Mas os dois se viram recentemente em Monterrey e, depois, em Nova York, e muitas pessoas do gabinete do presidente (Bush) diziam: 'Para que diabos outra reunião? Vamos ter uma reunião agradável e, depois, sem se saber o porquê, ele vai sair fazendo um discurso contra nós...'", disse o funcionário. Finalmente o governo Bush decidiu que ninguém de alto nível se encontraria com Kirchner. O presidente argentino acabou se entrevistando com o então presidente do Banco Interamericano de Desenvolvimento, Enrique Iglesias, a poucas quadras da Casa Branca. No dia seguinte, previsivelmente, a imprensa argentina informou o êxito da viagem de Kirchner a Washington. Bush demorou mais de um ano a voltar a falar com o presidente argentino, em março de 2005, quando necessitava de sua ajuda para conter Chávez na Venezuela e para preparar a agenda da próxima Cúpula das Américas na Argentina.

"Excelentes relações"

Em público, o governo Bush falava positivamente da Argentina, dizia que suas relações com o governo Kirchner eram excelentes e, de passagem, recordava ao mundo que pessoalmente intercedera junto ao FMI para conseguir maior flexibilidade em suas negociações com a Argentina. Mesmo depois dos leves atritos por causa do tema cubano, o governo norte-americano encarava o relacionamento com bons olhos. O subsecretário de Assuntos Hemisféricos do Departamento de Estado, Noriega, disse-me, numa entrevista no fim de 2004, que "os argentinos reconhecem que não têm melhor amigo do que os EUA" — referindo-se, presumivelmente, ao tema da dívida — e que "a Argentina é um bom sócio dos EUA". O embaixador norte-americano em Buenos Aires, Lino Gutiérrez, disse: "Tínhamos excelentes relações antes e continuaremos a tê-las." [26] Mas, em particular, os principais funcionários dos EUA levantavam as sobrancelhas quando eram perguntados sobre a Argentina, frustrados porque um país com tanto potencial não se encontrasse mais inserido na economia global e estivesse ficando cada vez mais para trás no contexto mundial. Para Washington, a Argentina deixara de ser aliada vizinha, e tampouco era um mercado tão interessante no novo contexto internacional, em que sobravam países da Ásia, do Leste europeu e da própria América do Sul, que se esforçavam por ser mais amigáveis em relação aos investimentos estrangeiros. Não foi por acaso que, em sua primeira viagem à América do Sul depois de assumir o cargo, a secretária de Estado Condoleezza Rice tenha visitado Brasil, Colômbia, Chile e El Salvador, passando por alto pela Argentina. Pouco depois, Condoleezza Rice deixou transparecer, numa entrevista ao *Miami Herald* em Washington — nunca reproduzida na Argentina —, que a Argentina não estava entre seus melhores amigos na região. Depois de afirmar que não se preocupava com a proliferação de governos de centro-esquerda na América do Sul, ela assinalou que os EUA têm "excelentes relações com o Chile", "muito boas relações com o Brasil" e "boas relações numa quantidade de temas com a Argentina".[27] A escala descendente dos adjetivos diz tudo.

A rigor, o mesmo se pode dizer do que pensavam os funcionários argentinos sobre os EUA. Assim como o governo e a opinião pública eram quase por unanimidade críticos dos EUA — segundo as pesquisas, a Argentina estava entre os países que tinham a pior imagem dos EUA no mundo —, a opinião esclarecida em Washington não tinha muito de bom para dizer da Argentina. Apenas saíam do governo, quando podiam falar livremente, os funcionários norte-americanos diziam exatamente o contrário do que determinava a linha oficial.

Quando perguntei a Manuel Rocha, encarregado de negócios dos EUA na Argentina de 1997 a 2000, sobre as declarações que acabavam de dar seus antigos colegas Noriega e Gutiérrez, ele disse: "O papel de um subsecretário de Estado e de um embaixador não é necessariamente falar verdades. E sim promover boas relações. Eles cumprem o seu papel." E acrescentou: "Se você me perguntasse isso quando eu era embaixador, daria as mesmas respostas que eles deram."

"Um país adolescente"

O que pensa agora Rocha, que já se aposentou do Departamento de Estado dos EUA? Como vê o futuro da Argentina? "Obscuro", respondeu. "Porque não há um consenso da classe dirigente sobre um projeto de nação... Há uma tremenda divisão na classe dirigente. No Chile, quando se fala com um socialista, com uma pessoa de centro e com uma pessoa da direita, percebe-se que em termos de política econômica há muita coincidência. Na Argentina, em política econômica, nem mesmo dentro do peronismo há consenso sobre um projeto nacional." Segundo Rocha, isso se deve "à incapacidade da classe dirigente imatura, que não soube estar à altura do seu país, e que em parte vem do modelo nascido com o peronismo. E à incapacidade da classe empresarial também. *They don't get it* — não percebem o que se passa (no mundo)".

Mas a Argentina não tem uma classe intelectual, política e empresarial sofisticada?, perguntei. Por acaso não é o país sul-americano com mais teatros, óperas, museus, conferências e livros publicados? "É gente sofisticada, mas só na aparência. São sofisticados na aparência. Usam roupa inglesa etc., mas comparados a um tipo de Hong Kong, Cingapura e até a um hierarca do Partido Comunista Chinês, os três são mais sofisticados do que um dirigente político ou empresarial argentino. Isso se deve a que, na Argentina, se criou uma cultura muito individualista, muito salve-se quem puder, e ganhe dinheiro como puder, da maneira como puder."

Rocha citou o exemplo do tão celebrado gol de Diego Maradona na Copa de 1986, no México, quando, na partida contra a Grã-Bretanha, fez um gol com a mão sem que o árbitro percebesse e, depois, interrogado por jornalistas, disse que "foi a mão de Deus". Os argentinos celebram o acontecimento até hoje. De fato, muitos anos depois da aposentadoria de Maradona, quando uma pesquisa do governo argentino perguntou, em 2005, quem era a personalidade atual mais representativa do país, Maradona chegou em primeiro lugar com 51%, seguido por Kirchner com 31%.[28] "É um país maravilhoso, com um tremendo talento, em que, apesar desse talento, se aplaude o que faz o gol com a mão, quando essa pessoa não teria necessidade de fazer o gol com a mão", diz Rocha. "Aplaude-se a vivacidade nativa e não o trabalho disciplinado." Não foi por acaso que o Congresso argentino celebrou o cancelamento da dívida externa com cânticos festivos, ou que o governo Kirchner culpe todo o mundo — os credores, o FMI e os bancos — pela suspensão da dívida, afirma o antigo diplomata norte-americano.

"Grande parte da imaturidade argentina se deve ao Estado paternalista criado pelo peronismo, baseado no modelo corporativista que o general Juan

Perón aprendeu durante sua estada na Itália de Benito Mussolini", acrescentou Rocha. "O peronismo criou uma relação entre o indivíduo e o Estado que fez com que o indivíduo se tornasse dependente do Estado. O argentino espera que o Estado resolva seu problema, quer se trate de um mineiro, um aposentado ou uma comunidade. Sempre espera que o Estado resolva a situação... Na Argentina não se usam as palavras de John Kennedy, 'Não pergunte o que o país pode fazer por você, e sim o que você pode fazer pelo país'. Na Argentina as pessoas perguntam o que o país pode fazer por elas. Portanto, quando se culpa alguém, culpa-se o Estado, o FMI, o capitalismo, o neoliberalismo, mas nunca se assume a responsabilidade de que a culpa pode ser interna. É um país imaturo, adolescente e, no momento, demonstra que não pode sair de sua crise por sua incapacidade de fazer o elementar, como respeitar a lei e os contratos."

A rigor, a visão de Rocha sobre o peronismo é tão generalizada nos países ricos que a própria secretária de Estado Condoleezza Rice — aparentemente sem se dar conta de que estava dizendo algo que poderia incomodar o governo argentino — manifestou, numa audiência pública do Congresso, em 12 de maio de 2005, que Perón, como Chávez na atualidade, foi um presidente populista cuja demagogia não fez qualquer bem ao país. Até no vizinho Chile, o chanceler do governo socialista de Lagos, Ignacio Walker, teve de se desculpar diante do governo argentino, ao assumir o cargo, por ter escrito, em novembro de 2004, um artigo no jornal *El Mercurio* intitulado "Nossos vizinhos argentinos", dizendo que "o verdadeiro muro que se interpõe entre o Chile e a Argentina não é a cordilheira dos Andes, e sim o legado do peronismo e sua lógica perversa". Walker se referiu ao Partido Justicialista de Kirchner como um movimento com "rasgos autoritários, corporativos e fascistóides" e acrescentou: "Diríamos que desde que Perón se instalou no poder, em 1945, o peronismo e o militarismo se encarregaram de destruir sistematicamente a Argentina."[29]

"Será que Kirchner está fazendo as coisas por etapas?", perguntei a Rocha. Pode-se especular que Kirchner não entende como funciona o mundo, mas também se pode pensar que o presidente argentino tem de pôr a casa em ordem e chegar a um acordo com os credores internacionais antes de aplicar políticas que incentivem os investimentos. De fato, Kirchner conseguiu uma quitação importante no pagamento da dívida externa, e isso não é um dado menor num país quebrado e ferido em seu orgulho nacional. "Gostaria de acreditar que a segunda hipótese é a certa, mas temo que não seja assim. Falamos de indivíduos que estão na liderança argentina, cuja capacidade de entender o que se passou e vai se passar no mundo é nula", concluiu Rocha.

A importância da reputação

James Walsh, o embaixador dos EUA de 2000 a 2003, via a Argentina com olhos menos pessimistas do que seu antecessor, mas no fundo sua visão não era muito diferente. Walsh tinha laços afetivos com o país, que vinham de sua juventude: aos 17 anos participou de um programa de intercâmbio na província argentina de Córdoba, e logo regressou como funcionário da embaixada dos EUA em Buenos Aires, no fim dos anos 1960, antes de sua nomeação para embaixador vários anos depois. Durante sua última estada oficial na Argentina, antes da aposentadoria, foi participante da maior crise política da história recente do país: a sucessão de cinco presidentes em uma semana. "Eu era a pessoa que ia todos os dias à Casa Rosada levando uma nota que dizia: 'É uma honra para o governo dos EUA reconhecer o novo governo da Argentina'", recorda agora, divertido. "Um jornal tirou uma foto minha saindo da Casa Rosada pela quarta ou quinta vez, sábado pela manhã, sem gravata, e disse em tom de galhofa que as mudanças presidenciais se tornaram tão rotineiras que o embaixador dos EUA ia apresentar suas credenciais vestido com roupa esporte."

Para Walsh, a Argentina adolescente, o país da "vivacidade nativa" descrita por Rocha, é um fenômeno principalmente da capital, que não se estende ao interior do país. Durante seus anos em Córdoba, nunca viu essa exaltação do "salve-se quem puder" que viu logo em Buenos Aires. "Quando vai para o interior do país, você percebe que o conceito da honestidade, do valor da palavra, existe. Dizer que alguém é esperto não é nenhum elogio em Córdoba. Em Buenos Aires existe uma atitude diferente: o mesmo conceito é visto como algo simpático, positivo." Mas Walsh concorda que no governo de Kirchner — a julgar pelas pesquisas — a maioria dos argentinos vive na fantasia ao comemorar o crescimento econômico de 2003, 2004 e 2005 como o início de uma longa era de prosperidade. Como quase todos os diplomatas em Washington, e os empresários nos EUA e Europa, Walsh via os 8% de crescimento econômico da Argentina em 2004 como o resultado de vários fatores externos, que não durarão muito, como o vigoroso crescimento econômico dos EUA, que fazia aumentar as exportações de manufaturas argentinas, o crescente apetite da China pelos produtos agropecuários sul-americanos, o aumento dos preços das matérias-primas agrícolas exportadas pelo país e as baixas taxas dos juros internacionais, que facilitavam o pagamento dos juros das dívidas comerciais. E, é claro, a Argentina não está pagando sua dívida externa, o que deixa mais divisas disponíveis para guardar em suas reservas.

"Salvaram-se por enquanto, mas o fato é que mais cedo ou mais tarde os juros vão subir, os preços das matérias-primas vão baixar, e a bolha vai explodir", disse-me Walsh. "A idéia de que os argentinos podem cruzar os braços e dizer que o FMI se enganou e que o Consenso de Washington é uma enfiada de tolices é muito simplista. O certo é que um país cria a reputação de manter suas promessas, ou não. E se não tem essa reputação, as pessoas não emprestarão dinheiro, nem investirão nele, havendo tantos outros lugares para investir."

"E o que respondiam os funcionários de Duhalde e os de Kirchner quando lhes diziam essas coisas?", perguntei. "A metade deles me dizia que concordava, que tinham de fazer algo a respeito, e então nada acontecia. Depois, a economia começou a melhorar (em 2003) e começava-se a ouvir as pessoas fazendo comentários do tipo 'Estão vendo, não tínhamos de fazer nada do que nos aconselhavam'. E isso é uma tolice, porque seguramente tinham de fazer as reformas institucionais e estruturais que lhes aconselhavam. Porque, se não se fazem as mudanças quando as coisas vão bem, como poderão fazê-las quando a economia voltar a cair, como cedo ou tarde acontecerá? Quando se está no auge é o momento de fazer essas reformas." E obviamente Kirchner não está fazendo as reformas necessárias. "O que agora vejo de longe, lendo os jornais argentinos, é que grande parte dessa retórica otimista é uma ilusão."

As pressões sobre a imprensa

Parte do problema é que um setor importante da imprensa argentina perdeu a valentia de antes. Com poucas exceções, como o diário *La Nación* ou a revista *Notícias*, a imprensa argentina quase sempre reflete sem questionamento as boas notícias fornecidas pela Casa Rosada. E, segundo as organizações internacionais de defesa da liberdade de imprensa, quem não concorda recebe telefonemas do governo, amiúde do próprio presidente do país — em especial no caso da televisão —, até mesmo por causa de críticas inofensivas. Um alto funcionário de um canal de televisão me contou que Kirchner se queixou pessoalmente da expressão de ceticismo de um jornalista ao anunciar uma medida do governo. É o presidente mais dependente do que diz a imprensa na história recente do país, e o que mais se irrita por qualquer coisa, dizem os jornalistas argentinos. Eu próprio constatei em meu encontro com ele em Monterrey, mas no meu caso não passou de um episódio anedótico: na minha qualidade de representante de um jornal dos EUA, o fato de que Kirchner não gostava de meus artigos não tinha qualquer reflexo em minha vida profissional. Mas para os jornalistas argentinos, que ganham a vida em empresas endividadas, que em alguns casos dependem da publicidade oficial do governo, os agastamentos do presidente não são um dado menor. Com o correr do tempo, as notícias sobre os "apertos" do governo aos jornalistas se fizeram cada vez mais freqüentes, e públicas. Em geral, Kirchner tolera a crítica nas colunas de opinião dos jornais, mas exige um alinhamento quase total nas páginas de informação, como quando se noticiam os êxitos presidenciais em suas viagens ao exterior. Os jornalistas argentinos que, por sobrevivência profissional, optam por não falar publicamente das pressões recebidas, falam cada vez mais em particular, e com as organizações internacionais de imprensa. A organização não-governamental Freedom House, dos EUA, assinalou em seu relatório anual de 2005 que a liberdade de imprensa é parcial na Argentina e colocou o país no 92º lugar entre 192 nações, uma queda de 14 lugares em relação à posição do ano anterior. A Sociedade Interamericana de Imprensa (SIP), depois de visitar o país no mesmo ano, concluiu que ainda que "seja possível afirmar que há liberdade de imprensa na Argentina, com restrições", existem "tendências e fatos preocupantes que, a continuar assim, constituem ameaça à liberdade de imprensa". Além dos telefonemas intimidadores, existe uma manipulação política da publicidade oficial por parte do governo para beneficiar alguns meios e castigar outros com fundos que — ao menos em teoria — são patrimônio de todos os contribuintes, assinalou a organização. O que disse a SIP é *vox populi* entre os jornalistas. O *La Nación*, por exemplo, recebeu em 2004 a mesma quantidade de publicidade estatal que o oficialista *Página/12*, apesar de o *La Nación* ter uma tiragem dez vezes maior. A missão da SIP encontrou "discriminação governamental na concessão de publicidade" e "discriminação na informação", mediante a proibição do governo de que seus funcionários sejam entrevistados por jornais que considera hostis. No momento, o "aperto" está funcionando e não afeta a popularidade de Kirchner. Mas depois de falar com jornalistas de vários órgãos em Buenos Aires fiquei com a impressão de que em muitos deles cresce o ressentimento em relação ao presidente. "Agora, continuam no trem. Mas deixe que a popularidade caia a 49% das pesquisas, e todos vão cair em cima dele", assinalou-me um conhecido jornalista, refletindo o sentimento generalizado no meio. Kirchner, como em muitas outras frentes, está apostando forte e brincando com fogo.

"A Argentina está bem, mas vai mal"

Eufórico com a recuperação econômica, e desafiando os que o criticaram por não empreender as reformas necessárias para voltar a pôr o país num caminho de crescimento a longo prazo, Kirchner fechou o ano de 2004 proclamando vitoriosamente que o crescimento do país constitui "uma verdadeira lição aos diagnosticadores que previam um futuro sombrio".[30] Em seu discurso de fim de ano em Moreno, uma localidade da província de Buenos Aires, o presidente parecia convencido de que conseguira iniciar uma nova era de crescimento graças a ter feito caso omisso das receitas ortodoxas do FMI e daqueles que o aconselharam a chegar a um acordo com os credores e criar um clima favorável ao investimento o quanto antes, para inserir o país novamente na economia global. Acaso não viam os estrangeiros como as lojas de Buenos Aires estavam novamente cheias, o desemprego baixava e as indústrias começavam a esquentar os motores pela primeira vez depois da crise?, dizia o presidente aos seus visitantes estrangeiros.

Meses depois, em junho de 2005, quando a Argentina conseguiu renegociar com êxito a maior parte de seus quase 100 bilhões de dólares em bônus em *default* — a maior renegociação de dívida do mundo —, Kirchner podia se gabar com certa razão de que seu estilo rendera bons resultados ao país, que conseguira uma quitação de quase 75% no preço dos bônus, o que, segundo Lavagna, significa uma economia de 67 bilhões de dólares em pagamentos da dívida, e luz verde para que a Argentina regresse aos mercados de crédito pela primeira vez desde a derrocada de 2001.

O argumento do presidente tem seu mérito, mas também é fato que se perdia uma grande oportunidade no momento em que outros países avançavam a todo o vapor. Provavelmente Kirchner foi um bom presidente para um país em *default* que necessitava negociar com dureza melhores condições de pagamento, mas — ao não mudar seu estilo e sua visão do mundo — não seria tão bom para um país normalizado e necessitado de conseguir investimentos produtivos. Sua gestão obriga a perguntar se não se perdeu uma oportunidade de ouro. Kirchner desperdiçou a melhor conjuntura externa do país em cinco décadas ao não fazer — e nem sequer tentar fazer — alguma das transformações institucionais e econômicas realizadas com êxito em outros países para aumentar a competitividade. A Argentina se recupera, mais uma vez, graças aos preços das matérias-primas agropecuárias, que carecem de alto valor agregado e que — na economia do conhecimento do século XXI — eram as menos rentáveis a longo prazo. Mas em lugar de reconhecer, aproveitar o momento e, pelo menos, começar a pregar a necessidade de competir na economia global, Kirchner — até o momento de escrever estas linhas — ficou olhando para dentro, e festejando.

Numa viagem posterior à Argentina, encontrei-me com um alto funcionário do governo Kirchner num restaurante de Puerto Madero, a zona portuária cujos enormes silos e hangares foram convertidos em luxuosos restaurantes poucos anos antes. Quando nos sentamos para tomar café e começamos a debater o tema obrigatório — o futuro do país —, disse-lhe sinceramente o que pensava: sem dúvida, a Argentina está melhor do que dois anos antes. Mas, no mundo globalizado, um país não pode se comparar a si mesmo, e sim aos demais, porque de outra maneira terá cada vez menos investimento, menos competitividade, menos exportações e mais pobreza. "A Argentina está bem, mas vai mal", eu disse. Se a Argentina não aproveitar os ventos favoráveis para conseguir maior competitividade, promover a educação, a ciência e a tecnologia, e tudo o que lhe permita se inserir na economia global para vender produtos mais sofisticados, seu futuro será muito incerto.

O funcionário concordou com a cabeça e respondeu: "Você tem razão, mas a crise foi tão profunda que ainda é difícil falar do amanhã." Para quem vem de fora é fácil ver o que a Argentina necessita fazer, e provavelmente tem razão, acrescentou. Mas para os que vivem aqui, ainda não se saiu do choque do pior colapso econômico da história do país. "Antes que o navio possa zarpar, temos de tapar os furos do casco", concluiu. É um bom raciocínio, que demonstra inteligência e pragmatismo. Disse-lhe que em parte tem razão, e que é uma boa maneira de ver as coisas, que eu devia levar em conta em meus futuros escritos sobre Kirchner. Mas também é certo que, se o navio não sair do porto enquanto a maré está alta, será bem mais difícil movê-lo quando baixar.

FONTES

1. "Duro reproche de los empresarios españoles", *El Mundo*, 18 de julho de 2003.
2. Idem.
3. "Dura reunión de Kirchner con empresarios", *La Nación*, 18 de julho de 2003.
4. Idem.
5. "Nadie avisó aún que el presidente no asistirá", *La Nación*, 23 de outubro de 2003.
6. "Waiting Game", *Financial Times*, 29 de julho de 2004.
7. "HP pretende dobrar de tamanho no Brasil em 3 anos", *O Estado de S.Paulo*, edição web, 4 de agosto de 2004.
8. "Por la campaña (electoral), Kirchner no recibe el presidente sudafricano", *Clarín*, 31 de maio de 2005.
9. Larry Rohter, "Argentine Leader's Quirks Attract Criticism", *The New York Times*, 27 de dezembro de 2004.
10. Idem.
11. Andrés Oppenheimer, "El peligroso aumento del voto cautivo", *El Nuevo Herald*, 2 de julho de 2004.

12. Idem.
13. Entrevista do autor com Roberto Lavagna, em Buenos Aires, em 20 de abril de 2005.
14. Idem.
15. Entrevista do autor com Jorge Castañeda, Cidade do México, em 23 de setembro de 2003.
16. Entrevista do autor com Néstor Kirchner, Monterrey, México, em 13 de janeiro de 2004.
17. Idem.
18. Idem.
19. Idem.
20. Idem.
21. *Clarín*, 14 de janeiro de 2004.
22. "Entre Bush y Kohler, el presidente buscó consolidar su poder político", *Clarín*, 15 de janeiro de 2004.
23. Entrevista do autor com Otto J. Reich, em Washington, em 21 de janeiro de 2005.
24. Idem.
25. "El gobierno mejoró los lazos com EE.UU.", *La Nación*, 15 de janeiro de 2004, quinta-feira.
26. *Clarín*, 5 de novembro de 2004.
27. Entrevista de Condoleezza Rice com Pablo Bachelet, *The Miami Herald*, 3 de junho de 2005.
28. "San Martín y Maradona, los que mejor representan al país", *Clarín*, 31 de março de 2005.
29. "Nuestros vecinos argentinos", *El Mercurio*, 2 de outubro de 2004.
30. "Los argentinos dieron una lección", *La Nación*, 30 de dezembro de 2004.

CAPÍTULO 7

Brasil: o colosso do sul

Conto-do-vigário: "O Brasil é o país do futuro, e sempre será."
(Piada tradicional sobre o destino do Brasil.)

BRASÍLIA. Quando entrevistei o chanceler do Brasil, Celso Amorim, em seu imenso gabinete no Itamaraty, o Ministério das Relações Exteriores, em Brasília, bem antes dos escândalos de corrupção que sacudiram o governo brasileiro no final de 2005, o que me chamou a atenção não foi algo que escutei e sim algo que vi. Amorim, um diplomata de carreira que já foi chanceler do presidente Itamar Franco e ultimamente exercera o cargo de embaixador em Londres, é o protótipo da diplomacia brasileira, reconhecida como a mais sofisticada da região. Como a maioria de seus colegas do Itamaraty, é homem de muita experiência, que fala bem inglês e espanhol — o que não impediu que, depois de eu ter cometido a imprudência de comentar que há dois anos estava tomando aulas de português, insistisse em prosseguir a entrevista nesse idioma — e conhece na ponta da língua as respostas da cartilha nacionalista-desenvolvimentista da chancelaria de seu país. Estávamos sentados num dos recantos de seu gigantesco gabinete e, durante a hora e tanto que durou a entrevista, Amorim nada disse que parecesse novo. No entanto, não pude evitar um sorriso quando vi a enorme tapeçaria pendurada atrás de sua escrivaninha, no outro lado da peça.

É um mapa de vários metros de comprimento que mostra o mundo ao contrário. O Brasil está no centro, com a África de um lado, ocupando grande parte da tapeçaria, enquanto os EUA e a Europa estão bem abaixo, no longínquo Sul, quase caindo do mapa. Quando acabou a entrevista e caminhávamos até a porta de seu gabinete, não pude deixar de assinalar o mapa e brincar que agora finalmente entendia por que o governo do presidente Lula era tão nacionalista: seu chanceler passava o dia trabalhando debaixo de um mapa com o Brasil no centro do mundo. Celso Amorim encolheu os ombros e informou, com a maior naturalidade, que herdara o mapa do chanceler do governo anterior, Celso Lafer. E acrescentou que provavelmente estava ali antes dele, sempre.

De fato, como pude averiguar depois, o mapa era uma tapeçaria da artista brasileira Madeleine Colaço, que se baseou no mapa-múndi de um cartógrafo italiano da Antigüidade, e estava ali desde que os funcionários do Itamaraty se lembravam. Não era nada que chamasse muito a atenção do chanceler ou de seus colaboradores. De fato, como constatei mais tarde, o Brasil está cheio de mapas ao contrário, ou pelo menos ao contrário dos mapas-múndi tradicionais nos países do norte, que colonizaram o resto do mundo. Quando visitei o diário O Estado de S.Paulo, seu diretor tinha um pesa-papéis com o mundo ao contrário. Num escritório da empresa aérea Varig, encontrei um cartaz igual. Para os brasileiros, era uma velha piada, que se converteu em parte do folclore geopolítico nacional, a ponto de que há tempo deixara de chamar a atenção.

Havia alguma justificativa para o complexo de superioridade brasileiro, além da proeminência do país no futebol, na música e no Carnaval? Ou eram delírios de grandeza? O Brasil é, de longe, o maior país da América do Sul, com um produto bruto de mais de 50% do resto da sub-região em seu conjunto. No entanto, até o fim do mandato do presidente Fernando Henrique Cardoso, caracterizou-se por ser uma potência solitária, cheia de si mesma, mas isolada dos vizinhos e do resto do mundo. Era lógico: além de ter sido colonizado por Portugal e ter um idioma diferente de seus vizinhos sul-americanos, o Brasil teve de se concentrar mais do que os outros países da região naquilo que seus diplomatas chamam de "busca da consolidação do espaço nacional". Com seus 8,5 milhões de quilômetros quadrados (o quinto país de maior território do mundo) e seus 170 milhões de habitantes, sempre foi um país continental, como EUA, Rússia, China e Índia. O diplomata norte-americano George Kennan no início do século incluiu o Brasil na sua lista de países que chamou de *monster countries*, ou países-monstros, não só pelo tamanho mas pelo peso econômico no mundo. Mas à diferença dos EUA, que têm apenas dois vizinhos (México e Canadá), ou da Austrália, que não tem nenhum, o Brasil faz fronteira com dez países, o que historicamente exigiu um esforço de negociação e consolidação interna para delimitar pacificamente essas fronteiras e manter viva a identidade nacional. Ao mesmo tempo, pelo tamanho da sua economia (a décima maior do mundo) e sua enorme superioridade sobre os vizinhos, o Brasil sempre olhou para o Norte e o Leste, onde podia encontrar mercados de acordo com sua capacidade de produção, e ao mesmo tempo evitar ser contaminado pela instabilidade política dos vizinhos sul-americanos. Até o fim dos anos 1990, o resto da América do Sul nunca foi prioridade para os governos brasileiros.

Até as piadas ouvidas no início dos anos 1990 refletiam o desdém dos brasileiros pelos vizinhos, sobretudo os argentinos. De acordo com uma que escutei em São Paulo, depois da desvalorização brasileira de 1999, que fez cair bruscamente as importações dos países vizinhos e provocou a pior crise da história recente da Argentina, o presidente Fernando Henrique Cardoso convocou a cadeia nacional de televisão para transmitir a seguinte mensagem: "Povo brasileiro: tenho uma má notícia e uma boa notícia. A má notícia é que tivemos de desvalorizar a moeda, o que provocará o fechamento de milhares de empresas, mais desemprego, mais miséria, e atrairá tempos ruins para o país." Depois, com um sorriso malicioso, Fernando Henrique Cardoso acrescentou: "A boa notícia é que na Argentina também."

Mas a partir dos anos 1990, e especialmente depois da queda do Muro de Berlim, quando o mundo começou a se dividir em uma superpotência e várias potências regionais, o Brasil começou a buscar ativamente um papel hegemônico na América do Sul, como passo indispensável para estabelecer suas credenciais como uma das potências mundiais de segunda linha e conseguir um assento no Conselho de Segurança da ONU. O presidente Fernando Henrique Cardoso convocou a primeira Reunião de Presidentes da América do Sul em 30 de agosto de 2000, no que seria o primeiro passo de um esforço de liderança regional a que seu sucessor, Lula, daria um impulso ainda maior. A rigor, o Brasil vinha falando da integração regional desde o início do século XX, quando o barão de Rio Branco, o pai intelectual da diplomacia brasileira, se propôs em 1909 a "contribuir para a união e a amizade dos países sul-americanos", acrescentando que "uma das colunas dessa obra deverá ser o ABC (Argentina, Brasil e Chile)".[1] No entanto, até oito décadas mais tarde, quando o Brasil integrou o Mercosul, juntamente com Argentina, Uruguai e Paraguai, no tratado de Assunção de 1991, as declarações brasileiras pró-união regional foram apenas gestos de boa vontade.

A partir de então, a economia do Brasil começou a se relacionar mais com seus vizinhos. Não apenas aumentou significativamente o comércio entre os países do Mercosul, como começou a substituir suas importações petrolíferas do Oriente Médio pelas de seus vizinhos. Começou a comprar petróleo da Venezuela e da Argentina, gás natural da Bolívia, e construiu a represa binacional de Itaipu com o Paraguai, que começou a suprir de energia elétrica quase todos os estados do Sul e Sudeste brasileiro. A partir da entrada em vigor do Tratado de Livre-Comércio entre México, EUA e Canadá, em 1994, quando os brasileiros começaram a perceber a meteórica ascensão das exportações do México para os EUA, a chancelaria decidiu que necessitava de uma massa crítica para não ficar no limbo geográfico na nova economia global, onde se delineavam vários acordos de livre-comércio regionais. E decidiu apostar na União Sul-americana.

Bye bye, *México; bem-vinda, América do Sul*

A cúpula de 2000 em Brasília, a que assistiram doze presidentes sul-americanos, foi bem mais do que um ato simbólico. Significou a irrupção do Brasil na cena regional, com um novo projeto geopolítico — a região sul-americana. O então chanceler Lafer não dissimulou a intenção do Brasil de se converter no eixo da região, com o argumento de que o México e a América Central se tornaram pouco menos do que apêndices dos EUA e, portanto, supostamente deixaram de pertencer ao que os brasileiros até então chamavam de América Latina. Segundo Lafer, o México e a América Central já estavam do outro lado. "O futuro dessa parte da América Latina está cada vez mais vinculado ao que ocorre nos EUA", disse. "A América do Sul, ao contrário, tem... uma especificidade própria."[2]

Logo o Brasil começou a reescrever a história e a redefinir a geografia da região de uma forma que praticamente excluía o México e a América Central, e deixava-o como líder regional indiscutível da América do Sul. Talvez porque para conseguir o reconhecimento mundial como potência regional não podia se permitir partilhar a liderança latino-americana com outros países, ou porque o desmoronamento econômico argentino de 2001 deixou o Brasil — por eliminação — como única potência sul-americana, o certo é que os funcionários do Itamaraty começaram a propagar uma nova interpretação da história latino-americana, que, certamente, colocaria esse país num lugar de protagonista.

De fato, a diplomacia brasileira começou a divulgar, no fim dos anos 1990, a idéia de que não existia algo como América Latina, e sim uma América do Sul, uma América Central e uma América do Norte. Essa divisão geográfica deixava o México fora do jogo na comunidade diplomática latino-americana, ao relegá-lo ao âmbito norte-americano dominado pelos EUA, e colocava o Brasil como líder da América Latina.

Ouvi pela primeira vez essa teoria condenatória do conceito de "América Latina" em 2000, da boca do embaixador do Brasil em Washington, Rubens Barbosa, que fora enviado a essa cidade por Fernando Henrique Cardoso e confirmado no cargo por Lula, o que o convertia, por definição, em peso-pesado da política exterior brasileira. Rubens Barbosa me disse: "Estamos entrando no século XXI com uma nova geografia econômica. A comunidade de negócios percebe a região dividida em três zonas: América do Norte, América Central e Caribe, e América do Sul. Na América do Sul vivem cerca de 340 milhões de pessoas. Sua economia conjunta gera um produto bruto de 1,5 bilhão de dólares por ano, o que converte a região num centro de comércio e investimentos internacionais." Continuou dizendo que "os países sul-americanos compartilham mais do que uma geografia e uma história comuns. Compartilham valores. Compartilham o compromisso de construir um futuro melhor mediante a consolidação das instituições democráticas, o crescimento econômico sustentado e a luta para combater a injustiça social".

América Latina: um conceito superado?

Três anos depois, o Brasil daria um passo a mais na sua teoria da nova geografia econômica e acrescentaria que "América do Sul" é uma região natural, enquanto "América Latina" foi um conceito inventado para responder a interesses mais políticos do que geográficos. "A América Latina é um conceito superado", disse o embaixador Barbosa em conferência acadêmica realizada em Miami em meados de 2003, na qual dividi com ele um painel sobre o futuro da região. "O conceito de 'América Latina' foi criado por um sociólogo francês no século XIX, que inventou a idéia quando o imperador Maximiliano se instalou no México e os franceses queriam justificar uma expedição militar ao país com a idéia de expandir seu império aos países do Sul. Mas as coisas mudaram muito desde o século XIX, e hoje temos uma nova geografia na região, que faz com que o conceito de 'América Latina' esteja completamente desatualizado", disse Barbosa.

Quando o olhei com incredulidade (mais por ignorância do que outra coisa, porque confesso que até então jamais ouvira algo sobre a origem do termo "América Latina"), o embaixador brasileiro explicou que a região atualmente está dividida em três blocos econômicos, e não apenas econômicos mas também políticos. "Quando falo em separar o conceito de 'América Latina' penso também no que fazem os EUA. Não se pode falar de políticas consistentes dos EUA para a América Latina porque não há tal coisa: há políticas para diferentes países ou grupos de países. Nem sequer o Departamento de Estado nos chama de 'América Latina'. Chama-nos de 'Hemisfério Ocidental.'"[3] Ainda me recuperando da surpresa, respondi que o escritório do Departamento de Estado responsável pela região chama assim porque inclui o Canadá, razão pela qual dificilmente se poderia chamar "escritório da América Latina". No entanto, espicaçou-me a curiosidade sobre o tema.

É verdade o que disse Rubens Barbosa? Existe "América Latina" ou é uma invenção dos EUA, refletindo os interesses políticos das grandes potências da vez? A poucos dias da conferência, chamei o embaixador Barbosa e perguntei quem era o tal francês que inventara a expressão "América Latina". Segundo respondeu pouco depois, tratava-se de Michel Chevalier, intelectual viajante e senador francês em meados do século XIX. Acontece que Chevalier era um porta-bandeira dos sonhos imperialistas da França nas Américas e queria provar que a França — e não os EUA — era o país com maiores afinidades históricas com a região. Chevalier argumentava que os países ao sul dos EUA eram latinos e católicos, enquanto os EUA e o Canadá eram protestantes e anglo-saxões. A conclusão lógica dessa divisão das Américas era que a França, a principal potência latina do mundo de então, era chamada a liderar suas nações irmãs nas Américas. (Anos depois, a Espanha cunhou um termo para marcar seu próprio papel de liderança na região: ibero-americano.)

Chevalier chegou a convencer Napoleão III a instalar o imperador Maximiliano no México como uma cunha avançada do que se esperava que ia se converter num imenso império francês no novo continente. Em seus livros *A expedição do México* (1862) e *México antigo e moderno* (1863), o intelectual viajante desenvolve uma apaixonada argumentação a favor da criação de um império *latino* nas Américas. Esse império aumentaria a presença da França no mundo e serviria como dique de contenção ao que Chevalier chamava de a "América inglesa do continente" ou o "império anglo-saxão e protestante" dos EUA.

Chevalier proclamava abertamente suas intenções. Em seu escrito "Motivos para uma intervenção da Europa, ou da França sozinha, nos negócios do México", disse assim: "A expedição (francesa) tem um fim declarado: pretende ser o ponto de partida da regeneração política do México... e a necessidade de pôr enfim, no interesse da balança política do mundo, um dique no espírito invasor de que há já muitos anos se acham possuídos os anglo-americanos dos EUA."[4]

Para justificar a presença francesa nas Américas, Chevalier explicava que a França tinha um motivo especial, diferente do da Grã-Bretanha e dos países da Europa do Norte, para intervir no novo continente: era parte das "nações latinas". Segundo Chevalier, a consolidação e o desenvolvimento do grupo das nações latinas eram a condição mesma da autoridade da França.[5] Evitar que os EUA tomassem para si os países latinos da América devia ser uma prioridade para seu país. A França "se sobressai nas letras, nas ciências e nas artes, sua indústria é cada vez mais fecunda e a agricultura tem um grande futuro, seu exército é numeroso e muito respeitado. Mas, se as nações latinas desaparecessem algum dia da cena do mundo, a França se encontraria em situação de debilidade e isolamento. Seria como um general sem exército, quase como uma cabeça sem corpo".[6]

A outra visão da "América Latina"

No entanto, a idéia de que Chevalier foi o primeiro a cunhar a expressão "América Latina" — estabelecida numa monografia publicada em 1965 pelo historiador norte-americano John Leddy Phelan — está sendo cada vez mais discutida. A historiadora Mónica Quijada publicou um amplo ensaio em 1998, intitulado "Sobre a origem e difusão do nome 'América Latina'", em que assinala que Chevalier nunca utilizou o termo "América Latina", e sim que falou dos "povos latinos das Américas" e da existência de uma América que era latina e católica. Segundo Quijada, os primeiros a empregar o termo "América Latina" como tal foram os próprios latino-americanos: ensaístas como o dominicano Francisco Muñoz del Monte, os chilenos Santiago Arcos e Francisco Bilbao e, sobretudo, o colombiano José María Torres Caicedo, que começaram a usá-lo como referência geográfica no início dos anos 1850, alguns anos antes dos escritos de Chevalier. E o fundo ideológico da expressão era exatamente o oposto do que Chevalier tinha em mente e iria refluir, um século e meio depois, na diplomacia brasileira.

"'América Latina' não é uma denominação imposta aos latino-americanos em função de interesses alheios, e sim uma expressão cunhada e adotada conscientemente por eles mesmos e a partir de suas próprias reivindicações", diz Quijada.[7] Os hispano-americanos adotaram a expressão num momento em que os EUA pareciam empenhados em criar um império que se estenderia cada vez mais para o sul do continente, assinala. Nos anos 1950, Washington tratava de construir um canal na América Central que unisse os oceanos Atlântico e Pacífico. E, em meados dos anos 1850, a política externa de Washington provocava ainda maiores temores nos países do sul, quando o pirata norte-americano William Walker se proclamou presidente da Nicarágua e obteve o apoio explícito do presidente dos EUA, Franklin Pierce. Isso, somado à posse de enormes territórios do México por parte dos EUA, após a ocupação do Texas, "levou muitos hispano-americanos a voltarem os olhos para o velho sonho de unificação do grande libertador Simón Bolívar", assinala Quijada. A razão principal que inspirava o reaparecimento daqueles ideais era a necessidade, sentida por muitos, de opor ao poderio crescente e à política agressiva dos EUA uma América Hispânica fortalecida pelo esforço comum."[8]

Curiosamente, a primeira menção encontrada de "América Latina" como nome coletivo está num livro de poesia, diz Quijada. Trata-se do poema "As duas Américas", do colombiano Torres Caicedo, em cuja nona parte aparecem as estrofes: "La raza de la América Latina, al frente tiene la raza sajona" (A raça da América Latina tem à frente a raça saxônica). Posteriormente, os livros de Chevalier e a fundação da *Revista Latinoamericana* em Buenos Aires contribuíram consideravelmente para a difusão generalizada do nome "América Latina", que, no final do século XIX, já era o termo mais usado internacionalmente para se referir à região.

A se confirmarem os últimos estudos, o revisionismo geográfico do Brasil carece de fundamento, por mais que o México tivesse assinado o Tratado de Livre-Comércio com os EUA em 1994. Ainda que o termo "América Latina" seja relativamente novo, como assinalou o embaixador do Brasil em Washington, não nasceu de intenções imperiais, e sim, ao contrário, da intenção dos hispano-americanos de se diferenciar de seus vizinhos anglo-saxões do Norte e de se sentir unidos aos países europeus na defesa de sua religião e de valores comuns.

Em Washington, Haiti é igual a Brasil

Se o Brasil ignorou o resto da América Latina durante décadas, o mesmo ocorreu — e continua ocorrendo — em grande parte da região, e nos EUA, em relação ao Brasil. No Departamento de Estado dos EUA havia tão poucos especialistas em Brasil, que o governo Bush teve de subcontratar um, William Perry, para assessorar o Departamento de Assuntos Hemisféricos em assuntos relacionados ao país. O problema, como me assinalaram vários ex-embaixadores dos EUA no Brasil, é que há pouquíssimos funcionários no sexto andar do Departamento de Estado — onde despacha o subsecretário encarregado de Assuntos Latino-americanos — que falem português ou saibam algo de Brasil. Talvez por sua tradição de auto-suficiência, ou pela pouca importância dada historicamente ao que disseram ou deixaram de dizer os emissários de Washington, o Brasil tem sido tradicionalmente um destino pouco ambicionado pelos diplomatas norte-americanos. À diferença do que ocorre em outros países latino-americanos, onde o embaixador dos EUA é todo um personagem, nunca foi assim no Brasil, ou pelo menos os governos brasileiros se encarregaram de que não se sentissem assim.

Devido à carência de especialistas em Brasil, os principais postos do "brazilian desk" no Departamento de Estado em geral eram ocupados por diplomatas provenientes de outras regiões do mundo, lotados ali por alguma rasteira política ou pessoal. Segundo me contou Peter Hakim, presidente do Diálogo Interamericano, um dos mais conhecidos centros de estudos regionais em Washington, durante muito tempo existiu uma brincadeira interna no Departamento de Estado, segundo a qual quando um funcionário cometia algo desastroso os colegas diziam: "Vão transferir você para o escritório de assuntos brasileiros"...

No Conselho Nacional de Segurança da Casa Branca, o escritório paralelo ao Departamento de Estado que assessora diretamente o presidente em temas de política externa, a situação não era muito diferente. Richard Feinberg, diretor do escritório de Assuntos Latino-americanos do Conselho Nacional de Segurança no primeiro governo Clinton, comentou comigo certa feita, entre divertido e horrorizado, que durante sua gestão seu escritório tinha apenas dois funcionários: "Um se ocupava do Haiti e o outro, que era eu, de todos os demais países da América Latina." Durante o segundo período de Clinton, e mais tarde durante o governo Bush, o escritório foi ampliado para seis funcionários, mas a desproporção em termos territoriais continuava sendo enorme: em 2004, tinha um funcionário de tempo integral a cargo do Haiti e Cuba e outro da mesma categoria para se ocupar do Brasil, Argentina, Uruguai e Paraguai, países do Mercosul. Ou seja, o escritório de assessoria sobre América Latina da Casa Branca destinava os mesmos recursos de pessoal a dois países caribenhos que juntos não chegam a 19 milhões de habitantes e um produto bruto de 43 bilhões de dólares, do que a quatro países sul-americanos com uma população conjunta de mais de 240 milhões de habitantes, e um produto bruto combinado de mais de 1,4 trilhão de dólares.

Todos esses fatores fizeram com que Washington nunca prestasse ao Brasil uma atenção remotamente próxima ao seu peso na região. O ex-secretário de Estado Colin Powell passou quase quatro anos em seu cargo sem pisar no Brasil, e só foi lá dois meses antes de sair, para que ninguém pudesse dizer que nunca pôs os pés no principal país da América do Sul durante toda a sua gestão. E quando o Diálogo Interamericano, em 2003, convidou os 450 congressistas dos EUA para uma viagem ao Brasil durante o recesso de fim de ano, com todas as despesas pagas, para conscientizá-los sobre a importância do gigante sul-americano, pouco mais de uma dezena respondeu com algum grau de interesse, e só um deles terminou indo, apesar de o convite ter sido encaminhado por intermédio de vários líderes do Congresso, relatou-me Hakim nesse momento, num tom de frustração.

Lula, Wall Street e a revolução

Durante sua campanha eleitoral, Lula tampouco ajudou muito a ganhar simpatias em Washington. Como era um político espontâneo, que falava sobre qualquer tema a qualquer hora, quase não passava uma semana em que não dissesse algo que molestasse os conservadores que governavam em Washington. Nos meses anteriores à campanha, quando o entrevistei em Brasília, Lula ainda falava da Alca como de um "projeto de anexação da economia brasileira aos EUA". Propunha não pagar a dívida externa brasileira e romper com o FMI

— postura que mudou poucas semanas antes da eleição — e proclamava com orgulho seu apoio à ditadura cubana. Claro que boa parte dessas afirmações era para satisfazer a ala radical de seu partido, e contê-la à medida que se aproximava cada vez mais da classe empresarial e da economia de mercado. Mas suas declarações caíam mal nos EUA, especialmente no Congresso, onde não estavam tão enfronhados nos detalhes da política interna brasileira.

Quando perguntei a Lula, em Brasília, sobre os temores de Washington a respeito de suas ligações com Cuba, ele respondeu: "Estive em Cuba muitas vezes nos últimos vinte anos, e me considero um amigo de Cuba e um admirador do povo cubano, um povo com enorme auto-estima, que não recuou diante dos problemas e das adversidades, e que paga um preço muito alto por isso." Intrigado, perguntei como ele sabia o que o "povo cubano" quer, se este não pôde votar livremente em quatro décadas. Além disso, como podia um sindicalista como ele, que lutou contra a ditadura em seu país, continuar avalizando uma ditadura que não permitia sindicatos independentes?, perguntei. Lula retrocedeu um pouco: "Obviamente o fato de ser amigo de Cuba não significa que eu e o Partido dos Trabalhadores estejamos de acordo com tudo o que fazem. Em uma de minhas últimas viagens, tive a oportunidade de dizer publicamente a Fidel Castro que, para nós, Cuba não é um modelo, como tampouco são modelos os EUA ou a França", respondeu.[9]

Depois de ganhar a eleição e assumir o poder em 1º de janeiro de 2003, Lula surpreendeu o mundo com uma dramática virada para o centro. Mas tinha um problema, como reconheciam em particular seus próprios assessores: falava demais. Quando retornei ao Brasil em fevereiro de 2003, mais de um mês depois da posse, o prato diário favorito da imprensa brasileira era a incontinência verbal do novo presidente. Não passava uma semana sem que dissesse algo que provocasse um qüiproquó com os EUA, com a Europa ou com algum outro lugar do mundo. Algumas coisas que dizia eram francamente simpáticas e mereciam aplausos em casa. Durante uma visita oficial a Londres, para participar de uma reunião de líderes "progressistas", disse que "se há algo que admiro nos EUA é que a primeira coisa em que pensam é neles mesmos; a segunda, neles mesmos; e a terceira, neles mesmos. E se ainda sobrar algum tempo livre, pensam um pouquinho mais neles mesmos".[10] Outras vezes, suas declarações eram mais hostis e causavam problemas diplomáticos.

Em uma oportunidade, tocou-me estar em meio a uma declaração intempestiva de Lula que lhe custou fortes críticas na imprensa brasileira. Eu entrevistara o representante de Comércio dos EUA, Robert Zoellick — encarregado das negociações da Alca por parte do governo Bush —, sobre as críticas do Brasil à área de livre-comércio hemisférico apoiada pelos EUA, e o funcionário norte-americano me fez uma declaração explosiva: o Brasil, como país soberano, tinha todo o direito do mundo de não se incorporar à Alca, e acrescentara — sarcasticamente — que, "se o Brasil não estava interessado, podia comerciar com a Antártida". Quando a notícia saiu no *Miami Herald* e foi reproduzida no dia seguinte em todos os jornais brasileiros, Lula declarou que não responderia a uma declaração de "um subordinado de um subordinado". O comentário deu lugar a uma avalanche de críticas na imprensa brasileira, porque Lula não só levara o debate ao plano pessoal — em lugar de rebater o argumento — como fizera uma afirmação errônea, porque Zoellick tinha o *status* de ministro, já que era membro do gabinete de Bush.

Em fevereiro de 2003 encontrei um ambiente geral de apoio a Lula, ainda que também de preocupação pela desenvoltura de suas declarações. Alojei-me no hotel da Academia de Tênis, um complexo de cabanas contíguas a quadras de tênis, onde me aconselharam a me hospedar, já que quase todos os ministros do novo governo estavam ali enquanto buscavam moradias para se mudar com suas famílias para a capital brasileira. Foi uma das melhores viagens da minha carreira jornalística: descobri que as aulas de tênis custavam o equivalente a um dólar, o que — em comparação com os 40 dólares nos EUA — era um brinde. De maneira que, entre uma entrevista e outra, passei jogando tênis e brincando com meus entrevistados dizendo que não sabia se minha viagem me ajudaria a entender melhor o fenômeno Lula, mas seguramente melhoraria o meu jogo. Uma noite, convidei para jantar William Barr, diplomata que acabara de se aposentar depois de trabalhar como chefe da seção política da embaixada dos EUA em Brasília, e que decidira ficar na cidade como consultor político e empresário privado. "Como vê as primeiras semanas de Lula?", perguntei. "Bem, mas fala demais", respondeu Barr. "Lula sempre fez seus discursos de acordo com o público diante dele, sem maior consideração pelas implicações mais amplas de suas declarações. O problema é que agora é presidente." Seis meses depois de assumir o poder, Lula pronunciara mais de cem discursos públicos, a maioria deles de improviso. A revista *Veja* assinalava que essa prática vinha do passado sindical do presidente, e o expunha a problemas desnecessários. "No mundo das assembléias sindicais, as palavras têm um peso tremendo. Quase tanto como as ações. Quem faz o melhor discurso ganha a audiência", dizia a revista. "Mas no governo, ganhar a audiência é apenas o primeiro passo."

Lula e o "sonho americano"

Como muitos analistas políticos, sempre acreditei — erroneamente, como me dou conta agora — que, dentro de todas as suas torpezas diplomáticas, o governo Bush teve um grande acerto na América Latina: engoliu os preconceitos ideológicos e fez boa cara para a candidatura de Lula, apesar das suas declarações pouco amigáveis em relação aos EUA. De fato, na campanha de 2002, quando muita gente previa que os EUA fariam todo o possível para impedir o triunfo de Lula, o governo Bush nos surpreendeu a todos com uma postura sofisticada em relação à sua candidatura, que o beneficiou enormemente, e até o ajudou, em alguma medida, a ganhar a eleição.

Lula tinha um problema para conseguir votos do centro durante a campanha: à diferença de seu antecessor e de muitos presidentes latino-americanos que vinham da esquerda, não era um social-democrata — ou, pelo menos, não fora até então — e sim o líder de um partido socialista. Em 1989 declarou que "o programa do Partido dos Trabalhadores é socialista. O socialismo é o objetivo final do partido".[11] E até poucos meses antes da eleição de 2002 repetia seu mantra de que a Alca é "um mecanismo de anexação à economia dos EUA" e que "o Brasil tem de romper com o FMI". À medida que se aproximava a eleição presidencial, os rivais de Lula intensificaram sua campanha de medo, acusando-o de ser um esquerdista radical que supostamente converteria o país numa segunda Cuba. Vinte e sete legisladores do Congresso dos EUA se uniram a essa campanha, enviando uma carta pública a Bush, advertindo-o para a possibilidade de um novo "eixo do mal" na América Latina, integrado por Cuba, Venezuela e Brasil.

Nesse momento-chave, quando muitos esperavam que o governo Bush ficaria calado, ou que faria algum comentário sugerindo que Lula poderia chegar a ser um perigo, ocorreu exatamente o contrário. A embaixadora dos EUA no Brasil, Donna Hrinak, fez uma declaração surpreendente: quando lhe perguntaram se o governo Bush temia uma vitória de Lula, afirmou que não. E acrescentou que ela, cujo pai, à semelhança de Lula, fora um operário metalúrgico, entendia o candidato de esquerda brasileiro. E mais, disse, admirava-o por ter ascendido de uma infância pobre — que o obrigara a deixar os estudos antes de terminar a escola secundária — à candidatura presidencial do maior país da América do Sul. "Lula", disse Hrinak, "é a personificação do sonho americano." Esta declaração desbaratou num instante a campanha dos rivais, no sentido de que um triunfo de Lula levaria a um perigoso confronto com os EUA. Teve como conseqüência que muitos líderes empresariais, que até então estavam temerosos de uma possível vitória do PT, baixassem a guarda. Se o governo conservador de Bush avalizava Lula, pensaram muitos empresários, o mais provável é que Washington soubesse algo mais do que eles sobre o candidato esquerdista. E, se era bom para os EUA, não podia ser tão mau para a classe empresarial como pintavam os rivais de Lula.

No entanto, como vim a saber anos mais tarde numa série de entrevistas para este livro, minha percepção original, de que a Casa Branca lidara magistralmente com a situação, era equivocada. Quando perguntei a Donna Hrinak, pouco depois de ela concluir sua gestão em Brasília e se aposentar, em 2004, do serviço diplomático, se ela havia consultado seus superiores em Washington antes de fazer sua já famosa declaração sobre Lula como "a personificação do sonho americano", ela disse: "Não." "A sério?", perguntei, assombrado. Adotou uma licença verbal tão grande sem consultar seus chefes no Departamento de Estado? "É verdade, não consultei Washington. Disse o que acreditei que seria o menos preconceituoso que poderia expressar sobre Lula no momento mais quente da campanha. É claro que não queria dizer algo negativo. Não é que nos propusemos a apoiá-lo, e sim que eu não queria dizer o de sempre, que 'não faremos qualquer comentário sobre qualquer candidato'. Queria dizer algo mais esperançoso do que isso, porque havia muita especulação na imprensa brasileira sobre nossa oposição a Lula. De maneira que soltei aquilo do 'sonho americano'", disse-me Hrinak.[12]

"Havia oposição a Lula no governo Bush?", perguntei. Ela respondeu que nunca soube que houvesse oposição a Lula por parte de Powell, ou de Condoleezza Rice, mas que existia uma crescente oposição entre os republicanos no Congresso, que se manifestara na carta dos 27 congressistas. E como reagiram seus superiores imediatos no Departamento de Estado depois de sua declaração sobre Lula? Segundo Hrinak, o então subsecretário de Estado para a América Latina, Otto Reich, não lhe disse nada pessoalmente, mas enviou uma mensagem, por intermédio de seu segundo — Kurt Strubel —, para que não falasse mais nada sobre Lula. Aparentemente, um congressista republicano de peso se aproximou de Reich durante sua festa de casamento pouco antes e fizera um comentário negativo sobre o aparente apoio dos EUA a Lula.

Reich, quando lhe perguntei sobre o assunto, confirmou a história, acrescentando que, depois da eleição de Lula, o Departamento de Estado considerou que o saldo da intervenção da embaixadora fora positivo. "O que ela fez não fazemos nunca: interveio numa campanha a favor de um candidato, e isso causou problemas em Washington, tanto na Casa Branca como no Congresso... Recebemos muitas queixas", lembrou Reich. "Tudo o que fizemos foi lembrar a ela que tinha de manter neutralidade absoluta."[13]

Mas, graças ao governo Bush ou apesar dele, os EUA se saíram bem da jogada. Lula ganhou a eleição com folga e deu uma volta para o centro que surpreendeu todo o mundo. Nomeou uma equipe econômica que tranquilizou o empresariado e agradou Wall Street, prosseguiu a abertura econômica do antecessor e, em pouco tempo, num discurso depois de uma cúpula latino-americana durante uma visita a uma fábrica de aço no estado de Espírito Santo, disse: "Estou cansado de que os presidentes latino-americanos continuem jogando toda a culpa das desgraças do Terceiro Mundo no imperialismo. Isso é uma bobagem."[14] Ainda que seu governo tenha sido sacudido por escândalos de corrupção em 2005, depois de dois anos de governo, Lula podia se vangloriar de que, contra todos os maus augúrios da ala radical de seu partido, escolhera o caminho certo. Depois da eleição municipal de 2004, quando seus críticos dentro do Partido dos Trabalhadores o recriminaram por ter perdido a prefeitura de São Paulo e várias outras cidades por causa da política econômica do governo, Lula respondeu: "Se há uma coisa que está indo bem neste governo é a política econômica. O PT não pode se esconder, em busca de desculpas para suas derrotas, por trás das críticas contra ela."[15] Os números lhe davam razão: no segundo ano de governo, a economia crescera 5%, o melhor índice dos últimos dez anos; o risco-país caiu ao nível mais baixo dos últimos sete anos, as exportações atingiram um recorde histórico de 95 bilhões de dólares e o emprego cresceu 6%.

Em 2005, antes que os escândalos de corrupção debilitassem seu governo, Lula conseguiu o que poucos imaginavam: converteu-se em modelo de esquerdista pragmático, que continuava sendo convidado-estrela no Fórum Econômico Mundial de Davos, Suíça, onde se reuniam os ricos e poderosos, e do Fórum Social Mundial de Porto Alegre, onde se reuniam os movimentos antiglobalização. Continuava criticando as políticas dos EUA, a falta de democracia na ONU e as políticas das instituições financeiras internacionais. Mas tinha consciência de que a China, a Índia e outros países em vias de desenvolvimento estavam numa corrida para atrair investimentos estrangeiros, e que o Brasil não podia ficar para trás. De alguma maneira, ainda que toda sua equipe viesse da esquerda, conseguiu um notável equilíbrio em seu governo. "Lula entregou a política externa ao seu PT e a política econômica a Wall Street", disse, com um pouco de brincadeira, o editor da revista *Foreign Policy*, Moisés Naim. Ainda que Lula dedicasse grande parte do tempo a fortalecer os laços econômicos e políticos com China, Rússia, África do Sul e outras potências com as quais, dizia, criaria um mundo mais multipolar, sua estrela diretora não era a ideologia e sim o realismo econômico.

Uma conversa nunca antes revelada, entre Lula e o embaixador dos EUA que sucedeu Donna Hrinak, John Danilovich, diz muito sobre o presidente brasileiro. Segundo me relatou o embaixador, Lula e ele participavam de um ato de celebração do 50º aniversário da primeira fábrica da empresa Caterpillar no Brasil, na fábrica da empresa norte-americana na cidade de Campinas, em São Paulo. O evento se realizava pouco tempo depois do anúncio de que Lula receberia o presidente da China, Hu Jintao, algumas semanas mais tarde, e em meio a especulações jornalísticas de que a China investiria bilhões de dólares no Brasil. Terminado o ato, quando Lula e Danilovich caminhavam para a saída, o embaixador norte-americano disse ao mandatário brasileiro: "Presidente, o senhor conseguiu grandes acordos econômicos com a China, a Índia e vários outros países. Espero que não se esqueça dos EUA..." Lula se deteve e, olhando de frente para Danilovich, disse-lhe, com um sorriso, que o Brasil fazia grandes esforços para aumentar o comércio com a China, a Índia e a África do Sul. "Mas se o senhor pensa, mesmo por um instante, que não tenho claro na mente que nossa relação mais importante e nosso sócio comercial mais importante são os EUA, deve pensar que sou muito bobo." O embaixador devolveu o sorriso e respondeu: "Não creio que o senhor seja nenhum bobo."[16]

As três metas do Brasil

Com a chegada de Lula ao poder, o Brasil subiu mais um degrau em suas ambições de liderança regional. Sua estratégia tinha três etapas: primeiro, criar a União Sul-americana, fato que se materializou com um ato solene em Cuzco, Peru, em 9 de dezembro de 2004; segundo, garantir o ingresso do Brasil no Conselho de Segurança da ONU em 2005 ou 2006; e, em terceiro, garantir a presença na Alca numa posição de força, como potência mundial emergente e membro do Conselho de Segurança da ONU, em 2006 ou 2007.

Uma vez assinada a ata de constituição da União Sul-americana, que de fato colocava o Brasil como principal interlocutor dos EUA na América do Sul, o Brasil se lançou em cheio, juntamente com o Japão, a Alemanha e a Índia, para conseguir a modificação da carta orgânica das Nações Unidas para ganhar um assento no Conselho de Segurança. Os quatro pretendem assentos permanentes no Conselho, ou seja, sua entrada no clube dos grandes, em condições iguais às de EUA, Grã-Bretanha ou Rússia. Para o Brasil é indispensável exercer a liderança regional na América do Sul. Sem a liderança regional não pode alimentar aspirações maiores no plano internacional. Desde o início de sua abertura para o restante da América do Sul, a motivação do Brasil é mais política do que econômica.

Isso, é claro, incomoda os vizinhos argentinos. A Argentina, que antes da derrocada econômica de 2001, aspirava a partilhar com o Brasil a liderança sul-americana — repetindo de alguma forma o exemplo europeu, em que Alemanha e França compartilham a liderança do velho continente —, sempre suspeitou que os brasileiros prometiam mais integração do que estavam dispostos a oferecer. Os argentinos sempre foram mais entusiastas em relação ao Mercosul do que os brasileiros. Nos anos 1990, no auge desse mercado comum, a Argentina mudou a capa de seus passaportes, que a partir de então passaram a ostentar a expressão *Mercosul*. Também estimulou o ensino do português em suas escolas públicas, e em 1994 incorporou à sua constituição uma cláusula de integração que de fato reconhecia o Mercosul como órgão supranacional.

Segundo a constituição de 1994, os tratados de integração com países vizinhos teriam, a partir de então, vigência acima das leis nacionais, estaduais ou municipais. Pouco depois, a Corte Suprema ratificou a vigência dos acordos do Mercosul acima das leis nacionais. No entanto, o Brasil nunca fez o mesmo. Para que os regulamentos do Mercosul entrem em vigor, em caso de contradição com as normas nacionais brasileiras, é necessário que o Congresso ratifique a norma regional e a aprove como tratado internacional. "Eles querem liderar sem compartilhar a soberania", diz Diego Guelar, ex-diplomata argentino que foi embaixador em Braśília e em Washington nos anos 1990. "Não têm uma visão 'européia' da comunidade sul-americana. Dizem, mas não fazem."[17] Para os argentinos, a desvalorização brasileira de 1999 foi uma punhalada nas costas, que precipitou a pior crise econômica da história recente de seu país. No entanto, a liderança única do Brasil na região não foi intencional, nem conseqüência de um plano diabólico para tirar a Argentina de cena, como foi a estratégia brasileira no caso do México. O Brasil já era bem grande para temer seu vizinho do sul. "No início, a idéia era fazer uma zona de integração em que o Brasil e a Argentina fossem como a Alemanha e a França na Europa. Era uma relação entre pares. Depois do desmoronamento argentino, isso já não podia acontecer. Mas ocorreu por obra da realidade, não por um desígnio maléfico do Brasil", assinalou Guelar.[18]

Ainda que o governo Kirchner tenha começado anunciando com orgulho que a política exterior argentina de agora em diante seria menos dependente dos EUA e mais perto do Brasil, o idílio entre ambos os vizinhos não durou muito. Aos dois anos do governo de Kirchner, a Argentina já se queixava publicamente do comportamento de seu irmão maior. "Se há uma vaga na Organização Mundial do Comércio, o Brasil a quer. Se há um espaço da ONU, o Brasil quer. Se há um trabalho na Organização das Nações Unidas para a Agricultura e a Alimentação, o Brasil quer. Até queriam um papa brasileiro", escutou-se o presidente Kirchner dizer, segundo o diário *Clarín*, pouco depois da morte do papa João Paulo II.[19]

No Brasil, até o passado é incerto

O Brasil se consolidará como potência mundial sul-americana? Ou os sonhos de grandeza desabarão por seus escândalos de corrupção, divisões internas e a desconfiança dos vizinhos? Em meados de 2005, tudo fazia pensar que a ofensiva diplomática brasileira na região perderia parte do vigor por causa da crise política que o país atravessava. A denúncia do deputado Roberto Jefferson, de que o partido de Lula pagara subornos de 12 mil dólares mensais a vários congressistas em troca de apoio político, provocou a renúncia do até então todo-poderoso chefe da Casa Civil, José Dirceu, e do presidente do PT, José Genoíno, entre outros, e ameaçou a estabilidade do próprio presidente. O partido de Lula, que ganhou a eleição de 2000 em boa parte graças à postura anticorrupção e à imagem de honestidade que amealhou na condução de vários governos locais, agora estava na defensiva, acusado de incorrer nas mesmas práticas corruptas dos governos que tanto criticara. Mesmo que o governo Lula lograsse superar o transe e ganhar as eleições de 2006, muitos conhecedores da história brasileira aconselhavam cautela quanto às possibilidades de que o Brasil conseguisse materializar seus sonhos de potência emergente.

Os céticos dizem que se deve examinar com pinça tudo o que vem do Brasil, porque — ainda que seja um país pujante, com poucas comparações na região — também é o país das grandes promessas não cumpridas. Uma piada política muito difundida diz que "o Brasil é o país do futuro, e sempre será". Apesar de suas enormes dimensões geográficas e econômicas, e de suas grandes conquistas — como vender aos EUA aviões de sua fábrica Embraer —, o Brasil continua sendo o país latino-americano com a maior disparidade entre ricos e pobres, e com um dos mais altos níveis de burocracia e corrupção na região. "O Brasil só precisa de uma lei: uma lei que diga que é preciso cumprir todas as outras", dizia há mais de um século o deputado brasileiro Antônio Ferreira Vianna (1832-1905). Não poucos profetizaram uma explosão social, cedo ou tarde, das massas marginalizadas. Entre a intelectualidade brasileira, era comum — pelo menos até o recente salto econômico da Índia — referir-se ao seu país como "Belíndia", uma nação em que uma pequena minoria vive no Primeiro Mundo, como na Bélgica, e uma enorme maioria na pobreza absoluta, como nas zonas mais pobres da Índia. O futuro do Brasil, ainda que promissor, não está de todo assegurado, e os próprios brasileiros são os primeiros a reconhecer. Como assinalou o ex-presidente do Banco Central, Gustavo Franco, quando lhe perguntaram se podia assegurar a estabilidade econômica do país a longo prazo: "No Brasil, até o passado é incerto!"

Muitos diplomatas latino-americanos e norte-americanos assinalam, como prova do incipiente e débil esforço brasileiro para assumir a liderança da América do Sul, que o Brasil nunca tomou a iniciativa no tema mais candente da região: a guerra na Colômbia. De fato, embora durante o governo de Lula o país tenha enviado tropas ao Haiti, criado um grupo de países amigos para mediar a crise política da Venezuela e liderado o esforço para criar a União Sul-americana, nunca encabeçou uma iniciativa sul-americana, ou latino-americana, para conseguir a paz na Colômbia. Como podem os funcionários brasileiros se queixar da presença de treinadores militares dos EUA na Colômbia, em pleno coração da América Latina, e não propor sequer uma alternativa para ajudar o governo colombiano a ganhar a guerra contra grupos guerrilheiros, terroristas e narcotraficantes?, era a pergunta obrigatória entre os diplomatas e acadêmicos céticos sobre a liderança regional brasileira.

A pergunta é válida. "O Brasil é o único país que poderia fazer diferença na Colômbia, mas não age: não há vontade política da parte dos brasileiros", assinalou-me o coronel reformado John Cope, influente professor da Universidade Nacional de Defesa do Exército dos EUA, em Washington.[20] Quando perguntei a um ex-chanceler brasileiro por que seu país nunca quis ajudar a solucionar a guerra mais sangrenta da região, que além disso ocorria num país vizinho, ele explicou-me que os militares sempre se opuseram a desempenhar um papel mais importante na Colômbia pelo temor de que a guerrilha das Forças Armadas Revolucionárias da Colômbia (Farc), que operam na zona fronteiriça, estendessem o conflito ao lado brasileiro da fronteira.

Tem sentido, ainda que do ponto de vista da imagem da diplomacia brasileira, não deixe de ser um detalhe que contradiz o novo protagonismo do país na América do Sul.

O grande salto do Brasil

Rumo ao final de seu primeiro mandato, o governo Lula se encontrava na defensiva por causa das acusações de corrupção, e o crescimento econômico dos anos anteriores estava começando a perder o ímpeto. No entanto, um olhar desapaixonado e de longo prazo permitia ser um tanto otimista sobre o futuro do Brasil, ganhe quem ganhar em 2006.

O motivo: desde 2002, quando a esquerda chegou ao poder pela primeira vez na história, o país superou o estigma de imprevisibilidade. Depois da eleição de Lula e de sua decisão de preservar o melhor das políticas econômicas do antecessor, o Brasil deu um passo gigantesco para se unir ao clube dos países sérios, que não sofrem trancos políticos ou econômicos. Lula desarticulou o temor da direita de que um triunfo eleitoral do PT traria caos e miséria, e mostrou que a esquerda pode governar responsavelmente. À margem dos escândalos políticos, o Brasil demonstrou — da mesma maneira que o Chile e a Espanha antes — que a alternância no poder não afeta a governabilidade, e que um triunfo da esquerda não tem por que se traduzir em destruição de tudo aquilo que foi feito anteriormente, nem num desastroso ciclo de fuga de capitais, fechamento de empresas, maior desemprego e desmoronamento econômico.

Ainda que Lula não tivesse feito nada mais em seu governo do que manter o curso do país, seu aporte mais transcendente foi este: demonstrar que — apesar das traumáticas experiências de Fidel Castro em Cuba e Salvador Allende no Chile — um governo de esquerda responsável é perfeitamente exeqüível. Em meados de 2005, quando sua popularidade caiu significativamente devido às denúncias de Jefferson, Lula disse: "Não esperem de mim qualquer medida econômica populista pelo fato de que temos eleições daqui a um ano... Não queremos construir uma base sólida para crescer durante um ano. Este país... deverá ter um ciclo de crescimento sustentável de dez ou quinze anos se desejar se tornar um dia um país definitivamente desenvolvido."[21] E, à diferença de outros presidentes de países vizinhos, que vivem olhando para dentro, Lula — como Fernando Henrique Cardoso antes — passou boa parte do tempo fazendo relações públicas no estrangeiro, consolidando a abertura do Brasil ao resto do mundo. Quando lhe perguntaram, em seu programa radiofônico *Café com o Presidente*, se não estava viajando demais, Lula citou o notável aumento das exportações brasileiras, desde que assumira a presidência, e disse: "O que sucede é que, neste mundo globalizado, um país com o potencial produtivo do Brasil... não pode ficar sentado numa cadeira esperando que as pessoas venham descobri-lo. Ou somos ousados, e colocamos nossos produtos debaixo do braço e saímos a vendê-los ao mundo, ou perderemos essa guerra num mundo globalizado."[22]

Meu principal motivo de otimismo sobre o Brasil, apesar de suas crises políticas recorrentes, baseia-se em algo que escutei de um acadêmico depois de uma entrevista com o ex-presidente Fernando Henrique Cardoso. Estávamos no estúdio de televisão em Miami, entrevistando-o juntamente com uma mesa de três acadêmicos latino-americanos, e Fernando Henrique Cardoso estivera criticando Lula — que fora seu principal opositor político em seus dois períodos de governo — durante todo o tempo. Quando lhe perguntei, por exemplo, se concordava com a nova decisão do Brasil de exigir que nos aeroportos se tirassem fotografias e tomassem as impressões digitais dos norte-americanos que chegassem ao país, em represália a medidas semelhantes dos EUA, Fernando Henrique Cardoso respondeu que parecia um infantilismo, e que causaria um enorme dano à indústria turística do país. Da mesma maneira, criticou, uma depois da outra, várias decisões de Lula em matéria de política exterior, sugerindo que eram fruto da falta de experiência ou da ignorância de seu sucessor.

No final da entrevista veio a surpresa. Quando pedi ao ex-presidente que — considerando tudo o que acabáramos de falar — qualificasse a gestão da política exterior de Lula numa escala de 1 a 10, ele levantou as sobrancelhas como que para pensar na resposta e, com um leve encolhimento dos ombros, respondeu: "Sete... oito." Pouco depois, quando me coube perguntar aos debatedores que conclusões tiraram de tudo o que dissera Fernando Henrique Cardoso, um deles deu uma resposta que me deixou pensativo. Guillermo Lousteau, um acadêmico argentino que dirige a cátedra da Faculdade Latino-americana de Ciências Sociais (Flacso) na Universidade Internacional da Flórida, disse que o que mais o impressionara era a qualificação que o ex-presidente dera ao seu sucessor. "Na Argentina, seria inimaginável que Kirchner desse sete ou oito ao ex-presidente Duhalde, ou que Duhalde desse sete ou oito a De la Rúa, ou que De la Rúa desse sete ou oito a Menem, e assim sucessivamente", disse Lousteau. Provavelmente o mesmo se poderia dizer dos presidente mexicanos, e de muitos outros em países latino-americanos. Apesar de todo o ruído político que se ouvia diariamente no Brasil, algo estava mudando nesse país. E para melhor.

FONTES

1. Celso Lafer, *La identidad internacional del Brasil*, FCE, Cidade do México, 2002, p. 63.
2. Idem, p. 68.
3. Rubens Barbosa, no Taller de Editores y Periodistas de la Universidad Internacional de La Florida, Miami, em 2 de maio de 2003.
4. Michel Chevalier, "México antiguo y moderno", 1863, pp. 387, 391.
5. Idem, p. 404.
6. Idem, p. 404.
7. "Sobre el origen y difusión del nombre 'América Latina'", Mónica Quijada, *Revista de las Indias*, nº 214, pp. 595-616.
8. Idem, p. 605.
9. Andrés Oppenheimer, "Brazilian candidate out of touch on Cuba", *The Miami Herald*, 22 de agosto de 2002.
10. "Lula's Loose Talk Imperils U.S.-Brazilian Honeymoon", *The Miami Herald*, 20 de julho de 2003.
11. *Veja*, 30 de outubro de 2002.
12. Entrevista telefônica do autor com Donna Hrinak, Miami, em 22 de dezembro de 2004.
13. Entrevista do autor com Otto Reich, em 5 de janeiro de 2005.
14. *Veja*, 20 de abril de 2003, p. 40.
15. *Veja*, 8 de dezembro de 2004.
16. Entrevista do autor com o embaixador John Danilovich, em Miami, 11 de janeiro de 2005.
17. Entrevista telefônica do autor com Diego Guelar, em 22 de dezembro de 2004.
18. Idem.
19. Citado em "Las pugnas internas de América Latina", *El Nuevo Herald*, 8 de maio de 2005.
20. Andrés Oppenheimer, "Brazil Blocking Conference to Deal with Latin Crises", *The Miami Herald*, 6 de março de 2003, p. 6A.
21. *Veja*, "Palavra do Presidente", 8 de junho de 2005.
22. *Café com o Presidente*, 15 de março de 2005.

CAPÍTULO 8

Venezuela: o projeto narcisista-leninista

Conto-do-vigário: "A Venezuela está crescendo socialmente, moralmente e até espiritualmente." (Hugo Chávez, presidente da República Bolivariana da Venezuela, no ato de encerramento da Macro Rueda de Negocios Venezuela-Estados Unidos, Caracas, sexta-feira, 1º de julho de 2005.)

CARACAS. Poucas vezes vi tantos olhares inquisitivos num auditório de imprensa como quando o presidente venezuelano Hugo Chávez ingressou com seu enorme séquito de cinegrafistas e fotógrafos pessoais, cronistas do palácio, ministros, vice-ministros, guarda-costas e convidados especiais ao Centro de Convenções de Guadalajara, no México, no ato de inauguração da III Cúpula da América Latina e União Européia em maio de 2004. Eu me encontrava, com um grupo de jornalistas europeus, numa ala da sala reservada à imprensa e convidados especiais, observando a entrada das 58 delegações que participavam da cúpula. O presidente francês Jacques Chirac, o então chanceler alemão Gerhard Schroeder, o presidente espanhol José Luís Rodríguez Zapatero e quase todos os seus colegas europeus acabavam de entrar no auditório ladeados por dois ou três colaboradores cada um. Mas quando Chávez entrou, com a cabeça erguida, o olhar fixo no horizonte, à frente de sua gigantesca delegação, os europeus ao meu redor se voltaram para mim, morrendo de rir, como se me perguntassem se o presidente venezuelano se acreditava Napoleão Bonaparte. Encolhi os ombros e levantei as sobrancelhas num gesto de resignação. O narcisismo de Chávez não era novidade para nós, que o seguíamos de perto, mas para a maioria dos repórteres europeus que vinham pela primeira vez à América Latina acompanhando seus presidentes era uma cena ridícula, que confirmava os piores estereótipos sobre os políticos terceiro-mundistas.

Concluída a cerimônia de abertura da cúpula, ocorreu-me investigar o tamanho de cada uma das delegações presentes e ver se tinha algo a ver com o desenvolvimento econômico do país. Os discursos dos presidentes foram terrivelmente chatos e, francamente, quase nada tinha a dizer na minha coluna no *Miami Herald* do dia seguinte. Os alemães, franceses e ingleses vieram mais por obrigação do que por qualquer outra coisa, já que tinham se comprometido com a cúpula anos atrás, antes da entrada na União Européia dos países do antigo Leste europeu, que agora requeriam a maior parte da atenção estrangeira dos Estados mais ricos da Europa. De modo que, ao não encontrar uma notícia de interesse no que disseram os presidentes, sem saber muito bem o que escrever, optei por dedicar o resto do dia a averiguar o tamanho de cada delegação. Foi assim que descobri que a delegação venezuelana batera todos os recordes: tinha 198 pessoas, que chegaram no novo avião presidencial, Airbus A319 CJ, que Chávez acabara de adquirir na França por 59 milhões de dólares.

Segundo relataria no dia seguinte o jornal local *El Informador*, de Guadalajara, boa parte da delegação venezuelana era composta por repórteres e cinegrafistas pessoais de Chávez. À semelhança do que fazia em todas as cúpulas o presidente vitalício cubano Fidel Castro — que, diga-se de passagem, não foi a esta por considerar que a União Européia era "cúmplice dos crimes e agressões contra Cuba" —, Chávez trouxe um pequeno exército de cronistas particulares a bordo de seu novo avião para registrar cada detalhe de seu discurso contra o FMI e o "neoliberalismo selvagem". Comparativamente, o presidente francês, Chirac, veio com uma delegação de 90 pessoas, o líder alemão, Schroeder, com cerca de 70, e o presidente espanhol, Rodríguez Zapatero, com 48, segundo me disseram funcionários de suas delegações.

Alguns dos líderes dos países do Leste europeu, cujas economias estavam entre as de maior crescimento do mundo, vieram com delegações que cabiam num automóvel. O primeiro-ministro da Estônia, Juhan Parts, cujo país encabeçava as listas internacionais das economias com mais êxito, chegara a Guadalajara com cinco pessoas. E, em lugar de fazer grandes discursos políticos, dedicaram-se a se encontrar com empresários e funcionários comerciais de outros países para ver que novas oportunidades de investimentos encontravam. Assim foi que, meio de brincadeira, porém meio a sério, escrevi uma coluna com uma teoria que enfureceu muitas pessoas: a prosperidade dos países é inversamente proporcional ao tamanho de suas delegações nas cúpulas internacionais.

Como se explica que Chávez e Fidel Castro, que ampliaram a pobreza nos seus países em nome da igualdade e da soberania, levem delegações de duzentas pessoas a essas cúpulas? Não se devia apenas a que — especialmente no caso de Cuba — podiam atuar ao seu capricho por não permitirem uma imprensa independente, que poderia criticá-los, mas também que vive do show: suas gestões de governo se baseiam em grande medida nas manchetes jornalísticas. Como sua legitimidade de origem é questionada por uma parte da população, buscam legitimidade na prática. Para isso, precisam representar o papel de vítimas. Buscam conflitos no plano local e internacional para estar sempre no centro da cena e desviar a atenção pública dos problemas internos. A cúpula de Guadalajara não era exceção. Depois de ver Fidel Castro nas cúpulas internacionais durante várias décadas, e agora Chávez, conhecia o ritual de memória. Era sempre o mesmo filme, com leves variações de roteiro.

Em Guadalajara, Chávez aproveitou para denunciar um complô de golpistas presumivelmente apoiados pelos EUA, paramilitares colombianos e opositores venezuelanos, para "desestabilizar o governo da Venezuela e criar o caos a fim de justificar uma invasão estrangeira". Seu argumento era algo peculiar, considerando que vinha de um ex-tenente-coronel que liderou uma sangrenta tentativa de golpe de Estado em 4 de fevereiro de 1992, e que desde então não só se ufanava de sua intentona golpista como — já presidente — institucionalizara o uso de boinas vermelhas e decretara feriado nacional o 4 de fevereiro, em comemoração de seu golpe militar fracassado. Agora, Chávez pedia a "solidariedade internacional" para evitar o golpismo. Usou seus vinte e cinco minutos contra "vocês, os ricos" — apontando para o chanceler alemão Schroeder —, por serem supostamente os responsáveis pela pobreza da América Latina. Os europeus balançavam a cabeça como se estivessem escutando um fantasma dos anos 1970. Os funcionários da Estônia, enquanto isso, nem escutavam. Estavam pendurados em seus telefones celulares, vendo que nova fábrica podiam atrair para seu pequeno país, que estava crescendo sustentadamente a 6% ao ano. No dia seguinte, como era de esperar, todos os jornais latino-americanos encabeçavam sua cobertura da cúpula de Guadalajara com o discurso de Chávez, sua arremetida contra o FMI e "vocês, os ricos". O que ninguém dizia era que o narcisismo-leninismo de Chávez causou a maior fuga de capitais da história venezuelana, e fez crescer a pobreza absoluta de 43 para 53% da população de 1999 a 2004, e a pobreza extrema — o número de pessoas que vive com menos de um dólar por dia — de 17 para 25%, segundo as próprias cifras oficiais do governo.[1] Um ano depois, quando foram publicadas essas cifras do Instituto Nacional de Estatísticas da Venezuela, o mesmo Chávez foi à televisão para dizer que, embora fossem cifras oficiais, não eram críveis. "Não vou dizer que (os dados) são falsos, mas os instrumentos de medição da realidade não são os indicados", porque "estão medindo nossa realidade como se este fosse um país neoliberal", disse o presidente venezuelano em 7 de abril de 2005, em seu programa *Alô Presidente*. Ainda que o governo depois considerasse proibir as estatísticas sob padrões internacionais e substituí-las, como em Cuba, por cifras alegres impossíveis de comprovar independentemente, Chávez não teve remédio senão reconhecer os dados.

Ditadura eleita ou democracia caudilhista?

Poucos meses depois da cúpula, em agosto de 2004, viajei à Venezuela para ver com meus próprios olhos a Revolução Bolivariana. Como Chávez ganhava as eleições? Eram corretas as acusações da oposição de que a Venezuela se convertia a passos largos numa ditadura ao estilo cubano? Ou a classe política venezuelana, derrotada nas urnas, exagerava a nota com a esperança de desacreditar um presidente populista, pitoresco, de discurso radical, mas que apesar de todos os seus fracassos se submetia a eleições e as ganhava?

Quando embarquei no vôo para Caracas, a pergunta que circulava em minha mente era se encontraria um país convertido numa Nicarágua dos anos 1980, ou numa Cuba, com seus cartazes de propaganda revolucionária por toda parte e as ruas rebatizadas com nomes de mártires reais ou imaginários da mitologia oficial. Para minha surpresa, não encontrei nem uma coisa nem outra. O que encontrei foi uma Beirute dos anos 1980: uma cidade dividida geográfica e politicamente em duas metades, onde os habitantes de uma parte raramente se aventuravam a entrar na outra. Havia uma Caracas do Leste e uma Caracas do Oeste.

Curiosamente, Chávez e sua autoproclamada Revolução Bolivariana fizeram algumas coisas grandiloqüentes — como mudar o nome do país pelo ridiculamente longo República Bolivariana da Venezuela, coisa que obrigou todas as repartições governamentais a reimprimir sua papelada —, mas não realizaram a primeira coisa que costumam fazer os regimes revolucionários: mudar o nome das ruas.

Em minhas viagens a Cuba topei, por toda parte, com praças rebatizadas com o nome de Che Guevara, Ho Chi Minh e uma plêiade de guerrilheiros marxistas ou soldados cubanos que morreram em alguma batalha há muito esquecida pelo resto do mundo. Na Nicarágua sandinista, os parques foram rebatizados com os nomes de Marx, Lênin e outros ídolos da era comunista. Mesmo no México, onde o partido herdeiro da Revolução Mexicana de 1910 governou por sete décadas até perder o poder na eleição de 2000, as avenidas principais da capital tinham nomes como Reforma, Revolução ou Proletários do Mundo. Chávez, no entanto, não fez nada disso nas vizinhanças mais abastadas de Caracas. Depois de percorrer Los Rosales, Altamira, Chacao e outras zonas de classe média e alta do leste de Caracas, não encontrei muitas mudanças desde que estive ali da última vez, vários anos antes, no começo do governo Chávez.

"Chávez não se meteu nesta parte da cidade", disse-me um amigo, surpreendido por meu espanto a respeito. De fato, tampouco meteu muito a mão nos nomes das ruas em zonas mais populares do oeste de Caracas, como Catia, Petare ou El Centro. Ainda que já houvesse mudado o nome da Venezuela e tivesse mais de 17 mil médicos e professores cubanos trabalhando nas áreas mais pobres da cidade e no resto do país, não sucumbira — pelo menos ainda — à tentação de modificar os nomes das grandes avenidas. Segundo me explicou o prefeito oposicionista Alfredo Peña, se Chávez quisesse, poderia ter imortalizado seus heróis revolucionários rebatizando as grandes avenidas num abrir e fechar de olhos, seja por controlar as prefeituras, seja porque várias das artérias que correm no meio dos diversos bairros de Caracas estão fora de suas jurisdições.

Então, se estávamos diante de uma ditadura, por que Chávez não o fizera?, dediquei-me a perguntar a todos os entrevistados nos dias seguintes. Um dos primeiros que fui ver era Teodoro Petkoff, que se encontrava entre os poucos dirigentes políticos venezuelanos que ainda podia analisar a realidade de seu país sem se deixar cegar pela paixão. Petkoff, ex- guerrilheiro que depois de se incorporar à vida política esteve entre os fundadores do Movimento para o Socialismo e logo foi ministro do Planejamento, dirigia agora o jornal independente *Tal Cual*. Em seu pequeno escritório, tarde da noite, falei de minha surpresa por ver que as ruas de Caracas continuavam com seus velhos nomes, como se nada tivesse acontecido no país.

Petkoff ergueu as sobrancelhas, olhou-me como se estivesse falando com um recém-chegado de Júpiter e disse que o motivo pelo qual eu não vira sinais visíveis de uma revolução na Venezuela era o simples fato de que aqui não houvera nenhuma revolução. "A única revolução que houve na Venezuela está na cabeça de Chávez e na de algumas viúvas do comunismo nas universidades dos EUA e na América Latina", disse Petkoff. "Além de aprovar uma reforma da lei da terra que nunca chegou a aplicar, ele nada fez de revolucionário. Não estabeleceu um sistema unipartidário, não suprimiu a oposição, nem nacionalizou empresas estrangeiras."[2] "Um processo de 'cubanização' na Venezuela é muito difícil, se não impossível", acrescentou. À diferença do que ocorreu em Cuba, Chávez não conseguiu criar um aparato partidário ou militar para controlar a população. Não que não quisesse: entre outras coisas, formou grupos de vizinhança, de controle político, denominados "círculos bolivarianos", à semelhança dos "comitês de defesa da revolução" cubanos, e progressivamente se apropriava de mais tempo de televisão para seus intermináveis discursos ao país. Tem até seu próprio programa televisivo, *Alô Presidente*, em que atua como diretor, moderador, entrevistador, analista político, cantor e — quando viaja — guia turístico. A Venezuela não é Cuba. Há uma tradição democrática e de livre expressão que torna difícil a implantação de uma ditadura fechada. "Aqui há um processo de enfraquecimento das instituições para fortalecer um caudilho, mas isto não é Cuba", sustenta Petkoff.

Outros analistas com quem falei me deram uma visão diametralmente oposta. O motivo pelo qual Chávez não mudara os nomes das ruas é porque sua revolução é um processo paulatino, rigorosamente planejado e assessorado de perto por Fidel Castro, que prevê várias etapas de decapitação progressiva dos fatores de poder tradicionais. As ruas não mudaram de nome porque ainda não chegou o momento, explicaram-me muitos críticos do regime.

Os dados estavam à vista, diziam. Primeiro, depois de ganhar a eleição de 1998, Chávez aproveitara o capital político para mudar a Constituição e criar um sistema de governo que lhe facilitaria ganhar futuras eleições. Depois, em 2001, fez aprovar leis estatizadoras de terras, hidrocarburetos e bancos, que provocaram protestos maciços da oposição. Em 2002, decapitou a principal organização empresarial, a Fedecámaras, a central operária mais importante, a Confederação de Trabalhadores da Venezuela, e a companhia estatal independente que controlava a maior parte do orçamento nacional, o monopólio estatal PDVSA, depois de uma desastrosa greve que paralisou o país. Em abril de 2002, decapitou a cúpula militar, depois de uma confusa rebelião castrense, na qual — cada um acredita o que quiser — Chávez renunciou à presidência sob pressão, para regressar ao poder 48 horas depois, ou foi destituído por um efêmero golpe. Em 2004, depois de sair decentemente de um plebiscito sobre seu mandato, Chávez ordenou a ampliação da Corte Suprema de 20 para 32 membros, enchendo-a com seus partidários e assegurando o controle da instituição que, no futuro, teria a última palavra em matéria de disputas sobre a liberdade de imprensa e as regras eleitorais. Nesse mesmo ano, fez aprovar uma lei de imprensa que dá ao governo poderes de fato para censurar os jornais. Ou seja, foi decapitando um a um todos os inimigos reais e potenciais, até ficar com o controle dos três poderes do Estado e, em alguma medida, com todos os fatores de poder do país.

"É só uma questão de tempo até que mude o nome das ruas", assinalou-me Alberto Garrido, ex-professor universitário, colunista do jornal *El Universal* e autor de vários livros sobre Chávez. "Estamos vivendo agora o que o próprio Chávez chamou de período de transição", disse Garrido numa das várias conversas que tivemos. "Chávez não criou um novo Estado, mas está cooptando gradualmente o Estado existente: já controla o Congresso, a Corte Suprema, o conselho eleitoral etc." Quem não quer vê-lo assim é por cegueira voluntária, porque o próprio Chávez nunca ocultou seus propósitos, acrescentou. O presidente, de fato, vem dizendo repetidamente que ficará no poder até 2021, declarou várias vezes que a democracia representativa é um sistema que "não serve para nenhum governo latino-americano" e, desde o começo de sua vida política, vem anunciando que a revolução se faria paulatinamente, passo a passo, assinala Garrido. Quando estava na prisão de Yare, depois de ser detido por causa do golpe fracassado de 1992, Chávez escreveu um longo manifesto em que assinalou que fazer a revolução demandaria vinte anos a partir de sua chegada ao poder. O documento, intitulado "E como sair deste labirinto?", difundido a partir da prisão em julho de 1992, diz que a Venezuela necessita de uma "fusão cívico-militar" e que "o objetivo estratégico do Projeto Nacional Simón Bolívar se situa num horizonte longínquo de vinte anos a partir do cenário inicial".[3] E só se passaram cinco anos desde que ele assumiu a presidência, apontou Garrido. "Vistas de fora, as instituições, como as ruas, continuam com os mesmos nomes. Mas não se engane, porque tudo está mudando, ainda que não se perceba à primeira vista", assegurou-me. A Venezuela é uma ditadura eleita ou uma democracia caudilhista? Nos dias seguintes às minhas entrevistas com Petkoff e Garrido, quando se realizou o referendo de 15 de agosto de 2004, cheguei à minha própria conclusão. A Venezuela não é uma ditadura fechada — pelo menos até agora — nem uma democracia caudilhista. É uma democracia autoritária que está sendo solapada gradualmente por um caudilho embusteiro.

A arrogância do passado

Chávez contava com uma enorme vantagem a seu favor: seu discurso contra a oligarquia venezuelana tinha bastante fundamento. A Venezuela fora durante décadas um modelo de "cleptocracia", em que governos corruptos e empresários áulicos dividiram entre si o produto petrolífero com absoluto desprezo pela maioria empobrecida. Como em muitos outros países, o petróleo arruinara a Venezuela, convertendo-a em nação onde nada se produzia e tudo se importava, até o que não se necessitava. Durante a fartura petrolífera anterior, nos anos 1970, até hospitais pré-fabricados foram importados da Suécia, com equipamentos de calefação e caminhões para remover neve, para cidades como Maracaibo, que não conheciam o frio. A "Venezuela Saudita" dos anos 1970 destruíra a indústria nacional e gerara o fenômeno do "me dá dois", a famosa frase dos venezuelanos que iam a Miami e compravam dois volumes de cada produto, por via das dúvidas. A classe empresarial, que quase em sua totalidade vivia da generosidade do Estado, gabava-se de que o país tinha o mais alto consumo *per capita* do mundo de uísque Johnnie Walker Black Label, e o maior número de jatinhos particulares da América Latina.

Visitei a Venezuela pela primeira vez em 1984, como jovem repórter do *Miami Herald*, e me lembro de ter ficado horrorizado com a cegueira econômica e social da classe dirigente. A abundância petrolífera dos anos 1970 chegara ao fim dois anos antes, mas a Venezuela continuava esbanjando dinheiro como se nada acontecesse. Os subsídios governamentais eram astronômicos. Grande parte deles não era para os pobres, e sim para manter os hábitos suntuosos — incluindo subsídio para importação de uísque — das classes média e alta, em grande medida parasitárias.

Naquela época, escrevi um artigo em Caracas relatando que ali se podia comprar um automóvel Buick Century dos EUA, montado na Venezuela, por 9 mil dólares, muito mais barato do que em Miami. O motivo era simples: a Venezuela subsidiava as importações de peças automotivas. A gasolina era quase de graça — 15 centavos de dólar por quatro litros — porque o governo a vendia abaixo do custo de produção, pagando a diferença com as exportações. A garrafa de Johnnie Walker Black Label custava 18 dólares, bem mais barato do que nos EUA, porque o governo oferecia o mesmo câmbio preferencial recebido por quem importava remédios. Uma viagem de ida e volta de avião de Caracas à ilha Margarita, 260 quilômetros a nordeste da capital, custava 18 dólares pela linha aérea estatal Aeropostal. Não podia acreditar, até que fiz a viagem, que não tinha nada a invejar a qualquer linha aérea internacional.

Como era mais barato importar produtos do que produzi-los na Venezuela, as indústrias nacionais não tardaram a entrar em colapso. No fim dos anos 1980, ainda que as reservas do país caíssem de 20 bilhões de dólares em 1981 para 8 bilhões em 1988, a Venezuela importava quase o dobro do que sua vizinha Colômbia, um país com quase duas vezes mais habitantes. "Os venezuelanos se recusam a aceitar o fato de que já não são o país rico que eram", disse-me um diplomata dos EUA, segundo relatei em um de meus artigos escritos em Caracas em 1989. "Todo mundo vive como se não houvesse amanhã."[4]

E a classe empresarial era de uma arrogância que chocava qualquer visitante. Durante uma viagem a Caracas, tocou-me entrevistar o empresário de uma das famílias mais endinheiradas da Venezuela, os Boulton. O homem, muito ocupado, marcou encontro numa barbearia de seu clube particular. Quando cheguei, estava sentado na cadeira do barbeiro, com três pessoas ao seu redor: enquanto o barbeiro lhe cortava o cabelo, duas manicures lhe cuidavam das mãos, uma de cada lado. Apresentei-me e disse que o esperaria, para fazer a entrevista quando terminasse. Para minha surpresa, o homem me respondeu em inglês, dizendo que me colocasse diante dele, junto ao espelho, e fizéssemos a entrevista ali mesmo. "Certo, não há problema", respondi em espanhol. Quando fiz a primeira pergunta, ele voltou a responder em inglês. Desconfortável por falar num idioma estrangeiro diante de três pessoas no meu nariz, continuei fazendo a próxima pergunta em espanhol, mas ele voltou a responder em inglês, talvez porque lhe fosse mais fácil ou porque não quisesse que os outros entendessem o que estava dizendo — coisa extraordinária, porque apareceria no jornal em poucos dias — ou porque quisesse estabelecer que pertencia a uma classe social que o separava até no idioma dos empregados que o serviam. Seja como for, era uma situação absurda — eu perguntando em espanhol, ele respondendo em inglês, e o barbeiro e as duas manicuras simulando que não tentavam entender —, que me fez sentir desconfortável. De qualquer maneira, isso ilustrava a prepotência de não poucos membros da oligarquia venezuelana.

Em 1989, o ex-presidente Carlos Andrés Pérez, que governou durante a prosperidade petrolífera dos anos 1970, ganhou a eleição com uma campanha populista, prometendo devolver ao país a prosperidade de seu mandato anterior. Como era de esperar, com poucas semanas no poder, não teve outra opção se não fazer o contrário do que prometera: cortou os gastos governamentais e alguns subsídios, incluindo os concedidos ao transporte urbano. A elevação dos preços dos ônibus provocou um conflito social que produziu pelo menos 350 mortos e milhares de feridos. Como nenhum político falou com sinceridade ao país dizendo que não se podia gastar o que não se tinha, não era de estranhar que milhares de venezuelanos se sentissem ultrajados e se pusessem a protestar nas ruas.

Voltei à Venezuela poucas horas depois da tentativa de golpe de 4 de fevereiro de 1992, liderado pelo então tenente-coronel Chávez. Cinco batalhões das forças armadas tinham cercado a residência presidencial de La Casona e várias dependências governamentais, atacando-as a tiros de canhão, esperando conseguir a rendição de Pérez. Pelo menos 56 pessoas, incluindo 14 guardas presidenciais, morreram no combate. Horas depois, a agência de notícias AP acrescentou pelo menos mais 42 mortes, quase todas de civis, atingidos por balas perdidas. Quando cheguei a Caracas, uma vez dominada a rebelião, o governo anunciara que o líder da intentona fora um tal tenente-coronel Chávez, que se identificara como pertencente a um suposto Movimento Militar Bolivariano, que intentara implantar um governo militar na Venezuela.

"Tinham uma gravação pronta para ser transmitida pela televisão, com o anúncio da formação de uma junta militar", disse o porta-voz presidencial José Consuegra numa entrevista coletiva no dia seguinte. "Tomaram o Canal 8 (o canal estatal de televisão) e estavam a ponto de transmiti-la", mas os 14 soldados rebeldes que ocuparam a televisão não a puseram no ar por dificuldades técnicas, acrescentou. As tropas rebeldes conseguiram assumir o controle do edifício, mas não sabiam como transmitir a fita. Quando os jornalistas perguntaram ao porta-voz governamental que tipo de governo Chávez pretendia instaurar, ele respondeu: "Um regime direitista."[5]

Lembro-me de que o que mais me impressionou em minha viagem à Venezuela depois da tentativa de golpe de 1992 foi a passividade — quase complacência — com que a maioria dos venezuelanos reagiu diante da intentona golpista. Nós, que conhecemos de perto as ditaduras militares sul-americanas dos anos 1970, ficamos horrorizados diante do que acabara de acontecer. A Venezuela era uma das democracias mais antigas da América Latina: o último regime militar terminara em 1959. E, em vez de repudiar a sangrenta tentativa de golpe, muitos venezuelanos davam de ombros ou diziam que o governo merecia. Vendo pela televisão, em meu quarto do Caracas Hilton, a sessão do Congresso em que se debatiam os acontecimentos das últimas horas, chamou-me a atenção que os legisladores — que teoricamente deveriam ser os primeiros a defender a democracia — faziam ardentes discursos e, em lugar de deixar para trás suas diferenças políticas para condenar o golpe, dirigiam suas críticas ao presidente. O ex-presidente e então senador Rafael Caldera, com um oportunismo indigno, exigiu no Congresso "a retificação da política econômica do governo", investindo contra os cortes orçamentários de Pérez, como se o país pudesse continuar vivendo de sua riqueza petrolífera dos anos 1970. Pouco depois exigiu a renúncia de Pérez. O populismo e a falta de sinceridade pareciam circular pelas veias dos políticos venezuelanos de todas as tendências.

Não vêem que estão fazendo o jogo de um militar golpista?, dizia eu aos meus amigos e a não poucos entrevistados em Caracas. A maioria me dizia que o equivocado era eu, porque, segundo eles, na Venezuela não havia perigo de repetição das ditaduras que se apoderaram do Chile, da Argentina e de outros países da região poucos anos antes. Os militares venezuelanos eram diferentes, diziam. Não vinham das classes altas, como em outros países da América Latina; eram fundamentalmente da classe trabalhadora, e estavam mais compenetrados do que ninguém dos problemas do país, porque eram os únicos que tinham experiência de trabalho em zonas onde o setor privado sequer entrava, sustentavam. A classe política venezuelana tampouco era um modelo de democracia, argumentavam muitos intelectuais e políticos da esquerda democrática que logo passaram a integrar o governo de Chávez (e mais tarde se converteram em acérrimos opositores). Desde a chegada da democracia, em 1959, os chefes políticos dos dois partidos principais — Ação Democrática, de centro-esquerda, e Copei, de centro-direita — dividiam o poder como se o país fosse uma fazenda de sua propriedade. Os dirigentes de ambos os partidos elaboravam as listas de deputados e senadores, nomeavam os governadores, prefeitos e membros das câmaras municipais. O conceito de eleição primária para escolher os candidatos a cargos públicos era praticamente desconhecido, e só começava a ser posto em prática timidamente em alguns casos. A maioria dos 190 membros do Congresso mal conheciam os distritos que representavam: seus nomes eram colocados nas listas-lençóis pela presidência do partido, e sua lealdade era direcionada aos dirigentes que os escolheram.

O presidente Pérez era visto como um mandatário que passava muito tempo viajando pelo mundo para impulsionar seus grandiosos projetos políticos internacionais, e pouquíssimo se ocupando dos problemas do país. Pérez, de fato, que tinha então 69 anos, acabara de chegar de uma de suas viagens aos EUA e Europa quando foi surpreendido pela intentona golpista. A imprensa criticava-o diariamente por ter feito 34 viagens ao exterior durante os dois primeiros anos de sua segunda presidência, de 1989 a 1990. E em 1991, um ano antes da rebelião militar de Chávez, o presidente manteve seu ritmo anual de 17 viagens ao exterior. Nos últimos meses, estivera tratando de resolver a crise do Haiti, o conflito armado na Colômbia, a crise cubana, as guerras internas da América Central e as disputas dentro da Organização dos Países Produtores de Petróleo (Opep). "Deveria nomear rapidamente um primeiro-ministro e se dedicar em tempo integral ao que mais gosta. De que adianta a Venezuela conseguir um assento no Conselho de Segurança da ONU se nossos canhões mal chegam à Ilha de La Orchila (diante das costas da Venezuela) e dificilmente poderíamos representar um papel relevante no contexto mundial?", dizia o jornal caraquenho *Economía Hoy*, poucos dias antes da rebelião militar. Da mesma maneira que sucedeu com Chávez anos depois, o petróleo subiu à cabeça de Pérez.

No fim de 1993, Caldera ganhou a eleição prometendo mundos e fundos, e assumiu a segunda presidência no início do ano seguinte. Tinha 78 anos e caminhava erguido para trás, como se tivesse a cabeça permanentemente por trás dos calcanhares. Um de seus primeiros atos no governo foi emitir um perdão presidencial para 30 oficiais que participaram da intentona militar contra Pérez em fevereiro de 1992, e em outra realizada em 27 de novembro do mesmo ano. Pouco depois recebeu com tapete vermelho alguns dos líderes de ambos os golpes frustrados. Era um ato de irresponsabilidade total, que estabelecia um péssimo precedente para a democracia venezuelana: se um grupo de oficiais do exército que provocara dezenas de mortes era libertado e recebido pelo presidente depois de apenas uns poucos meses de prisão, como evitar que outros oficiais seguissem o mesmo exemplo no futuro? Em pouco tempo Chávez e os demais líderes de ambas as rebeliões militares estavam livres, dando entrevistas à imprensa como os heróis do momento. O governo Caldera se deteriorava cada vez mais, por falta de medidas econômicas para que o país deixasse de gastar o que não tinha e pelas críticas cada vez maiores ao nepotismo praticado pelo presidente. Um de seus filhos, Andrés Caldera, era chefe de gabinete do governo, enquanto outro, Juan José Caldera, era chefe do partido do governo, e seu genro, Rubén Rojas Pérez, era o chefe da guarda presidencial e de seus principais assessores militares.

Chávez, que enquanto isso era apadrinhado por Luis Miquilena, ex-dirigente do Partido Comunista da Venezuela e fundador do Partido Revolucionário do Proletariado, que havia várias décadas propunha uma aliança de governo cívico-militar de esquerda, apresentou-se como candidato à eleição de 1998 vestido com uniforme militar, enaltecendo sua intentona golpista de 1992. "Vamos, que me chamem de golpista. Que levantem a mão aqueles que acreditam que o golpe foi justificado", dizia em seus comícios de campanha, fazendo com que a multidão levantasse os braços em uníssono.[6] No dia da eleição, arrasou nas urnas: ganhou com 56% dos votos, contra 40% de seu principal rival, Henrique Salas Rohmer, e 15% da ex-Miss Venezuela Irene Sáez. Já então o país estava dividido em duas metades. E se polarizaria cada vez mais nos quatro anos seguintes, à medida que Chávez arremetia contra os partidos da oposição, a imprensa, a Igreja Católica, a "oligarquia" e qualquer outro grupo que ousasse criticar seu governo. E os críticos aumentavam diariamente, porque a desastrosa gestão de Chávez conseguira um milagre econômico às avessas: apesar de um novo boom, que fez os preços do petróleo subirem de 9 dólares por barril, quando ele assumiu, para um recorde de 45 dólares por barril em 2004, o presidente venezuelano conseguira empobrecer o país como nunca. Mais de 7 mil fábricas fecharam as portas desde o início de sua gestão.[7] A fuga de capitais ultrapassara 36 bilhões de dólares, e a economia se contraía em mais de 20% no mesmo período;[8] o desemprego urbano disparara de 15 para 18%.[9] Segundo Ricardo Hausmann, ex-chefe dos economistas do Banco Interamericano de Desenvolvimento, o número de pobres cresceu em 2,5 milhões de pessoas desde o início do governo Chávez.[10]

O "golpe" de abril

A lentidão do governo Bush veio em auxílio de Chávez, quando uma efêmera sublevação militar obrigou-o a deixar o poder durante 48 horas em abril de 2002. Num caso poucas vezes visto de solidariedade patronal-sindical contra um presidente, a coalizão de entidades empresariais Fedecámaras e a Confederação de Trabalhadores da Venezuela se uniram para apoiar a greve nacional dos trabalhadores da PDVSA, e a greve geral indeterminada deu lugar às maiores manifestações da história venezuelana. Centenas de milhares de pessoas, incluindo os trabalhadores estimulados por seus sindicatos, e os trabalhadores não sindicalizados, estimulados por seus empregadores, saíram para pedir a renúncia de Chávez diante do palácio presidencial de Miraflores, na quinta-feira, 11 de abril. À uma da tarde, a coluna de manifestantes que se congregara num edifício da PDVSA começou a se dirigir para o palácio presidencial. O exército — segundo disseram seus generais — se negou a cumprir as ordens de Chávez, de reprimir. Quando a multidão chegou ao centro da cidade, franco-atiradores paramilitares ou grupos de chavistas armados dispararam contra ela, para dispersá-la ou respondendo a disparos dos policiais metropolitanos contrários ao governo que estavam presentes. O certo é que se produziu uma batalha sangrenta em que morreram pelo menos dezenove pessoas de ambos os lados, e dezenas ficaram feridas. À noite, o alto comando militar se rebelou contra Chávez. De madrugada, o presidente admitiu publicamente que aceitara "abandonar" o poder. "Disse-lhes que 'me vou', mas exijo respeito pela Constituição", assinalou, sugerindo que devia ser substituído pelo presidente da Assembléia Nacional, seu fiel servidor.[11] Poucos minutos depois, o comandante-em-chefe das forças armadas, general Lucas Rincón, aliado de Chávez, apareceu na televisão anunciando que os militares tinham pedido ao presidente a sua renúncia, e "ele aceitou". Ao mesmo tempo, Rincón comunicava que o líder empresarial Pedro Carmona seria o presidente provisório, pelo menos por um breve período, enquanto se estabelecesse a ordem da sucessão constitucional. Mas na tarde de sexta-feira, 12, num arroubo de megalomania ou estupidez, ou ambas as coisas, Carmona surpreendeu todo mundo suspendendo o Congresso e o Tribunal Supremo de Justiça, proclamando-se a si mesmo presidente interino até as eleições no próximo ano.

    O governo Bush, em lugar de condenar de imediato o que obviamente fora uma transmissão inconstitucional de poder — porque, ao ser anunciada a renúncia de Chávez, o correto era que ele fosse substituído pelo líder do Congresso —, fez-se de desentendido. E o que é pior, culpou Chávez por ter desencadeado os fatos que provocaram sua destituição. Enquanto os presidentes do México, da Argentina e de outros países latino-americanos que por acaso se encontravam numa cúpula na Costa Rica condenavam a autoproclamação de Carmona como presidente, o porta-voz da Casa Branca, Ari Fleisher, dizia, ao meio-dia de sexta-feira, poucas horas antes da posse formal de Carmona, que

"Chávez caiu porque partidários de seu governo, cumprindo ordens dele, dispararam contra manifestantes desarmados",[12] o que não estava longe de ser certo, mas desviava a atenção para o fato de que Carmona não era o sucessor constitucional de Chávez. O porta-voz do Departamento de Estado, Philip Reeker, disse que "Chávez renunciou à presidência" e que "antes de renunciar, demitiu o vice-presidente e o gabinete". Acrescentou que os fatos ocorreram por causa das "ações antidemocráticas de Chávez" nos últimos três anos.

No domingo, 14 de abril, quando Chávez foi reempossado por militares leais, começaram as críticas internacionais sobre a atuação dos EUA, e as especulações de que o governo de Bush estimulara o golpe. Algumas eram irrisórias, ou não eram acompanhadas de evidências, como a afirmação de Chávez de que um navio de guerra dos EUA se aproximara da costa da Venezuela por ocasião da rebelião militar. Mas muitas eram válidas, como a do senador democrata Christopher Dodd, um dos principais adversários do governo Bush no Congresso, que denunciou a falta de uma condenação imediata do golpe e exigiu uma investigação interna sobre o papel do Departamento de Estado no caso. As especulações cresceram quando o *New York Times* publicou a notícia, logo desmentida, de que o chefe dos Assuntos Latino-americanos do Departamento de Estado, Reich, conversara telefonicamente com Carmona durante os acontecimentos, aconselhando-o a não dissolver a Assembléia Nacional nem outros órgãos constitucionais. Se a conversa ocorrera, a pergunta obrigatória era se Reich estivera em contato com Carmona desde muito antes, e talvez até tivesse concordado com sua ascensão ao poder.

Carmona negou mais tarde que tivesse existido tal conversa, e o governo Bush informou, passado o incidente, que quem chamou Carmona — "Carmona o breve", como ficou conhecido depois pelos venezuelanos — para exigir que não dissolvesse o Congresso fora o embaixador dos EUA na Venezuela, Charles Shapiro. Semanas depois, a investigação interna pedida pelo senador Dodd confirmou que não havia existido participação alguma dos EUA na destituição de Chávez. No dia anterior ao golpe, quinta-feira, 11 de abril, o Departamento de Estado emitira um comunicado em meio à violência nas ruas venezuelanas dizendo que os EUA condenavam energicamente "qualquer esforço inconstitucional de qualquer das partes" no conflito. E uma vez que o alto comando militar venezuelano havia se sublevado e que se anunciara a renúncia de Chávez e a demissão do vice-presidente e do líder do Congresso, a 12 de abril de madrugada, "tanto o Departamento de Estado como a embaixada trabalharam nos bastidores para persuadir o governo interino a convocar eleições antecipadas e obter a aprovação da Assembléia Nacional e da Corte Suprema". A investigação acrescentava que "quando o governo interino, contrariamente aos conselhos dos EUA, dissolveu a Assembléia Nacional e a Corte Suprema, e tomou outras medidas antidemocráticas, o Departamento de Estado trabalhou, por intermédio da OEA, para condenar esses fatos e restaurar a democracia e a constitucionalidade na Venezuela".[13]

"Os opositores de Chávez pediram ajuda da embaixada ou do Departamento de Estado para derrubá-lo do poder por meios antidemocráticos ou inconstitucionais? A resposta é não", prosseguia o relatório da investigação interna do Departamento de Estado. "Os opositores informaram seus interlocutores norte-americanos sobre suas intenções, ou as de outros, e os funcionários dos EUA sistematicamente responderam com declarações de oposição a qualquer esforço para tirar Chávez do governo mediante métodos antidemocráticos ou anticonstitucionais."[14]

Tempos depois, quando ele já abandonara o cargo, perguntei a Reich se o governo Bush se apressara em tomar a renúncia de Chávez como fato. O presidente venezuelano dizia agora que nunca renunciara. Como sabiam que ele renunciara? "Rincón, o comandante-em-chefe das forças armadas venezuelanas, disse (pela televisão) que Chávez renunciara, e Rincón era um homem nomeado por ele. Além disso, tínhamos o embaixador de um país ocidental que chamara (o embaixador norte-americano) Shapiro para dizer-lhe que acabara de falar com Chávez, que lhe pediu ajuda para que nada acontecesse com sua família. As novas autoridades venezuelanas fizeram preparativos para que ele viajasse a Cuba e ali se reunisse com sua família", recordou Reich. Durante toda a noite, os embaixadores da Grã-Bretanha, Espanha e outros países se comunicaram com Shapiro para contar-lhe que o embaixador de Cuba na Venezuela, Germán Sánchez, pedira-lhes que membros do corpo diplomático acompanhassem Chávez a Cuba, para garantir sua segurança física, relatou-me um funcionário dos EUA que se reportava a Reich naquele momento. Segundo Reich e seus colaboradores, não houve nenhum golpe, e a imprensa tergiversou sobre o ocorrido, porque no momento em que se divulgou a declaração do governo Bush, ao meio-dia da sexta-feira, 12 de abril, não existia nenhum ato ilegal na Venezuela: "Produziu-se uma insurreição dos militares venezuelanos e do povo venezuelano depois que Chávez deu uma ordem inconstitucional (de reprimir a multidão) e os militares se negaram a cumpri-la", e o presidente renunciara. "E Carmona não assumira ilegalmente o poder a não ser depois das 4 da tarde desse dia", justificou-se Reich.[15]

Segundo Reich, poucas horas antes da ascensão de Carmona, na tarde de sexta-feira, 12 de abril, o embaixador Shapiro disse a seu chefe, Reich, que o sucessor interino de Chávez pretendia dissolver o Congresso e se proclamar presidente. "Quando (o embaixador) Shapiro me chamou e disse que Carmona ia proclamar-se presidente, respondi: 'Vai se proclamar o quê?' Não podia acreditar. Pedi, então, a Shapiro que chamasse Carmona — eu não queria falar com ele — e lhe dissesse que se rompesse o fio constitucional e se proclamasse presidente não poderia contar com o apoio dos EUA. Não recordo bem se usei a palavra sanções, mas me lembro claramente de ter dito que haveria conseqüências se eles praticassem essa ação. E manifestei a Shapiro que deixasse bem claro, durante a conversa, que falava por mim e em nome do governo dos EUA. Isso aconteceu ao meio-dia (da sexta-feira, 12 de abril). Às duas da tarde Shapiro me chamou de volta para dizer que falara com Carmona, transmitira-lhe a mensagem, e que Carmona respondera que sabiam o que estavam fazendo. Creio que essas palavras passarão para a história como uma das mais estúpidas que poderiam ser ditas."[16]

Mas, quando foi divulgada a investigação interna do Departamento de Estado, vários meses depois, Chávez já andava pelo mundo denunciando como verdade absoluta que Washington instigara o golpe, e a especulação das primeiras horas tornou-se um dogma para ele, para Fidel Castro, e para boa parte da ala retrógrada da esquerda latino-americana. O certo é que Bush deu um enorme presente propagandístico a Chávez, que agora podia ostentar sua própria credencial de vítima e se equiparar ao falecido presidente chileno Salvador Allende. Os EUA, embora não tenham apoiado o golpe, titubearam e aceitaram tacitamente uma sucessão presidencial inconstitucional. Tal como assinalou o senador Dodd, "o ter permanecido em silêncio durante a destituição ilegal de um governo é um fato sumamente preocupante, e terá profundas implicações para a democracia hemisférica".[17]

O triunfo de Chávez em 2004

Não estou convencido — como grande parte da oposição venezuelana — de que houve fraude na contagem dos votos em 15 de agosto de 2004, dia do referendo sobre o mandato de Chávez. Embora a oposição tenha denunciado uma "gigantesca fraude" cibernética, minha conclusão em Caracas nesse dia foi de que devia se dar o benefício da dúvida ao Centro Carter e à OEA, que monitoraram a votação e opinaram que não houve irregularidades suficientes para alterar o resultado do plebiscito. Mas, pelo que observei durante minha estada na Venezuela, não me restam dúvidas de que houve uma "fraude ambiental" nos meses anteriores à votação. Chávez arquitetou todo tipo de armadilhas — algumas legais e outras nem tanto — para reduzir o peso de seus opositores nas urnas. Mas, ainda que semelhantes obstáculos não invalidem seu triunfo —

se a oposição aceitou o desafio, deve aceitar o resultado —, tiraram-lhe boa parte do brilho.

Como Chávez ganhou? Foi uma combinação de petropopulismo, péssima campanha da oposição, intimidação governamental e armadilhas ao longo do processo eleitoral que limitaram enormemente o número de opositores que foram às urnas. Sob a Constituição Bolivariana do próprio Chávez, estabeleceu-se que os venezuelanos podiam convocar um referendo para destituir qualquer funcionário eleito se juntassem um número suficiente de assinaturas. Logo que a oposição organizou o *firmazo* em 2003 e juntou mais de 3 milhões de firmas (assinaturas) — bem mais do que as 2,4 milhões de que necessitava — em formulários impressos pelo Estado, o governo mudou retroativamente os requisitos para que as assinaturas fossem válidas e concluiu que não se chegara ao número necessário para a realização de um referendo. Em maio de 2004, depois de uma onda de protestos e sob pressão do Centro Carter e da OEA, o Conselho Nacional Eleitoral, dominado por simpatizantes chavistas, aceitou permitir a recontagem, uma por uma, das quase um milhão de assinaturas que invalidara anteriormente.

O governo colocou todo tipo de freios: limitou o número de formulários, centros de votação e os dias e horas em que os opositores podiam assinar, e anunciou 38 novos critérios pelos quais as assinaturas podiam ser invalidadas. Paralelamente, o governo divulgou por seus porta-vozes na televisão estatal que examinaria detidamente a lista dos que assinaram a petição para o referendo, e que nem os funcionários governamentais nem os empresários assinantes que tinham negócios com o Estado podiam esperar que o governo continuasse tratando-os como até então. Em outras palavras, haveria represálias contra os assinantes. E enquanto apareciam na imprensa as primeiras denúncias de demissões arbitrárias de opositores que assinaram a petição, o governo anunciara que os "arrependidos" podiam assinar um novo formulário, exigindo ser retirados da lista. A oposição, no entanto, voltou a reunir as assinaturas, e mesmo depois que o governo invalidou centenas de milhares, ultrapassou amplamente o número requerido para convocar o referendo. O Conselho Nacional Eleitoral não teve remédio se não convocar o referendo para o dia 15 de agosto desse ano.

Mas isso foi só o começo. À medida que se aproximava a data do referendo, Chávez punha novos freios ao monitoramento dos observadores estrangeiros, a ponto de a União Européia se retirar poucos dias antes da votação, e o Centro Carter e a OEA decidirem cumprir seu compromisso, ainda que resmungando. Enquanto isso, como fazia progressivamente havia vários meses, Chávez começou a convocar quase diariamente cadeias televisivas, sem dar a mesma oportunidade à oposição. Segundo contagem das televisões de oposição, transmitiram-se nada menos do que 203 discursos do presidente em cadeia nacional em 2003, e as emissoras de rádio e televisão tiveram de engolir 94 pronunciamentos presidenciais em 2004, quase todos pouco antes do referendo. Amiúde, eles duravam horas. Neles, Chávez acusava as organizações não-governamentais independentes, como Súmate, de trabalhar para o governo dos EUA, por ter aceitado 53 mil dólares para a observação eleitoral do referendo por parte da Fundação Nacional para a Democracia (NED), entidade não partidária do Congresso dos EUA, que havia várias décadas contribuía com órgãos de monitoramento eleitoral apartidários no México, em vários países da América do Sul, Ásia e África, para o aluguel de telefones celulares e computadores. A acusação era ridícula, porque Súmate não fazia propaganda partidária, e porque Chávez não só enviava missões militares aos bairros mais humildes da Venezuela para coletar votos, mas também se gabava abertamente de ter 17 mil médicos e professores cubanos no país contribuindo com sua "revolução" nos meses anteriores ao referendo.

Em alguns casos, os obstáculos postos pelo governo eram tão pueris que provocavam riso. Entre os 300 mil venezuelanos que queriam se inscrever no exterior para votar, muitos deles antichavistas residentes nos EUA, apenas 50 mil conseguiram se registrar cumprindo a cada vez maior lista de requisitos do governo. Nas cidades onde a comunidade venezuelana era majoritariamente hostil a Chávez, como Miami, os aspirantes a votar ficaram esperando horas no térreo do edifício do consulado, sem poder se inscrever. No meio da manhã, um empregado de quinta categoria do escritório diplomático veio informar que lamentavelmente o elevador enguiçara. Depois de uma longa espera, muitos voltaram para suas casas, convencidos de que não lhes seria permitido votar.

"Vamos para Forte Apache"

A intimidação dos eleitores, pelo que pude observar em Caracas, não era muito sutil. Poucos dias antes do referendo, pedi uma entrevista a Alfredo Peña, prefeito de Caracas, um dos tantos antigos políticos que apoiaram Chávez num primeiro momento e que agora militavam na oposição. Conheci Peña havia mais de dez anos, quando ele era diretor do diário *El Nacional* de Caracas. No fim dos anos 1990, quando escrevi que temia que Chávez não fosse mais do que um caudilho militar autoritário, como tantos outros antes dele, Peña me recriminou por não entender o caráter popular das forças armadas venezuelanas, e o fenômeno Chávez em especial. Pouco depois, assumiu como chefe de gabinete e porta-voz de Chávez, um dos postos-chave no novo governo. Seu idílio com o novo presidente, no entanto, durou pouco: apenas quatro meses depois, desiludiu-se com a militarização e o crescente autoritarismo do governo, e o próprio presidente decidiu substituí-lo por um militar de confiança. Desde então, Peña passara para a oposição e ganhara a prefeitura de Caracas por esmagadora maioria. Mas tinha um problema geográfico-político: a sede da prefeitura estava em El Centro, no coração do território chavista, rodeada por edifícios onde se concentravam os setores mais duros do governo de Chávez. Ao lado do palácio da prefeitura estava o Ministério das Relações Exteriores e, diante dele, o Congresso e a prefeitura do município Libertador, cujo prefeito era descrito pela oposição como o responsável por uma força de choque paramilitar que fazia o trabalho sujo, repressivo, do governo. A uma quadra, se encontrava o edifício da vice-presidência, onde despachava o cérebro intelectual do governo Chávez, José Vicente Rangel, e a duas quadras ficava o palácio de Miraflores, onde estava o próprio Chávez.

Dei-me conta do problema de Peña quando, inocentemente, apanhei um táxi em frente ao meu hotel, J. W. Marriott, da zona leste de Caracas, e pedi que me levasse à prefeitura da cidade em El Centro. O taxista se voltou em câmara lenta, como se não estivesse certo de ter ouvido bem. Quando repeti o endereço, sorriu nervosamente e me disse que não poderia me conduzir. E mais: recomendava que eu não fosse, porque era uma zona muito insegura. Logo depois, Peña enviou seu filho para me buscar numa caminhonete blindada, com três policiais armados até os dentes dentro do veículo, e outras duas caminhonetes de escolta. "Vamos para Forte Apache", disse-me o jovem Peña, sorridente. "Não se assuste."

À medida que cruzávamos a cidade, indo da versão venezuelana de Beirute do leste à de Beirute do oeste, não pude deixar de me assombrar como a paisagem mudava. No leste da cidade havia grande maioria de cartazes pelo "Sim", exortando as pessoas a votarem pela destituição prematura de Chávez, mas a cada duas ou três quadras se via um pelo "Não". Enquanto adentrávamos Beirute do oeste, o número de cartazes do "Sim" diminuía gradualmente, até desaparecer de todo. Em El Centro, só se viam cartazes pró-chavistas. Os desbotados edifícios centrais estavam cobertos por galhardetes com legendas como "Fora Bush", "Fora o imperialismo", "Vamos nocauteá-los", "*Não* até 2021" e "Uh, Ah, Chávez não se vai". Até no muro da Casa Militar, teoricamente uma instituição não partidária, estava pendurado um enorme galhardete do "Não". Quase não havia um espaço de dez metros de edificação nesta parte da cidade que não tivesse um slogan pró-chavista, enquanto não havia um cartaz opositor nem por sombra. "Aqui, se você pintar um escrito do sim, você arrisca a vida", assinalou o filho do prefeito.

Entramos na prefeitura por uma pequena porta blindada, quase escondida, num canto de um pátio de estacionamento ao ar livre, onde o prefeito me esperava. Peña queria, a todo custo, levar-me para uma visita guiada à prefeitura, e o motivo logo se tornou evidente: era uma fortaleza sitiada, que fora atacada várias vezes. Todas as janelas estavam protegidas por grades e todas as portas do térreo estavam protegidas com troncos de árvores ou postes de ferro, que obviamente foram trazidos às pressas para conter um ataque inimigo. Segundo me contou Peña, as forças de choque chavistas — que eram empregadas da segurança da prefeitura do município Libertador, o edifício da frente, que não faziam mais do que esperar sentados na praça até que fossem chamados para atacar manifestações ou eventos da oposição — atacaram sua prefeitura com armas de fogo e pedras em 26 oportunidades. Peña me levou ao refeitório do edifício, uma sala enorme com uma mesa retangular para pelo menos duas dezenas de pessoas, a fim de me mostrar os vários orifícios de bala na parede. Cinco policiais da prefeitura e dois civis foram feridos por balas provenientes da praça, explicou-me, apontando para uma mancha de sangue na cortina da janela. Alguns dos melhores quadros da pinacoteca da prefeitura, incluindo um de Armando Reverón, provavelmente o pintor mais conhecido do país, tinham buracos de projéteis. E, finalmente, Peña me mostrou o prato principal de seu *tour* sobre a violência das turbas chavistas: sua própria cadeira, na mesa do refeitório, estava perfurada, bem no centro do espaldar, por um buraco de bala. "Se estivesse comendo aqui esse dia, não estaria vivo para contar a história", disse Peña.[18]

Era óbvio que a margem de movimentação de Peña e dos demais líderes da oposição era pequena. Não tinham acesso às redes de televisão como Chávez, não tinham dinheiro para distribuir como o governo, não tinham controle das instituições eleitorais para mudar as regras a cada instante, e muitas vezes sequer podiam usar suas próprias sedes, como no caso da prefeitura, para reunir os simpatizantes. A intimidação governamental era exercida em toda parte. "Aqueles que atacaram meu gabinete 26 vezes são chavistas armados, empregados do governo. Já os conhecemos, porque são os mesmos que você pode ver ali, sentados na praça", concluiu o prefeito, levando-me à janela e convidando-me a mostrar a cabeça, mas não em demasia.

A maior intimidação, no entanto, teve lugar por intermédio do novo sistema de votação eletrônica inaugurado pelo governo para a ocasião, e que não fora testado em lugar nenhum do mundo. Enquanto ameaçava despedir os funcionários públicos que assinavam as petições da oposição, ou apagar das listas de credores do Estado os empresários da oposição, o governo anunciava que o novo sistema de votação contaria com máquinas "caça-impressões" que registrariam as impressões digitais de cada eleitor. A medida foi tomada teoricamente para evitar que uma pessoa votasse duas vezes. Mas logo ficou evidente que cada eleitor deixaria suas impressões digitais e receberia uma comprovação do voto que talvez permitisse ao governo saber em quem votava. Sob o novo sistema de votação eletrônica, os venezuelanos votariam pelo "Sim" — que Chávez vá embora — ou pelo "Não" — que fique — numa tela de computador, e receberiam uma papeleta com o registro do voto. Imediatamente os órgãos oficiais fizeram correr o boato de que, graças às máquinas "caça-impressões", o governo poderia saber perfeitamente como votou cada cidadão, e que ninguém se iludisse que o voto era secreto. Semelhante advertência ganhou uma feição mais realista pouco antes do referendo, quando a imprensa divulgou que as máquinas de votação compradas pelo governo usariam um software da Bitza, empresa registrada nos EUA da qual o governo Chávez tinha 28% das ações. Depois que o *Miami Herald* divulgou o registro da empresa no estado da Flórida, a Bitza anunciou que compraria as ações do governo venezuelano. Mas milhões de cidadãos só podiam ver com desconfiança o novo sistema eletrônico de votação.

Mas, ainda que os obstáculos legais e as intimidações fossem fatores importantes, o que mais contribuiu para a vitória de Chávez foram os petrodólares. O presidente desembolsou de 1,6 bilhão a 3,6 bilhões de dólares da receita da PDVSA, o monopólio estatal de petróleo, nos meses anteriores à votação, em forma de bolsas temporárias de mais de 150 dólares mensais a centenas de milhares de jovens e desempregados. Eram bolsas para a educação, em sua grande maioria, mas que não impunham nenhuma obrigação de estudar. Chávez nadava em petrodólares. Num país em que o petróleo constitui 80% das exportações e o principal rendimento do Estado, Chávez tinha uma dinheirama, e a repartia em dinheiro vivo para ganhar votos.

Com as coisas nesse pé, talvez não fosse surpreendente que, no fim do dia, o Conselho Nacional Eleitoral desse a Chávez 59% dos votos, contra 41% da oposição. A oposição disse que semelhante resultado era impossível, já que as pesquisas coordenadas por Súmate deram ao voto antichavista uma vantagem de 18%. Como Chávez poderia ter ganho com a mesma percentagem?, perguntaram os líderes da oposição, insinuando que dentro de algum centro cibernético secreto os resultados finais da votação tinham sido invertidos. Mas a OEA e o Centro Carter, depois de várias réplicas verbais com o governo, fizeram uma recontagem de votos ao acaso e saíram convencidos de que Chávez ganhara nas urnas. O presidente superara o desafio, com todo o tipo de armadilhas no processo eleitoral, mas tinha vencido.

O voto dos marginais

Caminhando por Caracas no dia seguinte, vendo milhares de trabalhadores informais que vendiam quinquilharias nas ruas e que pareciam ter se apoderado da cidade, cheguei à conclusão de que o triunfo de Chávez provavelmente se devia ao voto dos marginais. De fato, o discurso político da oposição se dirigia aos que tinham empregos formais, ou já os tiveram, ou esperavam tê-los alguma vez. Mas para milhões de venezuelanos que operavam na informalidade — como já dissemos, a pobreza cresceu 10% nos primeiros cinco anos de Chávez, segundo cifras oficiais do Instituto Nacional de Estatística — tratava-se de palavras vazias, que significavam bem menos do que os 150 dólares em bolsas, em dinheiro vivo, que o governo estava dando.[19]

Para um jovem vendedor de sandálias chinesas de matéria plástica, nas ruas de Caracas, que ingressara no mercado de trabalho sob o governo Chávez e nunca tivera um emprego formal, significava pouco que um líder da oposição ou algum intelectual dissesse que mais de 7 mil fábricas fecharam as portas desde o início do governo, que a Cepal dissesse que o desemprego urbano disparara de 15% em 1999 para 18% em 2004, que mais de 36 bilhões de dólares saíram do país nos últimos cinco anos, ou que a Venezuela caíra para os últimos lugares no *ranking* de competitividade do Fórum Econômico Mundial. Essas cifras só tinham significado para quem tivesse esperança de conseguir um emprego formal, ou de melhorar o que já tinha, mas diziam quase nada ao vendedor de rua ou ao operário que trabalhava no setor informal. Milhões de marginais da Venezuela tampouco se impressionavam com a corrupção e o esbanjamento de Chávez, ou que o presidente atribuísse contratos governamentais sem licitação, ou que comprasse um novo avião presidencial francês por 59 milhões de dólares, quando seu preço de mercado era de 42 milhões. Por acaso seus antecessores não fizeram o mesmo? Na Venezuela Saudita nada disso era surpreendente.

Talvez muitos dos marginalizados da Venezuela tenham dito aos pesquisadores de opinião que votariam contra Chávez porque o personagem lhes parecesse picaresco, e porque se davam conta de que o governo era um gigantesco caos no qual as coisas mudavam diariamente, sem qualquer sentido, por qualquer capricho do comandante. Nos últimos cinco anos, Chávez colocou e tirou de seus cargos nada menos do que 59 ministros. E, segundo uma contagem do diário *El Universal*, se fossem contados os que mudaram de um ministério para outro, chegava-se a 80 nomeações ministeriais, incluindo seis ministros da Fazenda, seis da Defesa, seis do Comércio e cinco chanceleres. Não passava semana sem que Chávez anunciasse um plano social de proporções enormes, ou uma obra pública gigantesca, ou uma iniciativa continental que em poucas horas caía no esquecimento absoluto. Era difícil levá-lo a sério. Mas no momento da verdade, ao dar o voto, talvez concluíssem que o dinheiro vivo que Chávez lhes estava dando significava mais do que o argumento da oposição de que o país só conseguiria crescimento a longo prazo criando condições para mais investimentos, que por sua vez gerariam mais empregos, e que as dádivas governamentais cairiam a pique logo que acabasse a abundância petrolífera, deixando o país mais pobre do que antes. Na cabeça de muitas pessoas, era melhor ter um pássaro na mão do que cem voando.

Os petrodólares e a revolução continental

Depois da vitória de Chávez no referendo de 2004, e de sua aceitação pelo Departamento de Estado, o futuro das relações do presidente venezuelano com o governo Bush dependeria em grande parte de a Venezuela continuar — ou aumentar — o apoio a grupos violentos na América Latina, disseram-me em particular funcionários dos EUA. Segundo eles, o governo Bush deu provas de sobra de sua boa vontade em relação a Chávez: durante cinco anos agüentou sem responder suas diárias diatribes contra "o imperialismo" e "o neoliberalismo selvagem" de Bush. O presidente dos EUA jamais respondeu pessoalmente, e seus embaixadores em Caracas mantiveram a política de oferecer a outra face, assinalaram. Durante os primeiros anos do chavismo no poder, o embaixador John Maisto foi o alvo predileto de todas as críticas da oposição, por sustentar publicamente: "Não se atenham ao que (Chávez) diz, e sim ao que faz." Maisto dizia que o presidente venezuelano, apesar de sua retórica revolucionária, não confiscara nenhuma empresa estrangeira, nem fechara canais de televisão, nem — o que era mais importante para Washington — interrompera o fornecimento de petróleo aos EUA. A embaixada dos EUA em Caracas afirmava então que ele devia ser julgado por seus feitos, não por suas palavras.

Mas dentro do Departamento de Estado e da Casa Branca havia uma preocupação cada vez maior pelas informações de inteligência provenientes de vários governos latino-americanos, no sentido de que Chávez apoiava vários grupos radicais em seus países. Desde o início de sua gestão, ele já fora alvo de críticas do governo colombiano de Andrés Pastrana, por presumivelmente apoiar os guerrilheiros das Farc na Colômbia. Em 2000, a Colômbia dirigiu um protesto formal ante a Venezuela e retirou momentaneamente seu embaixador em Caracas, depois que Olga Marín, alta dirigente das Farc, foi convidada a fazer um discurso na Assembléia Nacional venezuelana. Embora Chávez tenha respondido que ele pessoalmente não autorizara o convite a Olga Marín, o então chanceler colombiano Guillermo Fernández de Soto se queixou num comunicado, em 28 de novembro, de que, além de criticar constantemente o Plano Colômbia e desejar a vietnamização da América do Sul pela ajuda militar dos EUA à Colômbia, Chávez permitira "a participação de representantes das Farc numa conferência realizada na Venezuela, patrocinada pelo governo, e com a presença de funcionários governamentais".[20]

Pouco depois, o então presidente da Bolívia, Hugo Banzer, disse-me numa entrevista telefônica que Chávez apoiava grupos indígenas de ultra-esquerda, liderados por Felipe Quispe, em seu país, e que acabavam de realizar uma greve violenta com um saldo de 11 mortos e 120 feridos. Por sugestão de Banzer, que não queria aparecer em público fazendo a acusação, entrevistei seu então ministro da Presidência, Walter Guiteras, que me confirmou oficialmente que "o presidente Banzer expressou sua preocupação ao presidente Chávez por intervir nos assuntos internos de nosso país". Na mesma época, o governo do Equador comunicou a Washington seus temores de que Chávez estivesse apoiando o coronel Lucio Gutiérrez, líder do golpe militar e indígena que derrubou o governo de Jamil Mahuad. Interrogado sobre essas acusações, o então chefe do Departamento de Estado para a América Latina, Peter Romero, um democrata que vinha do governo Clinton e fora embaixador no Equador, declarou em entrevista que "há indícios de apoio do governo chavista a movimentos indígenas violentos na Bolívia" e a "grupos de oficiais rebeldes" do Equador.[21] Chávez imediatamente respondeu que Romero era um "agitador internacional", e o chanceler venezuelano da vez o chamou de "Pinóquio".

Mas os informes de inteligência sobre os vínculos de Chávez com grupos violentos na região não cessaram. Pouco depois, a Secretaria de Informações do Estado (Side) argentina recebeu dados sobre a concessão de dois contratos de venda de gasolina diesel do governo venezuelano — de mais de 350 mil dólares cada — a um advogado vinculado a Hebe de Bonafini, a dirigente da ala pró Fidel Castro do grupo Mães da Praça de Maio. E em 2002 a revista *U.S. News and World Report* publicou uma extensa reportagem assinalando que, apesar dos desmentidos categóricos de Chávez, há "informações detalhadas que demonstram a existência de acampamentos utilizados por rebeldes colombianos dentro da Venezuela, mapas que mostram a localização dos acampamentos e testemunhas de primeira mão que descrevem visitas de funcionários venezuelanos". O principal acampamento de treinamento das Farc na Venezuela estava nas montanhas de Perija, perto do povoado de Resumidero, assinalou a revista, e acrescentava que ali se encontrava um dos mais importantes comandantes guerrilheiros colombianos, Iván Márquez, e cerca de setecentos rebeldes. Citando o testemunho de desertores que estiveram ali, a revista informara que as Farc também tinham outro acampamento, menor, a dois dias de caminhada do povoado de Asamblea, perto da cidade de Machiques, e uma emissora clandestina de rádio a 500 quilômetros dali, na fronteira com a Colômbia. Uma das testemunhas entrevistadas pela revista, que passou sete meses num dos acampamentos, disse que viu funcionários venezuelanos chegarem de helicóptero ao lugar. Outro desertor assinalou que sua unidade realizou emboscadas contra colunas do exército colombiano e logo se refugiou novamente na Venezuela, e que as Farc enviaram, poucos meses antes, um carregamento de armas da Venezuela para suas frentes na Colômbia.[22]

Chávez estava à frente dessas intervenções em assuntos internos de outros países, ou os responsáveis eram agentes turbulentos de seu governo? Praticamente todos os altos funcionários colombianos afirmavam que a luz verde vinha do gabinete presidencial da Venezuela, mas só o diziam em particular. Desde o começo do governo Álvaro Uribe até o seqüestro do "chanceler" das Farc Rodrigo Granda, na Venezuela, no início de 2005, o governo colombiano não quis voltar a dizer nada em público que pudesse ameaçar suas relações com a Venezuela. A Colômbia já tinha suficientes problemas com sua guerra interna para abrir uma nova frente com um vizinho que — numa hipótese de conflito — tinha recursos para incrementar enormemente seu apoio aos guerrilheiros colombianos. Quando perguntei ao presidente Uribe, numa entrevista em 2004, se Chávez apoiava as Farc, ele não disse sim nem não, e que esse era um tema muito complicado. Já então, pelo menos um ex-general de Chávez confirmara a presença de acampamentos militares das Farc na Venezuela.

Mas a informação era confusa. O outrora todo-poderoso ministro do Interior Miquilena disse, tempos depois, após sua ruptura com Chávez, que as acusações de que o governo da Venezuela apoiava financeira ou militarmente grupos rebeldes na Bolívia, Equador ou as Farc na Colômbia eram "totalmente falsas", embora reconhecesse que existiam contatos freqüentes com a guerrilha para negociar a libertação de reféns, e também apoio financeiro à Frente Sandinista de Libertação Nacional da Nicarágua. "Fazíamos contatos com as Farc e com o Exército de Libertação Nacional para libertar seqüestrados venezuelanos. Até quando capturaram o irmão do secretário geral da OEA, César Gaviria, os parentes pediram a Chávez que interviesse com a guerrilha para sua libertação... A única coisa que se fez foi um contato com a Frente Sandinista de Libertação. Na última eleição na Nicarágua (em 2001) foi dado dinheiro para cartazes e essas coisas. Mas foi uma soma que não chegou a 20 milhões de bolívares (o equivalente a 27 mil dólares). E não se mandaram dólares: foram enviados materiais impressos, de propaganda." Miquilena fez isso pessoalmente? "Sim."[23]

O certo é que, mesmo Chávez negando que dava ajuda a grupos violentos ou a partidos políticos de esquerda em outros países, havia inúmeros indícios de que atuava por intermédio de diferentes funcionários, bem afastados entre eles. Segundo o general James Hill, chefe do Comando Sul dos EUA, Chávez não só apoiava financeiramente grupos indígenas na Bolívia, mas também a FMLN em El Salvador. A Venezuela se converteu no Club Méditerranée dos grupos violentos da América Latina: um lugar onde podiam se reunir, descansar e planejar a "revolução" continental, enquanto o governo discretamente olhava para o outro lado. Chávez contribuía constantemente para alimentar as versões sobre sua aproximação com as Farc e o ELN, ao insistir em que a Venezuela se declarava neutra no conflito armado colombiano e ao se recusar a qualificar os guerrilheiros colombianos — que com freqüência atacavam alvos civis com carros-bomba, matando inúmeros inocentes — como terroristas. Chávez falava o mesmo idioma da guerrilha colombiana: em 25 de outubro de 2002, disse num discurso que "a democracia representativa não serve para nenhum governo latino-americano", porque "a única coisa para que serviu foi deixar que uma classe bastarda tomasse o poder e mergulhasse o povo na miséria".

Depois de entrevistar vários presidentes e ex-presidentes sul-americanos que garantiam ter sérias suspeitas sobre a ajuda de Chávez a grupos violentos na região, restaram-me poucas dúvidas sobre a existência de alguma atividade desse tipo. A grande pergunta era se Chávez a dirigia pessoalmente ou se era feita pelos seus súditos em meio ao caos do governo. A outra grande pergunta era: se Chávez exportava sua revolução, por que o governo dos EUA não divulgava a informação de inteligência que tinha sobre o assunto?

No fim do primeiro mandato de Bush, fiz essa pergunta, durante uma entrevista num restaurante de Washington, a um alto funcionário do Pentágono que seguia de perto o Plano Colômbia e a situação na Venezuela, e que acabara de me recitar uma longa série de exemplos sobre a presumível ajuda da Venezuela à guerrilha colombiana. Mas quando tirei a caneta do bolso para anotar o que me dizia, ele me interrompeu rapidamente, dizendo que tudo o que estava me contando era *off the record* e não podia ser publicado. Por quê?, perguntei, surpreendido. Que mais queria o governo Bush que os jornalistas escrevêssemos sobre as supostas atividades de Chávez em apoio aos movimentos violentos na América Latina? O funcionário me respondeu com quatro palavras: "Armas de destruição maciça." Eu já não entendia nada, e disse a ele. O que tinham a ver as armas de destruição maciça, que o governo Bush nunca encontrara no Iraque, com a ajuda de Chávez a grupos rebeldes latino-americanos? "Muito", respondeu, e me explicou que, depois do ridículo internacional dos EUA, após denunciar que o regime de Saddam Hussein tinha em seu poder armas de destruição maciça, os organismos de inteligência foram submetidos a ordens estritas de não dar à publicidade qualquer informação que não estivesse "100%" provada por documentos, gravações ou outras evidências irrefutáveis. "No caso de Chávez, temos informações de inteligência que comprovam em 95% o apoio a grupos violentos em outros países, mas depois do Iraque não as divulgamos publicamente até termos 150% de comprovação. E como a maioria dessas informações são testemunhos de algum desertor, difíceis de verificar, não podemos correr o risco", disse-me o funcionário do Pentágono. Os EUA não podiam se permitir outro fiasco de inteligência como o que ocorrera no Iraque.

Chávez, o homem mais imprevisível

Como Chávez governaria durante o resto de seu mandato? Utilizaria seu novo capital político obtido no referendo de 2004 para destruir o pouco que sobrara das instituições democráticas para instaurar uma ditadura absoluta e se proteger de futuros reveses eleitorais quando caíssem os preços do petróleo? Ou, ao contrário, concluiria que pode seguir governando indefinidamente, permitindo um espaço — ainda que limitado — de liberdades civis?

Antes de sair da Venezuela, depois de tentar, por intermédio de vários conhecidos comuns, consegui uma entrevista com o homem que melhor conhece Chávez: seu mentor político e artífice de sua ascensão ao poder, Miquilena. O encontro se realizou na casa de Ignacio Arcaya, que há pouco fora o embaixador venezuelano em Washington e estivera perto de Miquilena durante vários anos. Com 86 anos nas costas, Miquilena claudica um pouco ao caminhar, mas conserva uma rapidez mental surpreendente. Sentamo-nos no pátio, e antes que Arcaya se retirasse para nos deixar conversando a sós, felicitei Miquilena por seu estado físico, brincando que talvez fosse mais interessante fazer perguntas médicas do que políticas. O que comem os políticos venezuelanos para se manter tão bem?, perguntei. Eu viajava constantemente pela América Latina e não havia outro país com tantos políticos longevos, comentei. Como faziam Miquilena, Caldera, Pérez, Pompeyo Márquez e tantos outros dirigentes octogenários para continuar militando politicamente com paixão de adolescentes? Um deles apontou com o polegar o quarto ao lado, onde conversavam num sofá duas mulheres de não muito mais de quarenta anos, e me respondeu com um sorriso: "Casamo-nos com mulheres bem mais jovens."

Miquilena fora o pai intelectual de Chávez, o homem que organizara sua primeira viagem a Cuba, o chefe da campanha de sua primeira vitória eleitoral em 1998 e seu todo-poderoso ministro do Interior e presidente do Congresso até renunciar em 2002, por desacordos com o chefe. Segundo me contou, conheceram-se logo depois da intentona golpista de 1992, quando Chávez, detido, convidou-o a visitá-lo na prisão. Miquilena estava propondo, naquele momento, uma assembléia constituinte para "refundar" o país, argumentando que o sistema de partidos se esgotara, e Chávez — além de estar interessado em conhecê-lo pessoalmente — manifestara interesse no projeto. Por intermédio de Pablo Medina, político de esquerda amigo de ambos, combinaram uma visita à prisão. "Foi uma reunião agradável, bem cordial, amena. Houve empatia. Conseguimos estabelecer uma amizade", recorda. "Depois, as reuniões se reproduziram sistematicamente. A partir de então, Miquilena, que tinha quarenta anos mais que seu novo amigo, converteu-se no mentor ideológico de Chávez. Entre ambos se desenvolveu uma relação de pai-filho.

Quando Chávez saiu da prisão, foi viver na casa de Miquilena, onde permaneceu cinco anos, até ganhar a presidência em 1998. "Ali nos sentávamos para sonhar, de noite, para conversar sobre o país decente, o país humilde, o país sem ladrões, para derrotar a miséria totalmente injustificada que o país sofria, e continua sofrendo", recorda. Em 1994, Miquilena apresentou seu hóspede aos cubanos, que o convidaram pela primeira vez para ir à ilha. A reunião se realizou na casa de Miquilena. "Tivemos um almoço em minha casa, Chávez, o embaixador cubano Germán Sánchez e eu, e ali planejamos a viagem a Cuba", disse-me. Os cubanos queriam que Chávez viajasse logo: o presidente Caldera acabara de receber o líder do exílio cubano em Miami, Jorge Mas Canosa, e o regime cubano queria que Chávez fizesse um discurso crítico contra Caldera na Casa das Américas de Havana, em represália. Durante o almoço, Miquilena, que viajava com freqüência a Havana, insistiu com o embaixador para que se encontrassem com Fidel Castro, "porque me parecia que ir a Cuba sem vê-lo não tinha sentido". O embaixador disse que não podia garantir, porque o convite era para que Chávez fizesse um discurso na Casa das Américas. "Então, quando me falaram que não sabiam, eu disse: 'bem, não vou'. E Chávez foi sozinho", recorda Miquilena. Para surpresa de ambos, Fidel Castro não só recebeu Chávez durante a viagem, como o esperava na chegada. "Fidel o esperava na escada do avião, e daí em diante não o largou mais até que o pôs no avião de volta. Ele esteve com Fidel a noite toda. Nem falaram sobre onde comer, e foram para a embaixada venezuelana no meio da noite. O embaixador (venezuelano) me contou depois que, como sua mulher não estava e não tinha como lhes preparar algo para comer, Fidel saiu com Chávez para comer à meia-noite. Daí em diante, Chávez se converteu em simpatizante, amigo de Fidel, compartilhando suas idéias."

Miquilena se retirou do governo em meados de 2002, frustrado pelo fato de Chávez não seguir seu conselho de baixar o tom incendiário de seus discursos, que estavam pondo contra ele os sindicatos, os empresários, a Igreja e os militares, e criando cada vez mais inimigos do governo. Desde então, e até quando o entrevistei dois anos depois, Miquilena manteve o perfil baixo, emitindo uma ou outra declaração, solicitando respeitosamente ao seu ex-discípulo que respeitasse as regras democráticas, mas raramente falando com a imprensa. Durante vários meses depois de seu afastamento do governo, ambos mantiveram encontros esporádicos, nos quais falavam como velhos amigos.

"Como define Chávez?", perguntei a Miquilena. É um novo Fidel Castro, um Pinochet disfarçado de esquerdista, ou o quê? O ex-pai espiritual de Chávez, intercalando anedotas de seus quase dez anos de convivência diária com o presidente venezuelano, descreveu-o como um homem intelectualmente limitado, impulsivo, temperamental, rodeado de áulicos, incrivelmente desorganizado em todos os aspectos da vida, impontual, absolutamente nulo em matéria de finanças, amante do luxo e, acima de tudo, errático.

"Pelo conhecimento que tenho de Chávez, é um dos homens mais imprevisíveis que conheci. Avaliá-lo é realmente difícil, porque é temperamental, emotivo, errático. E porque não é um homem bem-arrumado mentalmente, nem um homem com ideologia definida... é feito estruturalmente para o confronto. Ele não entende o exercício do poder como árbitro da nação, como o homem que tem de estabelecer as regras do jogo e lidar com os conflitos do ponto de vista democrático. Não está preparado para isso", respondeu.

Mas não acabou de me dizer que Chávez compartilha as idéias de Fidel Castro? "Sim e não", respondeu. Depois de sua primeira viagem a Cuba em 1994, e da inesperada acolhida de Fidel Castro, Chávez dizia que a experiência de Fidel era interessante, que fora um êxito. (Ele via) o êxito de Fidel como um êxito de ordem pessoal, pelo fato de ter permanecido no poder. Mas nesse momento estava perfeitamente consciente de que isso (Cuba) nada tinha a ver com a Venezuela, que o mundo de hoje não estava para esse tipo de coisas", disse Miquilena.

"E o que mudou depois? Radicalizou-se com o tempo?", perguntei. Miquilena disse que a dinâmica dos acontecimentos levou Chávez para cada vez mais perto de Fidel Castro, porém mais por motivos que tinham a ver com seu temperamento do que ideológicos. Talvez o narcisismo de Chávez o tenha levado a uma retórica cada vez mais de confronto — e mais próxima de Fidel Castro —, porque isso era o que gerava maior atenção mundial e lhe permitia se projetar como líder político continental. Quanto mais antiimperialistas eram seus discursos, maiores eram as manchetes, e mais gente nos movimentos de esquerda latino-americana o levava a sério. Simultaneamente, quanto mais se agravava a situação política na Venezuela, mais ele necessitava de uma desculpa externa para explicá-la, e nada melhor na região — especialmente com Bush no poder — do que culpar os EUA por agressões reais ou imaginárias. Finalmente, "Fidel pôs na cabeça dele, desde o início, a idéia de que iam matá-lo", disse Miquilena. Por isso Chávez começou a se assessorar com a guarda pessoal de Fidel Castro e a aceitar gradualmente cada vez mais cubanos em seus organismos de segurança e inteligência. Quando se produziu a greve petrolífera de 2002, os cubanos enviaram técnicos e engenheiros para ajudar o governo a superar o transe. E, uma vez consolidado no poder, Chávez aceitou com gosto os 17 mil médicos e professores cubanos, que lhe permitiram prover assistência médica e educação às regiões mais atrasadas do país.

"Mas Chávez nunca teve uma ideologia bem definida, nem plano a longo prazo, porque é um homem fundamentalmente indisciplinado", diz Miquilena. Seu estilo de governar era quase adolescente. Chamava os ministros depois da meia-noite para falar-lhes de uma idéia brilhante que acabava de lhe ocorrer, dava instruções para todos os lados, todos diziam que sim, e ninguém jamais dava seqüência às suas ordens. Depois, quando as coisas não funcionavam, mudava os ministros. Não foi por acaso que, em cinco anos de governo, realizou oitenta mudanças de ministros.

"Ele está rodeado do que no exército se chama de 'ordenanças'. Não há possibilidade de que alguém ao redor o contradiga", lembrou Miquilena. "Arcaya, o ex-embaixador de Chávez em Washington, que fora seu ministro de Governo e Justiça, contou-me, pouco antes, que Chávez costumava convocá-lo tarde da noite, às vezes até às quatro da manhã, com algum pedido de que quase invariavelmente se esquecia no dia seguinte. Eu lhe disse uma vez: 'Hugo, o principal causador da desorganização é você'", recordava Arcaya. "Ele perguntou: por você diz isso? Bem, porque você pede a um ministro que prepare um relatório sobre a educação, que prepare um *sancocho* (iguaria de carne e vegetais), que vá rapidamente aos EUA para falar com o banco, que volte e leve as crianças ao beisebol. E isso não se pode fazer. Porque os ministros nunca dirão que não se pode fazer. Vão dizer, é claro, sim, senhor presidente, e depois nada farão."

Uma noite, quando Arcaya ainda era ministro de Governo e Justiça, o presidente chamou-o às 10 da noite para pedir um relatório sobre um problema suscitado numa prisão. "Traga-o amanhã às 6 para La Casona", ordenou Chávez. Arcaya começou a chamar os subordinados e todos os que pudessem saber algo sobre o tema, mas, pelo avançado da noite, não encontrou ninguém.

Finalmente, com um amigo, ficou até 5 da manhã tratando de redigir o relatório da melhor maneira possível. Às seis, se apresentou em La Casona com o relatório na mão. Quando pediu para ver o presidente, o secretário particular disse: "Impossível. À meia-noite foi para Margarita..." O presidente jamais pediu o relatório. Ao regressar de Margarita, já tinha outro tema na cabeça e se esquecera completamente do da prisão.

Ainda que Chávez tratasse Miquilena muito melhor do que aos demais ministros, o todo-poderoso ministro do Interior também sofreu as conseqüências do caos no governo. "É o homem absolutamente mais impontual que você possa imaginar, para tudo. Não tem horário para nada, não preside reuniões de gabinete, vai ao gabinete quando quer", recorda Miquilena. E trata mal seus colaboradores. "O próprio tratamento que dá aos seus subalternos é um tratamento despótico, um tratamento humilhante. Humilha-os. A um governador, diante de nós, altos funcionários, disse, numa oportunidade, que era uma porcaria, que não servia para nada, que 'o senhor se retire imediatamente daqui' etc.", assinalou Miquilena. "Depois, reconhece que cometeu erros, dá-se conta de que procedeu mal... mas logo depois volta a agir da mesma maneira."

Chávez administra a economia do governo com total arbitrariedade, como se administrasse uma fazenda pessoal. Não tem nenhuma idéia sobre finanças. Absolutamente nenhuma regra de controle. De repente manda: "Dê ao banco tal tantos milhões", diz Miquilena. Poucos dias atrás, Chávez fez um discurso no Banco da Mulher, e apresentaram-lhe um plano de que ele gostou. "Isto está muito bem. Estão fazendo um grande trabalho. Há algum ministro aqui? Alguém da Casa Militar? Ah, González, bem, anote aí, para dar 4 bilhões a este banco", disse o presidente venezuelano, numa cena televisada em cadeia nacional. E isso acontecia todos os dias, disse o ex-ministro do Interior.

Segundo Miquilena, a retórica incendiária de Chávez não só conquistava de graça mais inimigos do governo, como lhe restava credibilidade apenas junto aos próprios partidários, porque o presidente fala de uma revolução fictícia que nada tem a ver com o que está fazendo. "Chávez começou a utilizar um discurso que divide a sociedade entre ricos e pobres, entre oligarcas e povo, com uma linguagem revolucionária que em nenhum caso corresponde ao que acontece na vida real, nem aconteceu ainda, nem acontecerá, na minha maneira de ver", assinala Miquilena. Porque Chávez fala de uma "revolução bolivariana" continental que acabaria com a oligarquia, mas de fato segue políticas econômicas neoliberais e faz as mais vantajosas concessões da história às multinacionais petrolíferas norte-americanas. "Eu lhe dizia constantemente que com esse discurso ele estava enganando os que se acreditam revolucionários, e que isso dará um saldo negativo, porque descobrirão que é uma mentira", lembrou.

"Então, com essa mentira, estávamos amedrontando os setores econômicos, e estávamos enganando a velha esquerda, que continuava pensando em revolução." Miquilena cansou de ponderar com o chefe que, com esse discurso, o governo nada somava, e ia perdendo o apoio de ambos os lados.

"E como Chávez reagia quando lhe dizia isso?", perguntei. Reagia positivamente e, muitas vezes, pedia a Miquilena e a José Vicente Rangel, que nos cinco primeiros anos de Chávez no poder serviram sucessivamente como chanceler, ministro da Defesa e vice-presidente, que ajeitassem as coisas com os ofendidos da vez. "Por exemplo, Chávez atacava violentamente um jornalista num discurso, e eu ponderava que isso não podia ser, que esse não era o papel de um chefe de Estado. Ele me dava razão, e eu chamava o jornalista para dizer que tudo estava bem. Mas ele voltava a repetir, porque é um homem irrefreável quando está com um microfone diante de cinco mil pessoas", disse Miquilena.

"Em certa ocasião, Chávez me pediu que conversasse com (o magnata da televisão) Gustavo Cisneros para que chegássemos a um acordo, porque Cisneros tinha uma política muito agressiva na oposição. Convidei-o com muito gosto." Miquilena convidou o futuro fiscal-geral Isaías Rodríguez, e os três tiveram um prolongado almoço no qual chegaram a um entendimento de que ambos os lados baixariam o tom do discurso, contribuindo assim para a pacificação do país. Acabado o almoço, quando Miquilena regressava ao seu gabinete e ligou o rádio do automóvel, ouviu Chávez fazendo, naquele preciso momento, um discurso com uma série de ataques e insultos contra Cisneros. "Isso acontecia enquanto eu mantinha uma conversa proposta por ele para estabelecer a paz com Cisneros! Esse é o personagem. Isso define as características de um homem imprevisível para qualquer coisa", assinalou.

Quando Miquilena concluiu que não conseguia mudar a personalidade de Chávez, resolveu que só Fidel Castro poderia ajudá-lo. "Antes de romper definitivamente com Chávez, pedi-lhe que fizéssemos uma reunião entre Fidel, ele e eu, para falarmos da situação na Venezuela", lembrou. "Pensei que Fidel é um homem inteligente, que tem de estar consciente de que uma política desonesta na Venezuela, mal executada, só leva ao fracasso de qualquer projeto que pudesse beneficiá-lo, e que a ele convinha ter mais um governo amigo do que um não amigo." A reunião se realizou em 2002, durante a cúpula de Nueva Esparta, em Margarita. Os três conversaram por duas horas, e Miquilena manifestou abertamente seu temor de que o discurso agressivo do governo venezuelano levasse a uma situação de ingovernabilidade. "Para minha satisfação, Fidel concordou comigo sobre a necessidade de moderar as coisas. E disse, categoricamente (palavras textuais): 'Na Venezuela não está estabelecida uma revolução.' É claro que Fidel sabe o que é uma revolução, e Chávez, não. Para Fidel, revolução é uma mudança social dos bens de produção, de uma classe social para outra classe social... Mas ele sabia que Chávez não estava fazendo uma revolução, não podia fazê-la, nem a Venezuela estava pronta para fazê-la", lembrou.

Fidel Castro efetivamente é um realista e valoriza mais do que tudo a permanência de Chávez no poder, e a ajuda que Cuba pode lhe dar. E como reagiu Chávez?, perguntei. "Disse que sim, que estava de acordo", recordou Miquilena. Mas, como tantas vezes antes, retomou o discurso incendiário logo que chegou a Caracas. E a posição de seu ministro do Interior diante de Fidel Castro não lhe ficou bem. Em pouco tempo, Miquilena renunciou.

Antes de dar por terminada a entrevista, não pude deixar de repetir a pergunta de fundo, que vinha fazendo desde a minha chegada à Venezuela. Quem tinha razão? Petkoff, que dizia que na Venezuela não se gestava uma ditadura e sim "um processo de enfraquecimento das instituições para fortalecer um caudilho", ou Garrido, que dizia que Chávez implementava um plano gradual de controle absoluto do poder, perfeitamente planejado, que desde o início previra que duraria vinte anos a partir de sua chegada à presidência? "Creio que Garrido supõe que Chávez é um homem ideologicamente estruturado, formado para tomar esse caminho. Discordo dele sobre isso. Creio que o que Chávez tem na cabeça é uma confusão de coisas, e que se deixa levar pelo que vai acontecendo a cada dia. É um homem puramente temperamental... Seu guia é permanecer no poder. Não tem objetivo, disciplina, nem teoria clara sobre para onde vai." Depois de ganhar o referendo, Chávez ridicularizou o processo, mas manteve certa fachada democrática. Faria "um governo autoritário, tratando de se perfumar com algumas coisas democráticas, como manter uma farsa judicial, uma farsa parlamentar, uma farsa eleitoral", concluiu Miquilena.

O homem dos dois pedais

Como muita gente temia, Chávez radicalizou após sua vitória eleitoral de 2004. Em meados de 2005, com o petróleo a 60 dólares por barril — quase oito vezes mais do que quando assumiu — e uma oposição desmoralizada e intimidada, o presidente acumulou poderes sem precedentes na história moderna da Venezuela. Poucos meses depois do referendo, ganhou 22 das 24 governadorias do país, e 280 das 335 prefeituras. Simultaneamente, ampliou arbitrariamente a Corte Suprema de Justiça de 20 para 32 juízes, nomeando partidários seus para todos os postos recém-criados; fez aprovar uma "lei de conteúdos" de imprensa, que lhe deu a possibilidade de fechar jornais da oposição ao seu capricho, e fez mudar o *modus operandi* do Congresso para que várias leis decisivas pudessem ser aprovadas por maioria simples, o que lhe assegurou o controle do Poder Legislativo, onde seus partidários têm uma escassa maioria.

Ao mesmo tempo, se dedicou a comprar armas em todo o mundo, reestruturar suas forças armadas e mudar-lhes o uniforme para dar um caráter "antiimperialista", e ampliou o número de reservistas de 90 mil para mais de 500 mil. Entre outras coisas, comprou 15 helicópteros de ataque Mi-17 russos, Mi-35 e mais de 100 mil fuzis AK-103 da Rússia, 10 aviões de transporte de tropas e 8 navios-patrulha da Espanha, e 24 jatos leves de ataque Super Tucanos do Brasil, além de iniciar negociações para 50 caça-bombardeiros Mig-29 russos, tudo isso por mais de 2 bilhões de dólares. Para a oposição venezuelana, o mais preocupante é o aumento do número de reservistas, que já não dependeriam diretamente do ministério de Defesa e sim do presidente da República, e que muitos temiam não ser mais do que a criação de "milícias populares" para vigiar a população, no melhor estilo cubano. Chávez e Fidel Castro já anunciaram publicamente que Cuba aumentará de 17 mil para 30 mil seus médicos, professores e outros "internacionalistas" na Venezuela. Enquanto Chávez aumentava os decibéis de sua retórica contra os EUA — chamando a secretária de Estado de Rice "Condolência" e "uma analfabeta" — e os subsídios de petróleo para Cuba de 53 mil para 90 mil barris diários, investia cada vez mais petrodólares para expandir sua influência na região mediante projetos como a Telesur, uma rede de televisão chavista-castrista financiada principalmente pela Venezuela, e os acordos petrolíferos com o Caribe, que incluíam uma cláusula de apoio à Alternativa Bolivariana para a América (Alba), iniciativa de integração regional sulista proposta por Chávez.[24] "As revoluções cubana e venezuelana já são uma só, o povo cubano e venezuelano já são um só", proclamou Chávez em 9 de julho de 2005, num ato em Caracas em que condecorou 96 assessores cubanos que se destacaram no programa educativo Missão Robinson.[25]

Intrigado pelo curso tomado pelo governo Chávez, chamei Petkoff por telefone para perguntar se — à luz dos últimos acontecimentos — ele ainda considerava que a Venezuela não embarcara numa revolução à cubana. Passara-se quase um ano desde nossa última conversa em Caracas, na época do plebiscito. Petkoff, uma das mentes mais brilhantes da Venezuela, respondeu-me que, sem dúvida, desde então Chávez aumentara seu controle das instituições, mas acrescentou que "sua retórica não é acompanhada pelo que normalmente se associa a uma transformação revolucionária, como mudanças estruturais na economia e nas instituições".[26] O que havia, segundo Petkoff, era "um fortalecimento de seu poder pessoal, para o qual aumentou o controle sobre as instituições".

Então "a Venezuela é agora um sistema totalitário ou uma democracia com um homem forte?", perguntei. Petkoff não prestava muita atenção aos discursos "revolucionários" de Chávez. "Toca com um pé pisando no pedal do autoritarismo e com o outro no pedal das instituições democráticas. Pisa um ou outro pedal de acordo com a conjuntura", respondeu. "Depois do referendo, obviamente esteve pisando mais forte no pedal do autoritarismo."[27]

Colocando na balança o que me disse Petkoff e o que me dissera Miquilena em Caracas, convenci-me mais do que nunca de que Chávez é o que sempre suspeitei: um militar intelectualmente rudimentar, mas extremamente esperto, aferrado ao poder, cujo êxito político se deve em boa parte a que os preços do petróleo dispararam para as nuvens durante seu mandato. Seu messianismo é quase paralelo aos índices do preço do petróleo. No meio de 2005, quando o cru estava a mais de 60 dólares o barril, Chávez se apresentou como o redentor da Venezuela depois de quinhentos anos de opressão. "A polarização entre ricos e pobres foi criada pelo capitalismo e o neoliberalismo, não por Chávez", disse numa entrevista para o canal árabe Al-Jazeera. "Foi criada por um sistema de escravidão que durou mais de cinco séculos. Cinco séculos de exploração, especialmente no século XX, quando nos impuseram o sistema capitalista, e no fim do século, quando nos impuseram a era neoliberal, que é a etapa sem verniz do capitalismo selvagem. Este sistema criou condições difíceis, que levaram a uma explosão social. Em 1989, eu era oficial do exército e vi que o país explodiria como um vulcão. Houve então duas operações militares, das quais participei de uma juntamente com milhares de camaradas militares e civis."[28]

Talvez quem me tenha feito a melhor descrição ideológica de Chávez seja Manuel Caballero, um dos principais intelectuais da esquerda venezuelana. À semelhança de Petkoff e Miquilena, Caballero me sugeriu examinar com pinça o esquerdismo de Chávez, e vê-lo mais como um militar populista do que como um ideólogo de esquerda. Depois de observá-lo de perto durante anos, Caballero concluiu: "Chávez não é comunista, não é capitalista, não é muçulmano, não é cristão. É todas essas coisas, desde que lhe garantam ficar no poder até 2021."[29]

FONTES

1. Instituto Nacional de Estadística, República Bolivariana da Venezuela. Reporte Estadístico, nº 2, 2004, p. 5.
2. Entrevista do autor com Teodoro Petkoff, Caracas, Venezuela, 10 de agosto de 2004.
3. *Documentos de la Revolución Bolivariana*, de Alberto Garrido, Ediciones del Autor, Mérida, 2002, p. 142.

4. Andrés Oppenheimer, "Venezuela's Wealth Turns Bankrupt", *The Miami Herald*, 6 de março de 1989.
5. Andrés Oppenheimer, "Venezuela Suspends Key Rights", *The Miami Herald*, Caracas, 5 de fevereiro de 1992.
6. Telegrama da Associated Press, por Bart Jones, 3 de agosto de 1998.
7. Cámara industrial Conindustria, "Lineamientos para el Desarrollo Productivo del País", p. 4, julho de 2003.
8. Comisión Económica para América Latina y el Caribe (Cepal), Balance Preliminar de las Economías da América Latina y el Caribe, 2004.
9. Idem, p. 188, Cuadro A-22, dezembro de 2004.
10. Ricardo Hausmann, "Venezuela Needs an Electoral Solution Soon", *The Miami Herald*, 9 de outubro de 2002.
11. Juan Tamayo, "Venezuela's Rebellion a Bizarre Mix of Events", *The Miami Herald*, 16 de abril de 2002.
12. Tim Johnson, "Leader's Exit Pleases U.S., Method Doesn't", *The Miami Herald*, 13 de abril de 2002.
13. "A Clear U.S. Policy in Venezuela", *The Miami Herald*, 3 de agosto de 2002.
14. Idem.
15. Entrevista do autor com Otto Reich, em 5 de janeiro de 2005.
16. Idem.
17. "No Encouragement Given for Venezuela Coup, White House Insists", *The Miami Herald*, 17 de abril de 2002.
18. Entrevista do autor com Alfredo Peña, em 13 de agosto de 2004, em Caracas.
19. Instituto Nacional de Estadística, República Bolivariana de Venezuela, Reporte Social, nº 2, 2004, p. 5.
20. Chávez Needs Only Listen to His Neighbors", *The Miami Herald*, 10 de dezembro de 2000.
21. "Neighbors Say Chávez Aids Violent Groups", *The Miami Herald*, 5 de dezembro de 2000.
22. Linda Robinson, "Terror Close to Home", *U.S. News and World Report*, 6 de outubro de 2003.
23. Entrevista do autor com Luis Miquilena, em Caracas, Venezuela, em 12 de agosto de 2004.
24. Gary Marx, "Venezuelan Oil is Boosting Cuban Economy", *Chicago Tribune*, 16 de maio de 2005.
25. Alejandra M. Hernández, "Chávez condecoró a asesores Cubanos de Misión Robinson", *El Universal*, Caracas, 9 de julho de 2005. A citação de Chávez foi divulgada também pela agência internacional Reuters em 9 de julho de 2005.
26. Entrevista telefônica do autor com Teodoro Petkoff, em 7 de julho de 2005.
27. Idem.
28. BBC Monitoring, "U.S. bombing of Iraq 'Horrendous Terrorism', Venezuela's Chávez Tells Al-Jazeera, 6 de dezembro de 2004.
29. Entrevista do autor com Manuel Caballero, Caracas, 14 de agosto de 2004.

CAPÍTULO 9
México: o país que ficou adormecido

Conto-do-vigário: "Como uma locomotiva que, após a partida, vai tomando uma velocidade cada vez maior, hoje o México avança cada dia mais rapidamente." (Portal da Internet da presidência da República, mensagem do presidente Vicente Fox, 22 de outubro de 2004.)

CIDADE DO MÉXICO. Em 11 de março de 2005, enquanto atacava, em seus discursos públicos, a ortodoxia neoliberal, o prefeito da Cidade do México e principal candidato da esquerda mexicana nas eleições de 2006, Andrés Manuel López Obrador — mais conhecido no México por suas iniciais, AMLO —, enviava uma carta confidencial aos cem empresários mais abastados de seu país. A carta, nunca divulgada publicamente, começava com o cabeçalho "Estimado amigo", e seu conteúdo parecia contradizer diametralmente as arengas incendiárias de seus atos públicos. A missiva denunciava um intento de seus opositores de estigmatizar sua figura entre os empresários com "qualificativos que carecem de fundamento". Era uma referência clara às acusações de que — se continuasse à frente nas pesquisas de opinião e ganhasse as eleições — López Obrador seria um presidente populista radical, como o venezuelano Chávez.*

Mas não havia nada a temer, dizia López Obrador em sua carta: um governo seu não significaria, de nenhuma maneira, uma quebra das políticas macroeconômicas do México.

"A solução para o problema não está em regressar aos anos 1970, quando governaram os presidentes Luis Echeverría e José López Portillo", dizia a carta

---

* López Obrador perdeu as eleições de 2 de julho de 2006; contestou o resultado, mas em setembro o tribunal eleitoral confirmou a vitória do candidato governista Felipe Calderón. (N. do T.)

particular. "Hoje vivemos num país mais democrático, com uma economia e uma sociedade que não resistiriam a outra quebra financeira do Estado, dentro de um Tratado de Livre-Comércio que contribui para gerar importantes exportações industriais de que depende um bom número de empregos, e numa economia global que devemos aproveitar em nosso benefício." Por isso, acrescentava, "na mudança para um projeto alternativo, o país não deverá pôr em risco sua estabilidade: devem ser respeitados os equilíbrios macroeconômicos, para evitar disparos inflacionários que prejudicariam as finanças públicas e a sociedade. Deve haver uma política fiscal e monetária responsável, que comece por reduzir o gasto corrente".

Em outras palavras, os empresários podiam ficar tranqüilos. Se a esquerda chegasse pela primeira vez ao poder no México pela mão do candidato do Partido da Revolução Democrática (PRD), haveria apenas mudanças de matiz — "necessita-se de políticas de fomento", "maior estímulo pela via da indústria da construção" e "novas concessões aos bancos regionais que aproximem o crédito das atividades produtivas", dizia a carta — mas nada de revolução ou mudança radical. O país necessita imitar o progresso alcançado pelo Chile, a China e a Índia, dizia o texto, sugerindo que, se havia algum presidente latino-americano com quem López Obrador poderia ser comparado, seria o socialista pró-globalização do Chile, Ricardo Lagos.

Era sincera a carta aos empresários? Ou era um cálculo político frio para tentar obter algum apoio dentro do empresariado e se mover para o centro do espectro político a fim de ganhar mais votos? Sem dúvida, López Obrador precisava se voltar para o centro: seus estrategistas eleitorais liam as pesquisas de opinião e sabiam que o México é um país bem mais conservador do que muita gente acredita, ou do que transmitem seus intelectuais. Uma pesquisa nacional da empresa Ipsos-Bimsa, realizada pouco antes de López escrever sua carta aos empresários, revelava que "há mais mexicanos que se identificam com a direita do que com a esquerda": 36% dos cidadãos mexicanos se consideram "de direita", enquanto 28% se consideram "de centro", apenas 17% se consideram "de esquerda", e o resto não se localiza em nenhum ponto do espaço político.[1] López Obrador sabia que, para ganhar, necessitava ultrapassar o teto dos 24% que o PRD conseguira em seus melhores momentos. Sob a assessoria do senador Manuel Camacho Solís, ex-chanceler e ex-governante da Cidade do México que estivera a um passo da candidatura presidencial do Partido Revolucionário Institucional (PRI) antes de se passar para o PRD, López Obrador se dedicou em tempo integral a neutralizar os setores que podiam provocar alarme sobre sua candidatura entre a população: os grandes empresários, os EUA e a imprensa internacional. E não se deu mal na tentativa.

Poucos meses depois da carta particular aos empresários, em junho de 2005, Camacho viajou a Washington para se reunir com os principais funcionários do governo Bush encarregados da América Latina. Em sua reunião com o chefe de Assuntos Hemisféricos do Departamento de Estado, Noriega, e o chefe de Assuntos Latino-americanos do Conselho Nacional de Segurança da Casa Branca, Tom Shannon, transmitiu uma mensagem semelhante à da carta aos empresários: os EUA não teriam o que temer de uma vitória de López Obrador. "Senti-os muito tranqüilos", disse-me Camacho poucos dias depois da reunião em Washington. Noriega e Shannon expressaram mais preocupação pela onda de crimes na fronteira com o México do que por qualquer virada ideológica do país, acrescentou.[2] Não era a primeira vez que o governo Bush se manifestava nesse sentido: em novembro de 2004, durante uma visita ao México, o então secretário de Estado Colin Powell deu um tapinha tácito nas costas de López Obrador ao responder a uma pergunta sobre qual seria a reação dos EUA se o candidato da esquerda ganhasse: "O presidente Bush receberá esse líder mexicano tão calorosamente como receberia qualquer outro líder mexicano."[3] A partir de então, López Obrador começou a dar entrevistas sucessivas ao *Miami Herald*, *The New York Times*, *The Financial Times*, para transmitir a mesma mensagem tranqüilizadora, às vésperas do início formal da campanha presidencial.

"Minha referência é o general Cárdenas"

Quando entrevistei López Obrador em seu gabinete, poucos dias depois da declaração de Powell, o então ainda governante da Cidade do México estava feliz. Era a primeira vez que recebia um sinal positivo do governo dos EUA. Sentado à escrivaninha, com o senador Camacho ao lado, apresentou-se como um modelo de moderação política, uma mistura de esquerdista moderno com um toque de espiritualidade *new age*. Mas, pelo que me disse, sua inspiração política provinha do mais retrógrado nacionalismo populista mexicano.

López Obrador é um homem retraído, ainda que cordial. Seu gabinete tinha poucos detalhes pessoais e batia com a imagem de austeridade do então governante. Não vi fotos com líderes nacionais ou internacionais, como as que os políticos costumam ter em seus gabinetes, nem lembranças de viagens. Na noite anterior, jantando com dois conhecidos intelectuais mexicanos, eles comentaram que López Obrador é um político totalmente alheio ao que se passa no resto do mundo, que jamais viajara ao exterior e sequer tinha passaporte. "Falso", respondeu ele, encolhendo os ombros, quando lhe fiz a pergunta. Viajara ao exterior mais de uma vez e até se entrevistara com economistas de consultorias financeiras em Nova York e com funcionários do Departamento de Estado em Washington.

Como não sabia de quanto tempo disporia — ao final ele terminou me concedendo mais de uma hora —, decidi ir diretamente ao assunto. "Como se define politicamente?", perguntei. "Em que tipo de esquerda se situa: a de Ricardo Lagos, a de Lula ou a de Chávez?

López Obrador: Sou humanista. Sempre me perguntam se me pareço com Chávez, se me pareço com Lula. Pois sou Andrés Manuel. Cada dirigente tem sua própria história, suas próprias circunstâncias. Não pode haver cópias.

Pergunta: Sim, mas há exemplos, há modelos...

López Obrador: Claro que sim, mas creio que temos a ver particularmente com o processo mexicano, nossa história, o que foi o movimento democrático no país. Diria a você que me inspiro no melhor da história nacional.

Pergunta: Perdão, mas não me disse nada.

López Obrador: Digo que não sou Chávez, mas tampouco sou Lula, nem Felipe González, nem Lagos. Respeito muito todos eles, como respeito qualquer chefe de Estado, qualquer presidente de qualquer outro país. E digo que os respeito independentemente de sua postura política, se são de esquerda, de centro ou de direita.

Pergunta: No México seus críticos dizem que será um Chávez.

López Obrador: Isso não passa de politiquice. Não é sério. Tem a ver com o avanço de um projeto alternativo e com o fracasso da política que vem sendo aplicada no país nos últimos tempos. Então como etiquetam? Como instilam medo? Falando de populismo. Digo que do ponto de vista conceitual, sequer têm rigor intelectual. Não sabem nem que coisa é o populismo. Em nossa história, a que corresponde ao México, tivemos políticos populares. Tivemos o caso do general (Lázaro) Cárdenas. O que houve aqui, por exemplo, foi um populismo de direita. Eu diria que o populismo se relaciona mais com a direita do que com a esquerda ou com o centro.

Pergunta: Cárdenas é uma referência para o senhor?

López Obrador: Para mim, sim. É uma referência. Também é referência (José María) Morelos, que queria a igualdade, e é uma referência (Benito) Juárez, um dos políticos mais importantes não só do México, mas do mundo. Para entender o que se passou no México, teríamos de ver o que aconteceu desde a revolução (de 1910-1917) até 1970. O México cresceu desde 1934, desde o início do governo do general Cárdenas até 1970.

Fiquei pensativo. O fato de que a esta altura da história do mundo sua referência fosse o general Cárdenas era preocupante. Se o século XX demonstrou alguma coisa, foi que os países que progrediram — incluindo os mesmos citados por López Obrador, como a China, a Índia e o Chile — o fizeram porque se afastaram das políticas estatizantes e dirigistas que caracterizaram o governo Cárdenas. A rigor, ainda que tivesse suas virtudes, como uma preocupação especial pelos direitos indígenas, fora um presidente autoritário, com políticas econômicas que a longo prazo afundaram o país. Seu governo, de 1934 a 1940, alegando um retorno aos princípios originais da revolução mexicana, distribuiu muito mais do que o país produzia ou tinha capacidade de produzir. Nacionalizou as estradas de ferro e a indústria petrolífera e levou a cabo uma reforma agrária que incentivou os *ejidos* (terras coletivas) e a propriedade comunal, dois tipos de posse da terra que resultaram altamente improdutivos. O governo Cárdenas provocou uma rebelião dos empresários do norte do México, que fundaram o Partido Ação Nacional (PAN) em 1939, precisamente como reação ao que hoje em dia se chama populismo.

Segundo a história oficial do PAN, *A história do Partido Ação Nacional, 1939-1940*, o partido nasceu em resposta ao autoritarismo de Cárdenas e à corrupção e ao desprezo de seu governo por valores básicos como trabalho, sacrifício e perseverança. As políticas de Cárdenas levaram o México de volta "à miragem das soluções vindas de cima, suprindo as soluções técnicas pelas retóricas".[4] O fundador do PAN, Manuel Gómez Morín, trabalhou com o governo pós-revolucionário, mas se desiludiu rapidamente, fundando seu novo partido "em aberta oposição à coletivização total da economia... e à inepta e corrompida intervenção do Estado mexicano como proprietário e como empresário na destroçada economia".[5] Talvez o nascimento do PAN tenha sido muito influenciado pelos empresários do norte do México, mas será que também não refletia uma reação a soluções populistas que já soavam enganosas há quase um século, e que fracassaram em todos os países onde foram aplicadas?, perguntava-me enquanto escutava López Obrador.

"Um pouco mais de autonomia relativa"

Quando ele terminou de falar, comentei: "Em todos os países que conheço nos quais um candidato acusado de populista apresentou um projeto radical, o que se produziu foi um círculo vicioso de fuga de capitais, fechamento de empresas, mais desemprego e mais pobreza." Colocar o general Cárdenas como referência política não era fazer isso? López Obrador, talvez pressentindo que entrara num terreno pantanoso, trouxe a conversa de novo para o presente.

"Mas não estou propondo um projeto radical", replicou. "Creio que deve ser mantida a política macroeconômica, mas, como dizem os economistas e os tecnocratas, incluindo algumas variáveis de crescimento, que é o que não tem havido." A política econômica mexicana "tem sido um fracasso rotundo", continuou. Fazendo um rápido histórico das últimas décadas, López Obrador recordou que de 1954 a 1970, a partir da presidência Adolfo Ruiz Cortines, o México teve seu "desenvolvimento estabilizador", no qual a economia cresceu 7% ao ano. "Isso que você está vendo na China já tivemos no México", observou o candidato. "Claro, sem distribuição de renda, com problemas de desigualdade, mas com crescimento econômico", acrescentou.

A partir de 1970 veio a etapa conhecida como de "desenvolvimento partilhado", dos presidentes Luis Echeverría e José López Portillo, com taxas de crescimento anuais de 6%. "Claro que com desequilíbrios macroeconômicos, inflação, dívida, desvalorizações, mas também com crescimento econômico", prosseguiu. "Depois veio a etapa dos tecnocratas, a partir de 1982, e a economia estagnou por completo", afirmou. "Os tecnocratas chegam e dizem, 'vamos à mudança estrutural'. De 1982 até hoje, no entanto, o crescimento da economia foi de 2% ao ano. O crescimento *per capita* foi zero. Então, como explicam que o modelo funciona? Foram 21 anos sem crescimento econômico. Nunca, na história recente do México, sofremos uma recessão, uma estagnação, como a que estamos sofrendo agora. Nunca, nem desde a revolução", disse López Obrador.

O discurso era politicamente atraente, mas um pouco enganoso, pensei. Quando o candidato dizia que a economia mexicana nada crescera desde que os tecnocratas subiram ao poder em 1982, estava contando a partir do governo Miguel de la Madrid, que a única coisa que tinha de tecnocrata era que não lhe tinha restado outro remédio senão sanear o desastre econômico deixado por López Portillo, o qual, pouco antes de abandonar o poder, tinha desvalorizado o peso, nacionalizado os bancos e estabelecido o controle cambial. López Obrador estava calculando uma média de crescimento econômico de duas décadas que incluía as seqüelas dos colapsos econômicos de 1982, 1987 e 1995, produzidos precisamente pela dissipação dos governantes estatizantes do PRI. A realidade mostrava precisamente o contrário: de 1995 até 2004, quando se aplicaram políticas de abertura econômica incentivadas pelos tecnocratas, a renda *per capita* em termos reais do México cresceu 43%, de 6.780 para 9.666 dólares anuais.[6] Não demonstravam, essas cifras, precisamente o contrário do que ele estava dizendo? Obviamente tudo depende de como lemos as cifras.

Os partidários de López Obrador já se enganaram uma vez, no passado recente, ao se oporem ao Tratado de Livre-Comércio com os EUA e o Canadá (TLC). Antes de sua entrada em vigor, em 1994, a velha esquerda mexicana se opôs ao tratado, descrevendo-o como uma manobra dos EUA para colonizar o

México. No entanto, uma década depois, era tão evidente que o México ganhara mais do que os EUA com o tratado, que o próprio López Obrador já não falava em desconhecê-lo, e quem estava botando a boca no trombone eram os empresários e sindicatos protecionistas nos EUA. O TLC foi um êxito indiscutível: a balança comercial do México com os EUA passou de um déficit de 3,1 bilhões de dólares em 1994 para um superávit de 55,5 bilhões de dólares em 2004.[7] Que maior prova de que o partido atual de López Obrador tinha se enganado monumentalmente ao antepor seus preconceitos ideológicos à conveniência econômica do país?

"Em matéria de desenvolvimento, os países que, como o México, se ajustaram mais da conta aos ditames dos órgãos financeiros internacionais não se deram bem", continuou López Obrador. "O problema que tivemos aqui com as pessoas que controlavam a economia é que elas foram além do que pediam os organismos internacionais. São muito ortodoxos, como fundamentalistas. Os países que foram adiante são os que mantiveram, sem resistir às políticas macroeconômicas ou às políticas de globalização, um pouco mais de autonomia relativa. Como foi o caso do Chile, ou da Espanha, para não falar dos países asiáticos, quase todos. Eles têm maiores índices de crescimento porque também tiveram mais autonomia na direção de suas economias", disse.

De novo suas conclusões econômicas pareciam se chocar com a realidade que observei em minhas viagens à China, Chile e a outros países bem-sucedidos que — seguindo ou não as receitas dos organismos financeiros internacionais — apostaram forte na abertura econômica e na globalização. Alguns países, como a China, seguiram as receitas de abertura econômica sozinhos, sem pedir empréstimos condicionados ao FMI. Outros, como o Chile, mostraram maior independência em temas secundários, mas, no que diz respeito às grandes reformas estruturais, não havia grande diferença com as recomendações dos organismos financeiros. Pois bem, pensei, era óbvio que López Obrador tinha um discurso político em que provavelmente acreditava, e que seguramente era o que queriam ouvir seus seguidores. Seu forte não era — nem fora desde seus tempos de estudante, como veremos adiante — a economia. Pressentindo que o tema se esgotara, decidi passar para outra coisa.

"Quais são suas referências em matéria de política internacional?", perguntei. Conhece pessoalmente Lula, Chávez, Fidel Castro? O que pensa deles? "Conheço Lula e conheço Felipe (González). Não conheço Chávez. Nem Fidel. Nunca falei com Chávez, nem com Fidel. Falei com Lula e com Felipe. Tampouco conheço Lagos, nem Tabaré Vázquez." E o que achava dos processos de Venezuela e Cuba? "Não quero dar opinião. Creio que cada país tem suas circunstâncias, tem sua história. Não vou me meter a julgar isso", respondeu. Quanto a como seria a política exterior mexicana se ele chegasse a ganhar a presidência, assinalou: "Primeiro, deveríamos ser mais prudentes. Menos chamativos. Entender que a melhor política exterior é a interior. Arrumar primeiro a casa, para que nos respeitem lá fora. Menos protagonismo e cuidar muito da relação bilateral com a nossa principal relação internacional, que é com os EUA, a principal relação bilateral no mundo. Cuidar dela, dar-lhe manutenção, a partir do respeito mútuo."

De político local a líder nacional

Os críticos de López Obrador pintam-no como um homem autoritário, com um passado tortuoso — seu irmão de 15 anos morreu com um tiro em 1968, quando brincava com uma pistola que ambos descobriram na loja de seu pai[8] — e uma certa paranóia que o faz ver complôs em toda parte. Nascido em 1953 em Tabasco, López Obrador foi um ativista estudantil — e eterno estudante — da Universidade Nacional Autônoma do México (Unam): levou nada menos que 14 anos para receber seu diploma de Ciências Políticas e Sociais. Recebeu-o em 1987, aos 34 anos.[9] Enquanto isso, militou no PRI, destacando-se como um entusiasmado quadro político nas comunidades indígenas, onde poucos priístas tinham interesse em passar grande parte do tempo. Em 1977 foi nomeado delegado do Instituto Nacional Indigenista para Tabasco, com sede em Nacajuca, a 30 quilômetros da capital do estado, Villahermosa. Converteu-se rapidamente em peça-chave do PRI no estado por sua influência sobre os eleitores indígenas e, em 1982, aos 30 anos, passou a fazer parte da direção estadual do PRI. Em 1988, seguindo os passos de Cuauhtémoc Cárdenas e outros priístas da esquerda que romperam com o PRI no ano anterior, passou a ser candidato a governador de Tabasco pela Frente Democrática Nacional, coalizão de partidos que apoiaram a candidatura de Cárdenas. Depois da duvidosa vitória eleitoral de Carlos Salinas de Gortari, incorporou-se ao recém-fundado PRD para competir novamente pelo governo estadual em 1994.

Nessa disputa, enfrentou aquele que, anos depois, tornou-se seu principal rival na eleição presidencial de 2006: o candidato priísta Roberto Madrazo. Depois da eleição mais escandalosa da história recente do México, Madrazo foi proclamado vencedor, e López Obrador denunciou — provavelmente com toda razão — uma gigantesca fraude. Em 5 de junho de 1995, López Obrador e seus simpatizantes realizavam um protesto em frente ao Zócalo, na Cidade do México, quando um estranho saiu de um carro e começou a tirar do porta-malas caixas cheias de documentos. Segundo disse o recém-chegado aos jornalistas no local, queria que López Obrador visse os documentos que estavam dentro das caixas. Enquanto o misterioso visitante dava meia-volta e se retirava, os colaboradores de López Obrador começaram a examinar os papéis e se depararam com um tesouro político: eram comprovantes de pagamento do PRI na eleição de Tabasco, que incluíam pagamentos a jornalistas, líderes operários, gente ligada aos atos de campanha, e até dirigentes de partidos rivais.

Uma análise posterior do PRD constatou que Madrazo gastara nada menos do que 65 milhões de dólares na eleição estadual, quase 59 vezes o máximo legal para gastos nessa eleição. O que chamava mais a atenção era que o gasto do PRI em Tabasco equivalia a 73% da distribuição nacional de verbas do então partido oficial para a eleição de 1994. Era um dado escandaloso: Tabasco tinha apenas 2% dos eleitores registrados do país, mas gastara mais de 70% do orçamento oficial nacional do então partido do governo. A descoberta provava suficientemente o que há muito corria nos bastidores: o PRI não só era o partido que representava o autoritarismo no México, mas também o que encarnava a corrupção e a mentira descarada. Depois que o PRD exigiu explicações do governo nacional, após muitas idas e vindas, o governo federal enviou uma delegação de conselheiros — integrada entre outros pelo futuro secretário da governadoria Santiago Creel, posteriormente outro dos aspirantes à presidência em 2006 —, que concluiu que tinham ocorrido irregularidades em 78% das seções eleitorais de Tabasco.

A fraude de Tabasco radicalizou López Obrador. Ele organizou uma "caravana pela democracia" à Cidade do México que lhe deu grande visibilidade no plano nacional. Em 1996, desafiando os pedidos de moderação da direção nacional do PRD, López Obrador organizou o bloqueio de mais de quinhentas áreas do monopólio petrolífero estatal Pemex em Tabasco, exigindo que a empresa destinasse mais dinheiro à economia local. O bloqueio dos poços petrolíferos ameaçou paralisar a economia nacional, e em pouco tempo o governo do presidente priísta Ernesto Zedillo cedeu, destinando maiores recursos da empresa estatal a Tabasco. O movimento tabasquenho converteu López Obrador num líder nacional do PRD. Mas, ao mesmo tempo, começou a semear temores no âmbito político e empresarial da capital: podia-se esperar moderação e senso comum de um líder político que tomava poços de petróleo à força?, perguntavam-se muitas pessoas.

Muitas obras, muitas dívidas

Em 2000, López Obrador foi eleito prefeito da Cidade do México, o segundo cargo de maior visibilidade no país. Desde o seu primeiro dia de governo, começou a produzir manchetes diariamente na imprensa nacional, graças à sua brilhante política de comunicação. Instituiu a prática de dar uma entrevista coletiva todos os dias às 6 da manhã, o que lhe permitiu não apenas oferecer uma imagem de dinamismo e empatia com milhões de trabalhadores e camponeses obrigados a acordar muito cedo, como também fixar a agenda política do dia na imprensa, nacional. Diariamente, em suas entrevistas de imprensa que amiúde eram transmitidas ao vivo por várias rádios — quem conseguiria outra notícia política "fresca" a essa hora da manhã? —, López Obrador anunciava algo que imediatamente se convertia em um tema de debate que "roubava espaço" do governo nacional e o punha na defensiva. Muitas vezes seus anúncios não passavam disso, promessas de obras, mas, ao contrário da imagem de estagnação e sonolência do governo Fox, davam a impressão de governo metropolitano eficiente e em constante movimento.

Simultaneamente, López Obrador realizou obras públicas de grande impacto visual, como a remodelação do Paseo de la Reforma, o segundo andar do viaduto Periférico e a ativação econômica do Centro Histórico da cidade, empreendida com a ajuda do megamilionário proprietário da Telmex, Carlos Slim. Outras de suas medidas, como o subsídio aos idosos e a ajuda econômica a mães solteiras, tiveram um grande impacto jornalístico, que eclipsou as críticas de terem sido feitas à custa do endividamento da cidade. Segundo dados da Assembléia Legislativa da capital, a dívida da Cidade do México cresceu de 2,6 bilhões de dólares no início do governo de López Obrador para quase 4 bilhões no final de 2004. Era um endividamento considerável, ainda que, para sermos justos, não inédito na história da capital mexicana.[10]

Um homem autoritário?

Mas os críticos de López Obrador assinalam que a gestão do governante foi marcada por autoritarismo, corrupção, paranóia e irresponsabilidade. Quando seus principais colaboradores, Gustavo Ponce e René Bejarano, foram presos por atos de corrupção — Ponce foi videogravado apostando forte num cassino de Las Vegas e Bejarano, recebendo maletas repletas de dólares de um empresário ligado ao PRD —, López Obrador, em vez de exigir uma investigação exaustiva sobre seus ajudantes e a aplicação estrita da lei, denunciou um presumível complô do governo de Fox e dos EUA para desprestigiá-lo. Grande parte da imprensa mexicana caiu na armadilha: muitos jornais não acreditaram nele, mas, em vez de esmiuçar a corrupção dentro do PRD, se concentraram em investigar se as denúncias tinham fundamento. De novo López Obrador se apoderou da agenda, desviando-a para onde mais lhe convinha, e o tema da corrupção passou para segundo plano.

Mais adiante, quando se tornou claro que López Obrador controlara a tormenta política, o governo Fox tentou sustar sua candidatura — embora sem nunca admitir — mediante a tentativa de processá-lo e incompatibilizá-lo por uma falta relativamente menor. Tratava-se de um caso de desacato, em que ele era acusado de desobedecer a uma ordem judicial numa expropriação, que, se prosperasse nos tribunais, o inabilitaria a se apresentar nas eleições de 2006. López Obrador, no entanto, partiu para a ofensiva, acusou o governo Fox e o PRI de tramarem para cercear seus direitos políticos, e saiu ainda mais fortalecido em seu papel de vítima de conspirações dos ricos e poderosos. Envolto nesse manto, e ajudado por seu estilo simples de vida e pela reputação de ter feito obras públicas constatáveis por todos, ficou cada vez mais invulnerável às críticas de corrupção e irresponsabilidade econômica. Com seus comícios multitudinários, ajudados pelo uso clientelista dos recursos públicos — ao estilo do PRI —, que lhe permitiram atrair dezenas de milhares de pessoas em seus atos públicos, obrigou Fox a recuar em seu intento de realizar ações fortes, sob ameaça de produzir um caos social no plano nacional. Como podia o governo aplicar a lei rigorosamente contra López Obrador num caso menor, se não a aplicava contra tantos ricos e poderosos em casos bem mais graves?, perguntavam-se muitos mexicanos, e com certa razão. Em abril de 2005, Fox decidiu cortar pela raiz: demitiu o procurador-geral, o general Rafael Macedo de La Concha, que iniciou o caso, e o assunto foi arquivado.

O que motivou Fox a recuar depois de apostar tão forte na inabilitação política de López Obrador? O motivo mais óbvio é o cálculo frio de que a opinião pública nacional e internacional se inclinara por López Obrador neste caso, e que era melhor para o governo dar marcha a ré rapidamente, quando ainda faltava mais de um ano para as eleições, com a esperança de que o episódio caísse logo no esquecimento. Mas havia dois motivos adicionais, menos conhecidos, que os membros do círculo íntimo de López Obrador apontam como determinantes para a decisão do governo. Um era que, no dia anterior à decisão de Fox, o secretário de Defesa Ricardo Clemente Vega informara ao presidente que o exército mexicano não reprimiria os partidários de López Obrador se houvesse novas manifestações públicas, e que era necessário buscar uma saída política para a crise e evitar uma situação de violência no país. "O general era contra a repressão", disse-me um alto funcionário da campanha de López Obrador. O segundo motivo era que, nesse mesmo dia, um membro da Corte Suprema confiara em particular, a dois membros do gabinete de Fox, que o caso contra López Obrador estava repleto de falhas técnicas, e que havia um alto risco de que a Corte o declarasse improcedente. Nesse contexto, Fox decidiu que dar marcha a ré era a opção menos custosa a longo prazo. Tempos depois, o secretário de Governo, Santiago Creel, desmentiu-me essas versões. Segundo ele, Fox tomou sua decisão exclusivamente porque um juiz não acolheu o expediente, e havia sérias dúvidas sobre o êxito do caso judicial. "Nenhuma das manifestações nos preocupava. Preocupava-nos o efeito político", me disse, meses depois, Creel.[11]

A vitória política de López Obrador permitiu-lhe não só eclipsar os videoescândalos de seus ex-colaboradores Bejarano e Ponce, que, pelo menos num dos casos, asseguraram que seu chefe estava a par de suas atividades questionáveis, mas várias outras denúncias contra seu governo. Uma empresa espanhola de investimentos, Eumex — a maior concessionária de abrigos de pontos de ônibus da Cidade do México, que tem 2.500 pontos com anúncios publicitários —, acusou López Obrador de hostilizar seus funcionários e executivos, no pior estilo da Cosa Nostra, para tirar-lhe a concessão que tinha desde 1995. Segundo a empresa, que ganhou em várias instâncias judiciais, o governo da capital revogou arbitrariamente as permissões, e a polícia metropolitana confiscou até dez caminhonetes sob qualquer desculpa, e em várias ocasiões intimidou fisicamente seus empregados para forçar a empresa a abandonar o país. "O que López Obrador ganha expulsando a Eumex?", perguntei à empresa. "Querem tirar-nos a concessão para dá-la aos amigos", respondeu-me Carlos de Meer Cerda, um dos seus principais executivos.[12] López Obrador, em contrapartida, dizia que a Eumex era uma empresa vinculada aos seus opositores do PAN, porque o advogado da empresa era um senador panista, e que a empresa supostamente estava roubando a iluminação da cidade.[13]

Os adversários de López Obrador, do PAN e do PRI, diziam que as obras públicas do prefeito eram um monumento ao populismo, extremamente vistosas, como a remodelação do Paseo de la Reforma, mas feitas à custa do endividamento e de uma falta de manutenção de serviços básicos que teria conseqüências funestas para a cidade no futuro. Segundo o governo priísta do vizinho estado do México, a Cidade do México ficaria sem água potável logo em 2007, por falta de investimento e manutenção da rede durante o governo López Obrador. "Na Cidade do México, houve grande investimento em tudo o que está na superfície, em tudo o que se vê, mas houve investimento zero no que se relaciona a obras para a água", disse-me Benjamín Fournier, secretário de Água e Obras Públicas do estado do México. "López Obrador não se preocupou com a manutenção da rede de água, nem para educar a população para que reduza seu consumo", acrescentou. E o estado do México, que anualmente provê uma boa parte da água consumida na capital mexicana, não poderá continuar entregando-lhe a mesma quantidade: "Ao aumentar a população do estado do México em 500 mil habitantes por ano, vamos dar cada vez menos água à Cidade do México. Para 2007, o Distrito Federal ficará sem água", assinalou Fournier.[14]

López Obrador nunca se caracterizou por estender pontes com a oposição durante seu governo da cidade, diziam seus críticos. Durante seus quatro anos e meio de gestão, jamais recebeu qualquer representante da oposição panista na assembléia (câmara) municipal, nem sequer o coordenador parlamentar do Congresso local. Dois membros panistas da assembléia tiveram de apresentar um recurso judicial, e ganhá-lo, para poder entrar numa entrevista coletiva e fazer-lhe perguntas. "Imagine que você seja o chefe da cidade, e não tenha tido nenhum acordo (reunião) com o partido de oposição mais importante da cidade, que é o PAN", assinalou-me Creel. "Imagine. Tem a dimensão de uma autoridade fechada, que não escuta, que não vê, que não dialoga com quem está do outro lado da mesa. Não são ações democráticas que estejam de acordo com a troca e a transição democráticas vividas pelo país."[15]

O problema de AMLO: o que não faria

Que conclusão tirei sobre López Obrador depois de falar com ele e comparar o que escutei de sua boca com o que dizem seus críticos? O candidato esquerdista tem alguns atributos positivos, incluindo sua austeridade pessoal. Sempre viveu em casas pequenas e sem luxo, e dirige um modesto carro (japonês) Tsuru. À diferença de boa parte da classe política mexicana, leva uma vida pessoal ordenada. Antes de enviuvar, em 2003, acompanhou de perto a mulher durante uma longa doença terminal e tomou conta dos três filhos. Não é homem de freqüentar festas, e nem se conhece qualquer interesse seu por dinheiro. Sua obsessão é o poder. O hábito de acordar às cinco da manhã diz tudo e o diferencia da enorme maioria dos políticos mexicanos. Sua história de ter vivido em comunidades indígenas também o diferencia de muitos de seus rivais, que dizem se preocupar com a questão aborígine, mas só o demonstram retoricamente. López Obrador é um homem que se sente perto dos indígenas, e não apenas em época eleitoral.

No entanto, à margem de que se apresenta como um esquerdista moderno, definitivamente não é um Lagos — o presidente chileno é um homem muito mais estudado e globalizado —, mas pode chegar a ser um Lula. O presidente brasileiro foi um político da velha esquerda toda a sua vida, que também viveu na maior austeridade, que se moveu para o centro do espectro político no último momento para ganhar a presidência. Durante a campanha presidencial, Lula se convenceu de que grande parte do libreto que os assessores de imagem o faziam recitar — enfatizando a moderação, a competitividade e a eficiência econômica — tinha muito de verdade. Tomara que com López Obrador aconteça a mesma coisa.*

O mais preocupante em López Obrador talvez seja que a economia não é seu forte. Durante seus anos de estudante na Unam, foi reprovado em sete matérias, das quais a maioria teve a ver com números: economia em duas oportunidades, matemática e estatística.[16] Não é um dado menor: coincide com seu discurso político, sua resistência instintiva por tudo — bom ou mau — que soe a "tecnocrata" e com a confusão que mostrou em suas respostas sobre os motivos do êxito econômico da China e do Chile, além do seu trato duvidoso com as finanças públicas em sua gestão na Cidade do México.

Ganhando a presidência, teria como prioridade aumentar a competitividade do país para fazê-lo crescer e reduzir a pobreza? Faria as mudanças econômicas estruturais feitas pela China, pelo Chile e outros países para assegurar um crescimento a longo prazo? Enfrentaria os empresários protecionistas, os sindicatos corruptos e as universidades estatais pré-modernas para tirar o México de sua letargia? Não são perguntas ociosas: grande parte do apoio a López Obrador vinha dos setores mais aferrados ao México pré-moderno, como a gigantesca Universidade Nacional Autônoma do México, Unam, a maior universidade federal e com o maior orçamento do país, que como veremos no capítulo seguinte é um monumento ao atraso educacional. Em suma, não é um populista radical messiânico que poria em perigo o país como o pintam seus adversários. O mais preocupante de uma vitória de López Obrador não é o que ele pode chegar a fazer, e sim o que pode deixar de fazer.

Fox e a paralisia mexicana

Nos primeiros movimentos da contenda eleitoral de 2006, não havia dúvida de que o país necessitava realizar várias reformas, e com urgência. O México permaneceu adormecido. Em termos gerais, Fox fez um governo decente, mas — fosse por falta de audácia, má condução política ou pelo sistemático

---

* No entanto, López Obrador e Lula reagiram de maneira diferente diante de acusações de corrupção ao redor. Enquanto López Obrador denunciou conspirações políticas contra ele, Lula demitiu o seu principal colaborador, o ministro-chefe da Casa Civil José Dirceu, vários outros ministros, e exigiu uma investigação a fundo de cada caso.

bloqueio da oposição a todas as suas iniciativas — o país avançou a 10 quilômetros por hora, enquanto a China, a Índia e outras potências emergentes iam a 100 quilômetros por hora. Em quase todos os índices de competitividade mundial, o México ficou para trás durante o sexênio de Fox.

No ranking mundial de competitividade do Fórum Econômico Mundial, medição que leva em consideração o vigor econômico, tecnológico e institucional de cada país, o México caiu de 31º no mundo em 2000 para 48º em 2005. No Índice de Confiança para Investimentos Estrangeiros Diretos, realizado pela empresa de consultoria multinacional AT Kearney, caiu do 5% lugar em 2001 para o 22º em 2004. No Ranking de Competitividade do Centro de Competitividade Mundial IMD, desceu do 14º no mundo em 2000 para o 56º em 2005. E no índice global de clima para os negócios da Unidade de Inteligência do *Economist*, o México caiu do 31º lugar no mundo em 2000 para o 33º em 2005.

O que aconteceu? Fox, o primeiro presidente da oposição após sete décadas de férreo controle priísta, tinha um governo de minoria: suas iniciativas legais mais importantes eram sistematicamente aniquiladas pela maioria oposicionista no Congresso, e sua repugnância por jogar duro — por exemplo, pondo atrás das grades os priístas mais corruptos dos governos anteriores — impediu-o de negociar com a bancada priísta numa posição de força. Seu governo, também, teve uma dose de má sorte: os três primeiros anos de mandato coincidiram com a primeira desaceleração econômica dos EUA em uma década, o que fez cair as exportações de manufaturas mexicanas e congelou o crescimento econômico do país. Finalmente, o ataque de 11 de setembro de 2001 foi um golpe devastador para as esperanças mexicanas de aprofundar o acordo de livre-comércio com os EUA e negociar uma reforma migratória. O governo Bush — que poucos dias antes do 11 de setembro proclamara o México como "a principal relação bilateral" dos EUA no mundo — voltou-se integralmente para a guerra contra o terrorismo islâmico no Afeganistão e no Iraque. E da noite para o dia o México deixou de ser a principal relação bilateral para ser um país irrelevante em Washington.

O governo Fox, no entanto, argumenta que, apesar de todos esses obstáculos, conseguiram-se vários êxitos: a pobreza baixou 4% nos primeiros dois anos de gestão, segundo o Banco Mundial.[17] Segundo dados posteriores — ainda que um pouco confusos — do próprio governo, a redução da pobreza foi ainda maior. Fox garantiu que durante seu governo foram tirados 7 milhões de mexicanos da pobreza extrema, que se reduziu de 24 milhões de pessoas para 17 milhões. Mas, por outro lado, o Comitê Técnico para a Medição da Pobreza, integrado por acadêmicos convocados pela Secretaria de Desenvolvimento Social do governo, estimou a cifra de redução de pobreza extrema em algo menos, 5,6 milhões de pessoas.[18]

Seja como for, a disciplina econômica, o incremento do gasto social — de 8,4% do produto bruto para 9,8%, segundo o Banco Mundial — e o fato de que não se produziram crises econômicas como as que sacudiram os governos anteriores permitiram ao México aumentar ligeiramente o nível de vida da população nos primeiros cinco anos de Fox, embora muito menos do que as expectativas geradas num início do que era chamado "governo de mudança". A renda *per capita* cresceu de 8.900 dólares anuais em 2000 para 9.700 dólares.[19] E isso se conseguiu sem escândalos de corrupção, comparados aos dos governos priístas, e num clima de democracia, em que o governo aprovou uma lei de transparência e acesso à informação pública governamental que pela primeira vez permitiu à sociedade ver os detalhes de todas as compras governamentais.

Na política externa Fox teve o mérito de mudar a imagem do México como aliado incondicional da ditadura cubana e — sem deixar de se opor ao embargo comercial dos EUA a Cuba — se unir às democracias modernas da Europa ao defender os direitos humanos como princípio norteador das relações internacionais de seu país. Tudo isso é sintoma do progresso que, em alguns casos, é obra do governo Fox e, em outros, da providência.

O certo é que uma parte da redução da pobreza durante o sexênio de Fox se deveu a um fator puramente fortuito: a aluvião de remessas familiares dos mexicanos residentes nos EUA, que dispararam de 6,5 bilhões de dólares anuais em 2000 para nada menos do que 16,6 bilhões de dólares em 2004.[20] Tratava-se de dinheiro vivo, que ia diretamente para o bolso dos pobres e que, logicamente, teve um impacto enorme ao resgatar milhões de mexicanos da pobreza absoluta, aumentar o consumo interno e fazer crescer a economia. Comparativamente, o México recebia quase tanto dinheiro em remessas familiares como de investimentos estrangeiros. E, em relação a isso, é pouco o que Fox pode citar como um sucesso de seu governo.

Faltou mão firme a Creel

O governo cometeu vários grandes erros desde o início, e seu secretário de Governo e futuro pré-candidato presidencial, Creel, esteve no centro de muitos — não todos — deles. Em vez de aproveitar a enorme popularidade inicial de Fox, após sua vitória eleitoral, e se concentrar de saída em fazer aprovar no Congresso as reformas financeiras, trabalhistas e energéticas que o México, segundo o consenso geral, necessita para enfrentar a concorrência da China, da Índia e do Leste europeu, o presidente mexicano perdeu seus primeiros seis meses de governo na pacificação de Chiapas e na busca de um acordo político com o subcomandante Marcos e suas tropas zapatistas. A tentativa não só não chegou a nada, como era de prever, como também significou a perda de um enorme capital político de um governo que apenas começava, com um tema que há muito deixara de ser ameaça à segurança nacional, e que também já desaparecera das primeiras páginas dos jornais.

Pouco depois, em meados de 2000, o governo sofreu uma derrota política maiúscula ao ter de cancelar o que seria a principal obra de infra-estrutura do sexênio: um gigantesco aeroporto para substituir o quase centenário aeródromo da Cidade do México, para o qual tinham sido reservado no orçamento, nada menos de 2,3 bilhões de dólares. Depois de nove meses de protestos, cortes de rotas e tomadas de reféns por parte de trezentos camponeses, apoiados pelo PRD, que exigiam uma indenização maior por suas terras em troca da liberação de vários funcionários detidos, o governo decidiu abortar a construção do novo aeroporto. Para muitos mexicanos, Fox deu um sinal de fraqueza, ou pelo menos lidou mal com o projeto, ao não ter chegado a um acordo econômico com os camponeses antes de anunciá-lo com tambores e cornetas. Seja como for, a principal obra do sexênio de Fox acabou em nada, enquanto López Obrador começava a inaugurar suas vistosas obras públicas.

Em dezembro de 2002, o governo passou de novo a imagem de indecisão quando manifestantes do grupo esquerdista El Barzón, alguns deles a cavalo, irromperam no Congresso abrindo caminho à força e provocando estragos, reclamando mais recursos para a saúde e a educação. O então coordenador da bancada do PAN, Felipe Calderón*, responsabilizou o PRD por financiar as ações violentas, mas o governo permaneceu de braços cruzados, sem qualquer ação contra quem causou os tumultos.

Talvez um dos maiores erros iniciais de Fox tenha sido não prender algum tubarão da corrupção do sexênio precedente, como fizeram os antecessores priístas Salinas de Gortari e Zedillo, para entrar no poder pisando forte. Ele decidiu também não apoiar a proposta de vários membros de seu gabinete, liderados pelo chanceler Jorge Castañeda e pelo conselheiro de Segurança Nacional Adolfo Aguilar Zinser, de criar uma Comissão da Verdade para esclarecer os desaparecimentos e outras violações dos direitos humanos cometidos pelo Estado no final dos anos 1960. Embora se tratasse de uma promessa de campanha do "governo da mudança", a idéia foi descartada, por recomendação de Creel, a poucos meses do novo governo.

---

* Eleito, enfim, sucessor de Fox. (*N. do T.*)

As aspirações da primeira-dama

À medida que avançava o sexênio de Fox, este permitiu que sua esposa, Marta Sahagún, removesse as arenas políticas e monopolizasse a atenção pública com uma permanente brincadeira sobre suas presumíveis intenções de se apresentar como candidata em 2006. Era um projeto político que provavelmente nasceu como um balão de ensaio para uma posterior candidatura à prefeitura da Cidade do México ou a uma cadeira no Senado, mas que contradizia radicalmente as promessas do "governo da mudança" de acabar com a tradição dos presidentes do PRI de nomear seus sucessores pelo *dedazo* (indicação que invariavelmente se tornava realidade) e utilizar os recursos do poder do Estado para possibilitar sua eleição.

As notícias sobre as ambições de Sahagún não eram invenções da imprensa: em muitas ocasiões eram estimuladas pelo próprio gabinete. Quando, no início de 2004, perguntei ao porta-voz da primeira-dama, David Monjaraz, se as especulações jornalísticas sobre uma candidatura de Sahagún eram disparatadas, ele me respondeu, com um sorriso cúmplice, que as pesquisas de opinião indicavam grande apoio a ela. Mas, ao pedir uma confirmação oficial, ele respondeu: "Marta deixou em aberto todas as opções. Não disse sim, não disse não."[21] Meses depois, quando perguntei à própria Sahagún, no meu programa de televisão, se pensava em se candidatar quando acabasse o sexênio, ela respondeu: "Não é o momento de me definir por nenhuma candidatura. Não tenho, neste momento, a obrigação de fazê-lo. Mas estou absolutamente segura de que no momento certo terei de fazer algo em respeito à responsabilidade e à minha própria consciência."[22]

Os próprios dirigentes do partido governamental viam as aspirações da primeira-dama como um elemento perturbador da agenda do governo. "Ela, como muitos outros, está no seu direito de buscar essa candidatura se assim convém ao seu projeto pessoal. Mas é uma verdadeira loucura falar de candidatos na metade do sexênio", disse-me nesse momento o chefe da bancada do PAN no Senado, Diego Fernández de Cevallos. "Acredito que estamos, de maneira incrível, perdendo o momento histórico de fazer neste governo as grandes mudanças em matéria fiscal e jurídica que tanta falta fazem para melhorar as condições dos 100 milhões de mexicanos." Em lugar de ser uma meritocracia, o México corria o risco de se transformar numa "maridocracia".[23] Em julho de 2004, as intromissões políticas da primeira-dama se tornaram tão freqüentes no âmbito do governo que o supersecretário particular de Fox, Alfonso Durazo, fugiu apavorado. Frustrado pelo que via como incessantes interferências de Sahagún nas decisões do governo, escreveu em sua carta de renúncia que era necessário "acabar com a idéia, cada vez mais generalizada, de que o poder presidencial se exerce em casal".[24]

Por que Fox, no auge da popularidade, não assumiu uma postura mais firme contra a corrupção e os abusos contra os direitos humanos dos governos priístas? "Depois da eleição de 2000, o PRI estava humilhado, estupefato, maltratado. Era esse o momento de promover as desuniões e usá-las em seu favor. Era a conjuntura para seduzir com cenouras e castigar com garrotes. Aquela era a hora de trazer para o governo os modernizadores e perseguir os corruptos. Era a hora de oferecer imunidade aos aliados potenciais e o peso da lei aos demais... Com essa estratégia, ele teria construído maiorias no Congresso e desarticulado a frente unida que depois enfrentou ali", concluiria quase no final do sexênio a analista política Denise Dresser.[25]

Quando perguntei a vários membros do gabinete mexicano por que Fox fora tão cauteloso, tão temeroso de arriscar a paz com as cúpulas políticas, ainda quando isso significava a paralisação do país, a resposta era quase sempre a mesma: o secretário do governo, Creel, convenceu o presidente de que estava a ponto de obter o apoio do PRI no Congresso para aprovar as reformas fiscal, trabalhista e de energia que dariam o empuxo substancial à economia mexicana. Não se podia pôr em perigo o futuro econômico do país, argumentava Creel. Mas a estratégia resultou desastrosa: cinco anos depois, e após inúmeros anúncios de que o governo estava a um passo de conseguir no Congresso os votos para aprovar algumas das reformas, Fox continuava com as mãos vazias. O Congresso nunca aprovou as reformas econômicas propostas pelo governo, nem diminuiu seus ataques contra ele, nem o governo cumpriu sua promessa de campanha de castigar os abusos dos governos anteriores. Para muitos, o PRI passou cinco anos jogando com a boa vontade do secretário do Governo. "Faltou mão firme a Creel", disse-me Calderón, antigo coordenador da bancada do PAN no Congresso, que logo se tornou secretário de Energia e aspirante presidencial de seu partido, em momentos de sua campanha interna contra Creel em meados de 2005. "Qualquer um conseguia o que queria dele."[26]

O negociador conciliador

Por sua personalidade e a trajetória de advogado corporativo especializado em negociações com o governo, Creel era um negociador — e conciliador — nato. Ingressou tarde na vida política, quando ia fazer 40 anos, em 1993. Até então fora advogado da Noriega y Escobedo Asociados, uma das bancas de advocacia mais tradicionais do México, fundada em 1934, e que em anos recentes se especializara em representar as corporações em projetos de privatização, especialmente na indústria das telecomunicações, portos e aeroportos. Em 1993 aceitou o convite para participar da organização de um plebiscito para decidir se a capital do país deveria eleger suas próprias autoridades. No ano seguinte foi designado membro da comissão interpartidária para investigar a controvertida eleição para governador de Tabasco, que o priísta Madrazo ganhou em meio a denúncias de fraude por parte de López Obrador. Ainda que não fosse membro formal do PAN, destacou-se nessa missão como um homem conciliador, capaz de forjar amizades pessoais com vários de seus colegas esquerdistas do PRD. Depois de ser eleito deputado independente na cédula de um partido aliado ao PAN em 1997, apresentou-se como candidato à prefeitura da Cidade do México em 2002. Perdeu, mas o presidente eleito Fox o resgatou e nomeou para o principal cargo político de seu gabinete, secretário de Governo.

"Por que não prenderam nenhum tubarão da corrupção do PRI?", perguntei a Creel pouco depois que ele abandonou o governo para postular a candidatura presidencial de seu partido nas eleições de 2006. Ele respondeu que havia outras prioridades, como "uma mudança em paz, uma mudança com estabilidade política, uma mudança que permitisse manter a estabilidade econômica. Poderiam ter sido feitas algumas coisas? Sim, mas pondo em risco a estabilidade".[27]

Sua resposta me pareceu pobre, a menos que Creel — que controlava os principais organismos de inteligência do governo — soubesse de algo que nós outros não sabíamos sobre as ameaças à estabilidade política mexicana no início do sexênio. Havia alguma ameaça oculta? O PRI e o PRD tinham condições, depois de perder a eleição, de alterar a ordem pública? Vendo que suas respostas não me convenciam, ele insistiu em que o governo atuara da maneira como fizera por uma questão de princípios, para se diferenciar das arbitrariedades do passado. Era evidente que Fox poderia ter seguido os passos de Salinas de Gortari, quando aprisionou, em 1989, o líder sindical Joaquín Hernández Galicia, *La Quina*, por todo tipo de delitos, "semeando coisas" e sublinhando alguns procedimentos legais, explicou Creel, "mas era óbvio que não íamos proceder dessa maneira". "Muita gente queria sangue, queria espetáculo, queria ver em pouco tempo os tubarões atrás das grades. Tomamos medidas pouco espetaculares, mas que por fim darão muita solidez ao nosso país", acrescentou.[28]

Por que não se formou uma Comissão da Verdade para esclarecer os crimes dos anos 1960 e 70, o que também teria dado ao governo uma ferramenta de pressão contra o PRI?, perguntei a Creel em seguida. Porque legalmente não teria levado a nenhum processo contra os culpados, respondeu o ex-secretário de Governo. Para puni-los, era preciso que a Corte Suprema primeiro revogasse as leis segundo as quais vários desses delitos já prescreveram. De pouco serviria uma Comissão da Verdade que apontasse os culpados sem que se pudesse fazer algo contra eles, disse. De novo "decidimos pelo triste e aborrecido caminho da institucionalidade, e hoje em dia a Corte já disse que o genocídio no país é imprescritível. Isso é uma vitória do presidente Fox e um êxito para aqueles que queriam a 'Comissão da Verdade'".[29] E por que investiram todo o capital político dos primeiros meses do governo na busca de um acordo em Chiapas, onde a guerra terminara seis anos antes?, perguntei. Esse foi um erro do governo, admitiu Creel. Mas não foi uma idéia sua, e sim de Aguilar Zinser, Castañeda e do então encarregado da Comunicação Social, Rodolfo *El Negro* Elizondo, que "estavam muito enredados na história do zapatismo", respondeu.[30]

Segundo lembra Castañeda, no entanto, Creel nunca se opôs à idéia, "e seria inconcebível que Fox decidisse algo assim, em assuntos de política interna, contra seu secretário de Governo e a favor do chanceler".[31] Quanto ao fato de que o governo Fox não tenha aprovado nenhuma reforma política ou social, a resposta de Creel é que foi politicamente impossível: o México tem um sistema presidencial sem segundo turno, o que resultou em um governo de minoria em que "os que estavam à frente de nós, que eram 58% (no Congresso), não tinham em sua agenda nem a reforma fiscal, nem a reforma trabalhista, nem a reforma energética, nem muito menos a de telecomunicações".[32] Por isso urgia uma reforma política para criar o segundo turno eleitoral, ou um governo de gabinete, para passar a ser uma democracia de maioria legislativa, concluiu.

O erro de setembro

Finalmente perguntei a Creel se ele fora o responsável pelo desacordo do governo Fox com os EUA depois do ataque terrorista de 11 de setembro de 2001. Ainda que não me parecesse objetável o voto do México no Conselho de Segurança da ONU sobre a decisão de Bush de invadir o Iraque sem provas de que o ditador Saddam Hussein desenvolvia armas de destruição em massa, nem me parecessem más as críticas posteriores de Fox à intervenção militar dos EUA no Iraque sem o apoio da ONU, o governo mexicano atuou indignamente nos dias posteriores ao ataque de setembro.

Enquanto o Canadá e a Europa ofereceram sua solidariedade absoluta aos EUA, o México demorou a expressar abertamente seu apoio ao vizinho. Não mandou baixar a bandeira a meio pau, nem sequer em memória dos mexicanos que morreram nas Torres Gêmeas de Nova York, não realizou nenhum ato simbólico — como enviar um grupo de enfermeiras ou bombeiros voluntários — que lhe granjeasse enormes lucros propagandísticos nos EUA sem sacrificar uma vírgula de sua independência política. Depois do ataque, o México ficou paralisado. Para um país que depende dos EUA para quase 90% de seu comércio, que buscava desesperadamente um acordo migratório e que gastava milhões de dólares em articulações ante o Congresso norte-americano, era uma postura boba, que daria munição adicional aos setores isolacionistas em Washington, que votavam contra qualquer medida de integração com o México. Fox enviou uma mensagem protocolar de apoio a Washington, mas o governo se engolfou numa polêmica semântica — e totalmente estéril — sobre até que ponto o México devia apoiar os EUA. O chanceler Castañeda declarou imediatamente após o ataque que o México não devia negacear seu apoio aos EUA, mas Creel o contradisse publicamente, assinalando que não se podia dar apoio incondicional a Washington. Segundo vários testemunhos, Creel argumentava diante de Fox que se o México tomasse uma atitude demasiado pró-EUA perderia o apoio do PRI para a reforma fiscal que o presidente tanto ansiava.

Quando o Canadá e os então aliados europeus de Washington ofereceram todo tipo de ajuda aos EUA, e começaram a chover críticas de que o México, segundo maior parceiro comercial de Washington, se mostrava renitente em se solidarizar com as vítimas do ataque terrorista, os onze membros do gabinete mais próximos de Fox durante o primeiro ano de governo realizaram uma reunião de emergência no escritório do presidente para avaliar a situação. Segundo se lembra o então chanceler Castañeda, "alguém, creio que (o governador do Banco do México, Guillermo) Paco Ortiz, propôs que quando Fox fosse ao balcão para dar o grito (da independência) a 15 de setembro, pedisse um minuto de silêncio pelos mexicanos, pelos outros latino-americanos, pelos chineses e por todos os demais que morreram nas Torres Gêmeas, e, 'é claro, também para nossos vizinhos e sócios norte-americanos, que constituem a maioria das vítimas'. E até, se houvesse vaia, estava programado que se apagasse o som ambiental da televisão".[33] A proposta foi aprovada. No entanto, quando Fox saiu ao balcão para dar o grito, não pediu o minuto de silêncio. "Nunca soubemos por quê", disse Castañeda. O ex-chanceler se lembra de ter suspeitado de que Creel estava entre os que poderiam ter dissuadido o presidente no último momento, embora admita não ter provas.

Simultaneamente, a primeira-dama propunha fazer um gesto simbólico para evitar que o silêncio de seu país resultasse num desastre de relações públicas: sugeriu que a deixassem convocar um ato de solidariedade às vítimas do terrorismo no jardim da casa presidencial de Los Pinos, onde doaria sangue para os feridos do ataque de 11 de setembro diante dos fotógrafos das agências internacionais de notícias. A foto da primeira-dama doando sangue seria mais efetiva do ponto de vista de relações públicas do que todo o dinheiro que o México gastava com articulações em Washington. A idéia de Sahagún, no entanto, foi recusada no gabinete. "Quis fazer, mas não me deixaram", comentou ela pouco depois a um visitante estrangeiro.[34] Creel bloqueou a idéia, disse a primeira-dama. O motivo? Não antagonizar a oposição priísta no Congresso.

"Mentira!", disse-me Creel quando lhe perguntei sobre ambas as iniciativas. "O que houve foi uma declaração minha de que uma nação não apóia outra incondicionalmente. Ponto final. Essa foi minha declaração."[35] Outra figura-chave do governo Fox, o chefe de Gabinete da Presidência para a Inovação Governamental, Ramón Muñoz, deu-me uma explicação mais autocrítica e mais plausível: o novo governo de Fox estava plenamente concentrado na política interna naquele momento, e lhe faltava experiência internacional para dar uma resposta rápida e apropriada. "Mais do que uma reação ideológica, foi um espanto derivado de não estar habituado a lidar com esse tipo de contingência no plano internacional. A máquina não estava preparada. Não havia capacidade de resposta", disse-me Muñoz numa entrevista.[36]

Ainda que os EUA nunca admitissem oficialmente que havia qualquer mal-estar com o México, a relação se deteriorou significativamente. Anos depois, numa entrevista para este livro, o então chefe do Departamento de Assuntos Hemisféricos do Departamento de Estado, Otto Reich, admitiu pela primeira vez que Bush ficou "profundamente magoado" com o México, e com Fox. "Foi como quando um amigo se volta contra você. Foi exatamente esse sentimento. Não foi um agastamento, e sim uma decepção", recordou Reich.[37]

"Não esperávamos que o México enviasse tropas ao Afeganistão", disse-me Reich. Bush sabia que o México tinha uma tradição de não-intervenção em conflitos armados e que — por maior que fosse sua amizade com Fox — o presidente mexicano não podia se comprometer com um apoio militar sem pagar um altíssimo preço político. Além disso, o exército mexicano não tinha nem equipamento nem experiência em operações internacionais, com o que poderia ter dado uma contribuição mais do que simbólica na invasão do Afeganistão. Bush, no entanto, esperava um gesto de solidariedade. Segundo recorda Reich, "o que surpreendeu todo mundo (na Casa Branca) não foi que os mexicanos não oferecessem tropas e sim que não fizessem algo mais para expressar sua dor pelo que se passara. Vários dias transcorreram depois do 11 de setembro... e nada. Em compensação, o México se engolfou num debate interno sobre o que devia ser feito. Você imagina? Era como se a mãe do seu vizinho tivesse morrido e, em lugar de expressar condolências, você começasse uma discussão sobre... bem, a verdade é que ela era um pouco barulhenta, e muitas vezes não cumprimentava... Eles levaram um bom tempo para expressar suas condolências. E nada ofereceram. Todos os países do mundo que ofereceram ajuda foram muito mais longe, e alguns tinham bem menos recursos. O México não fez nada. Creio que foi um golpe duro para Bush". Quatro anos depois, o governo Fox recuperou parte da confiança de Washington quando o México enviou um comboio com cozinheiros militares e alimentos para as vítimas do furacão Katrina em Nova Orleans. Mas perderam-se anos-chave, que consumiram quase toda a presidência de Fox e o primeiro mandato de Bush.

O protagonismo de Creel antes e depois do 11 de setembro o levou a permanentes desencontros com quem logo seria seu principal rival para a candidatura do PAN em 2006, Calderón. Durante todo o governo de Fox, Calderón tentou — quase sempre infrutiferamente — convencer o presidente de que não delegasse todas as negociações com a oposição a Creel, e que Fox assumisse as relações com membros-chave do Congresso. Mas Calderón se queixava de que, mesmo quando liderava a bancada do PAN no Congresso, estava isolado do presidente. "Eu era o que mais falava com Fox, e só falei com ele três vezes em um ano, porque Santiago dizia a ele que tinha tudo sob controle", disse-me numa entrevista.[38] Numa ocasião, Calderón sugeriu a Fox que fizesse como o presidente da Colômbia, Álvaro Uribe, que conversava pessoalmente com os legisladores da oposição, ou como Clinton, que fazia a mesma coisa. "Aqui isso nunca aconteceu. Quatro dias antes da votação do orçamento, diziam a Fox que ia haver uma reforma fiscal. Eu disse a ele: 'Estão rindo de nós'. E tinha razão", comentou. Mesmo depois da sua passagem pelo gabinete como secretário de Energia e sua posterior saída do governo, muitos acharam que Calderón caíra em desgraça, mas ele nunca perdeu apoio dentro do partido. Em 11 de setembro de 2005, contra todas as previsões, Calderón ganhou de Creel a primeira eleição primária pela candidatura do PAN. Seu lema de campanha, "Mão firme, paixão pelo México", e seu estilo sincero e frontal ao mesmo tempo assestaram um duro golpe nas esperanças presidenciais do ex-secretário do Governo.

O retorno dos dinossauros

Em 3 de julho de 2005, o PRI arrasou na eleição para governador do poderoso estado do México, o mais populoso do país, e de Nayarit, nas que seriam as últimas disputas estaduais de importância antes das eleições presidenciais de 2006. O PRI ganhou a eleição em meio a acusações de que excedera todos os limites legais de gastos de campanha. Mas, como nos velhos tempos, isso não tiraria o sono dos dirigentes priístas: o assunto se dissolveria nos tribunais e, no pior dos casos, o PRI receberia uma palmada na mão e pagaria uma multa fácil de absorver. No momento em que o México entrava na campanha de 2006, o PRI governava 18 dos 31 estados, incluindo alguns dos maiores, e 1.500 dos 2.300 municípios do país, incluindo grandes cidades como Tijuana, Ciudad Juárez e Monterrey, que recuperara desde sua saída do poder em 2000. Os dinossauros do PRI estavam de volta e, se conseguissem chegar às eleições presidenciais sem fraturas internas terminais, tinham boas possibilidades de voltar ao poder em 2006.

Não havia dúvida de que, mesmo depois de seu triunfo no estado do México, o PRI tinha diante de si uma batalha árdua para ganhar a presidência: uma pesquisa de opinião do diário *Reforma* mostrava que López Obrador tinha uma vantagem de 11 pontos sobre seu rival mais próximo. Tinha 36% de apoio, seguido pelo então presidente do PRI, Madrazo, com 25%, e Creel, com 24%.[39] O senador Camacho, estrategista de relações internacionais de López Obrador, dizia confiante que "à diferença do que se passou em 2000, não creio que as pesquisas mudem muito entre hoje e a eleição de 2006. O número de eleitores indecisos é bem menor desta vez".[40]

No entanto, os funcionários do PRI estavam seguros de que poderiam ganhar se superassem suas ferozes lutas internas pela candidatura do partido. Seu otimismo se baseava, em primeiro lugar, em que as pesquisas que mostravam uma grande vantagem para López Obrador foram realizadas quando o prefeito da Cidade do México era a notícia do dia, não apenas por suas entrevistas matinais à imprensa mas porque acabara de ganhar sua disputa contra o governo por questões legais. À medida que o incidente caísse no esquecimento e López Obrador já não estivesse no cargo de prefeito, onde era o centro da atenção pública, sua popularidade cairia infalivelmente, confiavam os dirigentes priístas. As pesquisas mostravam, além disso, que o PRI, como partido, estava em primeiro lugar nas preferências nacionais. Quando se perguntava em qual partido votariam em 2006, 25% dos entrevistados mencionavam o PRI, enquanto 23% falavam em PRD e 21% no PAN.[41] Em terceiro lugar, com 18 governos estaduais e mais de 1.500 municípios, o PRI tinha um aparato político impressionante para transportar funcionários públicos aos seus comícios de campanha, e levá-los às urnas no dia da votação. E para as novas gerações que não conheciam bem seu tradicional camaleonismo político, o PRI podia assumir agora um discurso de confrontação que agradava muitos de seus potenciais eleitores. "Quando estávamos no poder, não podíamos ser muito críticos do governo nem empunhar a bandeira de muitas causas sociais. Agora podemos", disse-me David Penchyna, um alto funcionário do PRI.[42]

Depois de várias visitas ao México no final de 2005, fiquei com a impressão de que a confiança dos priístas de voltar ao poder não era uma fantasia. Havia um novo clima político no México, que beneficiava o PRI por motivos independentes do que dizia ou deixava de dizer. Isso se devia a que o grande ganhador das recentes eleições do estado do México e de Nayarit fora a apatia política. O fato de que 60% dos eleitores registrados no estado ficassem em casa no dia da votação era um mau augúrio para a democracia mexicana, mas bom para o PRI. Refletia o crescente desencanto dos mexicanos com a política. O governo Fox não cumprira a promessa de campanha de ser "o governo da mudança". Segundo uma pesquisa do jornal *Reforma*, 66% dos mexicanos pensavam que o partido de Fox fora "igual ao PRI" ou "pior do que o PRI".[43] A estagnação do país levou muitas pessoas à conclusão de que "todos os políticos são iguais".

E, num cenário de apatia política e pouca participação eleitoral, os partidos com maior vantagem na eleição presidencial são os que têm mais dinheiro, mais votos cativos pelos programas clientelistas de seus governadores e prefeitos e menos escrúpulos para estourar os limites de gastos e outras leis eleitorais. Em outras palavras, o PRI estava bem posicionado para fazer uma boa eleição em 2006.

O lastro de Madrazo e o desafio de Montiel

O principal problema do PRI era Madrazo, o presidente do partido, que tinha nas mãos o controle do aparato político para se tornar o candidato à eleição presidencial de 2006 ou então o poder por trás do trono dentro do PRI. Se os priístas eram o partido dos dinossauros autoritários que governaram o México por mais de sete décadas, Madrazo era o tiranossauro-mor. Seu pai era Carlos Alberto Madrazo Becerra, que exercera os mesmos cargos ocupados por seu filho Roberto anos depois: governador de Tabasco e presidente do PRI. O pai de Madrazo tinha a reputação de lutador pela democratização do partido, mas sua carreira não foi um mar de rosas: nos anos 1940, sendo deputado federal por Tabasco, foi punido sob a acusação da Procuradoria-Geral da República de lucrar com a expedição de cartões migratórios aos mexicanos que queriam entrar no "programa braçal", pelo qual se poderia substituir temporariamente os norte-americanos que deixavam o trabalho para combater na Segunda Guerra Mundial. Madrazo Becerra passou quase nove meses no cárcere, depois de ser considerado culpado de abuso de confiança. Seus defensores alegaram que era uma acusação inventada pelos inimigos políticos dentro do partido para castigá-lo por seu apoio a um pré-candidato presidencial não sustentado pela direção do partido. Posteriormente, ele foi inocentado, voltou à política e morreu num acidente aéreo em 1969.[44]

Roberto Madrazo foi criado entre a nata da oligarquia política priísta. Criança, quando o pai era governador de Tabasco, brincava com os filhos dos hierarcas do partido, que vinham visitar o governador nos fins de semana. Entre seus colegas de jogos — que logo seriam seus principais protetores ao longo da carreira política — estavam Carlos e Jorge Hank Rohn, os filhos do arquimilionário (embora admitisse que nascera na pobreza e fizera toda a sua carreira no setor público) Carlos Hank González, e Carlos, Raúl e Enrique Salinas de Gortari, os filhos do secretário de Economia Raúl Salinas Lozano.[45]

Madrazo tinha 16 anos quando ocorreu o acidente aéreo em que morreu seu pai, e passou a adolescência entre Tabasco, onde ficava muitos fins de semana, e a Cidade do México, onde estudava. Na Unam, onde obteve o diploma de Direito, foi um bom estudante: passou em todas as matérias e terminou a carreira em cinco anos, com uma média de 9,2 com menção honrosa.[46] Já então, sob a proteção de Hank González, filiou-se ao PRI e começou a escalar posições dentro da Confederação Nacional de Organizações Populares, um dos tantos setores do sistema corporativo do partido oficial. Foi assim que chegou a deputado federal por Tabasco com apenas 24 anos, embora não tivesse vivido em Tabasco, nem tivesse muito de origem "popular".

Pouco depois, quando Hank González foi nomeado prefeito da Cidade do México, o jovem Madrazo trabalhou diretamente em vários postos municipais para seu protetor político, que já estava se convertendo em um dos homens mais ricos — e questionados — do México. Quando seu amigo de infância Carlos Salinas chegou ao poder após as eleições nacionais e nomeou Hank González sucessivamente secretário de Turismo e logo de Agricultura, Madrazo se converteu num dos jovens políticos do círculo íntimo do novo governo. Trabalhou na campanha presidencial de Salinas em 1988 e, logo depois — como senador e mais tarde deputado federal —, foi um dos principais defensores no Congresso do discutido triunfo eleitoral do governo salinista. Quando chegou o fim o sexênio de Salinas, o PRI nomeou Madrazo candidato a governador de Tabasco. Pouco depois, erguia os braços proclamando-se ganhador da eleição estadual de 1994 e — apesar de uma onda de indignação nacional ao serem divulgados os documentos que provavam as violações das leis eleitorais de sua campanha, e das pressões do presidente Zedillo para que renunciasse — aferrou-se à sua cadeira no palácio governamental. Mais tarde ele foi designado presidente do PRI, de onde orquestrou sua candidatura às eleições presidenciais de 2006.

Madrazo é um orador arrebatado que se sai bem num debate presidencial e que — com um bom marketing político — poderia projetar a imagem da eficiência. O físico o ajuda: é, até hoje, corredor de maratona, e não tem um grama de gordura no corpo. Um detalhe que sempre me chamou a atenção nas duas ou três oportunidades em que o entrevistei é o seu incrível esmero no adorno e no asseio pessoal: suas unhas parecem tratadas diariamente, e ele não deixa um fio de cabelo fora do lugar.*

E, à diferença de López Obrador, ele tinha alguma familiaridade com o mundo exterior, já que fez pós-graduação em urbanismo na Universidade da Califórnia em 1981, e viajava com freqüência à Flórida.

Madrazo, no entanto, ainda era visto pela maioria dos mexicanos de memória política como o protegido de Hank González, o defensor do discutido triunfo de Salinas em 1988 e o artífice da fraude eleitoral de Tabasco em 1994. Até a própria número 2 no PRI, Elba Esther Gordillo, aparecia na imprensa internacional descrevendo Madrazo como "mentiroso e corrupto".[47]

O ex-governador do estado do México, Arturo Montiel, resolveu disputar a indicação presidencial do PRI com o apoio de grande quantidade de priístas que não faziam parte da hierarquia do partido. Montiel, à semelhança de Madrazo, um representante dos dinossauros do PRI que também vinha do grupo político de Hank González, rodeou-se de vários assessores cosmopolitas para se apresentar como um político mais moderno do que seu rival dentro do partido. O principal desafio enfrentado por Madrazo e Montiel não era apenas vencer os candidatos de outros partidos, mas resolver sua disputa interna pacificamente e chegar unidos, com o aparelho político intato, às eleições presidenciais de 2006.

A aposta de Fox para 2006

Na residência oficial de Los Pinos, a visão generalizada no círculo íntimo de Fox era que, apesar de López Obrador estar muito acima nas pesquisas de opinião, o inimigo a vencer para o partido de governo em 2006 não era o

---

* O extremo cuidado pessoal de Madrazo parece ser uma característica de muitos priístas, que também observei no antigo secretário de governo Gutiérrez Barrios, já falecido, e no dirigente partidário e ex-governador Manlio Fabio Beltrones. Os psicólogos dizem que é um traço típico de pessoa obsessiva e rígida, que necessita manter tudo sob controle e acredita que o mundo vai cair se houver alguma coisa fora do lugar. Não sei se isso é certo e se, como dizem os psicólogos, essas pessoas tendem a ser rígidas e pouco flexíveis como resultado de uma infância com educação muito rigorosa, mas gostaria que alguém fizesse uma tese de doutorado intitulada "O extremo esmero pessoal dos priístas e seu impacto na política mexicana". Seria interessante.

candidato de esquerda, e sim o PRI. Ainda que o partido de Fox, o PAN, estivesse em último lugar em muitas pesquisas no final de 2005, o oficialismo confiava em fazer uma boa eleição em 2006.

Em que se baseavam os panistas para ser otimistas, quando as pesquisas mostravam uma grande desilusão com o governo? Muñoz, o principal estrategista de Fox, disse-me que López Obrador já chegara ao auge de sua popularidade depois do episódio falido de incriminação e que, a partir daí, seria mais provável que caísse ladeira abaixo. A vantagem de López Obrador nas pesquisas no final de 2005 não significava muito: em novembro de 1999, o então candidato do PRI Francisco Labastida estava 21 pontos acima nas pesquisas e perdeu as eleições, lembrou. À diferença de seus concorrentes, López Obrador não planejava realizar uma primária no partido, o que lhe daria várias semanas de publicidade gratuita na imprensa. E depois de deixar o governo da Cidade do México já não dispunha da tribuna diária na televisão. Além disso, tinha poderosos inimigos internos no partido, começando pelo ex-candidato presidencial do PRD, Cuauhtémoc Cárdenas. "Minha tese é que López Obrador chegou ao auge, e não tem maneira de crescer. E no partido está como numa cesta de caranguejos, em que um caranguejo tenta sair e os outros do grupo tratam de puxá-lo para baixo", assinalou Muñoz.[48] E, o que é ainda mais importante: o candidato da esquerda é um adversário relativamente conveniente para o partido de Fox: "É um homem que não representa uma visão de modernidade. Esse pode ser seu ponto fraco mais importante. Não fala inglês, não tem idéia sobre o resto do mundo", disse Muñoz.[49]

O PRI, em compensação, era visto em Los Pinos como um adversário formidável. "Estão fazendo um trabalho melhor do que o PRD para regressar ao poder em 2006", assinalou Muñoz. Como partido, por não estar atado à presidência, o PRI podia se apresentar como uma opção de mudança, e o controle dos estados mais ricos do país lhe dava uma enorme quantidade de dinheiro para a campanha. Ainda que Madrazo pudesse representar uma carga muito forte para o partido, o PRI tinha um aparelho político bem azeitado e, em um cenário de absenteísmo, poderia ser o maior beneficiado.

Mas, segundo Muñoz, o partido de Fox faria uma eleição muito melhor do que muitos esperavam, entre outras coisas porque, ainda que o governo não fosse muito popular, Fox era. "Meus cálculos são de que em julho de 2006 o presidente Fox estará com 7,5 a 8 pontos de qualificação nas pesquisas, e com percentagem de popularidade entre 65 e 70. Não tenho a menor dúvida de que o governo do presidente Fox terminará bem", disse Muñoz. Quando manifestei meu ceticismo e perguntei o que o fazia pensar isso, ele respondeu: "Pelo que vamos fazer no que resta de governo. Um governo aqui, e em qualquer lugar, trabalha duro durante muitos anos para semear e, quando chega ao fim, tem uma grande colheita para entregar aos cidadãos. Vamos concluir o máximo que pudermos em matéria de obras públicas, saúde e questões sociais."

"O que têm planejado para encerrar o sexênio?", perguntei. O governo de Fox centrava suas esperanças em educação e saúde. Sua estratégia era chegar à eleição de 2006 anunciando que todas as escolas do país já contavam em seus quinto e sexto graus com Enciclomédia, o novo sistema educativo copiado das escolas inglesas, que permite às crianças seguir as páginas de seus livros de texto numa tela eletrônica. Trata-se de uma tecnologia extraordinária, pela qual qualquer estudante pode ir em frente, bater uma palavra sublinhada que lhe interessa na tela e — como em qualquer computador — aceder a um vídeo explicativo. Se o livro de texto fala das pirâmides maias, por exemplo, a criança toca nas palavras "pirâmides maias" na tela, e toda a classe pode ver um documentário de dois ou três minutos, com música, sobre as pirâmides maias. "Em agosto de 2006, já teremos 115 mil salas de aula equipadas, ou 100% das classes de quinta e sexta série. Se você me perguntar o que prefiro em todo o governo, direi que é isto", disse-me Muñoz.[50] O governo Fox planejou anunciar a cobertura universal da saúde pública no final de 2006, antes de entregar o poder em 1º de dezembro. São medidas que, além das obras públicas locais que todo governo deixa para o último momento a fim de que permaneçam frescas na memória dos eleitores, poderiam dar ao partido de governo um sopro até o final da corrida presidencial, ou pelo menos tirá-lo do último lugar.

"Arquitetonicamente condenados à paralisia"

Poderá o México recuperar o terreno perdido diante da China, da Índia e do Leste europeu depois das eleições de 2006? Provavelmente não, a menos que o novo governo — aproveitando a lua-de-mel inicial com o eleitorado — pegue o touro à unha e consiga mudar a Constituição, para destravar os obstáculos estruturais que impediram a aprovação de reformas importantes durante o governo Fox. O México passou dos governos autoritários do PRI ao governo dividido, com um presidente sem maioria no Congresso cujas iniciativas mais importantes eram bloqueadas rotineiramente pela oposição. Tudo indicava que isso continuaria assim, independentemente de quem ganhasse a eleição. O fato de que havia três partidos majoritários — o PRI, o PAN e o PRD — e não existisse segundo turno eleitoral praticamente garantia que o próximo presidente chegaria ao poder com uma minoria de cerca de um terço dos votos e uma maioria obstrucionista no Congresso. "Estamos arquitetonicamente condenados à paralisia", disse-me o senador priísta Genaro Borrego, um dos dirigentes da ala modernizadora do partido dos dinossauros.[51] Creel, do PAN, é da mesma opinião, e afirmou que é urgente aprovar reformas políticas, "porque este sistema não incentiva a colaboração... Se o argumento é de que apenas a vontade política e o altruísmo nos vão levar adiante, isso nos conduzirá ao fracasso".[52] Na esquerda, o PRD diz — com razão — que ninguém apresentou tantas propostas para destravar o governo dividido como os legisladores perredistas.

Todos concordam a respeito do problema, mas o interesse daqueles que se sentem com maiores possibilidades de ganhar a próxima presidência acabam por bloquear as reformas políticas. "Todos concordam com as generalidades e os lugares-comuns, mas no momento em que se entra no detalhe não cumprem a palavra dada", resume o ex-chanceler Castañeda, que, depois de sua saída do governo, iniciou uma quixotesca campanha presidencial independente, à margem dos três partidos majoritários.[53]

Para superar sua paralisia política, o México deveria mudar a Constituição para permitir as reformas: segundo turno eleitoral, criação do cargo de primeiro-ministro ou de um chefe de gabinete aprovado pelo Congresso e a reeleição de deputados e senadores. O segundo turno faria com que nenhum presidente chegasse ao poder com um terço dos votos, ou menos ainda, e ficando condenado a liderar um governo fraco. A criação de um cargo de primeiro-ministro ou chefe de gabinete aprovado pelo Congresso daria ao presidente uma conexão maior com o parlamento, além de um "fusível", que pudesse ser trocado por outro em caso de crise política sem afetar a estabilidade da presidência. A reeleição dos legisladores viria junto com a prestação de contas dos congressistas aos seus eleitores, hoje em dia inexistente. Com o sistema atual, pelo qual os deputados e senadores devem voltar para casa depois do mandato, eles têm mais incentivo para ficar bem com suas cúpulas partidárias — de quem depende seu próximo emprego — do que com o eleitorado. Como resultado, há pouca motivação para servir à cidadania e nenhum incentivo para que os legisladores votem segundo sua consciência, em vez de seguir as diretrizes de seus partidos.

A Constituição mexicana estipula apenas que deve haver uma eleição direta para presidente e deixa os detalhes para o código eleitoral. De 1998 a 2002 foram apresentados três projetos de lei no Congresso para incluir o segundo turno no código eleitoral, sem haver maioria em nenhum dos casos. Em 1998, quando o PRI estava no poder, a iniciativa veio do PAN, enquanto em 2001 e 2002, estando Fox no poder, proveio dos dois partidos da oposição. Ou seja, todos estão de acordo com a reforma política, sempre e quando esta possa beneficiá-los. Quanto à criação de um sistema semipresidencial, com um primeiro-ministro ou chefe de gabinete aprovado pelo Congresso, só de 2000 a 2003 foram apresentados pelo menos sete projetos de lei — quase todos do PRI — para emendar a Constituição e possibilitar a reforma. Nenhum partido se opôs de saída, mas no último momento as iniciativas não conseguiram maioria. As propostas de anular a proibição de reeleição de legisladores, estipulada na Constituição, existem há mais de quatro décadas, sem que se chegue a um acordo. Em 2003, o senador do PRD Demetrio Sodi apresentou um dos projetos de reeleição de legisladores com maior apoio legislativo, que esteve a ponto de ser aprovado em 10 de fevereiro de 2005. A tentativa, no entanto, fracassou no Senado: houve 50 votos a favor, 51 contra e uma abstenção. Vários senadores priístas, que, em princípio, apoiavam o projeto, recuaram no último momento sob pressão da direção do partido.[54]

"O México tem tudo para decolar, mas está condenado à mediocridade pela mesquinhez de sua classe política", eu disse a Muñoz, o braço direito de Fox, na tentativa de obrigá-lo a se pôr de acordo ou não com essa premissa sem sair pela tangente. Para minha surpresa, ele se manifestou otimista de que o governo que ganhar em 2006 consiga aprovar as reformas de que o país necessita para desatar o nó político que mantém amarradas as mãos do governo. Segundo Muñoz, havia cada vez mais pressão social por uma reforma política, e essa pressão aumentaria rapidamente à medida que se aproximasse 2007, quando, entre outras coisas, acabaria o dinheiro para pagar as aposentadorias por falta de acordo no Congresso. "Calculamos que, em 2007 ou 2008, o tema (das pensões) explodirá, como um vulcão, e não haverá dinheiro para pagar os aposentados", disse-me. "Isso fará com que as partes digam: isto não interessa a ninguém, nem a você nem a mim. Além disso, quem chegar terá mais traquejo político do que tinha este governo ao entrar. Todos teremos acumulado mais experiência e haverá melhores condições para fazê-lo", acrescentou. Pode ser. Mas, depois de uma década de tentativas vãs para mudar o sistema político, há lugar para o ceticismo. Paradoxalmente, enquanto o mundo político mexicano se concentrava em qual dos três candidatos triunfaria em 2006, o futuro do México não dependia tanto de quem ganhará, mas de que os demais permitam que o futuro presidente possa governar.

FONTES

1. "Ideología y valores de los mexicanos", pesquisa de opinião nacional do Ipsos-Bimsa, realizada de 9 a 14 de fevereiro de 2005.

2. Entrevista do autor com o senador Manuel Camacho, na Cidade do México, em 20 de junho de 2005.
3. "La izquierda recibe una ajudita... de Powell", *The Miami Herald*, 14 de novembro de 2004.
4. *La historia del Partido Acción Nacional, 1939-1940*, publicação do Partido Acción Nacional, 1993, p. 6.
5. Enrique Maza, *Revista Proceso*, México, 5 de junho de 1995, p. 23.
6. Fundo Monetário Internacional, "World Economic Outlook", abril de 2005.
7. Secretaria de Economia, com dados do Banco do México, 2005.
8. Jorge Zepeda Patterson, *Los suspirantes*, Planeta, 2005, p. 12.
9. *Reforma*, suplemento "Enfoque", "De calificaciones y sustos varios", 15 de abril de 2005.
10. "Crece la deuda $ 400 ao ano", *Reforma*, 22 de fevereiro de 2005 (*per capita*).
11. Entrevista do autor com Santiago Creel, na Cidade do México, em 23 de junho de 2005.
12. Entrevista do autor com Carlos de Meer Cerda, na Cidade do México, em 20 de junho de 2005.
13. "Defiende la CDHDF a Eumex", *Reforma*, 29 de março de 2005.
14. Entrevista do autor com Benjamín Fournier, em Miami, em 27 de junho de 2005.
15. Entrevista do autor com Santiago Creel, na Cidade do México, em 23 de junho de 2005.
16. "De calificaciones y sustos varios", *Reforma*, suplemento "Enfoque", 15 de abril de 2005.
17. "Disminuye pobreza, persiste atraso", *Reforma*, 29 de julho de 2004.
18. "Infla el presidente pobreza superada", *Reforma*, 25 de junho de 2005.
19. Fundo Monetário Internacional, "World Economic Outlook Database", abril de 2005.
20. Banco de México, Balanza de Pagos", citado em *De la alternancia al desarrollo*, por Eduardo Sojo, Fundo de Cultura Econômica, 2005, p. 143, e Banco Interamericano de Desenvolvimento.
21. Andrés Oppenheimer, "México, hacia una 'meritocracia'?", *The Miami Herald*, 6 de fevereiro de 2004.
22. Entrevista do autor com Marta Sahagún, em "Oppenheimer Presenta", 24 de maio de 2004.
23. Andrés Oppenheimer, "México, hacia una 'meritocracia'?". *The Miami Herald*, 6 de fevereiro de 2004.
24. "Deja a Fox, culpa a Marta", *Reforma*, 6 de julho de 2004.
25. Denise Dresser, "Autopsia adelantada", *Reforma*, 42 de julho de 2005.
26. Entrevista com Felipe Calderón, na Cidade do México, 21 de junho de 2005.
27. Entrevista do autor com Santiago Creel, na Cidade do México, em 22 de junho de 2005.
28. Idem.
29. Idem.

30. Idem.
31. Entrevista telefônica do autor com Jorge Castañeda, em 5 de julho de 2005.
32. Entrevista do autor com Santiago Creel, na Cidade do México, em 23 de junho de 2005.
33. Entrevista telefônica do autor com Jorge Castañeda, em 5 de julho de 2005.
34. Andrés Oppenheimer, *México en la frontera del caos*, segunda edição, julho de 2002. Ediciones B, México, p. 19.
35. Entrevista do autor com Santiago Creel, Cidade do México, 23 de junho de 2005.
36. Entrevista do autor com Ramón Muñoz, chefe do Escritório da Presidência para a Inovação Governamental, em 20 de julho de 2005.
37. Entrevista do autor com Otto Reich, em 3 de agosto de 2004.
38. Entrevista do autor com Felipe Calderón, Cidade do México, em 21 de junho de 2005.
39. "Cae PAN ao tercer sitio, suben PRI e PRD", *Reforma*, 30 de maio de 2005.
40. Entrevista do autor com Manuel Camacho Solís, na Cidade do México, em 22 de junho de 2006.
41. Idem.
42. Entrevista telefônica do autor com David Penchyna, em 8 de junho de 2005.
43. "Desdeñan cambios", *Reforma*, 2 de julho de 2005.
44. Humberto Musacchio, *Milenios de México*, tomo II, p. 1698.
45. Jorge Zepeda Patterson, *Los suspirantes*, Planeta, 2005, p. 72.
46. "De calificaciones y sustos varios", *Reforma*, suplemento "Enfoque", 15 de abril de 2005.
47. Susana Hayward, "México: Presidential Campaign Off to Early, Intense Start", *The Miami Herald*, 25 de julho de 2005.
48. Entrevista do autor com Ramón Muñoz, chefe do Escritório da Presidência para a Inovação Governamental, em 20 de julho de 2005.
49. Idem.
50. Idem.
51. Entrevista do autor com Genaro Borrego, Cidade do México, em 20 de junho de 2005.
52. Entrevista do autor com Santiago Creel, Cidade do México, 23 de junho de 2005.
53. Entrevista do autor com Jorge Castañeda, em 7 de junho de 2005.
54. Jeffrey M. Weldon, "State Reform in Mexico", *Mexican Governance*, CSIS Press, 2005, p. 27.

CAPÍTULO 10
A América Latina no século do conhecimento

Conto-do-vigário: "A próxima guerra... será pelos recursos naturais, como o petróleo, o gás, a água." (Evo Morales, líder cocaleiro e deputado boliviano, *Granma*, 28 de novembro de 2002.)*

PEQUIM — WASHINGTON D.C. — CIDADE DO MÉXICO — BUENOS AIRES. A velha esquerda e a velha direita latino-americanas afirmam que os próximos conflitos mundiais serão pelos recursos naturais, e que a prioridade dos países da região deveria ser a proteção da soberania nacional contra as tentativas das grandes potências de se apoderar desses recursos. Soa bonito, mas reflete uma realidade mundial que passou para a história há muito tempo. À diferença do que ocorria há dois séculos, quando as matérias-primas eram uma fonte-chave de riqueza, hoje em dia a riqueza das nações reside na produção de idéias. O século XXI é o século do conhecimento.

As matérias-primas não só deixaram de ser uma garantia de progresso, como, em muitos casos, são uma condenação ao fracasso. Como exemplo, basta olhar qualquer mapa: muitos países com enormes recursos naturais vivem na pobreza, enquanto outros, que não os têm, encontram-se entre os mais prósperos do mundo porque apostaram na educação, na ciência e na tecnologia. O índice dos países com renda *per capita* mais alta do mundo é encabeçado por Luxemburgo, com 54 mil dólares por habitante, que tem um território minúsculo e não vende nenhuma matéria-prima.[1] "Nos séculos passados, quando o desenvolvimento econômico se baseava na agricultura, ou na produção industrial maciça, ser maior e rico em recursos naturais, ter mais gente, era vanta-

---

* Evo Morales foi empossado presidente da Bolívia em janeiro de 2006. (*N. do T.*)

gem. Hoje em dia, é uma desvantagem", afirma Juan Enríquez Cabot, o acadêmico mexicano que foi professor da Escola de Negócios de Harvard e escreveu vários livros sobre o desenvolvimento das nações.

A antiga URSS, a região com mais recursos naturais do mundo, entrou em colapso. Nem a África do Sul, com seus diamantes, Arábia Saudita, Nigéria, Venezuela e México com seu petróleo, conseguiram superar a pobreza. A maioria desses países tem hoje mais pobres do que há vinte anos. Ao contrário, países sem recursos naturais, como Luxemburgo, Irlanda, Liechtenstein, Malásia, Cingapura, Taiwan, Israel e Hong Kong, estão entre os que têm a renda *per capita* mais alta do mundo.

O caso de Cingapura é especialmente notável. Era uma colônia inglesa mergulhada na pobreza que se converteu em país em 1965. Era tão pobre, que seus líderes políticos pediram à vizinha Malásia para serem anexados, e voltaram com as mãos vazias: a Malásia se negou, achando que se encarregar do território de Cingapura seria um péssimo negócio. Em agosto de 1965, quando Cingapura se tornou independente, o *Sydney Morning Star* da Austrália assinalara que não há nada na situação atual que permita prever que Cingapura será um país viável".² Cingapura, no entanto, converteu-se em um dos países mais ricos do mundo. Seu presidente, Lee Kuan Yew, que fora advogado dos sindicatos comunistas, concentrou todos os esforços na educação. Tornou o inglês idioma oficial em 1978 e se dedicou a atrair empresas tecnológicas de todas as partes do mundo. No começo do século XXI, a renda *per capita* de Cingapura era praticamente igual à da Grã-Bretanha, o império do qual se tornou independente. E, como relatamos em capítulo anterior, a Irlanda sempre foi a irmã pobre da Grã-Bretanha, até que sua revolução tecnológica permitiu superá-la.

Por que a Holanda produz mais flores do que a Colômbia

Como explicar que a Holanda produza e exporte mais flores do que qualquer país latino-americano? Como assinalou Michael Porter, um professor de Harvard, a América Latina deveria ser o primeiro produtor mundial de flores: tem mão-de-obra barata, um enorme território, muito sol, grandes reservas de água e uma grande variedade de flora. Mas o primeiro produtor mundial de flores é a Holanda, um dos países com menos sol, território menor e a mão-de-obra mais cara do mundo. A explicação é bem simples: o que importa hoje na indústria das flores é a engenharia genética, a capacidade de distribuição e o marketing.³

Outro exemplo é o da Starbucks, a maior empresa de bares de café do mundo. Nasceu nos EUA nos anos 1970 e hoje tem mais de 6.500 lojas de café nos EUA e outras 1.500 lojas em 31 países. Segundo Enríquez Cabot, de cada xícara de café de 3 dólares vendida nos EUA, apenas 3 centavos vão para o produtor de café latino-americano. O que se cotiza na nova economia global não é o ato de plantar a semente, nem a terra onde ela é semeada, mas a criação da semente em laboratórios genéticos. "Na América Latina, se continuarmos pensando que estamos salvos por termos biodiversidade, vamos ter cada vez mais problemas. Ainda acreditamos que o petróleo, as minas ou as costas marinhas são o mais importante. O certo é que, em termos econômicos, é mais fácil cometer erros quando se é um país grande e rico em recursos naturais do que quando se é pobre e se está isolado", diz Enríquez Cabot.

De fato, a maioria dos políticos e acadêmicos latino-americanos continua recitando o conto-do-vigário de que seus países têm o futuro assegurado por possuírem petróleo, gás, água ou outros recursos naturais. O que não dizem, talvez porque ignorem, é que os preços das matérias-primas — até por terem subido consideravelmente nos últimos anos — desabaram em mais de 80% no século XX, e atualmente constituem um setor minoritário da economia mundial. Enquanto em 1960 grande parte dos atuais presidentes latino-americanos ainda estava em formação política, as matérias-primas constituíam 30% do produto bruto mundial; atualmente elas representam apenas 4%. O grosso da economia mundial está no setor de serviços (68%) e no setor industrial (29%).[4] As empresas multinacionais de tecnologia como IBM ou Microsoft têm lucros bem mais altos do que as que produzem alimentos ou outras matérias-primas. No princípio do século XX, dez das doze maiores empresas dos EUA vendiam matérias-primas (American Cotton Oil, American Steel, American Sugar Refining, Continental Tobacco e U.S. Rubber, entre outras), mas na atualidade há somente duas nessa categoria (Exxon e Philip Morris).

Lamentavelmente, no início do século XXI, a América Latina continua vivendo na economia do passado. A enorme maioria das grandes empresas latino-americanas continua no negócio dos produtos básicos. As quatro maiores empresas da região — Pemex, PDVSA, Petrobras e Pemex Refinación — são petrolíferas. Das doze maiores empresas da região, apenas quatro vendem produtos que não sejam petróleo ou minerais (Wal-Mart, do México, Teléfonos, do México, América Móvil e General Motors do México).[5]

Boa parte da América do Sul concentra suas negociações comerciais com os EUA e a Europa em exigir melhores condições para suas exportações agrícolas, algo que é totalmente legítimo e justificado, mas que em muitos casos desvia a atenção dos governos para a necessidade de exportar produtos de maior valor agregado. O Brasil e a Argentina fazem bem em exigir que os países ricos eliminem seus obscenos subsídios agrícolas, mas concentram sua energia em apenas uma das várias batalhas comerciais que deveriam estar combatendo. Põem boa parte de sua energia em ampliar a fatia de 4% da economia mundial, em lugar de — além de continuar exigindo o desmantelamento das barreiras agrícolas — iniciar uma cruzada interna para aumentar a competitividade de suas indústrias e entrar na economia do conhecimento do século XXI.

Nokia: da madeira aos celulares

Deveriam os países latino-americanos deixar para trás seu papel de produtores de matérias-primas? Claro que não. Quando fiz essa pergunta a David de Ferranti, ex-diretor para a América Latina do Banco Mundial, ele moveu a cabeça, como que dizendo que se tratava de uma discussão superada. "A agricultura, a mineração e a extração de outras matérias-primas são áreas de vantagens comparativas para a Argentina, o Brasil, o Chile e vários outros países. Eles deveriam aproveitar a oportunidade e se converterem em produtores mais eficientes dessas matérias-primas, e diversificar para outras indústrias de produtos mais sofisticados. Deveriam fazer o que fez a Finlândia", assinalou.

A Finlândia, um dos países mais desenvolvidos do mundo, começou exportando madeira, logo passou a produzir e a exportar móveis, mais tarde se especializou em desenho de móveis e, finalmente, passou a se concentrar no desenho de tecnologia, que era bem mais rentável. O exemplo mais conhecido desse processo é a finlandesa Nokia, uma das maiores empresas de telefonia celular do mundo.

A Nokia começou em 1865, como empresa madeireira, fundada por um engenheiro de minas no sudeste da Finlândia. Em meados do século XX já desenhava móveis, e começou a usar a sua criatividade para todo tipo de desenhos industriais. Em 1967, se fundiu com uma empresa finlandesa de pneumáticos e outra de cabos, para criar um conglomerado de telecomunicações que hoje se conhece como Nokia Corporation e que tem 51 mil empregados e vendas anuais de 42 bilhões de dólares. É o equivalente a cinco vezes o produto bruto anual da Bolívia, e mais do dobro do produto bruto anual do Equador.

Algo parecido aconteceu com a multinacional Wipro Ltda., da Índia, que começou vendendo azeite de cozinha e hoje em dia é uma das maiores empresas de software do mundo. O empresário Azim Premji — conhecido por muitos como o Bill Gates da Índia — chegou a ser o homem mais rico do país, e o número 36 na lista dos mais ricos do mundo da revista *Forbes*, transformando radicalmente sua empresa familiar. Estudava engenharia na Universidade de Stanford, nos EUA, quando seu pai morreu em 1966 e teve de regressar ao seu país aos 21 anos para se encarregar da empresa da família, a Western India Vegetable Products Ltda. (Wipro). A empresa estava avaliada então em 2 milhões de dólares, e vendia seus azeites de cozinha em supermercados. Premji imediatamente passou a diversificar, começando por produzir sabonetes. Em 1977, aproveitando o vazio criado com a expulsão da IBM do país, começou a fabricar computadores. O negócio prosperou, e a empresa começou a produzir software até criar uma reputação de empresa inovadora, com gente criativa. Hoje em dia, a Wipro Ltda. tem uma receita de 1,9 bilhão de dólares por ano, dos quais 85% provêm de sua divisão de software, e o resto de departamentos de computadores, lâmpadas elétricas, equipamentos de diagnóstico médico e — ainda que pareça um dado sentimental — de sabonetes e de azeites de cozinha. A empresa triplicou o número de empregados, desde 2002, para 42 mil pessoas, e sua sede na cidade de Bangalore contrata uma média de 24 pessoas por dia.

À semelhança da Nokia e da Wipro, há centenas de exemplos de grandes empresas que nasceram produzindo matérias-primas e se diversificaram para setores mais rentáveis. "O velho debate sobre se é bom ou mau produzir matérias-primas é um falso dilema", disse-me De Ferranti. "A pergunta válida é como aproveitar as indústrias que já se têm para usá-las como trampolim para os setores mais modernos da economia." Para isso, a experiência da China, Irlanda, Polônia, República Tcheca e de vários outros países demonstra que se deve investir mais em educação, ciência e tecnologia, para se ter uma população capaz de produzir bens industriais sofisticados, serviços, ou fabricar produtos da economia do conhecimento.

O ranking das patentes

Hoje em dia, o progresso das nações pode ser medido em grande parte por sua capacidade de registrar patentes de inventos nos maiores mercados do mundo. De 1927 a 2003, o escritório de patentes dos EUA registrou 1.631.000 patentes de cidadãos ou empresas norte-americanas, 537.900 do Japão, 210 mil da Alemanha, 1.600 do Brasil, 1.500 do México, 830 da Argentina, 570 da Venezuela, 180 do Chile, 160 da Colômbia e 150 da Costa Rica.[6] Em 2003, o escritório registrou 37.800 patentes de empresas ou investidores do Japão, 4.200 da Coréia do Sul, 200 do Brasil, 130 do México, 76 da Argentina, 30 da Venezuela, 16 do Chile, 14 da Colômbia e 5 do Equador. Ou seja, enquanto as empresas japonesas e sul-coreanas geram fortunas em direitos de propriedade por ter grande quantidade de patentes registradas nos EUA, as empresas latino-americanas registram apenas uma pequena percentagem do total. Nos escritórios de patentes dos países latino-americanos a situação é semelhante: no México, apenas 4% das patentes registradas provêm de pessoas ou empresas mexicanas: os 96% restantes são de multinacionais como Procter & Gamble, 3M, Kimberly-Clark, Pfizer, Hoechst e Motorola.[7]

Os países que mais patentes registram, é claro, são os que mais investem em ciência e tecnologia. Nessa categoria estão os EUA, que investem 36% do total mundial destinado a pesquisa e desenvolvimento, a União Européia, com 23%, e o Japão, com 13%. Comparativamente, os países latino-americanos e caribenhos investiram apenas 2,9% do total mundial destinado a pesquisa e desenvolvimento em 2000, segundo a publicação *Un mundo de Ciencia*, da Unesco.

Em matéria de criar forças de trabalho qualificadas para fabricar produtos de alto valor agregado, a situação dos países latino-americanos não é muito melhor. Na China, por exemplo, graduam-se 350 mil engenheiros por ano, e na Índia, cerca de 80 mil. Comparativamente, no México se graduam 13 mil e na Argentina, 3 mil, segundo dados oficiais. Claro que a China e a Índia têm populações bem maiores e, portanto, produzem mais engenheiros. Mas sua quantidade de graduados em engenharia é um fator importante na economia global: na hora de escolher em que países investir, as empresas de informática e de outros produtos sofisticados buscam os que têm mais mão-de-obra qualificada disponível, ao melhor preço.

Segundo Mark Wall, presidente da General Electric Plastics na China e ex-chefe de operações da empresa no Brasil, "a China atualmente é o lugar mais dinâmico do mundo para a indústria manufatureira", não só pela mão-de-obra barata mas também pela mão-de-obra qualificada.[8] Na China há um verdadeiro exército de engenheiros recém-graduados, ávidos por conseguir emprego nas fábricas e dispostos a trabalhar quantas horas forem necessárias para melhorar a qualidade de seus produtos. O clima é parecido ao que existia no Vale do Silício, na Califórnia, nos anos 1990: um entusiasmo enorme, que se traduz em cada vez mais e melhores profissionais, e cada vez mais investimentos em fábricas de manufaturas, pesquisa e desenvolvimento de novos produtos. A General Electric abriu recentemente um centro de pesquisa em Xangai, com 1.200 engenheiros e técnicos. A Motorola já tem 19 centros de pesquisa na China, que produzem novos produtos para esse país e para exportação. Os telefones celulares da Motorola na China foram desenhados ali, para o mercado chinês. Eu não estranharia se, em breve, a tecnologia dos telefones celulares chineses seja exportada para todo o mundo, além do aparelho em si: uma das coisas que mais me impressionaram em Pequim é que as pessoas usam seus telefones celulares no metrô em movimento, sem que as ligações caiam. Nos EUA, pelo menos no meu caso — e já tive várias marcas de celulares —, as ligações caem freqüentemente, até mesmo ao ar livre. Segundo soube mais tarde, a Motorola desenvolve grande parte dessas novas tecnologias em Chengdu, capital da província de Sichuan, no sudoeste da China, onde além de haver incentivos fiscais para empresas estrangeiras há 40 universidades e mais de um milhão de engenheiros.

Os economistas ortodoxos e as instituições financeiras internacionais despertaram tarde para a importância da educação no desenvolvimento das nações: nos anos 1990, aconselharam reformas econômicas e políticas, mas sem incluir a educação entre as prioridades máximas. E, se algo ficou demonstrado, é que os países latino-americanos podem cortar o gasto público, baixar a inflação, pagar a dívida externa, reduzir a corrupção e melhorar a qualidade das instituições políticas — como pede o FMI — e continuar sendo pobres, por não poderem gerar produtos sofisticados. "Os mexicanos, brasileiros, argentinos, chilenos e africanos continuam reestruturando suas economias uma depois da outra... e continuam pobres... e seu futuro é cada vez mais incerto... porque geram e exportam pouco conhecimento", assinala Enríquez Cabot.[9] Talvez se tenha perdido tempo demais discutindo que modelo econômico adotar, em lugar de como melhorar a educação da nossa gente.

As piores universidades do mundo?

Um ranking das duzentas melhores universidades do mundo, realizado pelo suplemento educativo do jornal inglês *The Times*, atribuiu péssima nota às universidades latino-americanas: segundo o estudo, há uma única universidade da região que merece estar na lista. E está quase no final: em 195º lugar. São tão ruins as universidades latino-americanas?, perguntei-me quando li o estudo. Estariam narrando contos de fadas aqueles que dizem que nossos acadêmicos e cientistas triunfam nos EUA e na Europa? Ou o ranking do *Times* de Londres se inclina a favor das universidades dos países ricos?

Segundo a lista do *Times*, as melhores universidades do mundo estão nos EUA, encabeçadas por Harvard, a Universidade da Califórnia, em Berkeley, e o Instituto Tecnológico de Massachusetts. Das vinte melhores universidades do planeta, onze são dos EUA, seguidas pelas da Europa, Austrália, Japão, China, Índia e Israel. A única universidade latino-americana que aparece na lista é a

Universidade Nacional Autônoma do México (Unam), um monstro de 269 mil estudantes que — salvo algumas poucas exceções, como suas escolas de Medicina e Engenharia — se encontra entre as mais obsoletas do mundo, especialmente se se levar em conta os enormes recursos que recebe.

Quando fiz um programa de televisão com vários reitores de universidades latino-americanas para que opinassem sobre esse ranking, a maioria reclamou. Não é certo!, disseram vários deles. Calúnias! Se nossas universidades fossem tão ruins, não teríamos tantos professores em Harvard, Stanford ou na Sorbonne, proclamaram. A pesquisa do *Times* era malfeita, diziam: provavelmente os que a fizeram se basearam em opiniões de acadêmicos dos EUA e da Europa, e em trabalhos científicos publicados nas principais revistas acadêmicas internacionais, escritos em inglês. Aí, sim, as universidades latino-americanas estavam em clara desvantagem. Um dos poucos que deu a nota discordante foi Jeffrey Puryear, um dos maiores especialistas internacionais em temas de educação na América Latina e funcionário do Diálogo Interamericano, um centro de estudos em Washington. "Não estranho em nada os resultados da pesquisa", disse Puryear, encolhendo os ombros, diante do olhar atônito de alguns dos debatedores. "Grande parte das universidades latino-americanas é estatal, e os governos não exigem muito em matéria de controle de qualidade. Quando tentam exigir qualidade, as universidades resistem, escudando-se no princípio da autonomia universitária", acrescentou.

Quando chamei o *Times* para perguntar como foi feito o ranking, os responsáveis pelo índice me disseram que se basearam em cinco critérios, incluindo uma pesquisa de opinião entre acadêmicos de 88 países, uma contagem do número de citações em publicações acadêmicas e a relação numérica entre professores e estudantes em cada centro de estudos. No entanto, o peso das citações acadêmicas na avaliação total era relativamente pequena: 20% do total. E também havia uma adequada representação geográfica, segundo *The Times*: de 1.300 acadêmicos entrevistados, quase trezentos eram da América Latina. Se a pesquisa incluísse mais acadêmicos de países em desenvolvimento, os resultados seriam parecidos, acrescentaram: a Universidade de Xangai fez um ranking das quinhentas melhores universidades do mundo, e a escolha das primeiras duzentas foi bastante parecida.

Com efeito, a Universidade Jiao Tong, de Xangai, uma das mais antigas e proeminentes da China, publicou seu índice em 2004 com o objetivo de orientar o governo e as universidades chinesas sobre onde enviar seus estudantes mais brilhantes. Os chineses fizeram seu ranking baseados no número de prêmios Nobel de cada universidade, na quantidade de pesquisadores mais citados em publicações acadêmicas e na qualidade da educação em relação ao tamanho de cada universidade. O estudo concluiu que, das dez melhores universidades do mundo oito eram dos EUA — encabeçadas por Harvard e Stanford — e duas da Grã-Bretanha. Na lista da Universidade de Jiao Tong havia relativamente poucas fora dos EUA e Europa: apenas 9 na China, 8 na Coréia do Sul, 5 em Hong Kong, 5 em Taiwan, 4 na África do Sul, 4 no Brasil, 1 no México, 1 no Chile e 1 na Argentina. As latino-americanas estavam longe dos primeiros lugares: a Unam, do México, e a Universidade de São Paulo, do Brasil, estavam empatadas com outras que ocupavam os lugares de 153 a 201, enquanto a Universidade de Buenos Aires (UBA) estava entre as cem empatadas entre os postos 202 a 301, e a Universidade do Chile, a Universidade de Campinas e a Universidade Federal do Rio de Janeiro, ambas no Brasil, apareciam juntas com quase uma centena de outras universidades entre os postos 302 e 403.[10]

O certo é que tanto o ranking da *Times* como o da Universidade de Xangai mostram que os governos da América Latina vivem no vermelho. A Unam, que recebe do Estado mexicano 1,5 bilhão de dólares por ano,[11] e a UBA, que recebe do governo argentino 165 milhões de dólares anuais,[12] são exemplos escandalosos da falta de prestação de contas ao país. Ambas se recusam a ser avaliadas pelos mecanismos de medição de seus ministérios da Educação, sob o pretexto de que são demasiado prestigiadas para se submeter a um estudo comparativo com outras universidades de seu próprio país. "A Unam é uma instituição fechada à avaliação externa", disse-me Reyes Tamés Guerra, secretário de Educação do México, em entrevista. "Praticamente todas as universidades públicas do país se submeteram à avaliação externa, menos a Unam."[13] Numa entrevista na Argentina, o ministro da Educação Daniel Filmus me disse a mesma coisa sobre a UBA: "Quando começamos a avaliar as universidades, a UBA decidiu não ser avaliada. Apelou (nos tribunais). O argumento é que tem um nível tão alto que não há quem a avalie, e que atenta contra a autonomia universitária que um organismo externo à universidade a avalie. Abriram um processo contra o Ministério da Educação."[14]

Professores sem salário, aulas sem computadores

A Unam do México e a UBA da Argentina são duas vacas sagradas em seus países, que poucos se atrevem a criticar, apesar de serem monumentos à ineficiência e uma receita de subdesenvolvimento. Quando se divulgou a pesquisa do *Times* de Londres, por exemplo, a maioria dos jornais mexicanos publicou a notícia — extraída dos alegres boletins de imprensa da Unam — como se a avaliação fosse excelente. O título da primeira página do *Reforma*, o jornal mais influente do México, dizia: "A Unam está entre as duzentas melhores."[15] "A universidade Nacional Autônoma do México é uma das duzentas melhores do mundo e a única instituição de educação superior latino-americana no estudo realizado pelo suplemento especializado em educação superior do diário londrino *The Times*", dizia a notícia. O reitor da Unam, Juan Ramón de la Fuente, deu entrevistas radiofônicas como se tivesse ganhado uma competição esportiva. De maneira semelhante, quando se divulgou o ranking da Universidade de Xangai, outro jornal mexicano, o *La Jornada*, titulou: "Unam, a melhor universidade da América Latina: pesquisa mundial".[16] O subtítulo dizia: "nenhuma instituição de nível superior particular figura no ranking internacional", omitindo que nenhuma universidade particular estava recebendo um enorme subsídio governamental. De fato, a pobre colocação da Unam em ambos os rankings — apesar de receber muito mais dinheiro governamental do que dezenas de universidades de outros países mais bem colocadas — e a ausência de outras universidades da América Latina na relação deveriam ter gerado um debate nacional e regional. Na França, quando se soube que o estudo da Universidade de Xangai incluía apenas 22 universidades francesas entre as melhores do mundo, e que a primeira aparecia só em 65º lugar, armou-se uma grande agitação, motivando a União Européia a iniciar uma pesquisa exaustiva sobre como melhorar o nível de suas universidades.

    Segundo todos os estudos comparativos, os países latino-americanos investem menos em Educação do que os da Europa e Ásia. Suécia, Dinamarca, Finlândia e Israel, por exemplo, destinam em torno de 7% de seu produto bruto anual para a Educação. Os países do antigo Leste europeu investem em torno de 5%. Comparativamente, o México destina 4,4%; o Chile, 4,2%; a Argentina, 4%; o Peru, 3,3%; a Colômbia, 2,5% e a Guatemala, 1,7%.[17] "Não só gastamos menos, como ainda gastamos mal", disse-me Juan José Llach, um ex-ministro da Educação da Argentina. Segundo Llach, a quase totalidade do gasto em Educação de muitos países da região se destina a pagar salários, e nem sequer do pessoal docente, mas do pessoal de manutenção e da administração. Segundo um estudo do Banco Mundial, 90% do gasto público nas universidades do Brasil são para pagar salários do pessoal na ativa e aposentados, e na Argentina a cifra é de 80%.[18] Como resultado, o sistema universitário latino-americano padece de "baixa qualidade", com universidades superpovoadas, prédios deteriorados, carência de equipamentos, materiais de instrução obsoletos e insuficientes capacitação e dedicação dos professores. O estudo assinala que enquanto na Grã-Bretanha 40% dos professores universitários têm doutorado, no Brasil a cifra é de 30%, na Argentina e no Chile de 12%, na Venezuela de 6%, no México de 3% e na Colômbia de 2%.[19]

Incrivelmente, quase 40% dos professores da Universidade de Buenos Aires são *ad honorem*: trabalham de graça, porque a universidade mais prestigiosa da Argentina não pode lhes pagar um salário. Segundo o censo docente da UBA, há 11.003 professores que trabalham de graça em suas treze faculdades, a maioria deles alunos recém-graduados que ensinam sob a denominação "professores auxiliares".[20]

Deve-se subsidiar os ricos?

Claro, diriam muitos. A Noruega e a Suécia podem destinar 7% de seu produto bruto à Educação porque não têm pessoas morrendo de fome. No entanto, muitos outros países que elevaram sua qualidade de vida nas últimas décadas não o fizeram desviando fundos estatais da luta contra a pobreza, mas fazendo com que os estudantes de classe média e alta paguem seus estudos, durante ou depois deles. A América Latina é uma das últimas regiões do mundo onde ainda há países em que se subsidia o estudo de quem pode pagar. Trata-se de um sistema absurdo, pelo qual toda a sociedade — incluindo os pobres — subsidia um número nada desprezível de estudantes abastados. Segundo o Banco Mundial, mais de 30% dos estudantes nas universidades estatais do México, Brasil, Colômbia, Chile, Venezuela e Argentina pertencem aos 20% mais ricos da sociedade.[21] "A educação universitária na América Latina continua sendo altamente elitista, e a maior parte dos estudantes provém dos segmentos mais endinheirados da sociedade", diz o informe. No Brasil, 70% dos estudantes universitários pertencem aos 20% mais ricos da sociedade, enquanto apenas 3% do corpo estudantil são compostos por jovens que vêm dos setores mais pobres. No México, 60% da população estudantil universitária provêm dos 20% mais ricos da sociedade, e na Argentina, 32%. Outro estudo, da Unesco, calcula que 80% dos estudantes universitários brasileiros, 70% dos mexicanos e 60% dos argentinos vêm dos setores mais ricos da sociedade.[22] Como se explica isso? Os autores do estudo dizem que a razão é simples: os estudantes de origem humilde vindos das escolas públicas chegam tão mal preparados à universidade que a maioria abandona os estudos pouco tempo depois de começar. Isso leva a uma situação paradoxal, na qual os ricos estão super-representados nas universidades gratuitas, e assim o sistema "constitui uma receita para aumentar a desigualdade", conclui o informe do Banco Mundial. Em nome da igualdade social, excluem-se os pobres ao recusar-lhes a possibilidade de receber bolsas.

Em anos recentes, quase todos os países europeus deixaram para trás a educação universitária gratuita para cobrar de quem pode pagar. As universidades estatais da Grã-Bretanha começaram a cobrar de seus estudantes em 1997. Na Espanha, os estudantes de todas as universidades públicas pagam 550 dólares por ano, menos aqueles que vêm de lares pobres ou de famílias com mais de três filhos. María Jesús San Segundo, a ministra da Educação do governo de José Luis Rodríguez Zapatero, disse-me em entrevista que o número de universitários que não pagam taxas em seu país "é de cerca de 40%".[23] O pagamento dos restantes 60% dos estudantes de classe alta e média contribui para cobrir nada desprezíveis 15% do orçamento universitário. A tendência européia é de pagamento dos estudos. Segundo me disse a ministra, quase todos os países europeus financiam cerca de 20% de seu orçamento universitário com taxas cobradas dos estudantes. Na Alemanha, depois de uma longa batalha legal, a Corte Suprema autorizou todas as universidades a cobrarem de seus alunos, coisa que algumas delas já faziam em vários estados.

Em alguns países latino-americanos já se começou a corrigir o subsídio aos ricos: Chile, Colômbia, Equador, Jamaica e Costa Rica têm sistemas pelos quais os estudantes que podem pagar devem pagar. Mas quando a Unam tentou introduzir um sistema parecido no México, em 1999, durante o governo do presidente Ernesto Zedillo, houve uma greve estudantil que paralisou a universidade e obrigou as autoridades a dar marcha a ré. Quando Fox assumiu, nem o governo nem as autoridades universitárias se animaram a ressuscitar o tema.

Na China comunista, os estudantes pagam

Para minha enorme surpresa, descobri que até na China comunista os estudantes universitários têm de pagar seus estudos, e assim contribuir para subsidiar a aprendizagem dos mais pobres e a melhorar o nível de suas universidades. Isso ajuda a explicar o motivo pelo qual, segundo o ranking do *Times* de Londres, a Universidade de Pequim está em 17º lugar no mundo, a de Hong Kong em 39º e a de Tsing Hua em 61º, muito acima do 195º em que aparece a Unam. E não é, como se poderia supor, porque os chineses estão concedendo mais dinheiro para suas universidades públicas. Pelo contrário: o governo chinês gasta apenas 2,1% do produto nacional bruto na Educação, menos do que quase todos os países latino-americanos, segundo os dados do Pnud. As 1.552 universidades chinesas se modernizaram em parte graças aos pagamentos de taxas de seus estudantes, segundo me explicaram funcionários chineses.

Quando visitei o Ministério da Educação, em Pequim, e entrevistei vários de seus funcionários, o que mais me surpreendeu foi que os pagamentos feitos pelos estudantes universitários aos seus centros de estudos não têm nada de simbólico.

Pelo contrário, desde que se acabou com a educação universal gratuita em 1996, as quotas dos estudantes que estão em condições de pagar aumentaram progressivamente. Zhu Muju, uma alta funcionária do Ministério, disse-me que, "no princípio, se cobrava o equivalente a 25 dólares por ano, por aluno. Mas a cifra cresceu para 500 a 600 dólares anuais. É muito dinheiro para os estudantes, mas as matrículas constituem uma parte considerável da receita das universidades".[24]

De fato, em 2003, 65% foram financiados com fundos do Estado e em 35% com as quotas pagas pelos alunos, segundo cifras oficiais. Mas isso não ia contra todos os princípios da esquerda em todo o mundo?, perguntei. "A China é um país com enormes necessidades educativas que o governo não pode satisfazer. Não podemos oferecer educação gratuita. Acredito que o sistema atual é bom: promove o desenvolvimento da educação e é um estímulo para que os estudantes levem seu estudo mais a sério e estudem com mais afinco." "Só os estudantes mais pobres, a maioria deles das zonas rurais, não pagam por seus estudos e, em muitos casos, recebem subsídios adicionais para poder estudar sem necessidade de trabalhar ao mesmo tempo", acrescentou Zhu.

Que ironia, pensei. Enquanto os setores mais retrógrados da América Latina continuam defendendo a educação universitária gratuita, e as universidades latino-americanas têm cada vez menos dinheiro para comprar computadores ou pagar os professores, a maior potência comunistas do mundo estava cobrando taxas de milhões de estudantes e conseguindo colocar suas universidades entre as melhores do planeta. Por que a velha-guarda da esquerda latino-americana continua insistindo na educação gratuita para todos, incluindo os ricos, quando nem os chineses comunistas a mantêm? Alguns o fazem por dogmatismo, outros por ignorância, e outros ainda por considerar que, dados os patamares de corrupção na América Latina, o sistema de cobrar dos ricos para financiar as bolsas dos pobres nunca funcionaria. Segundo esse argumento, a burocracia do sistema educativo se encarregaria de roubar uma boa parte do dinheiro, e o resultado final seria que os pobres ficariam sem educação gratuita e sem bolsas. Teoricamente, o argumento tem certo mérito, mas desmorona diante do fato de que na China há tanto ou mais corrupção do que na América Latina, e que, no estado calamitoso em que se encontram as universidades latino-americanas agora, perdem os ricos e o pobres de igual maneira. Em lugar de escolas ricas para estudantes pobres, temos um sistema de escolas pobres que subvenciona os estudantes ricos.

Deve-se instituir imediatamente a universidade paga em países como Argentina e México? Provavelmente seria um golpe demasiadamente forte para os setores médios, que em muitos países foram os mais castigados pelas recentes crises econômicas. Mas existem opções intermediárias que ajudariam enormemente a aumentar o orçamento das universidades e a subsidiar os pobres. O melhor, segundo deduzi depois de entrevistar dezenas de educadores, seria adotar sistemas mistos, como o da Austrália, em que os jovens podem estudar gratuitamente, mas devem pagar uma vez que se formam e obtenham empregos bem remunerados. As universidades australianas se nutrem de 40% do orçamento estatal, outros 40% dos pagamentos dos formados quando alcançam certo nível de salário, e os 20% restantes da venda de serviços ao setor particular. É um sistema mais generoso para os estudantes do que o chinês ou o norte-americano, mas que poderia contribuir em muito para melhorar a qualidade e a igualdade social nas universidades latino-americanas.

Entram quase todos, mas poucos se formam

Outro dos grandes absurdos de algumas das grandes universidades estatais latino-americanas, que há muito foi abandonado na China, é a entrada irrestrita, e a falta de controle para impedir que haja estudantes eternos. Sob a premissa de que todos têm direito a estudar, muitas das grandes universidades do México, Brasil e Argentina estão garantindo que quase ninguém possa estudar bem. Com seus poucos recursos, estão mantendo uma enorme quantidade de estudantes que nunca acabam de se formar. Na Argentina só se graduam dois de cada dez estudantes que entram nas universidades estatais.[25] Isso significa que, no sistema universitário argentino, de quase 1,5 milhão de estudantes, os contribuintes estão mantendo centenas de milhares que nunca concluirão seus estudos. No México, há 1,8 milhão de estudantes universitários, mas se formam apenas pouco mais de 30% dos que ingressam anualmente.[26] No Chile e na Colômbia, que têm quotas para entrar nas universidades, a eficiência universitária é algo superior: formam-se três ou quatro de cada dez estudantes que entram nas universidades estatais.[27]

Na China existe um exame vestibular obrigatório para todas as universidades, que dura dois dias e a que se submetem anualmente mais de 6 milhões de estudantes. Não é um exame fácil: 40% dos aspirantes são reprovados, segundo o Ministério de Educação. A competição para entrar nas melhores universidades é duríssima. Pouco antes da minha visita à China, eclodira um escândalo de corrupção depois da revelação do programa televisivo *Focus TV*, da Rede Central de Televisão Chinesa (CCTV), de que três funcionários da Universidade de Aeronáutica de Pequim extorquiram de vários estudantes o equivalente a 12 mil dólares de cada um para ingressar na universidade. A CCTV gravara as conversas telefônicas, e o caso terminara em condenações judiciais.

Segundo a agência de notícias oficial Xinhua, não se tratava de um fato isolado. Poucos meses antes, funcionários do Conservatório de Música Xian, na província nortista de Shaanxi, exigiram subornos de 3.620 dólares de cada estudante admitido. O escândalo veio à luz quando alguns estudantes se negaram a pagar e avisaram as autoridades. "Alguns críticos asseguram que esses incidentes representam a ponta do iceberg", reconheceu logo o jornal governamental *China Daily*.[28] Todos esses incidentes, obviamente, ilustram o extremo a que chega a competição entre os jovens chineses para entrar nas universidades.

Ainda que as universidades chinesas admitam, em seu conjunto, uma média de 60% dos estudantes que prestam o exame vestibular, as percentagens de quem consegue entrar nas melhores universidades do país são de 10 ou 20%. No México, em compensação, a maior universidade do país — a Unam — admite 85% de seus alunos sem exame vestibular, segundo estimativa de Julio Rubio, subsecretário de Educação Superior do México.[29] A Unam concede um "passe automático" a todos os estudantes secundários de sua rede escolar, o que faz com que muitos estudantes freqüentem essas escolas para não ter de se submeter a um exame de ingresso. "Isso fez cair a qualidade da Unam", disse-me Rubio, numa entrevista. Comparativamente, 428 universidades públicas e particulares do México já estão aplicando um exame vestibular comum.

Na Argentina ocorre coisa semelhante. Quando perguntei a Filmus, o ministro da Educação, por que não existe um exame vestibular na UBA, ele respondeu que em países com alta desigualdade social, como a Argentina, um exame desse tipo seria socialmente injusto. Os jovens saem da escola secundária mal preparados, e submetê-los a um exame vestibular equivaleria a premiar os que cursaram escolas secundárias particulares. Por isso há um curso de vestibular básico em que, se o jovem for aprovado em seis matérias, entra na universidade, explicou. Filmus acrescentou que, na prática, o curso de ingresso é um filtro: 50% dos alunos não são aprovados em seis matérias e, portanto, não entram na universidade. "Na prática, você tem seis exames de ingresso, ou nenhum, segundo a maneira de olhar", concluiu.[30] Pode ser, mas a maioria dos especialistas internacionais em políticas educativas concordam que seria bem mais proveitoso que o Estado destinasse esses recursos às escolas primárias e secundárias, e evitasse a aglomeração universitária, pois 80% dos estudantes não se formam.

O apogeu dos estudantes estrangeiros

A China, à semelhança da Índia, está criando uma elite científico-técnica globalizada, capaz de competir com os grandes países industrializados. E não apenas para modernizar suas escolas de altos estudos, mas enviando uma enorme massa de estudantes às melhores escolas de altos estudos dos EUA e Europa. E não só a China e a Índia: há uma avalanche de estudantes da Coréia do Sul, Japão, Cingapura e de outros países asiáticos nas universidades norte-americanas e européias. Enquanto isso, o número de estudantes latino-americanos permanece estagnado ou tende a baixar.

Nos EUA, a maioria dos 572 mil estudantes universitários estrangeiros vem de países asiáticos. No total, há 325 mil estudantes dessa origem nas universidades norte-americanas, comparados com 56 mil latino-americanos. O país com mais universitários nos EUA é a Índia, com 80 mil estudantes, seguido pela China, com 62 mil, Coréia do Sul, com 52 mil, e Japão, com 46 mil. Ou seja, a China sozinha tem quase tantos estudantes nos EUA como todos os países da América Latina juntos. O México tem apenas 23 mil estudantes universitários nos EUA, Brasil e Colômbia, 8 mil cada um, a Argentina 3.600 e o Peru 3.400. A tendência é uma defasagem cada vez maior: enquanto a Índia e a China aumentaram em 13 e 11% seus estudantes em universidades norte-americanas em 2003, o número de latino-americanos permaneceu estagnado, e o de sul-americanos caiu.[31]

Ao contrário do que se acreditava, a avalanche de estudantes estrangeiros asiáticos não é o resultado de bolsas governamentais de seus países de origem. Quando perguntei aos administradores do Instituto de Educação Internacional (IEI) em Nova York a que se devia o extraordinário aumento de estudantes da Índia e da China, responderam-me que é, em grande parte, por causa do investimento em educação por parte das famílias asiáticas. Allan Goodman, presidente da IEI, organização não-governamental que promove os maiores intercâmbios estudantis internacionais, disse-me que "a globalização está criando uma classe média muito grande na Índia e na China, e pessoas que valorizam muito a educação. As pessoas ali estão dispostas a fazer um grande esforço financeiro para investir na educação de seus filhos". Segundo Goodman, somente 2,5% dos estudantes universitários estrangeiros nos EUA têm bolsas de seus governos ou universidades, e os estudantes asiáticos não são exceção à regra.[32]

Tudo isso não é uma boa notícia para a América Latina. Significa que os asiáticos estão criando uma classe política e empresarial mais globalizada que os países latino-americanos, o que lhes dará maiores vantagens no mundo dos negócios, das ciências e da tecnologia. Se o consenso entre os acadêmicos de todo o mundo é de que os EUA e a Europa têm as melhores universidades, como apontam os rankings do *Times* de Londres e da Universidade de Xangai, não há necessidade de ser futurólogo para suspeitar que — na era da economia do conhecimento — aqueles que se formarem ali estarão mais bem preparados e terão melhores conexões pessoais e culturais com os países industrializados.

Sobram psicólogos, faltam engenheiros

Por incrível que pareça, formam-se, na Unam, quinze vezes mais psicólogos do que engenheiros de petróleo. Efetivamente, num país onde o petróleo continua sendo uma indústria importante, a Unam produz 620 formados em Psicologia, 70 em Sociologia e só 40 em Engenharia petrolífera por ano.[33] O México se diferencia por ser um caso isolado. Na UBA, da Argentina, formam-se 2.400 advogados por ano, 1.308 psicólogos e apenas 240 engenheiros e 173 formados em agropecuária. O Estado produz cinco vezes mais psicólogos do que engenheiros.[34] Se examinarmos a população estudantil em geral, e não só os formados, os dados são mais assombrosos ainda: no momento em que estas linhas estão sendo escritas, há na Unam 6.485 estudantes de Filosofia e Letras, e apenas 343 estudando computação. No total, 80% dos 269 mil estudantes da Unam seguem profissões de Ciências Sociais, Humanidades, Artes e Medicina, enquanto apenas 20% estudam Engenharia, Física ou Matemática.[35] Em muitos casos, a falta de conexão entre os programas educativos e as necessidades do mercado de trabalho fazem com que as grandes universidades produzam legiões de profissionais desempregados. Um estudo da Associação Nacional de Universidades Mexicanas e Instituições de Educação Superior (Anuies) adverte que, se o México não fizer algo para corrigir sua superprodução de graduados universitários sem potencial de trabalho, logo estará com 1,5 milhão de profissionais desempregados. "Isso poderia gerar um problema social sem precedentes", diz o estudo.

Na Argentina, 40% dos 152 mil estudantes da UBA estão matriculados em Ciências Sociais, Psicologia e Filosofia, enquanto apenas 3% estudam para profissões relacionadas com Computação, Física e Matemática. Neste momento, há 27 mil estudantes de Psicologia na UBA, contra apenas 6 mil que cursam Engenharia.[36] "Na Argentina, até 2003, só se formavam 3 engenheiros têxteis por ano", disse-me o ministro Filmus, com horror. Nas maiores universidades do Brasil, 52% dos estudantes estão matriculados em Ciências Sociais e Humanidades, enquanto apenas 17% estudam Engenharia, Física e Matemática, segundo o Ministério da Educação. "Em vez de formar tantos advogados, os governos latino-americanos deveriam investir na criação de escolas intermediárias e institutos técnicos", diz Eduardo Gamarra, professor de Ciência Política e diretor do Centro de América Latina e Caribe da Universidade Internacional da Flórida. "As economias latino-americanos se dirigem para indústrias com maiores requisitos tecnológicos, para produzir exportações de maior valor agregado. Necessitam mais técnicos e menos formados em ciência política."

A Unam: modelo de ineficiência

O reitor da Unam, Juan Ramón de la Fuente, saiu pela tangente quando lhe perguntei, numa entrevista televisiva, se não lhe parecia absurdo que sua universidade estivesse criando tantos filósofos e tão poucos engenheiros. "Olhe, Andrés, a primeira coisa que gostaria de destacar é que a Unam realiza metade de toda a pesquisa feita no México. A Unam vem há muitos anos estimulando o desenvolvimento da pesquisa científica, que, no México, se faz fundamentalmente nas universidades públicas", disse o reitor.

Como não seria assim, se o Estado mexicano, ou seja, os contribuintes, destina 1,5 bilhão de dólares anuais à universidade?, pensava eu enquanto o deixava falar. Como não seria assim, se a Unam leva 30% do orçamento nacional para a educação superior, que cobre as 99 universidades públicas do país? E quanto desse dinheiro resta para fornecer uma educação adequada aos estudantes da universidade? De la Fuente continuou falando sem parar. "Creio que o problema reside fundamentalmente no fato de que não houve no México uma política de Estado com uma visão de médio e longo prazos que nos permitisse, como ocorreu em alguns dos países da bacia do Pacífico, ter um desenvolvimento que resultasse muito mais frutífero", disse.

"O senhor não está passando a bola para o Estado?", perguntei, depois de várias tentativas inúteis de fazer uma pergunta. "Não é responsabilidade da universidade complementar as verbas recebidas do Estado com outras fontes de financiamento? Observe, por exemplo, o número de cientistas e engenheiros por milhão de habitantes em vários países: a Finlândia tem 5 mil cientistas e engenheiros por milhão de habitantes, a Argentina 713, o Chile 370, e o México somente 225. Ou seja, menos do que os outros."

"A imensa maioria deles é formada pela Unam", respondeu o reitor. Em seguida, passou a bola de novo para o Estado. "Falta, no México, uma política de Estado para ser seguida por universidades, setor privado e pelo próprio Estado, que não deve fugir de sua responsabilidade. Porque uma única instituição, insisto, por mais que tenha um compromisso com a ciência, como a Unam, não pode ser detonadora de todo o desenvolvimento. Necessita-se, Andrés, de uma visão de médio e longo prazos, porque o investimento em ciência não é um investimento rentável de imediato. Estamos inseridos todo o tempo na conjuntura."

Hummm. Talvez De la Fuente não tivesse apoio do governo para fazer reformas profundas, ou talvez não tivesse a coragem intelectual para fazê-las, ou talvez nem fosse consciente da necessidade de fazê-las, mas o certo é que o reitor da Unam estava — como a maioria de seus colegas — evitando a responsabilidade. A Unam recebia 1,5 bilhão de dólares anuais para ensinar 260 mil estudantes, enquanto Harvard recebia 2,6 bilhões para ensinar apenas 20 mil estudantes. Por que Harvard tem tantos recursos mais? Porque, enquanto a Unam pede mais dinheiro ao Estado, Harvard arrecada generosas doações de seus ex-alunos, cobra dos estudantes que podem pagar e assina contratos milionários de pesquisa com o setor privado e o Estado que favorecem todas as partes.

O certo é que a Unam é ineficiente por qualquer lado que seja olhada. Dezenas de milhares de estudantes permanecem sete ou mais anos em suas classes, aumentando enormemente os custos do ensino. O ex-prefeito da Cidade do México, López Obrador, por exemplo, ficou nada menos do que quatorze anos na Unam, segundo informou o jornal *Reforma*, com base em documentos da universidade.[37] A recusa da universidade de submeter seus cursos a uma avaliação externa, como a maioria das demais universidades mexicanas, é escandalosa. Segundo me explicaram funcionários da Secretaria de Educação, esse é o resultado da greve estudantil de 1999. "No final da greve, um dos acordos foi que a Unam rompeu relações com o (instituto de avaliação) Ceneval, sob o argumento de que é um organismo neoliberal vinculado a empresas privadas", explicou Rubio, subsecretário de Educação. Em 2005, 66% das universidades públicas e privadas do México, incluindo o Tecnológico de Monterrey e a Universidade do Vale do México, aceitaram ser avaliadas pelo Ceneval. Até dentro da Unam a recusa à avaliação externa causou tanta resistência em certos setores, que alguns dos cursos mais prestigiados da universidade — como Engenharia — se rebelaram contra a mediocridade das autoridades centrais e pediram para se submeter à avaliação externa. Outros, como Medicina, submeteram-se à força, porque o governo editou uma norma oficial exigindo que os estudantes desse curso se formassem em escolas de boa reputação para garantir que não se graduassem médicos improvisados. Mas, na relação de universidades mexicanas com boa reputação no organismo independente autorizado pela Secretaria de Educação em 2005, a Unam estava nos últimos lugares: enquanto a Universidade Tecnológica de Tlaxcala tinha 100% de seus cursos bem cotados, a Unam tinha apenas 22% de cursos nessa situação.[38] Conclusão? "A Unam figura alto em pesquisa, mas isso não se reflete em seus programas acadêmicos", disse-me Rubio. "Desde o conflito de 1999, a Unam teve sua qualidade e imagem deterioradas."³⁹

Quando os chineses falarem inglês

Parece brincadeira, mas neste exato momento há mais crianças estudando inglês na China do que nos EUA. A China lançou um programa maciço de ensino de inglês em todas as escolas do país, que atinge 250 milhões de crianças. A cifra é várias vezes superior ao número de estudantes nas escolas primárias e secundárias dos EUA. Enquanto na China o programa escolar de estudo intensivo de inglês começa no terceiro grau do primário, em quase todos os países da América Latina, incluindo o México, o ensino obrigatório de inglês começa no sétimo grau. O dado é impressionante. Como se explica que a China, um país governado pelo Partido Comunista, no outro lado do planeta, e com um alfabeto totalmente diferente, esteja ensinando inglês muito mais intensivamente do que o México, país limítrofe com os EUA, que tem um tratado de livre-comércio com o vizinho e exporta 90% de seus produtos para ele? E como explicar que os jovens chineses estejam estudando mais inglês do que os argentinos, peruanos ou colombianos, que não só compartilham o mesmo alfabeto com os países de fala inglesa como têm mais laços culturais com os EUA e a Grã-Bretanha?

O ensino de inglês na China foi uma decisão política do governo, que começou timidamente com o início da abertura econômica de 1978 e se acelerou a partir de 1999, quando se tornou obrigatório em todas as escolas. Antes de viajar para a China, entrevistei por telefone Chen Lin, o presidente da comissão do Ministério da Educação encarregado do programa de ensino de inglês, que me assegurou, com orgulho — num inglês perfeito —, que "a China já é o maior país de fala inglesa do mundo".⁴⁰ Segundo Chen, o ensino de inglês em seu país disparou a partir da decisão de entrar na Organização Mundial do Comércio em 1999 e de competir para ser a sede das Olimpíadas em 2008. "Começamos um movimento chamado 'Pequim speaks english', segundo o qual todos os cidadãos de Pequim têm de falar pelo menos um idioma estrangeiro quando chegarem os turistas em 2008", disse-me Chen. "E as pessoas participam com entusiasmo, porque sabem que, se falarem inglês, será mais fácil encontrar um bom emprego. Entre outras coisas, aumentaram as horas semanais obrigatórias de estudo de um idioma estrangeiro, e foi introduzido um exame de idiomas para todo estudante que desejar ingressar na universidade. "Em alguns estados do nordeste, estuda-se russo ou japonês, mas 96% dos estudantes freqüentam as classes de inglês", assinalou Chen.

Tenho de confessar que em minhas viagens a Pequim e Xangai não encontrei muitos chineses que falassem inglês. De fato, a maioria das vendedoras nas lojas não entendiam patavina quando alguém lhes falava nessa língua. Sequer compreendiam os números em inglês, quando se perguntava pelo preço de algum produto. E os taxistas, menos ainda. Como quase todos os turistas, tive de pedir aos porteiros do hotel, ou a algum conhecido, que anotasse num papel o endereço para onde me propunha a ir, para que o taxista o lesse sem problemas. E o sistema, de fato, funcionou às mil maravilhas. Seria uma invenção o programa oficial de ensino de inglês, ou havia milhões de pessoas que aprenderam o idioma com quem eu não tinha me encontrado? Segundo me disseram os funcionários quando comentei que não encontrara nas ruas muitos chineses anglofalantes, isso mudará nos próximos cinco ou dez anos, à medida que as novas gerações que acabam de começar a estudar inglês se incorporarem ao mercado de trabalho.

Zhu Muju, a diretora de Desenvolvimento de Livros Escolares do Ministério da Educação, disse-me que, embora a diretriz de ensino obrigatório de inglês tenha sido anunciada em 1999, só agora se começa a implementá-la em quase todas as escolas do país. No início, não havia suficientes professores treinados para ensinar inglês, sobretudo nas escolas rurais, nem para acompanhar as aulas a distância, pela televisão. Só em 2005 foi possível cobrir 90% das escolas do país, disse Zhu. "E quantas aulas por semana os estudantes terão?", perguntei. "As escolas devem dar quatro aulas por semana, a partir do terceiro grau primário, das quais duas são aulas de uma hora cada, e as outras duas de 25 minutos", disse.[41] O plano, além disso, exige que as escolas tenham atividades em inglês, incluindo debates, jogos, aprendizagem de canções e aulas de teatro." À saída da entrevista, um dos assistentes de Zhu me disse: "Em três ou quatro anos, haverá bem menos casos de turistas estrangeiros que não podem encontrar alguém na rua que possa dar indicações em inglês. Bastará que procurem qualquer criança, e poderão se comunicar pelo menos num nível básico."

Mil escolas de inglês, apenas em Pequim

Mas talvez o dado mais impressionante sobre o ensino de inglês na China seja a quantidade de crianças que o estudam, depois de cursar várias horas, em academias particulares. Só em Pequim há cerca de mil escolas e institutos particulares dedicados ao ensino de inglês. Trinta desses institutos particulares já são instituições imensas, que fazem publicidade na imprensa e em cartazes nas ruas, descrevendo seus cursos como um passaporte para a modernidade.

Por curiosidade, pedi uma entrevista com o diretor do maior instituto particular de ensino de inglês na China, o New Oriental School. A sede do instituto é um prédio de três andares que ocupa um quarteirão no coração de Pequim. Recebeu-me Zhou Chenggang, vice-presidente da escola, homem de 42 anos que fez seu mestrado em Comunicações na Austrália, e depois trabalhou durante muitos anos como correspondente da BBC de Londres na Ásia. Segundo me contou, em meados dos anos 1990, ele levou a idéia de criar um instituto particular de ensino de inglês e matemática a um investidor amigo, ex-companheiro de escola secundária, Yu Minhong. Imediatamente Minhong viu uma oportunidade de negócio e entrou com o dinheiro para fundar a primeira escola. Dez anos depois, o instituto tinha escolas em onze cidades e estava abrindo sedes em outras quatro. Quantos estudantes de inglês têm agora?, perguntei a Zhou. Quando me respondeu, quase caí para trás: "Em 2004, tínhamos 600 mil. Mais ou menos a metade são estudantes que necessitam reforçar seu inglês para passar nos exames nas escolas, e a outra metade é de adultos que querem estudar para melhorar seu currículo. Em 2007 calculamos que teremos um milhão de estudantes de inglês."[42]

Segundo me explicou Zhou, o estudo de inglês na China é considerado um investimento para o futuro. "Quando me formei, nos anos 80, um universitário podia conseguir um bom emprego sem maiores problemas. Isso não é mais assim. Hoje em dia são necessários mais conhecimentos. Um diploma não basta: faz falta um segundo diploma ou um terceiro diploma, ou estudos no estrangeiro", assinalou. O fenômeno começou há quinze anos, quando a China se abriu para o mundo. "Devido às reformas econômicas, as empresas estatais começaram a fechar as portas. E em seu lugar vieram as empresas estrangeiras, que são muito mais exigentes. Por isso os pais chineses gastam mais do que a maioria dos outros países na educação dos filhos. A maior parte das famílias chinesas economiza durante toda a vida para dar uma educação melhor aos filhos." A New Oriental School, cobrando 100 dólares por aluno em seus cursos mais curtos, estava fazendo uma fortuna: relatava lucros anuais de 70 milhões de dólares. Segundo Zhou, ele espera aumentar sua receita brevemente com uma série de novos cursos. Entre os mais promissores está um de ensino de técnicas para se desempenhar corretamente em entrevistas de emprego.

Os passos de Chile, México, Brasil e Argentina

No início de 2004, o Chile anunciou que, no intuito de aumentar sua inserção na economia global, tomara a decisão de adotar o inglês como segundo idioma oficial e de se converter no primeiro país latino-americano a fazê-lo. O país preparava-se para ser a sede de uma reunião de ministros da Educação do Fórum dos Países da Bacia do Pacífico (APEC) em abril de 2004. Na qualidade de organizadores da reunião, os chilenos decidiram que o ensino do inglês seria o primeiro ponto da agenda. O Chile já suspeitava que a América Latina estava atrasada na matéria e que os asiáticos levavam muita vantagem. Um estudo comparativo da *APEC* sobre o ensino de inglês nos países-membros confirmou amplamente as suspeitas chilenas. Os resultados divulgados na reunião eram arrepiantes: Cingapura, Tailândia e Malásia estavam ensinando inglês em todas as escolas a partir do primeiro grau, enquanto a China e a Coréia do Sul o ensinavam no terceiro grau, e a maioria dos países latino-americanos no sétimo grau. Mas isso não era tudo: o estudo mostrava que enquanto em Cingapura se começava com oito horas semanais de inglês e na China com quatro horas, no Chile e no México começava-se com duas horas semanais, vários anos depois. As diferenças eram abissais. O ensino de inglês por si só não explica o avanço econômico dos países asiáticos, mas é um elemento a mais na fórmula que lhes permite se inserir na economia global, crescer aceleradamente e reduzir a pobreza.

Quando o Chile anunciou que adotaria o inglês como segundo idioma em 2004, a notícia passou quase inadvertida no resto da região. No Chile, como na maioria dos países vizinhos, só 2% da população podiam ler em inglês e manter um nível de conversa básica nesse idioma, segundo indicavam estudos oficiais. Mas o governo do Partido Socialista chileno converteu o ensino de inglês em seu cavalinho de batalha político. De acordo com o que dizia o ministro da Educação, Sergio Bitar: "O inglês abre as portas para empreender um negócio de exportação e para a alfabetização digital. O inglês definitivamente abre as portas do mundo."[43] A partir de 2004, além de tornar obrigatório o ensino de inglês a partir do quinto grau, o Chile distribuiu gratuitamente livros de texto em inglês a todos os estudantes do quinto e sexto graus e fixou como meta que em 2010 todos os estudantes de oitavo grau tivessem de ser aprovados pelo Key English Test (KET) — um exame internacional de compreensão e leitura de inglês como segunda língua — para passar de ano. Ao mesmo tempo, começou a oferecer descontos nos impostos às empresas que pagam cursos de inglês aos seus empregados, para ajudar o país a ser mais hospitaleiro em relação ao turismo internacional e poder competir com os asiáticos na atração de *callcenters* para o seu território. E a Corfo, a Corporação de Fomento do Chile, investiu 700 mil dólares em 2004 para realizar 17 mil exames de inglês e criar um banco de dados de pessoas bilíngues ou medianamente bilíngues. Doze mil pessoas foram aprovadas no exame e incorporadas ao registro. "Temos seus nomes e telefones num banco de dados, à disposição de qualquer empresa que queira se estabelecer no Chile", explicou-me Bitar.

No México, ainda que a vizinhança com os EUA teoricamente pudesse facilitar o intercâmbio de professores de idiomas, o governo Fox chegou à conclusão de que não podia fazer o mesmo que o Chile por carecer de professores de inglês suficientes para ensinar todas as crianças de quinto grau. E embora o México tivesse a mesma taxa de alfabetização que o Chile — 96% das crianças de ambos os países completavam a escola primária —, o governo considerava que havia mais carência em assuntos como desnutrição e mortalidade infantil, que requeriam mais recursos do que o ensino de inglês. De maneira que optou pelo ensino de inglês a distância, pelo programa de telas eletrônicas Enciclomédia, em todas as aulas de quinto e sexto graus. "A idéia é que nenhuma escola, rural ou indígena, do país fique sem equipamento em 2006", dizia o secretário de Educação, Reyes Tames.[44] No principal sócio comercial dos EUA na América Latina, e principal competidor da China no mercado norte-americano, o ensino personalizado de inglês continuava sendo uma meta difusa, e a longo prazo.

Na Argentina, o ensino obrigatório de inglês em quase todas as províncias do país começa no sétimo grau, segundo me disse Filmus, o ministro da Educação. Mas após a derrocada econômica de 2001, a idéia de investir tempo e dinheiro no ensino de um segundo idioma foi sobrepujada por outras prioridades: 511 mil jovens da população total de 8,2 milhões de estudantes no plano nacional estavam abandonando a escola, a maioria deles nos últimos três anos do nível secundário. Os governos que se sucederam depois da crise concluíram que os alunos abandonavam a escola por condições de pobreza extremas, e que a prioridade educativa devia ser deter a evasão escolar.

Para os países sul-americanos, o inglês não é a única opção recomendável. Os especialistas em educação internacional apontam que muitos Estados da região também se beneficiariam com o ensino do português, o idioma do país que já representa mais de 50% do produto bruto sul-americano. No fim dos anos 1990, em pleno apogeu do Mercosul, iniciaram-se ambiciosos programas de estudo de português na Argentina e de espanhol no Brasil. Na Argentina, a então ministra da Educação Susana Decibe proclamava que, no ano 2000, boa parte das escolas estaria ensinando português. "Durante muito tempo, nossos países se deram as costas. Mas agora estamos vendo um processo bem interessante de integração cultural", disse-me Decibe numa entrevista em agosto de 1998. No entanto, a desvalorização brasileira de 1999 desferiu um duríssimo golpe no Mercosul e na integração sul-americana. Anos depois, outro ministro da Educação argentino, Andrés Delich, disse-me que o que restara do plano nacional de português eram programas escolares na província nortista de Misiones, limítrofe com o Brasil, que tinha 5% da matrícula escolar argentina. Era uma idéia excelente, mas a realidade econômica abortara o plano.

No Brasil, o Congresso começou a debater em 1998 um plano de ensino de espanhol em todas as escolas, que se consolidou num projeto de lei em 2000. Vários estados do sul, como Rio Grande do Sul, Paraná e São Paulo, já haviam começado os cursos de espanhol, e o plano do Congresso era que esses programas se estendessem por todo o país nos próximos dez anos, sempre e quando os 27 estados pudessem encontrar os 75 mil professores de espanhol necessários. O Congresso aprovou a lei em 2005 e ordenou ao Ministério da Educação que implementasse a oferta de cursos de espanhol optativos em todas as escolas primárias do país, do quinto ao oitavo ano, num prazo de cinco anos.

"Não é um luxo extravagante ensinar um segundo idioma em países que ainda não erradicaram o analfabetismo?", perguntei a vários ministros da Educação nos últimos anos. É correto que o Chile mergulhe em cheio no ensino de inglês quando ainda tem 42% de cidadãos que não concluíram o primário? Deveria o México gastar milhões de dólares no ensino de inglês quando quase 3% de suas crianças em idade escolar são analfabetas? E a Argentina, com meio milhão de estudantes por ano abandonando a escola?[45]

Vários ministros me disseram que em países com altas taxas de analfabetismo, como Honduras ou Nicarágua, não tem sentido destinar uma grande percentagem do gasto educacional ao ensino de idiomas. Mas na maioria dos países latino-americanos os índices de analfabetismo não são altos, e estão em sua maioria concentrados em adultos maiores de 50 anos. Para esses países, o ensino de inglês ou de outros idiomas nas escolas seria um bom investimento. Quanto à questão de dedicar mais dinheiro ao ensino do idioma nacional, para evitar problemas como o dos egressos da escola secundária que escrevem com erros ortográficos, o ministro da Educação chileno, Bitar, disse-me: "Não creio que nós chilenos não possamos caminhar e mascar chiclete ao mesmo tempo. Pode-se estudar espanhol, ciências e inglês ao mesmo tempo."

É provável que seja assim, concluí, depois de ouvir vários especialistas. Quem viajou à Suécia, Holanda e Dinamarca pode constatar que as pessoas são capazes de falar perfeitamente dois, três e até quatro idiomas, se começarem a estudá-los desde crianças. Em vários países em vias de desenvolvimento acontece a mesma coisa: na ilha caribenha de Curaçao, encontrei gente que vive nas condições mais precárias e é perfeitamente bilíngüe, sem maiores problemas. E se os chineses vão aprender inglês, não há razão para que milhões de latino-americanos, que cresceram vendo filmes de Hollywood, cantando canções de rock e explorando sites de língua inglesa na Internet, não possam aprendê-lo.

Por que os asiáticos estudam mais

De todas as pessoas que conheci na China, a que mais me impressionou talvez tenha sido Xue Xang Jie, um menino de dez anos que encontrei numa visita a outro instituto particular de inglês, a escola Boya. Depois de entrevistar o diretor, pedi para observar uma classe, e me permitiram entrar numa aula. Eram seis horas da tarde e uma dezena de crianças assistia à aula depois do horário. Na primeira fila havia umas dez crianças sentadas em suas carteiras. Atrás, no fundo da aula, estavam sentados vários homens e mulheres, que obviamente eram os avós, e liam ou faziam palavras cruzadas para matar o tempo.

Quando o diretor da escola abriu a porta e me apresentou como visitante dos EUA, houve uma surpresa generalizada, risos e gestos de boas-vindas por parte da professora. Sentei-me, presenciei a aula e, em pouco tempo, me chamou a atenção uma criança em particular. Estava na primeira fila, usava óculos enormes, expressava-se num inglês admiravelmente bom e transbordava bom humor. Não estranhei que, ao terminar a lição, me dissessem que Xue era o melhor aluno de sua classe na escola, e que tomava aulas particulares de inglês e matemática depois do horário para melhorar ainda mais suas qualificações e poder competir em olimpíadas estudantis internacionais.

O que você quer ser quando crescer?, perguntei-lhe mais tarde, conversando no corredor. "Um cantor, talvez", disse o menino, encolhendo os ombros e rindo, enquanto seus colegas festejavam sua resposta e brincavam sobre o seu futuro no *show business*. Depois de me juntar aos festejos, perguntei-lhe o que faziam seus pais. Pelo domínio que tinha do inglês, supus que era filho de diplomatas que viveram no estrangeiro ou que provinha de uma família abastada, que contratara aulas particulares há vários anos. Mas estava enganado. Xue me contou que seu pai é militar do Exército Popular de Libertação, as forças armadas da China, e que sua mãe é trabalhadora. Pela descrição que fez de sua família, e pelo que me confirmaram mais tarde o diretor da escola e o assistente chinês que me acompanhava, a família de Xue era de classe média, ou média baixa.

Como é um dia típico da sua vida?, perguntei a ele em seguida. Ele contou que acordava às sete da manhã, entrava na escola às oito e tinha aulas até as três ou quatro da tarde, conforme o dia da semana. Depois, fazia seus deveres na escola até as seis, quando seu pai ia buscá-lo. Então você pode ver televisão o resto do dia?, perguntei, pensando que fosse o caso. "Só posso ver televisão 30 minutos por dia", respondeu, sem abandonar o sorriso. "Quando chego em casa, toco piano, faço meus deveres até as sete e meia da noite. Então vejo televisão meia hora e me deito às nove." Mas isso não é tudo: uma tarde por semana, depois da escola, e aos domingos à tarde, tomava aulas particulares de inglês na escola Boya. E nos sábados à tarde, durante duas horas, toma aulas de matemática e chinês no mesmo instituto particular. E você gosta de estudar tanto?, perguntei, intrigado. "Sim", respondeu-me, sorrindo de orelha a orelha. "É muito interessante. E se estudo bastante, meu pai me dá brinquedos."[46]

O caso da Coréia do Sul

A obsessão pelo estudo não é um fenômeno que ocorre apenas na China, mas em toda a Ásia. À semelhança da China, as crianças da Coréia do Sul, Cingapura e de vários outros países da região estudam quase o dobro de horas diárias que as dos EUA ou da América Latina. Na Coréia do Sul, a média de estudo diário dos alunos primários é de dez horas, o dobro que no México, Brasil ou Argentina. Jae-Ho Lee, um menino coreano de 14 anos, tem uma disciplina diária quase militar: sai de casa às sete da manhã, chega à escola meia hora antes do início das aulas para repassar as lições do dia anterior e volta para casa às quatro da tarde. Depois, toma aulas particulares de inglês e matemática, não porque esteja atrasado nessas disciplinas, mas, pelo contrário, para manter sua alta pontuação. "Quero continuar sendo um dos primeiros da minha classe, porque disso depende meu futuro", disse o menino à revista brasileira *Veja*, que dedicou uma matéria de capa ao fenômeno da educação na Coréia do Sul.[47]

Segundo o Ministério de Educação da Coréia do Sul, 80% das crianças estudam pelo menos dez horas diárias, e 83% tomam aulas complementares de matemática ou ciências. A revolução educativa permitiu aumentar a percentagem de estudantes universitários de 7% da população geral em 1960 para 82% na atualidade. Comparativamente, a maioria dos países latino-americanos tem 20% de seus jovens estudando na universidade ou, em muitos casos, menos. Enquanto 30% dos formandos universitários coreanos se diplomam em Engenharia, a média de egressos latino-americanos nessa disciplina é de 16%.[48]

Na Coréia do Sul, há anos que a enorme maioria das escolas tem telões eletrônicos — como os que acabam de ser adotados no México —, em que os professores mostram filmes para ilustrar suas lições. Além disso, têm salas de computação conectadas à Internet com banda larga, e os professores ganham um salário médio equivalente a 6 mil dólares mensais, seis vezes mais do que seus colegas latino-americanos. "É uma profissão que dá muito *status*", assinalou a reportagem da *Veja*. De fato, uma pesquisa de opinião da Universidade Nacional de Seul mostrou que, para as mulheres coreanas, os professores são vistos como "o melhor partido para se casar": têm bom salário, emprego estável, férias longas e gostam de lidar com crianças. E têm condições de trabalho excelentes, que incluem dedicação exclusiva e quatro horas diárias — pagas, é claro — para preparar suas aulas e receber os estudantes. A educação na Coréia é levada tão a sério, que até os professores do jardim da infância necessitam de diploma universitário.*

Em termos gerais, os economistas concordam que a aposta coreana na educação se pagou com muita vantagem: graças à avalanche de investimentos internacionais para aproveitar a mão-de-obra qualificada, a Coréia passou a ter uma renda *per capita* de metade da do Brasil em 1960 para três vezes mais do que atualmente.[49]

Por que os jovens asiáticos estudam mais? A resposta mais comum que escutei na China, quando fiz essa pergunta, é que não se trata de um fenômeno recente, mas da continuação de uma tradição histórica que vem dos ensinamentos do filósofo Confúcio, que já difundia valores como dedicação ao trabalho e ao estudo no século V a.C. Confúcio dizia: "Se o teu objetivo é progredir um ano, semeia trigo. Se teu objetivo é progredir dez anos, planta árvores. Se o teu objetivo é progredir cem anos, educa teus filhos." A febre do estudo ficou relegada durante a Revolução Cultural chinesa, mas voltou com toda a força a partir das reformas econômicas dos anos 1980, quando — como assinalou Zhou, o vice-diretor da New Oriental School em Pequim — as novas empresas privatizadas começaram a exigir um nível acadêmico superior dos que buscavam emprego.

Na China, no entanto, existe outro motivo-chave para explicar a febre pelo estudo, que não seria desejável imitar no resto do mundo: a política do filho único. Desde os anos 1970, os casais podem ter somente um filho, e quem tiver mais de um deve pagar impostos altíssimos. Isso faz com que cada menino ou menina — mais os varãozinhos do que as mulherzinhas, é claro, já que os bebês do sexo masculino são recebidos com muito mais alegria do que os do sexo feminino — seja o centro da atenção e das expectativas de progresso de seus dois pais, seus quatro avós e seus oito bisavôs, quando existem. Na China, como em poucos outros países, toda a atenção da família se concentra num

---

* É claro que a enorme pressão sobre os jovens coreanos tem também seu lado negativo: a Coréia figura entre os países com maior índice de suicídios entre adolescentes, e 20% de seus estudantes da escola secundária recorreram alguma vez ao psicólogo em busca de conselhos para reduzir o estresse.

filho: "Somos um país de pequenos imperadores e pequenas imperatrizes", disse-me um guia de turismo em Pequim. E isso se traduz numa pressão social de pais e avós sobre os jovens para que estudem. "Toda a família economiza para que a criança possa estudar nas melhores universidades e conseguir um bom emprego", explicou-me Zhou. "Aqui temos um refrão que diz: filho único, esperança única, futuro único." Isso explica por que tantas famílias enviam seus filhos para cursos particulares de inglês depois da aula, ou economizam a vida inteira para mandar os filhos a universidades nos EUA.

O outro fator característico da cultura asiática é que os jovens devem estudar mais, desde muito crianças, pelo simples fato de que enquanto a maioria dos idiomas ocidentais tem alfabetos de 26 ou 27 letras, vários idiomas orientais têm 22 mil caracteres, ainda que bastem 2.500 para se ter um conhecimento básico da linguagem, e 5 mil para ler um jornal. As crianças asiáticas começam a aprender os caracteres do idioma muito antes de entrar no primeiro grau. O jardim da infância já é um curso intensivo de escrita. "Quando as crianças entram no primeiro grau, já devem estar familiarizadas com cerca de 2 mil caracteres", disse-me Chen Quan, professor em Pequim. A aprendizagem é tão difícil, que os pais e avós passam horas, nos fins de semana, ensinando seus filhos e netos a desenhar os caracteres. Assim, quando entram nas escolas primárias, os estudantes já têm uma disciplina de estudo bem maior do que as crianças norte-americanas ou latino-americanas. Os asiáticos têm como certo que devem estudar umas dez horas por dia. Não há televisão, nem futebol, nem festa que valha.

A cultura da avaliação

Existe um consenso cada vez maior, entre os especialistas internacionais em educação, de que a receita ideal para melhorar o nível educacional dos jovens não é simplesmente investir mais dinheiro nas escolas, nem aumentar as horas de estudo, nem reduzir o número de estudantes em cada classe, mas criar uma cultura de avaliação que obrigue os estudantes a se superar cada vez mais. Se fosse questão de dinheiro, a China e a Coréia do Sul, cujos governos destinam muito menos dinheiro para a Educação do que outros países, deveriam estar entre os mais atrasados do mundo na matéria. Tampouco é uma questão de horas de aula nem do tamanho dos grupos, já que vários países, como a Noruega e a Áustria, com uma grande diferença nesses parâmetros, alcançam os mesmos resultados nos exames padronizados. Há, no entanto, uma constante: a maioria dos países cujos alunos se encontram mais bem colocados nos estudos comparativos são os que realizam rankings de seus estudantes, professores e escolas. Ou seja, os que estimulam uma cultura da competição, na qual o sistema educacional deve prestar contas constantemente diante do governo e diante dos pais.

Zhu Muju, a alta funcionária do Ministério da Educação que entrevistei em Pequim, disse-me que os professores na China fazem um ranking das notas obtidas pelos alunos em suas classes e colocam-nas no quadro para que todos vejam. "Os estudantes chineses são muito bons nos exames, porque estão acostumados desde muito crianças a ser avaliados, do primeiro ao último da classe. Isso faz com que sejam competitivos e se esforcem por ver como melhorar as notas para subir na lista", disse Zhu. A funcionária acrescentou: "Nós, no governo, não estimulamos a prática dos rankings." Mas é claro que também não as desestimulam. O mesmo acontece com os rankings das universidades, acrescentou: estimulam que as universidades se superem e permitem ao Estado avaliar os resultados de seu investimento em Educação.

Para Jeffrey Puryear, especialista em educação internacional do Diálogo Interamericano em Washington, os países com atrasos educacionais deveriam adotar três objetivos básicos, além da maior participação dos pais na educação dos filhos: a aplicação de padrões mais exigentes desde a escola primária, a avaliação dos estudantes e o sistema de prestação de contas de professores e diretores de escolas. Sobre esse último ponto, ele assinalou que "os produtores da educação têm de prestar contas a alguém, talvez aos pais de família ou à sociedade em geral. Não se pode permitir que façam qualquer coisa, e que não existam conseqüências para o seu desempenho".[50]

Segundo Puryear, "nos sistemas educacionais latino-americanos, praticamente não há conseqüências. Pode haver professores bons ou ruins, mas isso não importa, já que não há diferença em como são considerados: um professor não perde o emprego por mau desempenho, nem ganha mais por seu bom desempenho". Em vários países da Ásia, à semelhança da Nova Zelândia, Austrália e Holanda, fizeram-se reformas educacionais para incentivar a prestação de contas e a avaliação dos estudantes e de suas escolas, com excelentes resultados, acrescentou. "Na América Latina se considera prioritária a quantidade, mas não a qualidade. E isso é um problema grave", concluiu.

Ainda que muitos ministros da Educação latino-americanos concordem que os países que adotaram uma cultura de qualidade melhoraram seus sistemas educacionais, a maioria considera que tais reformas são um privilégio dos países mais desenvolvidos. Filmus, o ministro argentino da Educação, disse-me: "O nosso problema com os rankings é que, muitas vezes, eles acabam defendendo não a capacidade, nem a qualidade, mas o nível socioeconômico." Há, na Argentina, enormes desigualdades sociais, que fazem com que os jovens freqüentem escolas primárias e secundárias de qualidades diametralmente opostas e cheguem à universidade com níveis de preparo bem diferentes. "Se a criança não foi ao jardim de infância, depois freqüentou uma péssima escola básica e, a seguir, foi para uma escola média, onde não se estuda, estará em desvantagem diante de outro que foi a uma boa escola bilíngüe particular... A questão, então, é como nivelar", disse. E a maneira de nivelar, segundo Filmus, não é adotando um exame de admissão drástico nas universidades, que castigue os menos privilegiados, mas fornecendo-lhes cursos adicionais no secundário para capacitá-los, e um curso pré-vestibular para colocá-los em dia. Mas o ministro concorda que seu país se beneficiaria de uma cultura de avaliação mais incrementada. "Aqui na Argentina temos um atraso nesse sentido. Nos últimos trinta anos, não houve uma cultura da excelência, nem do esforço, nem do trabalho. Temos um desenvolvimento e uma cultura muito mais vinculados ao que os argentinos chamam de *zafe*, ou seja, passar de ano, do que ao êxito baseado no esforço, no trabalho e na pesquisa. O tema é como introduzir a cultura da qualidade", afirmou. As autoridades argentinas decidiram que a melhor maneira de fazê-lo era começar pela avaliação e pela reputação das profissões universitárias. Não se trata de uma estratégia ruim. Mas, à semelhança do México, estão se batendo contra uma muralha de ferro na maior universidade do país.

"Snuppy" e o futuro do mundo

Duas notícias recentes, uma proveniente da Coréia do Sul e outra da China, podem nos dar uma idéia do extraordinário rendimento econômico que os países asiáticos tirarão de seu investimento em educação, ciência e tecnologia. No final de 2005, o professor Hwang Woo-suk e sua equipe de quinze cientistas da Universidade Nacional de Seul conseguiram a primeira clonagem de um cachorro na história. *Snuppy*,* um galgo afegão que quando foi apresentado ao mundo tinha quatorze semanas de vida, foi um feito científico, pela complexidade da fisiologia dos cachorros. Nos dez anos anteriores foram clonados com êxito, em várias partes do mundo, ovelhas — como a famosa *Dolly* — e outros animais, como ratos, vacas, porcos e cabras. Mas ninguém conseguira clonar um cachorro, um dos mamíferos mais parecidos com o homem. Uma empresa dos EUA, Genetic Savings & Clone, investiu 19 milhões de dólares nos últimos

---

* A semelhança do nome com o personagem-beagle de Charles Shultz, *Snoopy*, pode ser mais do que coincidência. (*N. do T.*)

sete anos na clonagem de um cachorro, sem resultado. O laboratório da Universidade Nacional de Seul ganhou a parada. À margem do debate ético sobre a clonagem, o certo é que será um fenômeno incomparável, que mudará totalmente a medicina moderna tal como a conhecemos e dará lugar a uma indústria biotecnológica que provavelmente se converterá no motor da economia mundial das próximas décadas. Os cientistas confiam em que, por intermédio da clonagem, se encontrará a forma de reparar tecidos humanos danificados, como o coração, e até de substituir orelhas, narizes e outros órgãos lesionados.

"Os coreanos se tornaram uma verdadeira potência, digna de ser reconhecida em matéria de clonagem e pesquisas de células-mãe", comentou um editorial do *New York Times* pouco depois do anúncio.[51] "Esta equipe (coreana) foi a primeira a clonar embriões humanos e a extrair células-mãe, e agora é a primeira a clonar um cachorro, o que talvez seja a maior façanha na clonagem de mamíferos. O centro de gravidade na clonagem e na pesquisa sobre células-mãe poderia estar se deslocando para outros países, enquanto as pesquisas nos EUA estão sendo freadas por tabus (políticos) e restrições financeiras (do governo Bush)." Ainda que tudo faça prever que os conservadores da Casa Branca logo darão marcha a ré em suas reservas às pesquisas de células-mãe e que os Estados Unidos serão o país líder da medicina genética do século XXI, estarão longe de possuir um monopólio na nova indústria.

Quase ao mesmo tempo que o professor Hwang anunciava a clonagem de *Snuppy* e saía nas primeiras páginas de todo o mundo — além de se firmar como ídolo nacional da Coréia, onde é mais venerado do que qualquer jogador de futebol —, divulgou-se outra notícia, proveniente da China, que passou bem mais inadvertida. Sem fanfarras, com o perfil baixo que os caracteriza, os chineses exportaram seu primeiro automóvel para a Europa. Tratava-se de uma caminhonete 4x4, de cinco portas, parecida com o jipe Cherokee, fabricada pela Jiangling Motors Group, que chegou ao porto belga de Antuérpia como parte de um primeiro carregamento de duzentos veículos a serem vendidos a 22 mil dólares cada. Poucos dias depois, chegava à Europa o primeiro carregamento de 150 automóveis Honda produzidos na China, com o nome de Jazz. Os distribuidores chineses esperavam vender 2 mil caminhonetes Jiangling e 10 mil Hondas Jazz na Europa nos doze meses seguintes.[52]

Quase todos os veículos de exportação chineses vinham de Guangzhou, o centro industrial convertido num paradigma da globalização: os terminais de seu aeroporto foram construídos por uma empresa norte-americana, as pontes que levam os passageiros para os aviões são de uma empresa holandesa, e sua torre de controle é operada por uma firma de Cingapura. Nas fábricas automotivas de Guangzhou, os trabalhadores ganham em torno de 1,5 dólar a hora, em comparação com os 55 dólares de suas contrapartidas nos EUA. Boa parte das operações, no entanto, funciona com robôs criados e supervisionados por engenheiros chineses. Não é necessário ser gênio para suspeitar que, em breve, os automóveis chineses conquistarão os maiores mercados do mundo, como aconteceu com os japoneses nas últimas décadas.

A estréia da China como exportadora de automóveis é um exemplo de quão rápido os chineses estão saltando etapas, passando de exportadores de bugigangas a vendedores de produtos bem mais sofisticados. É aí que os latino-americanos correm os maiores riscos de ficar cada vez mais para trás, como produtores de matérias-primas entregues à sorte dos preços internacionais daquilo que extraem do solo, em vez de entrar nos maiores mercados do mundo com produtos de maior valor agregado e vantagens comparativas. Como assinalou o ex-presidente brasileiro Fernando Henrique Cardoso nas primeiras páginas deste livro, o desafio para os países latino-americanos será ainda maior a partir de 2007, quando os países asiáticos puserem em marcha o maior bloco de livre-comércio do mundo, formado pela China e os países da Asean. Integrando suas cadeias produtivas e aproveitando sua mão-de-obra qualificada e barata, o bloco asiático será um competidor extraordinário na luta para ganhar quotas de mercado nos EUA e na Europa, os maiores do mundo. *Snuppy* e as novas fábricas de caminhonetes de exportação chinesas em Guanghzou, longe de assustar os países latino-americanos, deveriam metê-los em brios. O trem do progresso avança, e quem não subir fica cada vez mais para trás. Há exemplos promissores na América Latina demonstrando que nossos países podem competir produzindo bens de alto valor agregado. A empresa brasileira Embraer já se converteu em líder mundial na fabricação de aviões intermediários, de 110 assentos, que vende a companhias aéreas como JetBlue, nos EUA, Air Canada, Hong Kong Express Airways e Saudi Arabian Airlines, conseguindo vendas anuais que superam 3,4 bilhões de dólares. A Embraer, recentemente, assinou um contrato com o Departamento de Defesa dos EUA para a venda de aviões de reconhecimento pelo valor potencial de 7 bilhões de dólares nos próximos vinte anos. No México, a cervejaria Corona e a fábrica de cimento Cemex estão ganhando mercados em todo o mundo. Na Costa Rica, as exportações de microprocessadores da fábrica da Intel já representam 22% das exportações totais. No Chile e na Argentina, exportam-se cada vez mais variedades de vinhos para todas as partes do planeta.

Esses e outros casos, por enquanto, são exceções à regra. As maiores empresas latino-americanas, como observamos antes, continuam vendendo matérias-primas, sujeitas às oscilações dos mercados internacionais e a preços mais baixos de tudo que seja alheio à economia do conhecimento. Bastariam, no entanto, umas poucas reformas relativamente simples para que os países latino-americanos atraíssem investimentos maciços e decolassem tão rapidamente como Irlanda, Espanha, República Tcheca, China, Índia e os Tigres Asiáticos. Com um marco legal que ofereça maior segurança jurídica — ou seja, produto de um acordo supranacional ou de consensos internos — e uma cultura de maior competitividade comercial, educacional e científica com o restante do mundo, os países latino-americanos poderiam vencer a pobreza e aumentar o bem-estar da noite para o dia. Os exemplos dos países que funcionam estão à vista. Os que não querem vê-los estão mais interessados em vender teorias conspirativas e ideologias ocas, em benefício próprio, do que reduzir a pobreza.

FONTES

1. Pnud, Human Development Report, 2003, p. 278.
2. Juan Enríquez Cabot, *As the Future Catches You*, Crown Business, 2000, p. 51.
3. "Behold the Indigenous Brain", Juan Rendon, revista *Loft*, junho de 2005, p. 59.
4. Banco Mundial, "World Developement Indicators", 2004.
5. "Ranking 2005 de las 500 mayores empresas de América Latina", revista *América Economía*, 15 de julho de 2005.
6. Juan Rendon, "Behold the Indigenous Brain", revista *Loft*, junho de 2005, p. 59.
7. Idem, pp. 64-66.
8. Ted Fishman, *China Inc.*, Editora Scribner, p. 217.
9. Juan Enríquez Cabot, *As the Future Catches You*, Crown Business, 2000.
10. Xangai Jiao Tong University, "Academic Ranking of World Universities, 2004", 2004.
11. Unam, Agenda Estadística 2004, p. 24.
12. Estadísticas Universitarias, Anuario 99-03, Ministério da Educação, p. 148.
13. Entrevista do autor com Reyes Tamés Guerra, secretário de Educação do México, na Cidade do México, em 21 de junho de 2005.
14. Entrevista do autor com o ministro da Educação Daniel Filmus, em Buenos Aires, 20 de abril de 2005.
15. *Reforma*, 12 de novembro de 2004.
16. *La Jornada*, 1º de março de 2004.
17. Pnud, Human Developement Report, 2003, p. 295.
18. Lauritz Holm e Kristian Thorn, "Higher Education in Latin America: A Regional Overview", Banco Mundial.
19. Idem.
20. "En la Uba, hay más de 11.000 docentes que no cobran sueldo", *La Nación*, 23 de maio de 2005.

21. Lauritz Holm e Kristian Thorn, "Higher Education in Latin America: A Regional Overview", p. 12, Banco Mundial.
22. "Relevamiento de la Unesco: En Argentina, los pobres estão muy lejos de la Universidad", *La Nación*, 14 de julho de 2005.
23. Entrevista do autor com a ministra da Educação da Espanha, María Jesús San Segundo, em 18 de julho de 2005, em Miami.
24. Entrevista do autor com Zhu Muju diretora de Desenvolvimento de Livros Escolares do Ministério da Educação da China, em Beijing, 2 de fevereiro de 2005.
25. "Universidad: Entran diez, pero ocho no se reciben", *Clarín*, 10 de abril de 2005.
26. Anuies, Anuario Estadístico 2003.
27. "Universidad: Entran diez, pero ocho não se reciben", *Clarín*, 10 de abril de 2005.
28. "Stopping University Admission Abuse", *China Daily*, 19 de agosto de 2004.
29. Entrevista do autor com Julio Rubio, subsecretário de Educação Superior do México, na Cidade do México, em 22 de junho de 2005.
30. Entrevista do autor com o ministro da Educação Daniel Filmus, em Buenos Aires, em 20 de abril de 2005.
31. Open Doors, Estadísticas Anuales de Estudiantes Extranjeros, International Education Institute, Estados Unidos, 2004.
32. "La brecha de estudiantes extranjeros en EE.UU.", "El Informe Oppenheimer", *The Miami Herald*, 7 de dezembro de 2004.
33. Unam, Agenda Estadística, 2004, pp. 81-84.
34. Estadísticas Universitarias, Anuario 1999-2003, Ministério da Educação, 2004, Argentina, p. 53.
35. Unam, Agenda Estadística 2004, p. 56.
36. Estadísticas Universitarias, Anuario 99-03, Ministério da Educação, 2004, p. 31.
37. "De calificaciones y sustos varios", *Reforma*, suplemento "Enfoque", 15 de abril de 2005.
38. Subsecretaría de Educación Superior, Programa Integral de Fortalecimiento Institucional, 2005.
39. Entrevista do autor com Julio Rubio, na Cidade do México, em 22 de junho de 2005.
40. Chen Lin, presidente da Comissão do Programa de Estudos de Inglês, Ministério da Educação da China. Entrevista telefônica a partir de Santiago, Chile, em 29 de abril de 2004.
41. Entrevista do autor com Zhu Muju, diretora de Desenvolvimento de Livros Escolares do Ministério da Educação da China, Beijing, em 2 de fevereiro de 2005.
42. Entrevista do autor com Zhou Ghenggang, vice-presidente do New Oriental School, Beijing, em 1º de fevereiro de 2005.
43. Entrevista do autor com o ministro da Educação do Chile, Sergio Bitar, em 10 de abril de 2004.
44. Entrevista telefônica com o secretário de Educação do México, Reyes Tames, em 22 de abril de 2004.
45. Pnud, Human Development Report, 2003, pp. 270-271.
46. Entrevista do autor com Xue Xang Jie, em Pequim, 1º de fevereiro de 2005.

47. *Veja*, nº 1892, 16 de fevereiro de 2005, p. 62.
48. Idem.
49. Pnud, United Nations Human Development Report, 2003, pp. 278-279.
50. Entrevista com Jeffrey Puryear, por Mariza Carvajal, publicada pelo Diálogo Interamericano, outubro de 2004.
51. "The Duplicate Dog", *The New York Times*, 5 de agosto de 2005.
52. "First Chinese Cars Arrive in Western Europe", *China Daily*, 6 de julho de 2005.

Epílogo

Quando escrevia as últimas páginas deste livro, li uma notícia que me confirmou que não há impedimentos biológicos ou culturais pelos quais os países latino-americanos não possam entrar no Primeiro Mundo. A notícia, da agência EFE, vinha de Santiago do Chile, e seu título dizia: "No Chile já se concedem empréstimos com quarenta anos para pagar". Segundo a notícia, o banco BBVA, controlado pelo grupo espanhol Bilbao Vizcaya Argentina, anunciava o lançamento de seus novos empréstimos hipotecários, que cobririam até 100% do valor das residências, à semelhança de Grã-Bretanha, Japão e Espanha.

Como fazer para que, longe de chamar a atenção, notícias como essa se convertam em coisa de todos os dias em nossos países? A América Latina tem dois caminhos: atrair mais investimentos e exportar produtos de maior valor agregado, como fazem China, Índia, Chile, Irlanda, Polônia, República Tcheca, Letônia e todos os demais países que estão crescendo e reduzindo a pobreza, ou cair no engano populista dos capitães do microfone, que — como Chávez e Fidel Castro — culpam os outros pela pobreza em seus países para justificar seus próprios desacertos e se perpetuar no poder. A escolha é fácil, exceto para os que vivem com antolhos e não querem ver a realidade: no mundo de hoje há dezenas de países que estão reduzindo a pobreza a passos gigantescos, aproveitando a globalização, enquanto não existe um só exemplo de nação que esteja reduzindo a pobreza afugentando o capital e dando murros na mesa. Para dar um exemplo, basta ver que a pobreza na Venezuela aumentou em 10% desde a chegada de Chávez ao poder, segundo o próprio Instituto Nacional de Estatística do país, e que em Cuba não se dá espaço para qualquer pensamento independente que avalie as cifras alegres do governo.

Há esperança de um renascimento latino-americano?

Claro que há, sempre e quando nossos países olharem menos para o próprio umbigo e mais para o que acontece ao seu redor. À medida que nos adentramos no que parece ser o século asiático, a chave do êxito das nações — qualquer que seja sua ideologia política — é a competitividade. Para isso, faz falta que os países, como as empresas, atraiam investimentos produtivos e busquem nichos de mercado onde possam se inserir nas maiores economias do mundo, como o estão fazendo, com sucesso, os asiáticos.

Quando escrevia estas linhas, no final de 2005, a Comissão Econômica para a América Latina e o Caribe da ONU (Cepal) anunciava com regozijo que 2006 seria um bom ano para a região. Segundo a Cepal, a América Latina crescerá 4% em 2006, o que significará um quarto ano consecutivo de crescimento econômico e um ciclo que permite um "certo otimismo" sobre o futuro a longo prazo. A maioria dos países terá um crescimento algo menor, mas nada desprezível, em 2006: a Argentina crescerá 4,5%; o Brasil 3,5%; o Chile 5,5%, a Colômbia 4%; o México 3,5%, o Peru 4,5%, e a Venezuela 4,5%, segundo as projeções do organismo regional. O problema dessas cifras é que, ainda que provenham de uma instituição séria e com excelentes economistas, elas sofrem de "autismo econômico". Segundo o dicionário Larousse, o autismo é uma tendência a "se desligar do mundo exterior" e viver ensimesmado. Quase todas as instituições internacionais incorrem nessa tendência, ao medir a economia latino-americana contra o seu próprio desempenho em anos anteriores, em vez de fazê-lo em relação às economias de outras partes do mundo.

Numa economia global, onde os países competem por mercados de exportação e por uma reserva limitada de fontes de investimentos, medir-se em relação ao seu próprio desempenho no passado é enganoso. Se outras regiões estão crescendo mais aceleradamente e assentando bases mais sólidas para o crescimento de longo prazo — ao incrementar seus padrões de educação, por exemplo —, um país pode ficar cada vez mais para trás e crescer cada vez menos. Ainda que as projeções para o futuro próximo na região não sejam más, deveriam constituir um alerta para aproveitarmos o alívio e assentarmos as bases para tornar nossos países mais competitivos. Porque, como a própria Cepal admite nas páginas internas de seu relatório, o bom desempenho da região nos últimos quatro anos não se deveu a que os países latino-americanos ganhassem novos mercados, e sim a fatores externos, como o crescimento das economias dos EUA e da China, que fizeram aumentar as exportações de todo o mundo. O fato é que, enquanto a América Latina cresceu 4% anualmente nos últimos três anos, seus principais competidores estão crescendo a taxas muito maiores durante mais de uma década, e estão criando indústrias de exportação de bens de alto valor agregado com os quais conquistam os maiores mercados do mundo. A China cresceu 9% anualmente nos últimos vinte anos, conseguindo tirar da pobreza 250 milhões de pessoas. A Índia vem crescendo 7% nos últimos dez anos, e os países do Leste europeu, como Polônia, República Tcheca e Letônia, estão emergindo como novos centros industriais. Todos esses países com êxito fizeram drásticas — e dolorosas — mudanças econômicas, que muitos de nossos países não quiseram realizar. Como relatei neste livro, até a China, o último gigante comunista, está cortando subsídios estatais com fervor religioso e dando as boas-vindas com tapete vermelho aos investidores estrangeiros. E, ao mesmo tempo, está elevando os padrões educacionais para criar uma força de trabalho cada vez mais sofisticada.

A China, a Índia e o antigo Leste europeu estão demonstrando que a globalização funciona a seu favor, a ponto de que seus detratores se viram obrigados a baixar o tom das críticas à economia global, e optarem por dirigi-las contra algo mais difuso, a que chamam de "neoliberalismo". Na Europa, os mais beneficiados com a globalização e o livre-comércio têm sido os países emergentes. Até no México, onde a velha esquerda se opôs frontalmente ao acordo de livre-comércio com os EUA em 1994, a triplicação das exportações na última década fez com que os antigos críticos do TLC já não queiram sair do tratado, mas somente exijam renegociar algumas cláusulas que prejudicaram setores minoritários da agricultura mexicana. Paradoxalmente, como se viu em 2005 durante a aprovação do tratado de livre-comércio com a América Central e a República Dominicana por apenas 2 votos no Congresso dos EUA, e no voto da França e da Holanda contra à Constituição européia, as resistências à globalização estão crescendo nos países ricos, que temem que suas indústrias desmoronem por causa da avalanche de produtos importados cada vez mais sofisticados.

Tomara que prevaleça nos EUA e na Europa o bom senso, e os países ricos entendam que a única maneira de reduzir a imigração ilegal, o tráfico de drogas e o crime organizado é abrindo ainda mais suas economias, ajudando a reduzir a brecha que os separam dos países com mais pobreza. E tomara que prevaleça, nos países latino-americanos, o bom senso de olhar ao redor, fazer o que estão fazendo as nações que crescem — da China comunista à Coréia do Sul capitalista, passando pelo Chile do Partido Socialista — e não dar ouvidos ao canto da sereia dos que aumentam a pobreza e reduzem suas liberdades em nome de utopias totalitárias. Se este livro contribuiu com algo para dar a algum leitor uma visão mais ampla do que está ocorrendo no mundo, dou-me por satisfeito.

Este livro foi composto na tipologia Minion
e corpo 11/13,2 e impresso em papel
off-white 80g/m² no Sistema Cameron
da Divisão Gráfica da Distribuidora Record.

Seja um Leitor Preferencial Record
e receba informações sobre nossos lançamentos.
Escreva para
RP Record
Caixa Postal 23.052
Rio de Janeiro, RJ – CEP 20922-970
dando seu nome e endereço
e tenha acesso a nossas ofertas especiais.

Válido somente no Brasil.

Ou visite a nossa *home page*:
http://www.record.com.br